ミクロ経済学

第3版

Microeconomics

伊藤元重

日本評論社

ミクロ経済学

第3版

Microeconomics

伊藤元重

日本評論社

第3版へのまえがき

　ミクロ経済学で基本となるのは、需要と供給の考え方を理解することです。経済学のすべての問題を理解するために、需要と供給の考え方が役に立つといっても過言ではありません。また、需要と供給を用いた分析の奥は深く、多くの経済問題をよりよく理解するために必須の存在となっています。

　ミクロ経済学はまた、経済学のさまざまな分野を学ぶための基礎となります。国際経済学、財政学、金融論、労働経済学など、大学でさらに進んだ分野を学ぶためには、ミクロ経済学の基本的な考え方を習得している必要があります。

　この教科書は、ミクロ経済学で学ぶべき内容をできるだけ幅広くとりあげ、それをわかりやすく理解してもらうことを狙って書かれたものです。重要な事項はできるだけ網羅しながら、なおかつわかりやすい内容にするということは、なかなか大変な作業です。この本の初版が出たのが1992年ですから、それから四半世紀がたったことになります。これだけ長い期間、継続的に版を重ねることができたのは、読書の皆さんがそうした狙いを評価してくださったからだと考えています。

　その間に読者の方から多くのコメントをいただきました。それを改訂のさいに参考にさせていただき、今回で二回目の大幅改訂となりました。この改訂でさらにこの本が読みやすいものになればと願っています。

　この間、学問としてのミクロ経済学は大きな進歩を遂げています。最先端の成果を入門書に反映させることは容易ではありません。それでも、二回の改定で学問の新展開を取り込もうと努めてきました。前回の改定では、情報の経済学やゲーム理論についての解説を充実させました。今回の改定では、ゲーム理論を二つの章にわけてさらに拡充させました。また、心理学などの成果も取り入れて話題になることの多い行動経済学についても、今回はかなりページを割いてとりあげました。

　ミクロ経済学というと、理論的な考え方をいろいろと学ぶ必要があり、とっ

つきにくい学問のように見られることが多いようです。たしかに経済学的な用語やロジックにはむずかしいものが多く、はじめて学ぶ人たちのやる気をくじくことがあるのは残念なことです。この本ではそうした問題をできるだけ減らすよう、現実経済の事例を多くとりあげるようにしました。こうした事例に触れることで、経済学の考え方に興味をもってもらえればと考えています。

経済学は国際標準が確立した学問です。皆さんがこの教科書で学ぶのと同じような内容が、アメリカでも中国でもフランスでも教えられています。世界の多くの人がミクロ経済学を学ぶことで、経済問題について、国を超えた議論や対話が可能になります。世界の多くの人が共通の基盤の上に乗っているというのは、経済社会が円滑に動いていくうえで必須のことでもあるのです。

少し話が大きくなってしまいましたが、いずれにしてもこの本を通じて、より多くの人が経済学に関心をもってもらえれば、筆者としてこれ以上の喜びはありません。経済学は世の中の仕組みや出来事を理解するための文法なのです。

今回の改訂でも、多摩大学の下井直毅教授には大変にお世話になりました。また、日本評論社の編集者の吉田素規氏には、大変丁寧に校正など見ていただきました。お二人にこの場を借りてお礼申し上げたいと思います。

2018年1月

伊藤元重

目次

第3版へのまえがき………i

0 ミクロ経済学とは……………………………………………1

ベルリンの壁の崩壊…4　社会主義に欠けていたもの…4
日本の経済改革と経済学…5　資源配分の問題…7
ミクロ経済学：資源配分のメカニズムを明らかにする分野…8
応用分野とミクロ経済理論…8　市場の失敗…9
マクロ経済学との違い…10　ミクロ経済分析の二つの特徴…12
モデル分析…15　本書の構成…17

現実の経済を見る眼 投資教育の必要性……11
ステップアップ経済学 マクロ経済学のミクロ経済学化……13

part 1　需要と供給の理論……………………………………19

1　需要と供給……………………………………………21

I　需要・供給曲線………24

黄金のクロス…24　需要と供給の一致…25

II　価格変動と需要・供給曲線のシフト………28

労働市場と賃金…28
白菜の価格はなぜ大きく変動するのか…31　豊作貧乏…34
白菜のケースをデータで見ると…35
鉄道の開設と地価：地価上昇は宅地供給を促すか…37
消費税はだれが負担するのか…39
演習問題…43

ステップアップ経済学 ますます重要となる実証分析……33
現実の経済を見る眼 電力改革における需要と供給……41

2　需要曲線と消費者行動……………………………………45

I　需要曲線の構造………48

価格と需要…48　需要の価格弾力性…51　需要と収入…54

例1：石油ショックと日本の石油輸入額…55　例2：豊作貧乏…57
例3：価格差別の理論――ダンピングの一側面…57
需要曲線のシフト……59　需要曲線の分解…61

II　消費者行動と需要曲線………62

需要と効用…62　消費者余剰…63　市場需要と消費者余剰…64
別のケースでの確認…65　需要と効用最大化…66
二部料金制（two-part tariff system）…67

III　合理性と非合理性………70

なぜ合理性を想定するのか…70
非合理性の癖を探る：注目を浴びる行動経済学…72
非合理性の原理(1)：絶対評価よりは相対評価…73
非合理性の原理(2)：現状維持志向…75
非合理性の原理(3)：将来の自分と今の自分の戦い…77
非合理性の原理(4)：群集心理…78
演習問題…80

> 現実の経済を見る眼　企業の価格決定と需要の価格弾力性……49
> 現実の経済を見る眼　ブランドと価格……69

3　費用の構造と供給行動……………83

I　供給曲線………86

価格と供給…86　供給曲線の分解…87　供給曲線のシフト…88
生産のための費用の構造…89　平均費用と限界費用…91
費用関数に関する数値例…93
限界費用と平均費用：ガストの例…93

II　短期費用曲線と長期費用曲線………95

短期と長期…95　短期総費用曲線と長期総費用曲線…96
長期と短期の平均費用と限界費用…98

III　利潤最大化行動と供給曲線………100

完全競争…100　利潤最大化行動と供給曲線…101
生産者余剰…102　需給均衡…104　補論：費用曲線の数学的展開…106
演習問題…109

> ステップアップ経済学　余剰分析と公共経済……105
> 現実の経済を見る眼　限界費用ゼロのビジネス……107

4 市場取引と資源配分 …………………………………… 111

Ⅰ 市場と価格メカニズム………113

市場とは…113　価格を通じた消費者の「連帯」…115
価格を通じた生産者の「連帯」…117　余剰分析による説明…118
計画経済との比較…120

Ⅱ 応用例………122

過剰生産の例：米価問題…122　過小生産の例：間接税…124
自由貿易の利益…128

Ⅲ 競争のもたらすもの………130

X効率性…130　自然淘汰と適者生存…132
自然淘汰と比較優位…134　アダム・スミスの夜警国家論…137

Ⅳ 企業の参入・退出行動と資源配分：完全競争市場の長期均衡………138

個別企業の利潤最大化行動…138　企業の参入と正常利潤…138
参入・退出による調整…140　長期均衡の状態…141
需要・供給曲線上で見た短期と長期の関係…143
補論：一物一価の法則と商人の役割…145
演習問題…146

　現実の経済を見る眼　保護貿易の費用……131
　現実の経済を見る眼　PPP/PFI……133
　現実の経済を見る眼　コーポレートガバナンス改革……135

part 2　一般均衡分析 …………………………………… 149

5 消費者行動の理論 …………………………………… 151

Ⅰ 無差別曲線と効用………153

効用…153　無差別曲線…156　無差別曲線の基本的な性質…157
選好のパターンと無差別曲線の形状…160
限界代替率の考え方…161　右上がりの無差別曲線…163
無差別曲線の凸性…164

Ⅱ 予算制約と消費者行動………165

予算制約線：数値例…165　無差別曲線と効用最大化…167
限界代替率による説明…169　財の種類が多数のケース…170

補論：基数的効用と序数的効用…*172*
演習問題…*173*
現実の経済を見る眼 消費者重視の経済運営……*155*
ステップアップ経済学 時間の消費理論……*171*

6 消費者行動理論の展開 …………………………………… *175*

Ⅰ 所得変化と需要………*177*

需要関数…*177*　所得の変化と消費パターンの変化…*178*
下級財と正常財…*179*　奢侈品と必需品…*180*
需要の所得弾力性…*181*

Ⅱ 価格の変化と需要………*183*

価格変化と予算制約線…*183*
価格変化と消費点のシフト：相対価格の変化と絶対価格の変化…*184*
価格の変化と消費パターンの変化：数値例…*185*
価格の変化と需要の変化：一般的なケース…*187*
代替効果と所得効果の比較…*189*　補完財と代替財…*191*
ギッフェン財…*192*　留保需要…*194*
留保需要の応用例：地価と宅地供給…*195*

Ⅲ 労働供給の理論………*196*

賃金と労働供給…*196*　途上国での労働供給…*197*
労働供給に関する予算制約線…*198*
非労働所得の増加と労働供給…*200*　家計所得とパート労働…*201*
演習問題…*202*
現実の経済を見る眼 ビジネスチャンスは補完関係にあり……*193*
ステップアップ経済学 家計生産の理論……*203*

7 生産と費用 ……………………………………………………… *205*

Ⅰ 生産関数としてとらえた企業………*207*

企業とは…*207*　生産関数…*209*　規模拡大と生産性…*212*

Ⅱ 生産要素間の代替と費用………*214*

生産投入物が複数あるケース…*214*　生産要素間の代替…*216*
要素間の代替と費用…*217*　等費用線と費用最小化…*218*

Ⅲ 費用最小化行動と費用曲線………*221*

等量曲線…*221*　等量曲線のもとでの費用最小化…*224*
費用曲線の導出…*226*
補論：限界代替率逓減の法則——なぜ等量曲線は原点に向かって凸となるか…*228*

Ⅳ　利潤最大化行動……*229*

利潤とは…*229*　総収入と総費用…*230*　利潤最大化行動…*231*
利潤最大化行動の意味…*234*
演習問題…*236*

> 現実の経済を見る眼　限界費用と平均費用：ジェネリック医薬品……*215*
> 現実の経済を見る眼　範囲の経済性……*219*
> ステップアップ経済学　企業と市場……*235*

8　一般均衡と資源配分 …… *239*

Ⅰ　交換の利益……*241*

物々交換のもたらす経済的利益…*241*　多様な交換の例…*242*
無差別曲線上で見た交換の利益…*243*
消費者行動と資源配分…*244*
ボックス・ダイアグラム上で見た資源配分とパレート最適性…*246*

Ⅱ　生産活動における資源配分……*249*

費用最小化行動と資源配分…*249*
生産要素の配分と生産フロンティア…*251*
生産と消費の配分…*254*

Ⅲ　比較優位の理論……*256*

アインシュタインの比較優位…*256*　比較優位と国際貿易…*258*
演習問題…*262*

> ステップアップ経済学　数理経済学による一般均衡分析……*253*
> 現実の経済を見る眼　分配の問題……*257*
> 現実の経済を見る眼　空洞化か比較優位か……*259*

part 3　ミクロ経済学の展開 …… *265*

9　独占の理論 …… *267*

Ⅰ　供給独占の理論……*270*

独占とは…*270*　需要曲線と総収入曲線…*270*

独占的供給者の利潤最大化行動…*273*
独占価格とマークアップ…*275*
独占価格設定に関する数値例…*276*
補論：需要の価格弾力性と独占価格…*278*

Ⅱ　独占理論の展開………*279*

独占的価格設定と資源配分…*279*　「静かな生活」は好ましいか…*280*
買い手独占…*282*

Ⅲ　独占的競争………*285*

製品差別化と独占力…*285*　独占的競争のもとでの参入…*286*
他のケースとの比較…*289*
演習問題…*291*

現実の経済を見る眼　重要性を増す競争政策……*281*
ステップアップ経済学　新しい産業組織論……*287*

10　ゲームの理論…………………………………… *293*

Ⅰ　囚人のディレンマ………*295*

ゲームの理論とは…*295*　囚人のディレンマ…*299*
囚人のディレンマの解釈…*301*

Ⅱ　協調のメカニズム………*304*

囚人のディレンマと協調行為…*304*
継続的なゲームと協調の発生…*306*　現実の世界の協調…*307*

Ⅲ　経済政策とゲームの理論：ルールか裁定か………*309*

金融政策のあり方に関する論争…*309*　ゲームの樹による表現…*310*
ルールか裁量か：経済政策の機能とは…*312*
演習問題…*315*

ステップアップ経済学　社会科学の共通言語となりつつあるゲーム理論……*297*
現実の経済を見る眼　瀬戸際戦略：キューバ危機と北朝鮮……*305*

11　ゲームの理論の応用 …………………………… *317*

Ⅰ　企業の経営戦略………*319*

競争相手との関係を考える…*319*　空脅しは通用しない…*320*
参入阻止行動…*322*　後追いが有利な面もある…*324*

Ⅱ　生物だってゲームをしている………*327*

種の保存の法則？…327　なぜ英語が世界の共通語になるのか…329

Ⅲ　スポーツの世界でのゲーム………330

キッカーとゴールキーパーのゲーム…330
キッカーは確率的行動をとるべき…332
ナッシュ均衡という考え方…335

Ⅳ　幅広いゲーム理論の応用………336

オークション…336　バーゲニング（交渉）…340
演習問題…344
　現実の経済を見る眼　オークションの政策への活用：電波と空港……339
　現実の経済を見る眼　だれと競争するのか……343

12　市場の失敗 …… 347

Ⅰ　外部効果………350

市場の失敗…350　地球環境問題…350
外部効果と市場メカニズム：自動車による大気汚染の例…352
私的限界費用と社会的限界費用…355　外部効果の諸形態…357
外部効果として見た混雑現象：高速道路料金はどうあるべきか…358
外部効果の内部化…359　産業の育成と産業政策…360
ネットワークの外部性…362

Ⅱ　費用逓減産業………364

費用逓減とは…364　私的採算性と社会的最適性…365
限界費用価格形成原理と採算性…368
政府による介入と公共料金体系…370

Ⅲ　公共財………371

公共財とは…371　公共財の最適配分…372
公共財の供給決定メカニズム…373
演習問題…375
　現実の経済を見る眼　地球温暖化問題……353
　ステップアップ経済学　コースの定理……361

13　不確実性とリスク …… 377

Ⅰ　不確実性と経済現象………379

経済問題に潜んでいるリスク…379　大数の法則と危険分散…380

保険の限界：モラルハザード…*382*　株式市場と危険分散…*384*
危険分散と契約形態…*385*

Ⅱ　期待効用最大化仮説 … *387*

セントペテルスブルクの逆説…*387*
ギャンブラーと堅実主義者…*389*
限界効用逓減と危険回避行動…*390*　保険の機能…*392*
補論：基数的効用について…*396*
演習問題…*396*

　ステップアップ経済学　金融工学……*381*
　現実の経済を見る眼　職業保険の可能性……*383*
　現実の経済を見る眼　ブラック・スワン：リスクと不確実性……*395*

14　不完全情報の経済学 …… *399*

Ⅰ　レモンの市場の経済学 …… *401*

情報の不完全性と経済現象…*401*　レモンの市場：逆選択の問題…*404*
レモンの市場の数値例…*406*　情報が対称的なケース…*407*

Ⅱ　情報の不完全性への対応：
　　シグナルの理論と自己選択メカニズム …… *409*

第三者による情報の提供…*409*　商品やサービスの標準化…*410*
シグナルの理論…*412*　シグナルとしての教育…*413*
料金体系と自己選択メカニズム…*416*

Ⅲ　モラルハザードとエイジェンシーの理論 …… *418*

エイジェンシー関係…*418*
エイジェンシー関係と誘因契約：タクシーの例…*422*
エイジェンシー関係と情報の不完全性…*423*
演習問題…*424*

　ステップアップ経済学　疑心暗鬼の経済学……*411*
　現実の経済を見る眼　モラルハザードと預金保険……*419*
　ステップアップ経済学　契約の理論……*421*

15　異時点間の資源配分 …… *427*

Ⅰ　時間を通じた資源配分 …… *429*

家計のライフプラン…*429*　投資活動…*432*

Ⅱ　家計の貯蓄行動 …… *433*

2期間の消費理論における予算制約…*433*　最適化行動…*435*
所得変化と貯蓄…*437*　利子率と貯蓄…*439*

Ⅲ　投資行動と異時点間の資源配分………*442*

投資の収益性…*442*　投資額の決定…*443*
応用問題：経済発展と国際資金貸借…*446*

Ⅳ　割引現在価値………*447*

割引現在価値とは…*447*　割引現在価値を用いた投資の評価…*449*
債券価格…*451*

Ⅴ　世代間の資源配分………*454*

年金の構造…*454*　人口成長と世代間の移転…*456*
終身雇用と年功賃金制…*458*　貯蓄と投資のバランス…*459*
演習問題…*462*

現実の経済を見る眼　デフレと利子率……*441*
現実の経済を見る眼　将来に向かって投資をしているのか……*457*
ステップアップ経済学　異時点の経済学とマクロ経済問題……*461*

参考文献………*465*

演習問題解答………*467*

事項索引………*487*

人名索引………*492*

0

ミクロ経済学とは

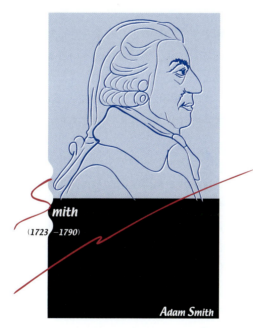

アダム・スミス（Adam Smith：1723-1790）　現代経済学の父ともいうべき人物。その著作『諸国民の富の性質と原因に関する研究』（国富論）は経済学の代表的な古典である。この書でアダム・スミスは徹底した重商主義批判を行ない、自由貿易の利点を説き、市場メカニズムの本質を解明している。

経済学の基本分野としてマクロ経済学とミクロ経済学がありますが、ミクロ経済学とはどのような学問でしょうか。

　マクロ経済学は経済全体の動きをとらえるための学問です。日本経済全体の規模を表わすGDP（国内総生産）や物価がどのような動きを示すのか、そうした動きに政府や中央銀行の政策がどのように影響を及ぼすのかなどを分析します。これに対してミクロ経済学では、需要と供給の概念を基本として、個別の産業の動きを見るうえで有効な分析手法を提供します。たとえば、「携帯電話の料金が複雑になるのはなぜか」、「牛肉の関税を下げたらどのような影響が消費者や生産者に及ぶのか」、「原油価格が乱高下するのはなぜか」など、現実の世界ではさまざまな経済問題がありますが、そうした問題をより深く理解するうえでミクロ経済学の考え方は役に立つと思います。

　ミクロ経済学を勉強すると本当に役に立つのでしょうか。

　今の世の中は複雑です。経済のことをまったく知らなくては実社会に出て困ることが多いでしょう。まして、いろいろな分野でプロフェッショナルとして仕事をしようというなら、経済学的な見方ができればより深く色々なことが考えられます。また、相手と専門的な話をすることもできるでしょう。

　プロフェッショナルとは学者になることですか。

　学者もプロフェッショナルの一つですが、実務の世界ではもっと広い分野のプロフェッショナルが経済学的な考え方を駆使して仕事をしています。金融関係、会計士や税理士、公務員、ジャーナリスト、ベンチャー企業を立ち上げた人たちなどはもちろん、普通の会社で仕事をするときにも経済学的なセンスを求められることがしばしばあります。

　経済にあまり関係ない仕事に就くのであれば、経済学を学ぶ必要はないのではないでしょうか。

　そんなことはありません。家計をやりくりしたり、老後のために資産運用する場合でも経済のことがわからなければいろいろと困るでしょう。これだけ社会が複雑になり、グローバル化が進んだ現代では、すべての人が経済に関する基礎知識を持つことが求められます。

　経済学を理解するためには数学が必要だと聞いたのですが、そうなのでしょうか。

たしかに、学問としての経済学は数学をよく使います。経済を分析するエコノミストたちは、コンピュータを駆使してデータ解析を行なっています。しかし、経済学の基礎を学ぶために数学は必須ではありません。ある程度数学がわからないと経済学はできない、と思い込んでいる人がいたら不幸なことです。新聞やテレビでも多くの経済問題がとりあげられていますが、数学など一切使っていないですよね。

この本を使って経済学を学ぶにあたって、何かコツのようなものはありますか。

各章ごとに基本となる概念（コンセプト）がありますので、まずはこれをしっかり理解するようにしてください。練習問題なども理解を深めるうえで役に立ちます。そのうえで、それぞれの章で学んだことが、現実の世界でどのような例に当てはまるのかを考えてみるのがよいと思います。そのために、この本では、できるだけ多くの具体的事例をとりあげるようにしました。

ミクロ経済学というと、何となく抽象度の高い学問と感じている人が少なくありません。しかし、ミクロ経済学こそ、私たちの日常生活に深くかかわった問題を分析する手法なのです。この章では、ミクロ経済学とはどのような学問なのかを、できるだけ現実的な話を織り交ぜながら説明したいと思います。

電力やガスなどの公共料金、スーパーやコンビニの商品の価格、アルバイト市場の賃金動向、為替レートの変動とともに変わるガソリン価格など、価格に関する動きはすべて何らかの形で市場メカニズムが深くかかわっています。ミクロ経済学は、そうした市場メカニズムを分析するための手法です。この考え方をマスターすれば、いろいろな問題に応用することができます。通常の経済現象だけでなく、教育、医療、雇用、研究開発など、あらゆる活動についてミクロ経済学的な分析は可能なのです。

この章では、ミクロ経済学の基本的な特徴をいくつか整理して説明します。はじめて経済学を学ぶ読者は、経済学の思考方法に多少のとまどいを覚えるかもしれません。しかし、論理的に考えるということが経済学的な思考の原点ですので、こうしたいくつかの基本的論理思考に慣れておくことが必要になります。ミクロ経済学を学ぶということは、ようするに経済学的思考に慣れてもらうということなのです。

ベルリンの壁の崩壊

　1989年のベルリンの壁の崩壊や東ヨーロッパの政治改革の報道によって私たちの目にさらされた東ヨーロッパ経済の惨状は、計画経済や市場経済といった問題について真剣に考えさせるものでした。かつては同じ国であった東と西のドイツですが、壁にへだてられた40年あまりの間に、両地域には埋めようもないような大きな経済格差が生じてしまったのです。アジアの経済大国となった韓国と、貧困に苦しむ朝鮮民主主義人民共和国（北朝鮮）の極端なまでの格差にも同じことがいえます。さまざまな理由によって、計画経済はうまく機能しないようです。あらためて市場メカニズムや価格メカニズムの重要性を思い知らされました。

　戦後の日本経済の発展の跡をたどってみると、日本経済の発展が自由な経済取引と市場メカニズムなしには考えられないものであることがわかります。もし日本がアメリカやヨーロッパなどの西側世界と自由な貿易ができなかったら、製品の生産や流通がすべて政府の管理のもとにあったら、あるいは松下幸之助や本田宗一郎のような起業家が現われ活躍する場がなかったとしたら、日本の経済発展はなかったでしょう。みずから選択したこととはいえ、東側の国はこのようなハンディを背負っていたのです。

社会主義に欠けていたもの

　日本やアメリカのような市場経済の国には備わり、旧ソ連・東欧、かつての中国などの社会主義の国に欠けていたもの、それは市場メカニズムあるいは価格メカニズムと呼ばれるものです。市場メカニズムの基本的特質をいくつか思いつくままにあげてみましょう。

　まず第一は、企業間のきびしい競争です。競争に生き残り高い利益をあげるためには、他社より優れた製品を低価格で供給しなくてはなりません。このような競争が、効率的なシステムを生み出し、技術進歩の原動力となります。また、競争を通じた自然淘汰のメカニズムにより生産性の高い生産者だけが社会に残ります。

　第二は、消費者の自由な選択の権利です。買いたいものを買い、働きたいところで働く自由があることが、消費者の健全な社会生活に不可欠であることはいうまでもないでしょう。このような消費者の選択の自由があれば、消費者が欲求しない商品を供給した企業は倒産してしまいます。つまり、消費者のため

になるような企業しか生き残れないことになります。市場経済は本来、消費者主権的な経済なのです。

　第三は、価格を通じた需要と供給の調整です。市場経済では、消費や生産の決定は個々の消費者や企業にゆだねられるので、全体としての生産量と消費量の調整のメカニズムが必要となります。そのような調整を行なうのが価格を通じた市場メカニズムです。生産が需要に追いつかず希少になった財については、その価格が引き上げられ、生産が拡大し、需要が減少するという調整がなされます。逆に、生産が多すぎて余ってしまうような財の価格は低下し、需要が増大し、生産が減少します。

　このようにまとめてしまうと簡単なことのようですが、ここにあげた市場経済の基本的メカニズムは、健全な経済を維持するうえで欠かせないものです。このメカニズムに狂いが生じれば、経済的破綻を招くことになります。社会主義国の悲劇もそこにあります。どんなに優秀な官僚であろうと、人間の智恵だけで経済をコントロールしようとしても無理です。「神の見えざる手」とも「巨大なコンピュータ」ともいわれる市場メカニズムの助けがあって、はじめて健全な経済を維持することが可能となります。

　社会主義国のなかでも、中国の経済は例外的に高い成長を続けています。中国の政治体制は共産党一党独裁で非民主主義の形をとっていますが、経済については市場経済の仕組みを導入しているのです。その中国も1978年までは、社会主義的な経済運営を続けており、非常に貧しい経済でした。1978年に改革開放政策を進めると決めました。これは基本的に市場経済の仕組みを導入し、海外の国々とも貿易や投資を進めていくというものです。市場経済へのこの転換によって、中国はそれから現在に至るまで、目覚ましい成長を遂げてきたのです。近年の中国の目覚しい成長こそ、市場経済のパワーの象徴的な事例であるといってよいでしょう。

日本の経済改革と経済学

　社会主義の改革というと私たちから遠く離れた問題のように感じられるかもしれませんが、実は日本において行なわれているさまざまな経済改革もこうした動きと無関係ではありません。

　一昔前の日本の状況を考えてみると、現在と大きく異なった状況であったかがわかると思います。いまのJRは日本国有鉄道、NTTは日本電信電話公社、

JT（日本タバコ）は専売公社でした。つまり、すべて国有企業であったわけです。こうした国有企業を民営化し、JRやNTTについては分割まで行なったのは、国丸抱えの経営体質では効率的な経営ができず、時代の流れに遅れると考えられたからです。それよりは市場の競争圧力にさらしていったほうが、国民のニーズにあったサービスが期待できるのです。

国有企業の民営化と並行して行なわれたのが、規制緩和の動きです。金融業、通信サービス、電力、鉄道、トラック事業など、つぎつぎに規制緩和が行なわれてきました。規制緩和が実現してしまうと私たちはそれを当たり前のこととして受け入れてしまいますが、規制緩和以前の状況と比べるといかに世の中が変わったかわかると思います。

たとえば、いまは私たちが当たり前のように利用している宅配便も、ヤマト運輸がそれを当初開始しようとしたとき、運輸省（当時、現在の国土交通省）の規制によって実現するまでにたいへん苦労しました。もし宅急便がなければ私たちの生活はずいぶん不便であったはずですが、そうした改革も規制緩和のおかげで実現できたのです。

規制緩和のもっとも大きな影響は、それによって競争が激しくなり、多くの新規参入が起こるということです。社会主義経済には競争がありません。同様に、公的な規制に守られている分野でも競争は抑制されます。しかし、急激な技術革新と国際競争にさらされている分野では、競争を導入することなしには、結局はその産業は衰退してしまいます。また、競争が行なわれることは当事者の企業にとってはたいへんなことかもしれませんが、より安い価格、より高いサービス、より多様な商品やサービスの提供といった形で、消費者やユーザーに大きな利益をもたらすのです。

1990年代に入ってからは、このような市場経済化の動きが、政府や地方自治体の組織の見直しの論議にまで広がってきました。公的企業の民営化だけではなく、政府の組織そのものの見直しがはじまったのです。大学や公立病院のような組織は、エイジェンシーとして役所組織からは切り離し、公的部門のスリム化が図られようとしています。また、バスや水道事業などの公共サービスについても、民間に運営を委託する動きが広がっています。

こうした経済の市場化の動きが、すべての人に受け入れられているわけではありません。あまりに過度な市場至上主義は健全な社会の形成を妨げるという主張も、経済学者のなかには根強く残っています。市場の失敗と呼ばれる現象

は、こうした市場メカニズムの欠陥や問題点を研究する役割を担っています。

ただ、好むと好まざると、世界経済全体が、市場経済化の程度を強めています。今後も、そうした動きは加速するものと考えられます。そうであるなら、私たちは、市場メカニズムとは何かということを正面から見据えて、その原理を明らかにする必要があります。そして必要であれば市場の持つ欠陥を是正しながらも、基本は市場の持つ力を最大限利用することにあると思います。

資源配分の問題

計画経済の考え方は、政府が計画的に資源配分を行なおうとするものです。資源配分とは、経済のなかで行なわれる生産活動、消費活動、貯蓄投資活動、貿易活動などの結果の状態を指しています。すなわち、労働、資本、エネルギーなどの資源をどのような財やサービスの生産にまわすのか（配分するのか）、そこで生産されたもののうちどれだけを設備投資にまわし、どれだけを消費にまわすのか、また、それをだれがどれだけ消費するのか、海外とどのような財を貿易するのか、国内の資金配分をどうするのか、といった問題です。

労働、資本、エネルギーなどの生産資源の量には限りがあります。つまり、希少資源なのです。これをうまく利用しないかぎり、その国は豊かな経済水準を実現することができません。計画経済は、資源配分の問題を中央集権的にコントロールしようとするものですが、どうもうまくいかなかったようです。

市場経済においても、資源配分は行なわれています。しかし、それは中央からの計画的なコントロールではなく、企業や消費者の自由な行動の結果としての資源配分なのです。当然、生産者である企業間には生産資源の取り合いが起こりますし、消費者間では財やサービスの取り合いが起こります。

このような自由競争のもとでの資源配分の論理は、単純化していえばつぎのようになります。技術が優れた企業、需要の大きな製品をつくることができる企業は、高い賃金で労働者を雇えますし、高い利子を払って資金を借りてくることができます。つまり、このような企業に生産資源は流れていくわけです。消費者間の取り合いに関しては、高い価格を出して買おうとする消費者、つまりその商品を強く欲する消費者がその商品を手にすることができます。

この結果、生産性が高く効率的な企業に資源が配分されます。また、予算の制約のなかで強く必要とされる商品が各消費者の手に渡るはずです。これが、市場経済のもとでの資源配分のメカニズムです。もっとも、市場経済がつねに

このようにうまく機能するとはかぎりませんが、これについてはもう少し後で述べます。

ミクロ経済学：資源配分のメカニズムを明らかにする分野

　ミクロ経済学とは、上で述べたような資源配分のメカニズムを明らかにすることをその主たる目的としています。これまで述べてきたような市場経済の資源配分機能に関する説明は、きわめて単純化したものです。現実の経済のなかでの資源配分にかかわる問題は、より複雑で多岐に渡るものです。

　たとえば、市場経済における資源配分機能でもっとも重要な役割を演ずる価格について、いろいろな問題をあげることができます。「なぜヨーロッパの高級ブランド品は、日本国内ではこんなに高い価格で売られているのか」、「低下したとはいえ、日本の地価はなぜ高いのか」、「為替レートが円高になると、海外から輸入している製品の価格はどうなるだろうか」、「今後石油価格はどのような動きをするだろうか」。これらはすべて価格の動きに関する疑問ですが、どれもミクロ経済学の分析対象となります。

　価格は商品の価格だけではありません。労働サービスに対する価格である賃金、通貨の価格である為替レート、債券の価格とでもいうべき利子率なども価格の一種です。これらがどのような動きをするのかということは、経済にとって大きな意味を持っています。

　もちろん、資源配分のメカニズムについて明らかにするためには、価格の動きだけを追っていればよいわけではありません。生産、消費、交易（貿易）などに関しても多くの問題があり、ミクロ経済学はこれらも考察対象としています。

　生産にかかわる問題をいくつかとりあげてみましょう。「戦後の高度成長期に日本の産業構造は軽工業中心から重化学工業へとシフトしてきましたが、このような産業構造の変化の原動力は何か」、「法人税率を引き上げると、企業の投資活動はどのような影響を受けるのか」などは、いずれも生産活動にかかわる問題です。消費や交易に関しても、同じように多くの例をあげることができます。

応用分野とミクロ経済理論

　このように、ミクロ経済分析が資源配分メカニズムについて明らかにするこ

とをその主たる目的とするなら、ミクロ経済理論の手法が経済学の多くの応用分野の基礎になることがわかるでしょう。

　財政学においては、税制の変化が生産や消費にどのような影響を及ぼすか、資源配分の効率性のためにはどのような税制が望ましいか、などといった点が議論の対象となります。国際経済学においては、一国を越えた国際的な資源配分の問題として、国際貿易や国際投資が分析の対象となります。金融論や労働経済学においては、金融市場や労働市場における価格メカニズムの機能の仕方やそこでの資源配分の問題が議論されます。

　「牛肉の輸入自由化は、日本の消費者や牛肉生産農家にどのような影響を及ぼすのか」、「日本からアメリカへの投資が拡大すると、日本の産業構造はどうなるのか」、「中央銀行が金融を緩和すると、債券価格、株価、地価などはどのような影響を受けるか」、「失業という現象はどのような要因によって引き起こされるのか、またそれにはどのような政策的対応がありうるのか」。これらの問題は、上であげた応用分野でよくとりあげられる問題ですが、これらが基本的には資源配分にかかわる問題であり、ミクロ経済学がその主要な分析用具であることは明らかでしょう。

　貿易、金融、労働、財政などは、現実に行なわれている経済政策とも密接なかかわりを持っています。政府は、これらの分野においていろいろな政策を行なっています。健全な政策運営を行なうためには、個々の政策が経済に及ぼす影響を的確に把握する必要がありますが、ミクロ経済学はそのような分析のための有力な手段を提供します。

市場の失敗

　冒頭において計画経済の失敗について触れましたが、市場経済もうまく機能しているわけではありません。「北」の国と呼ばれる先進工業国と「南」の国と呼ばれる発展途上国の間の経済格差はますます広がっているように思われます。一国のなかにおいても、所得格差、資産格差は重大な問題です。市場メカニズムは、所得格差の問題までは解決してくれません。

　自由な生産活動や消費活動は、しばしば公害などの環境問題を引き起こします。拡大する経済活動によって、地球気候変動や、酸性雨による熱帯雨林の破壊など、地球規模での環境問題も深刻化しています。

　このように、自由な経済活動によって生じる歪みを、市場の失敗と呼びま

す。市場メカニズムはつねに理想的に働くわけではありません。公害の問題、所得格差や分配の問題などを考えると、規制によって自由な経済活動を制限する必要が生じるケースも少なくないと考えられます。市場が失敗するからこそ、経済政策も必要になってくるのです。

市場経済が資源配分を効率的に行なう機能を持っていることを明らかにすることがミクロ経済学の重要な課題である一方で、市場経済の限界である市場の失敗について明らかにすることもまた、ミクロ経済学の大きな課題です。上であげた公害や所得分配の問題のほかに、独占企業が引き起こす問題、公企業でないと採算が合わないような産業の問題、リスクの問題など、市場の失敗が起こることは少なくありません。

マクロ経済学との違い

経済学にはミクロ経済学と並んで、マクロ経済学という分野があります。「マクロ（大きい）」と「ミクロ（小さい）」という用語は、二つの分野の性格の違いをある程度は表わしていますが、それほど正確な表現ではありません。

たしかにミクロ経済学の場合には、米価政策、電力料金、自動車の輸出自主規制の影響など、個別産業の問題（つまり経済全体からみればミクロの問題）も取り扱います。しかし、日本の税制のあり方とか、貿易が産業構造に及ぼす影響といった経済全体の問題も、ミクロ経済分析の対象となります。ようするに、ミクロ経済学の主たる対象は、マクロであろうがミクロであろうが、資源配分にかかわる問題なのです。

これに対してマクロ経済学は、経済全体の動きを大づかみにとらえようとするところにその特徴があります。マクロ経済学で頻繁にとりあげられる景気、GDP、物価、失業率などの概念は、いずれも経済全体の状態をおおまかにとらえるためのものです。マクロ経済学の目的は、このような経済全体を大づかみにとらえる基本的な変数の間の関係について分析し、可能であるならそこから政策的に有益な示唆を得ようとすることにあります。

「経済が停滞して失業率が高くなっているが、どのような金融政策の運営をしたらよいのか」、「アメリカ経済がインフレになったとき、それは日本やヨーロッパの物価にどのような影響を及ぼすのか」といったことが、マクロ経済学の典型的な問題です。マクロ経済学でも資源配分の問題は議論しますが、その主たる関心は雇用・物価・生産の変動といったマクロ経済の変動メカニズムを

[Column] 現実の経済を見る眼
投資教育の必要性

　最近、国民一般の金融知識を向上させることの重要性が多くの人によって指摘されています。金融知識を普及させるためのNPO（非営利団体）が設立されて金融や投資の知識を広げる通信教育が行なわれたり、中学や高校のレベルでも経済や金融の知識を教えるような授業の導入を検討する学校や自治体も出てきています。

　経済の構造が複雑になり、国民の日々の生活が経済変動に直接的にさらされるようになってきています。国民一人ひとりが自分の生活を守り、前向きな人生を送るようにするためには、最低限の経済や金融の知識を持つ必要があります。年金や金融商品の知識を持つことが必要であることはいうまでもなく、為替レートの仕組みや雇用のメカニズムなどの知識もあったほうがいいのです。

　私の個人的な経験の話になりますが、小学校か中学校の家庭科の授業で雑巾の縫い方を習いました。この技能が私のこれまでの人生で役立ったのは、海外出張でワイシャツのボタンをつけたときぐらいでしょう。学校を出てから雑巾を縫った記憶は一度もありません。ただ、子どもの頃、学校で経済や金融の知識についてしっかりと学んだという記憶はありません。当時はそういった社会のむずかしい仕組みはもっと後で学べばよいという考え方があったのかもしれません。しかし、いまやそういう時代ではないのです。常識的な社会人として生活するためには、経済や金融の知識が必要なのです。

　不良債権問題は経済や金融の知識の重要性が注目される大きなきっかけとなりました。金融の知識を持っていなくても大きな銀行にお金を預けておけば大丈夫だという常識は崩れつつあります。大切なお金は自分で判断して運用先を決めるという姿勢が必要なのです。しっかりとした経営をしている金融機関を選び、リスクとリターンをどうとっていくのか各自が判断するという自己責任が求められる時代なのです。

　日本の金融市場では、国民の金融資産が預貯金に偏ってしまって、株式市場や債券市場が低迷しているといわれます。日本経済の活力を引き出すためにも、もう少しリスクをとれる資金が株式市場などに流れ込んでくることが期待されます。そのためにも、金融や経済を見る眼を持った国民が増えることが重要なのです。

解明することにあるといってよいでしょう。

　もっとも、最近はマクロ経済学とミクロ経済学を区別することには意味がないと考えている経済学者も増えているようです。ミクロ経済学的な手法に基づいたマクロ経済分析でなければ意味がないと主張する学者も少なくありません（コラム「マクロ経済学のミクロ経済学化」を参照）。このような主張がどの程度正しいかはさておき、マクロ経済学とミクロ経済学は密接に関連した分野であり、両者を明確に区別することはむずかしいようです。

ミクロ経済分析の二つの特徴
(1) 経済合理性の前提

　経済学においては、人々や企業が合理的な行動をするという前提を置くことが少なくありません。現実には、人々は多くの非合理な側面を持っています。そのような非合理な面、あるいは異常と思われる面を強調し、それについて分析することはそれなりの意味があると思います。心理学などでは、そのような手法が成功していると聞きます。

　しかし、経済現象を大づかみにとらえ、経済の基本的な機能や動きについて分析するためには、人々が合理的に行動していると仮定したほうがよいと思われます。人々の経済活動のかなりの部分は、合理的な判断に基づいていると考えられるからです。

　合理性の前提は、分析上はたいへんに重要な意味を持っています。たとえば、コメの自由化問題について考えてみてください。私たちが外から直接観察できるものは、コメの価格、取引量、政府の財政負担額といった数字だけです。これだけでコメの自由化の影響について分析するのは難しいように思われます。しかし、もし消費者も農家も合理的に行動していると前提すれば、価格の背景にある農家の費用や消費者のコメの評価を読み取ることができるのです。

　農家が合理的であれば、価格が費用を上まわるかぎり生産を増大しようとするでしょうし、費用が価格の水準に達するまで生産をしようとするでしょう。したがって、コメの価格は何らかの意味で米の生産費用を反映しています。消費者のほうも、コメの価格とみずからのコメに対する評価を比較しながらコメの消費量を決めます。コメの価格の背景には、消費者のコメに対する評価も隠されているのです。

[Column] ステップアップ経済学
マクロ経済学のミクロ経済学化

　経済学の初級の教科書では、ミクロ経済学とマクロ経済学を分けて扱うことが普通です。しかし、より高度な経済学のレベルでは、「マクロ経済学のミクロ経済学化」が常識的ともなりつつあります。

　マクロ経済学とは、本来、消費・投資・財政支出・貿易などが経済全体の動きにどのような影響を及ぼし、それが金利や為替レートなど金融市場とどのように連係しているのか、マクロ経済という大きな視点から見る分析手法でした。しかし、そうしたマクロ経済学の基本的な構成要素である消費や投資などについて、その動きの基礎にある経済主体の行動原理をミクロ経済学的に明らかにしないかぎり、マクロ経済の動きを見誤るのではないかという見方が強くなってきています。

　この教科書でも説明するように、消費や企業行動の背後には、経済合理性に基づいた行動原理が隠されています。ミクロ経済学ではそうした考え方に基づいて行動原理を分析します。こうしたミクロ経済学的な分析が背景にないかぎりマクロ経済問題は分析できない、と強く主張する研究者も少なくありません。そういったこともあって「マクロ経済学という学問分野はすでに消滅した。すべてミクロ経済学のなかに含まれてしまっている」と、極論する人さえいます。大学院の学生のうわさ話を聞いていると、ミクロ経済学的な基礎があやふやなままマクロ経済を分析する伝統的なタイプのマクロ経済学を「どマクロ」と呼ぶようです。

　たしかに、経済問題を考えるとき——たとえそれがマクロ経済問題であっても——ミクロ経済学的な論理思考が必要であるという意味ではこういった流れは正しいのでしょう。ミクロ経済学はすべての経済学の基礎となっており、読者の皆さんにとってもミクロ経済学をしっかりマスターすることが経済学全体を理解するうえでもっとも確実な道であると考えてほしいのです。

　ただ、「マクロ経済学という学問はすでに消滅した」という言い方には少し誇張があります。景気変動、金融市場と需要との関係、雇用、為替レート、経済成長など、マクロ経済学が扱ってきた問題は通常のミクロ経済学とは違った分析視点が求められることが多いのです。伝統的なマクロ経済学の手法はいまでもそういった問題を考えるうえで非常に有効であると私は考えます。

このように人々の行動が合理性に基づいていると想定するなら、価格の背景に農家の費用や消費者の評価が隠されていることがわかります。この情報を使えば、自由化によってコメの価格が下がったときに、生産者がどれだけの損失をこうむり、消費者がどれだけの利益を得るかといったことを計算することができます。

　合理性の前提は、このほかにもさまざまな分析上の利点を持っています。税制などの政策の変化の影響について考える場合、人々の消費活動や企業の生産活動がどのように変化するかが分析の重要なポイントとなります。もし企業や消費者がある程度合理的に行動するなら、その変化の方向についておおよその予想をすることが可能になります。

　合理性ということを徹底的に追求した学問が、ゲーム理論です。ゲーム理論が経済学に及ぼした影響には計りしれないものがあります。最近の上級者用の経済学では、ゲーム理論が必修分野となっています。交渉、協調、契約、裏切りなどの問題が、現実の経済を考えるうえで避けて通れない問題であることは容易に想像できると思いますが、こうした問題は、合理性を基礎に組み立てられているゲーム理論の考え方を用いて深く掘り下げることが可能となるのです。

　多くの人が経済学を学び始めるとき、もっとも大きな抵抗を覚えるのは、人々が合理的に行動するという考え方です。上で説明したように、この合理性の考え方は経済学の考え方の基本ですが、現実の人々がいつも合理的に行動しているわけではないことも明らかです。

　第2章で説明しますが、人々の行動の心理学的な側面を強調することで、非合理的に見える経済行動について分析する研究が進んでいます。それによって株式市場でのバブルのような異常とも思える行動などがより明確になります。経済学では、こうした非合理的な行動パターンを分析する手法を行動経済学と呼びます。くわしくは第2章を参照してください。

(2) 市場における相互作用のメカニズム

　経済現象がときに非常に複雑になるのは、産業間、消費者間、市場間などにさまざまな形の相互作用が働くことによります。この相互作用について理解することが、経済現象について分析するさいに重要になります。この点に関して、つぎのような例を考えてみましょう。

政府系金融機関が低利で融資をすることは、人々が住宅を購入する負担を下げることになっているのでしょうか。有利な金利で住宅購入資金を借りることができるようになれば、人々の住宅購入の負担が下がるのは当たり前だと考えるかもしれません。しかし、話はそんなに単純ではありません。

　日本のように住宅需要が強い国では、低金利で住宅融資をすれば、住宅価格や地価を引き上げるだけに終わるかもしれません。かりに人々が所得のぎりぎりのところまで住宅購入にまわそうとするなら、住宅供給が増えないかぎり、低金利で融資した分は地価を上げるだけなのです。極端な言い方をすれば、公的支援のある融資は地主や住宅会社の利益を高めるだけであって、住居を購入しようとする人の助けにはなっていないのかもしれないのです。

　ここであげた例は、経済学で合成の誤謬と呼ばれる現象です。合成の誤謬とは、ミクロのレベルあるいは個々の立場で正しいと考えられることが、経済全体で見ると正しくないという現象です。経済は非常に複雑な有機体のようなものです。どこか一つを動かすと、それが思わぬ形で他の部分に波及し、予想もできないような反動を受けることが少なくありません。住宅融資の例でいえば、融資金利は地価に影響を及ぼすのです。

　経済政策運営にあたっては、合成の誤謬の可能性を認識することはきわめて重要なことです。合成の誤謬を見逃したために、大きな政策ミスを犯したケースも少なくないようです。

　個々の経済現象に関しては、それにかかわっている人がいちばんよく知っています。土地にかかわる税や補助金の仕組みについては政府の役人が、土地取引の実態については不動産業者が、そして融資に関する金融実務については金融関係者がいちばんよく知っているでしょう。しかし、税制、土地取引の実態、金融は、経済という大きな組織のなかで複雑な相互依存関係にあります。この関係を把握することなく、土地政策について意味のある結論を出すことは難しいと考えられます。このような相互依存関係について考えることは、経済学の重要な役割であり、またそこにこだわることが経済学の特徴といえるかもしれません。

モデル分析

　経済学では、しばしば、モデルあるいはモデル分析という用語が使われます。モデルとは模型というような意味で、現実の経済を単純化して分析するた

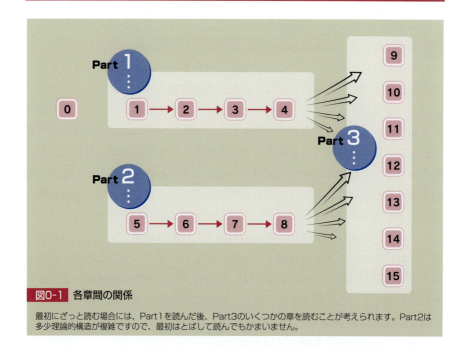

図0-1　各章間の関係

最初にざっと読む場合には、Part1を読んだ後、Part3のいくつかの章を読むことが考えられます。Part2は多少理論的構造が複雑ですので、最初はとばして読んでもかまいません。

めの経済のミニチュア模型のようなものです。複雑な現実の経済をそのままの形で分析することはできません。そのためには地球をもう一つつくってそれを観察しなければならないからです。そのかわり、分析の対象の本質的と思われる部分だけを「一筆書き」的に描いたモデルが利用されるのです。

　本書でも、しばしばモデルという用語が顔を出します。たとえばPart 2で扱う一般均衡理論では、その大半を2財モデルという単純なモデルで分析します。現実の世界には多数の種類の財が存在しますが、それをあえて二つの財に集約されると単純化して分析するのです。

　はじめて経済学に接する読者は、モデル分析というものに抵抗を感じるかもしれません。しかし、経済現象のなかにある本質的なメカニズムをえぐり出しそれを深く理解するためには、枝葉末節な複雑化は避け、できるだけ単純な枠組みで考える必要があります。それが抽象的思考というものです。

　モデルは地図のようなものであると考えることもできます。現実の地形は複雑でも、地図があれば目的地にたどりつくことができます。地図にも、目的によっていろいろなものがあります。住宅地図、高速道路路線図、海図、登山地図、世界地図などです。同じように、経済モデルも分析のためにさまざまなも

のがあります。経済学を学び、モデルという考え方に親しむのは、経済の地図の使い方を学ぶということであるともいえます。

本書の構成

　この序章を別として、本書は3部から成っています。Part 1では部分均衡分析を、需要と供給という考え方を柱にして、ミクロ経済学の基本的な問題について説明します。Part 2の一般均衡分析では、消費者行動、企業行動、市場メカニズムについてさらに掘り下げていきます。Part 3では、ミクロ経済学の基本的な考え方をいろいろな問題に展開します。

　各章の関係と読み方については、図0-1として示した関係図が参考になるでしょう。

Part 1
需要と供給の理論

　Part 1 では、ミクロ経済学のもっとも基本的な考え方である需要と供給の考え方について説明します。ミクロ経済学は、需要と供給にはじまり、需要と供給に終わるといっても過言ではないと思います。特定の財やサービスの市場に分析対象を絞って、その市場の需要曲線と供給曲線を用いて分析する手法を、「部分均衡分析」といいます。ちなみに、さまざまな市場の間の相互依存関係を考慮に入れた「一般均衡分析」については Part 2 でとりあげます。

　需要曲線や供給曲線は単純な形をしていますが、その背後に多くの情報が隠されています。需要曲線の背後には消費者の消費選好が、そして供給曲線の背後には供給者（企業）の費用構造が隠されています。需要や供給の背後にある経済主体の行動原理を知ることで、需要・供給分析の持つ深みを理解してほしいと思います。

　本書ではできるだけ具体的な経済問題を事例としてとりあげるようにしています。需要・供給曲線がさまざまな問題に利用可能であることがわかると思います。消費税や補助金のような政策の影響の分析から、国際貿易から雇用まで、需要と供給の考え方を用いて分析できます。またそうした分析を通じて、価格の果たす役割（価格メカニズム）について理解を深めてもらうことも、この Part の目的なのです。価格メカニズムこそ、ミクロ経済学のもっとも基本的な分析テーマなのです。

このPartで議論することは、それほどむずかしくないはずです。しかし、このPartをきちんと理解することで、ミクロ経済学のもっとも基本的な部分についてはすべてカバーされているといってもよいでしょう。まず、このPartの内容をきちんと理解し、そのうえで応用問題や発展テーマに関心のある読者はすぐにPart 3に進んでもかまいません。じっくりとミクロ経済学の基礎をマスターしたいという読者は、このPartに続いて、Part 2で一般均衡分析の基本的な考え方について学んだうえで、Part 3の応用問題に進むこともできます。

1

需要と供給

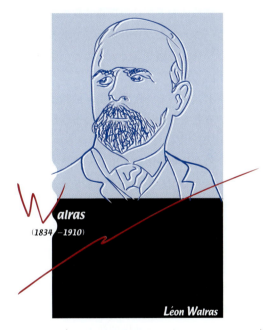

ワルラス(Marie Esprit Léon Walras：1834-1910)
一般均衡理論の古典的な研究をうち立てたフランス人経済学者。1950年代から60年代はじめに大きな発展を遂げた数理モデルによる一般均衡理論はワルラス・モデルともいわれるぐらい、ワルラスの影響力は大きい。

👧 この章でとりあげる「需要と供給」という言葉は、中学や高校の授業で聞いたことはあるのですが、どういうものか忘れてしまいました。もう一度教えてほしいのですが。

👨 経済学は「需要と供給にはじまり、需要と供給に終わる」といっても過言ではありません。需要と供給はまさに、経済学の真髄です。

👧 そんなに重要なことをいきなりぶつけられたら、初心者には理解できないのではないでしょうか。

👨 中学・高校の社会科の教科書などで右下がりの形をした「需要曲線」というのを見たことがありませんか。価格が安くなるほど、需要量が大きくなるということをグラフで表わしたものです。

👧 そんなグラフ見たことがあったかしら。

👨 たぶん、この章を読めば右下がりの需要曲線を思い出す人も多いと思います。それともう一つ、右上がりのグラフである「供給曲線」というのも出てきます。このグラフは、価格が高くなるほど、供給量も大きくなるという関係を表わしています。

👧 需要量とは、消費者が買いたいと思う量、供給量は企業が売りたいと思う量を表わしていると考えればよいのでしょうか。

👨 そうですね。とりあえずはそう考えてください。説明をしていくうちに、もっといろいろな需要や供給が出てくることになりますが……。この章ではまず簡単なケースを想定します。この章を読んでもらえば、非常に簡単なグラフで経済のいろいろな問題が分析できることがわかると思います。

👧 たとえば、どのような問題を考えることができるのでしょうか。

👨 そうですね。たとえば、天候不順で野菜の収穫が減ると、価格が高騰することがあります。こうした価格上昇がどの程度の規模で起きるのか、需要曲線と供給曲線を使うことで分析できます。こうした需要と供給や価格の関係を理解することは、農業関係者や流通関係者にとってとても重要であることがわかると思います。

👧 野菜の価格であれば消費者にも関心のある問題ですね。

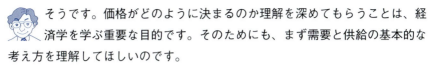そうです。価格がどのように決まるのか理解を深めてもらうことは、経済学を学ぶ重要な目的です。そのためにも、まず需要と供給の基本的な考え方を理解してほしいのです。

そのほかに、どのような問題をこの章で学ぶのでしょうか。

たとえば、消費税の税率が上がったら、商品の価格がどれだけ上がるのかという点についても分析します。

税金が上がれば、その分だけ価格が上がるのではないのでしょうか。

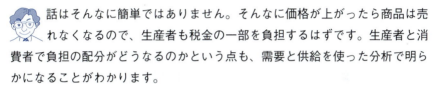話はそんなに簡単ではありません。そんなに価格が上がったら商品は売れなくなるので、生産者も税金の一部を負担するはずです。生産者と消費者で負担の配分がどうなるのかという点も、需要と供給を使った分析で明らかになることがわかります。

わかりました。いろいろな例は出てくるが、とにかく需要曲線と供給曲線の考え方に慣れるというのがこの章の目的なのですね。

そのとおりです。経済学を学ぶためのウォームアップだと思って、この章を読んでみてください。

　経済学でもっとも基本的な考え方が、需要と供給の考え方です。すべての経済現象は需要と供給に分解して考えてみると、その実態がよく見えてきます。私たちが日頃何気なく目にしている経済問題でも、あまり意識しないで需要や供給という考え方を使っていることが少なくありません。

　「都市開発が進み、東京の豊洲は便利な街になった。だからそこに住みたい人の住宅需要が増えて、地価も高騰ぎみだ。」「医療関係者が医学部の新設に反対するのは、医師の供給が増えると、医師の所得が下がっていくからだという見方がある。」「イランと米国が国交を回復して、イランの石油の輸出がはじまった。原油の供給が増えるので、国際市場での原油価格は下落基調となっている。」

　読者の皆さんは、こうした文章を読んでも違和感を持たないはずです。需要や供給は当たり前のように私たちの思考のなかに入ってきています。そして需要と供給を利用して実にさまざまなモノやサービスの分析が行なわれます。上

であげた例は、土地、医師、石油の需要と供給の話ですが、これ以外に、野菜、円やドルなどの通貨、株、労働力、電力など、ほとんどすべてのモノやサービスや資産について、需要と供給で考えることができるのです。

　これから第4章まで、需要曲線と供給曲線を使った分析手法を学びながら、さまざまな経済問題に応用してみたいと思います。需要と供給の原理が理解できれば、ミクロ経済学の基本はマスターしたといってもよいでしょう。

I　需要・供給曲線

黄金のクロス

　経済学のどの教科書を開いてみても、図1-1に描いたような右下がりの曲線と右上がりの曲線が交差した図をみかけます。需要曲線と供給曲線です。この二つの曲線を用いた分析は、実に幅広い応用範囲を持っており、ほとんどの経済問題に顔を出します。需要・供給曲線は、経済学にとってはもっとも重要な分析用具であり、まさに「黄金のクロス（十字架）」です。

　経済学は、需要と供給にはじまり、需要と供給に終わる、といっても過言ではありません。大根の価格や大根の生産・消費について分析するためには、大根の需要曲線と供給曲線を使います。賃金の動きや失業の問題について考える場合には、労働の需要曲線と供給曲線を使います。このほかにも、為替レートを分析するための外国通貨（たとえばドル）に関する需要・供給曲線、利子率の動きを見るための資金に関する需要・供給曲線などもあります。

　図1-1に描かれているように、需要曲線も供給曲線も単純な形をしています。縦軸には価格が、横軸には需要と供給がとられています。多くの読者は、この図になじみがあると思いますが、具体的な商品をイメージに描きながら、この図について簡単に説明してみましょう。

　図1-1は、東京におけるおにぎりの需要と供給を表わしたものであるとしてみましょう。縦軸にはおにぎりの価格が、横軸にはおにぎりの需要と供給がとられています。

　需要曲線は右下がりになっています。これはおにぎりの価格が安くなればおにぎりの需要が増大すると考えられるからです。もしおにぎりが1個500円も1000円もしたら、おにぎりを買う人はあまりいないでしょう。逆に、1個数十円であれば、おにぎりを買う人も増えるでしょう。需要曲線はこのような関係

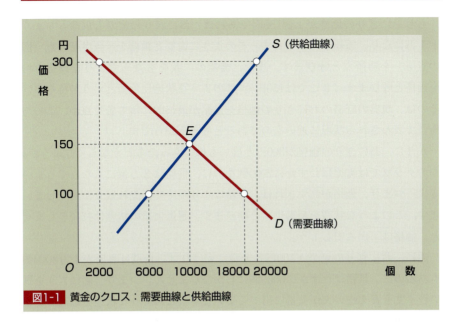

図1-1 黄金のクロス：需要曲線と供給曲線

を示しています。

　図に即していうなら、おにぎりの価格が300円のとき、おにぎりの需要は2000個となります。縦軸の300円のところから水平線を引いて、需要曲線とぶつかったところの横軸の座標を読めば、2000個と読み取ることができます。同じようにして、価格が150円のときは需要が1万個、価格が100円であれば需要は1万8000個と読むことができます。価格が低いほど、需要が多くなっていることがわかると思います。

　供給曲線は、通常、右上がりの曲線として描かれます。これは、価格が高くなれば、おにぎりの供給も増えると考えられるからです。もしおにぎりが高く売れるなら、おにぎりを扱う店も増えるでしょう。逆に、おにぎりの値段が安ければ、おにぎりを扱う店も少なくなるに違いありません。おにぎりの供給曲線とは、このような関係を表わしていると考えてよいでしょう。

需要と供給の一致

　図1-1のような需要・供給曲線のグラフで、二つの曲線の交点（図では点E）は重要な意味を持っています。この点で、需給が一致するからです。この需給の一致点について少し説明してみましょう。

もしおにぎりの価格が1個150円であれば、おにぎりの需要も供給もちょうど1万になり、需給が一致します。このように需要と供給を一致させる点（図の点 E）を<u>均衡点</u>と呼びます。また、需給の一致をもたらすような価格を<u>均衡価格</u>と呼びます（ここでは150円）。このような状態に均衡という名称をつけるのは、現実の経済のおにぎりの価格や需給が最終的に落ち着く点が、この均衡点で表わされる状況に近いものであると考えるからです。

　かりに、おにぎりの価格が300円と高いものであったらどうなるでしょうか。このグラフでは需要はわずかに2000個なのに、供給は2万個にもなってしまいます。つまり、価格が高すぎれば、供給ばかり多くて、売れ残りが出てしまいます。このような状態を<u>超過供給</u>と呼びます。超過供給の状態は長続きしません。価格は下がるでしょう。

　逆に、おにぎりの価格が100円と非常に安ければ、今度は需要が1万8000個もあるのに、供給はわずかに6000個にしかなりません。つまり、おにぎりを買いたくても買えない人が大量に出てしまいます。このような状態を<u>超過需要</u>と呼びます。超過需要の状態も長続きせず、価格は引き上げられるでしょう。

　結局、価格が均衡価格である150円より高くても低くても、需要と供給のバランスがとれません。需要と供給が一致するように、価格が調整されるはずです。超過需要があるときは価格が上昇し、超過供給があるときは価格が低下します。このような価格の調整機能が働くなら、おにぎりの価格は均衡価格に落ちつくはずです。需要・供給分析では、このような調整メカニズムを前提として、均衡点にスポットを当てた分析を行ないます。

　これまでの説明を読んで、つぎのような不満を持つ読者がたくさんいると思います。「東京のおにぎり屋が同じ価格をつけていることになっているが、現実には価格に相当なばらつきがある」、「均衡価格がつけばおにぎりの需要と供給が一致するとあるが、実際にはおにぎりを買いたくても店頭になかったり、売れ残りを抱える店があったりする」、「おにぎりの価格はそれぞれのおにぎり屋がつけるはずなのに、ここの議論ではおにぎりの価格はだれがつけているのかよくわからない」などの不満です。

　これらの不満は、どれももっともなものです。ミクロ経済学についてより深く学んでもらえば、これらの点について、より満足のいく理解が得られるでしょう。ただ、つぎの点を強調する必要があります。経済理論は、現実の経済現象をできるだけ単純な形で表現し分析するためのものです。経済現象の本質を

とらえるためには、「一筆書き」で描いた経済の単純な絵が必要になります。需要・供給曲線とはそのようなものです。

　現実の世界では、店によっておにぎりの価格は違うかもしれません。しかし、そのような細かな差異を気にしても仕方がありません。大勢としておにぎりの価格がどのように動いているのかを知るためには、ばらつきのある価格の平均をとればよいのです。それが、ここでのおにぎりの価格です。経済には一物一価の法則が働いており、価格のばらつきはそんなに出ないものです。高い値段のおにぎり屋と安い値段のおにぎり屋があれば、客は安い値段のほうに行ってしまうので、いつまでも高い価格をつけているわけにはいきません。このような調整を通じて、価格のばらつきはある程度解消していくものです（一物一価の法則については、第4章で説明します）。

　また、均衡価格のもとであっても、買えない人がいる一方で、売れ残りを抱える店があるでしょう。しかし、ここでの関心事はそのような個々の消費者や店の動向ではなく、東京全体として見たときのおにぎりの価格の動向です。したがって、東京全体で見たときの需要と供給がバランスしている状態を均衡と呼んで分析してかまわないでしょう。

　ところで、「だれが価格をつけるのか」という問題は、ミクロ経済学できわめて重要な問題です。現実の経済においては、おにぎりの価格はそれぞれのおにぎり屋がつけます。しかし、ここでの関心事は、個々のおにぎり屋の価格がどのように設定されるかということではありません。東京という大きなマーケット全体で見て、おにぎりの価格がどうなるかということです。個々のおにぎり屋の価格と、マーケット全体の平均的な価格との間には、決定的な差があります。

　おにぎりのように多数の売り手がいて、品質もほぼ均一な商品では、他の店より極端に高い価格をつけることはできません。客を取られてしまうからです。個々のおにぎり屋は「マーケットで決まっている」価格に縛られ、それとあまりかけ離れた価格をつけることはできないのです。もちろん意地を張って、高い価格をつけて細々と商売を続けていく人がいるかもしれませんが、マーケット全体に関心があるわれわれにとって、それは「異常値」（例外）であり、無視してかまわないのです。

　このように需要と供給の一致という力に制約を受けて、個々の供給者の思惑とは別のところで価格が決まってくるメカニズムを分析するため、完全競争

(perfect competition）という考え方を用います。この概念については、第2章でくわしく説明します。図1-1に描いた需要・供給曲線の交点で価格が決まるという考え方は、多数の供給者と需要者のもとでの価格の決定と需給のバランスを単純化して表わしたものなのです。

II　価格変動と需要・供給曲線のシフト

労働市場と賃金

　需要・供給曲線を用いた分析は、さまざまな問題や市場に利用することができます。まずはもっとも代表的な例である、労働の需要と供給について考えてみたいと思います。

　図1-2は、労働市場における需要（労働需要）と供給（労働供給）を図で表わしたものです。通常の需要・供給曲線と同じですが、ここで縦軸にある価格には賃金と記されています。賃金が労働サービスの価格だからです。横軸に記されるのは、需要のほうは労働需要です。つまり、企業などがどれだけの労働を需要するかということです。供給のほうは労働供給です。これはどれだけの労働者がどれだけの時間働きたいと考えているのかを総計した総労働供給量を示したものです。

　図にもあるように、労働需要曲線は右下がりになっています。つまり、賃金が安いほど、多くの企業がより多くの労働を需要するのです。一方で労働供給曲線が右上がりになっているのは、賃金が高くなるほど、より多くの人がより多くの時間働こうとする、ということを示しています。

　労働市場の均衡と呼ばれるところは、この労働需要曲線と労働供給曲線が交わる点（図1-2の点 E）で示されます。この点に対応する賃金水準（図の縦軸の W^*）では、労働需要と労働供給が等しくなるからです。つまり労働への需要と供給に過不足がない状態です。

　さて、この図を利用してもう少し分析を進めることができます。それが図1-3に示されています。何らかの理由で労働への需要や供給の行動に変化が生じたときに、それに応じて賃金や労働の需要と供給がどのように変化するのか調べたものです。

　まず、労働需要が増えた場合の影響について考えてみましょう。たとえば、経済全体の景気が良くなれば、労働需要は図1-3①に示したように、右にシ

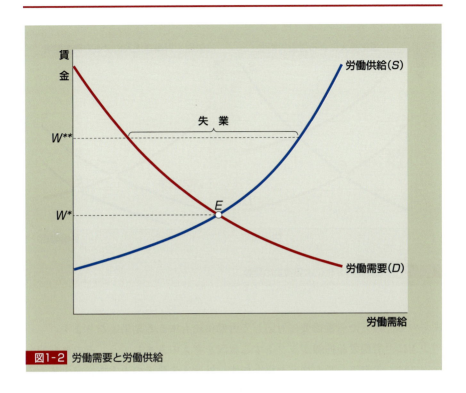

図1-2 労働需要と労働供給

フトすると考えることができます。労働需要曲線は賃金が下がれば労働需要が増えるという、賃金と労働需要の関係を示したものです。その背後にはさまざまな条件を前提としています。この前提が変わって労働需要が増えるような環境になったときには、需要曲線が右方向、つまり労働需要を増やす方向へ動くことになります（この点について、くわしくはつぎの章で説明します）。

　景気が良くなれば、同じ賃金でも前よりも労働需要が増えるはずですから、図に示したように労働需要が右にシフトします。これ以外にも、たとえば政府が雇用を増やす目的で、雇用を増やした企業に補助金を提供するような政策を行なった場合にも、労働需要曲線は右にシフトすると考えられます。

　さて、労働需要曲線を右にシフトさせるような労働需要の増加が起きたとき、労働市場はどうなるのでしょうか。図に示したように新たな均衡は E' へと動きます。つまり賃金は上昇し、労働需要も労働供給も増加することになります。労働の需要が増えれば賃金が上昇するというのは、何となく納得できる結果です。そして賃金が上昇すれば労働供給も（労働供給曲線に沿って）増え

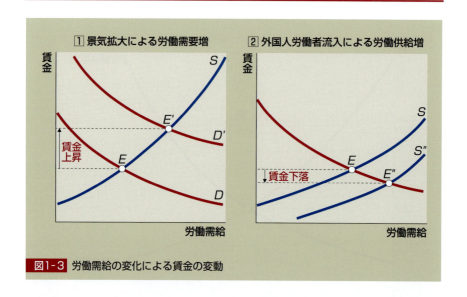

図1-3 労働需給の変化による賃金の変動

ますので、増えた労働需要に対応して労働供給も増える結果となります。

つぎに、労働供給曲線がシフトする状況を考えてみましょう。その典型的なケースは、労働者の数が増えた場合です。外国人労働者の流入を容認するような政策を政府がとった場合には、労働供給曲線は図1-3②に描いたように、労働供給曲線は右にシフトします。そのほか、女性の労働参加を支援するような政策を政府がとったとき、あるいはシニアの雇用を増やすような政策をとったときなども、同じように労働供給曲線は右にシフトします。

さて、図に示したように労働供給が増えれば、均衡点はEからE''へとシフトします。つまり賃金が下落し、労働需要と供給は増えることになります。これも理解しやすい結果だと思います。海外から多くの労働者が入ってきて労働供給が増えれば、労働市場が供給過剰になり、賃金を下げる結果となります。賃金が下がれば、企業もより多くの労働者を雇用しようとして、結果的に労働の需給は一致します。

多くの国で、海外から労働者が入ってくることに、国内の労働者が反発する声があります。外から来る労働者が自分たちの仕事を奪うだけでなく、全体として賃金を下げる影響を及ぼすからです。多くの国でこうした問題は非常に深刻な社会問題となりますが、その背景にある基本的な構造は図1-3に示したようなことになります。

労働市場の需要曲線と供給曲線を使って、もう一つ重要な問題をとりあげたいと思います。失業の問題です。景気が悪くなると働きたくても仕事がない失業者が大量に生まれます。景気の悪い国では失業率が20％を超えることもあります。働きたいと考える人の5人に1人が失業していることになります。なぜこうしたことが起きるのかということは、マクロ経済学の主要なテーマになりますが、ここで利用している労働の需要供給曲線を用いて、簡単な議論ができます。

　図1-2に戻ってください。図に示したW^{**}のような、少し高めの賃金であったとしてみましょう。図からも読み取ることができると思いますが、このように高い賃金だと、労働供給のほうが労働需要よりも大きくなります。つまり働きたいという人の数のほうが、企業の求人数よりも多くなるのです。これを超過供給の状態といいます。

　労働供給のほうが需要よりも大きければ、働きたくても働けない人が出てしまいます。これが失業者なのです。読者は、「超過供給なら賃金がW^*まで下がればよいのではないか」と考えると思います。もっともな疑問です。市場がうまく機能していれば、失業者が大量にいる状況では賃金が下がって、労働の需要と供給は一致するはずです。

　現実の世界で多くの失業者が出ることが少なくないのは、労働市場がうまく機能していないからです。失業者が大量にいても、賃金が下がらなければ、失業問題は解消しません。そこに市場の欠陥が存在するのです。経済学者は、失業があってもなぜ賃金がなかなか下がらないのか、さまざまな研究を行なっています。賃金の下方硬直性の問題とも呼ばれるものです。

　賃金の下方硬直性にはさまざまな理由が考えられます。そもそもいったん決まった賃金は契約に縛られるので、失業が増えたからといって簡単に下げられるものではありません。労働組合も、労働者の賃金が下がることに抵抗するでしょう。また、賃金を下げたら有能な労働者が辞めてしまい、能力の低い労働者しか残らなくなると経営者が考えることもあります。いずれにしろ、さまざまな理由で賃金は下方硬直性という性質を持っており、そのため、失業という問題が存続することになります。

白菜の価格はなぜ大きく変動するのか

　白菜やレタスなどの野菜の価格は、大きく変動することが知られています。

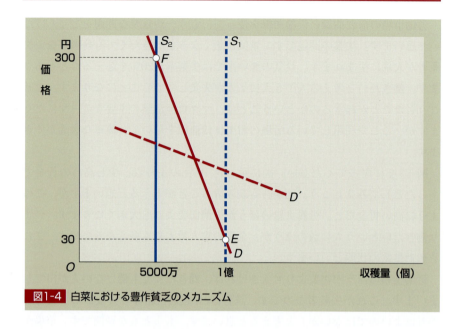

図1-4 白菜における豊作貧乏のメカニズム

　私事になりますが、白菜の価格については私にも思い出があります。アメリカから戻ってきて日本の大学で最初に講義を受け持った年は、台風などの影響で白菜が不作でした。収穫が前年の半分になったため、白菜の価格が10倍近く上がってしまったという新聞記事があったことを記憶しています。早速、私の最初の講義でこの例を使いました。なぜ、白菜の価格は大きく変動するのでしょう。収穫が半分になると価格が10倍近くなるということが起こりうるのでしょうか。

　図1-4は、これを説明するためのものです。需要曲線の傾きがきわめて急であること、供給曲線が垂直線であることに注目してください。これが、ここでの議論のポイントです。

　供給曲線が垂直線になっているのは、つぎのような理由のためです。通常の供給曲線が右上がりになっているのは、価格が高くなれば供給が増えるというメカニズムが組み込まれているからです。白菜にしても、そのようなメカニズムがないわけではありません。白菜の値段が高くなっていけば、他の作物から白菜に切り替える農家が増えるかもしれないからです。しかし、そのような供給の調整には時間がかかります。ここでのわれわれの関心の対象は、天候などによる白菜の収穫の変化が価格に及ぼす影響です。白菜は今日種をまけば明日

[Column] ステップアップ経済学
ますます重要となる実証分析

　本書のような入門書では、理論的な内容を説明することが中心になります。本書でも理論を説明するために現実経済の事例をいろいろ出しますが、それはしょせん事例であって、具体的な経済問題を分析しているわけではありません。

　しかし、経済学とは本来は現実の経済問題について答を出すことを求められる学問でもあります。そこで、第一線の研究現場やもう少しレベルの高い教科書などでは、現実のデータを利用して分析することが重視されます。データを用いて統計的に分析する手法を「実証分析」といいます。

　近年、実証分析の重要性が増してきており、実証分析の手法を整理した計量経済学という研究分野で多くの成果が出されています。経済学を大学で学ぶ学生も、上級に進むほど、実証分析や計量経済学の理解を深めていくことが要求されていきます。

　コンピュータが簡単に使えるようになり、インターネットなどを通じてデータをダウンロードしやすくなったことも、実証研究が多く行なわれていることの原動力だと思います。いまや、研究や教育のレベルだけでなく、あらゆる所で実証分析の重要度が増しています。

　政府や日本銀行など政策を行なう組織はもちろんのこと、企業も市場調査などに実証研究の手法を活用しています。景気予測、市場の消費調査、政策や企業戦略の影響のシミュレーションなど、すべて実証研究の手法を利用します。株式市場や債券市場で資産を運用する投資家や金融機関にとっても実証分析から得られる情報は貴重なものです。

　ただ、理論的な基礎がないままデータを分析することは危険なことです。計量経済学でも理論モデルと実証分析の関係の重要性を強調します。実証分析とはいっても、理論なき計測になってはいけないからです。

　読者の皆さんのなかにも、これから経済学の勉強を進めていって、実証分析や計量経済学の授業を受講したり、あるいはそういった分野の教科書を読む人も少なくないでしょう。そうした勉強を有意義なものにするためにも、この本で説明するようなミクロ経済学の理論的な基礎や基本的な考え方をマスターしておくことが重要です。ミクロ経済学は実証分析も含めて経済学全般を読み解くための文法のようなものだからです。

収穫できるというものではありません。したがって、ここではとりあえず供給量は価格によっては変化しないもの、つまり供給曲線は垂直線であると考えます。

さて、この図では、S_1線が前年の白菜の収穫（供給）を、S_2線が今年の白菜の収穫を表わしています。天候不順のため、今年の収穫は前年の半分になっています。曲線Dは、日本全体の白菜に対する需要曲線を表わしています（需要については、年によって大きな変動はないと考えます）。すると、前年の均衡点はE、今年の均衡点はFとなり、たしかに白菜の価格は10倍になっています。

このように、価格が大きく変動する原因は、需要曲線の傾きにあります。需要曲線の傾きが急であるため、供給量が減少すれば価格は大幅に上昇するのです。参考までに、図1-4には破線で傾きのなだらかな需要曲線を描いてあります。こちらの需要曲線では、収穫が変動しても価格は大きく変化しないことがわかります。

白菜の需要曲線はなぜ傾きが急になるのでしょうか。傾きが急であるということは、価格が下がっても需要は少ししか増加しないし、価格が上がっても需要は少ししか減少しないということです。つまり、需要が価格にあまり反応しないのです。このような需要曲線を、価格に対して非弾力的な需要曲線といいます。

日本人にとって、鍋料理（鳥の水炊き、蠣の土手鍋、てっちりなど）は、冬には欠かせないものです。しかも、白菜の入らない鍋など考えられません。白菜の価格が多少高くなっても、白菜への需要はあまり減らないでしょう。これが、白菜の需要曲線の傾きを急にしている原因なのかもしれません。

理由はともあれ、白菜の需要曲線の傾きが急であれば、つぎのようなことが起こります。天候の不順によって、白菜の供給が減少しても、それに見合った需要の低下をもたらすためには、価格が相当に上がらなければならない。日本人に前年の半分の白菜の消費でがまんしてもらうためには、それだけ白菜の価格が高くならなければならないのです。

豊作貧乏

ところで、ここで説明したことは、「豊作貧乏」と呼ばれる現象と基本的には同じものです。図1-4で、前年と今年を比べると、農家全体の白菜の収入

は、不作であった今年のほうが、豊作であった前年より、はるかに高くなっていることがわかります。1億個とれた前年の収入は30億円、5000万個しかとれなかった今年の収入は150億円となっています。

　農家の収入は、価格に収穫量をかけたものです。豊作貧乏とは、とれすぎると価格が大幅に下がって、収益が下がってしまう現象です。需要が価格に対してあまり反応しない財の場合には、このような現象がみられます。

　では、どのような財の場合には、需要が価格にあまり反応せず、需要曲線の傾きが急になるのでしょうか。すぐに思いつくのは、コメなどのような必需品です。コメがいくら安くなったからといって、そうたくさん食べられるものでもありません。また、値段が高くなっても、コメなしで生活することはむずかしいので、コメの需要はそれほどは落ちないでしょう。このように必需性の強い商品の需要は、価格変化にあまり反応しません。上の例の白菜も、必需品的な性格を持っているのかもしれません。

　発展途上国の輸出品には、農林水産物や鉱物資源のような一次産品が多く、これらの商品の需要は価格変化にあまり大きな影響を受けません。また、農林水産物は、その収穫に大きな変動があります。したがって、白菜の例と同じように、発展途上国の輸出品の価格は大きく変動する傾向があります。この価格変動が途上国の輸出収入を不安定にし、経済発展の阻害要因になるともいわれています。

白菜のケースをデータで見ると

　需要曲線や供給曲線は、経済学者が勝手に考え出したもので、現実に眼に見えるものではありません。しかし、実際の価格や需要供給の動向を見ることで、需要曲線や供給曲線の形状について想像することはできます。この点について、白菜の例を使って説明してみましょう。

　図1-5は、ここ10年間の白菜の収穫量と白菜の価格の動きをとったものです（この数字は仮想のものです）。グラフ上の個々の点は、特定の年の白菜の価格と収穫量を表わしています。収穫の少なかった年には、白菜の価格が高くなっていることが読み取れます。

　さて、勘のいい読者なら、図に書き入れてある赤い線が白菜の需要曲線を表わしたものであることに気づいたと思います。かりに、白菜の需要曲線はあまり変化せず、供給のほうだけ天候の変動などによって動くとするなら、結果的

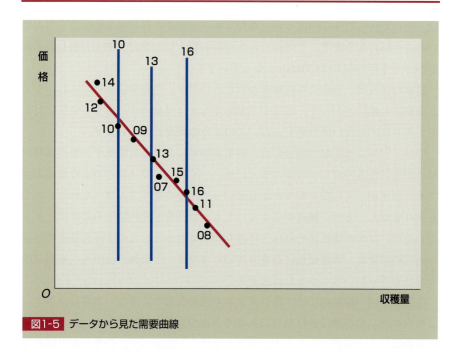

図1-5　データから見た需要曲線

にデータに出てくる価格と収穫量の組み合わせは、需要曲線上の点を拾っているはずです（実際には、景気の変動など需要を動かす要因もあるので、需要曲線も多少はシフトします。したがって、個々の点は完全に一つの需要曲線上にのっているわけではありません）。

図1-5に記入してある3本の垂直線は、2010、13、16年の白菜の収穫を示した供給曲線です。需要曲線の位置に変化がないとするなら、この三つの年の価格は、これらの供給曲線と需要曲線の交点となっているはずです。したがって、三つの年の価格と収穫を表わした点は、需要曲線上にのっているということになります。

このように考えると、グラフ上にとった点をつなげていけば、需要曲線を描くことが可能になります。図1-3にも、そのようにして描いた需要曲線が引いてあります。このように、データをもとにして需要曲線や供給曲線を描くことは、現実の経済問題を分析するさいには役に立ちます。計量経済学という分野では、そのための手法がいろいろと開発されています。ここの例では、需要曲線が変化しないで、供給曲線が大きく変化するという特殊な状況を考えているので話は簡単ですが、現実の問題で需要曲線や供給曲線を導出しようとする

と、いろいろとやっかいな問題が発生します。

鉄道の開設と地価：地価上昇は宅地供給を促すか

　白菜の例は供給が変化したときの価格の動きを示したものですが、つぎに需要が変化したときの価格の動きについて、一つの例をあげて考えてみましょう。ここでは、大都市近郊のベッドタウンの地価を例にとりあげます。

　いま大都市へ通じる新たな鉄道が開設されたとします。通勤が便利になった沿線の地価はどのようになるでしょう。常識的に考えて、地価は上昇すると予想されます。沿線の街は通勤に便利になったので、それだけ宅地への需要が高まり、価格が上昇するというわけです。

　図1-6は、このような状況を需要曲線と供給曲線を用いて分析したものです。縦軸には宅地の価格、横軸には宅地の需要と供給がとられています。通勤新線ができる前の需要曲線はD_1、通勤新線ができた後の需要曲線はD_2で表わされています。つまり、通勤新線の開通で、この街の宅地需要は拡大しているのです。―1

　さて、図1-6にあるように需要が拡大すると、需給を均衡させる点は、図の点Eから点Fに移動します。つまり、地価は上昇します。これを図上の動きに沿って説明するなら、宅地への需要の拡大によって、需要と供給のアンバランスが生じます。それが地価を引き上げ、そのような地価の引き上げによって宅地供給は供給曲線に沿って点Eから点Fまで増加するのです。

　では、通勤新線によって宅地需要が拡大したとき、地価はどの程度上昇するのでしょうか。図1-6には二つの図が描いてありますが、二つの図の違いは宅地供給曲線Sの傾きの違いにあります。この二つの図を比べるとわかるように、同じように宅地への需要が拡大しても、ケース①のほうが右側のケース②より地価の上昇の程度が大きくなっています。ケース①では、宅地の供給曲線の傾きが急になっています。これは、地主のつぎのような行動パターンを表わしています。供給曲線の傾きが急になっているということは、地価が上昇しても宅地の供給はあまり増えないということです。したがって、通勤新線の開

1——需要曲線がD_1からD_2へと右にシフトしているとき、需要が拡大していることは理解できますか。D_2の需要曲線はD_1の需要曲線よりすべての価格のところで右側にあります。地価のいかんにかかわらず、D_2の需要曲線のほうが需要は多くなっているのです。

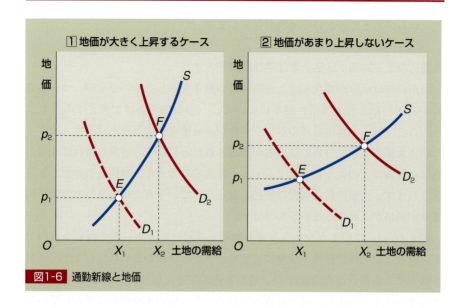

図1-6 通勤新線と地価

通によって宅地需要が拡大しても、いたずらに地価ばかり上昇するだけで、宅地供給は増えません。つまり、地主が土地の売り惜しみをしているのです。

これに対してケース②では、わずかな地価の上昇に対しても、宅地供給は大幅に増加します。この場合には、通勤新線が開通しても地価はそれほど上昇しなくてすみます。このように供給曲線の形状によっては、地価の上昇の程度は大きく違ってきます。この点については、第3章で供給の価格弾力性という概念を使ってよりくわしく分析します。

図1-6では、通勤新線の開通によって、地価が上昇しただけでなく、宅地の供給も増加しました。しかし地価上昇は、このように必ず宅地の増加を促すものとはかぎりません。図1-7は、地価上昇が宅地供給をかえって減少させるような状況を描いたものです。この図の場合も、通勤新線によって宅地に対する需要が増大しますが、その結果宅地供給はかえって低下していることがわかります。

このようなことが起こるのは、供給曲線Sが右下がり（左上がり）になっているからです。地主が本当に土地を売り惜しんだら、地価ばかり上昇して、宅地供給はかえって低下するということもありえます。

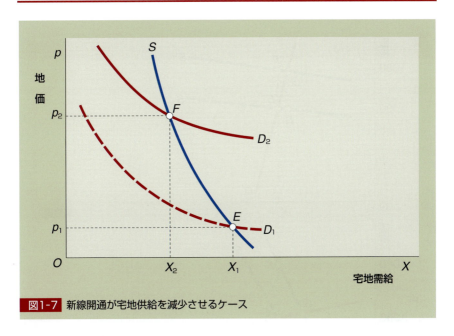

図1-7 新線開通が宅地供給を減少させるケース

消費税はだれが負担するのか

　消費税の引き上げのときには、つねに政治的に大きな軋轢が生まれます。多くの場合には、野党はどの党も消費税率の引き上げに反対します。与党も引き上げに慎重な人が少なくありません。国民の多くが消費税の引き上げに抵抗感を持っていることを認識しているからです。

　消費税とは消費者に税金を課すものなので、その負担は消費者が負うと考えられがちです。税がなければ100円で購入できるのが、8％の税金がかかれば108円になる。それだけ消費者の負担が増える。こう考える人が多いのです。ただ、現実はそんなに単純ではありません。消費税がかかっても、それをすべて価格に上乗せすれば売り上げが減少します。それを恐れて、生産者が税の一部を負担するような値下げをするかもしれないからです。消費税をだれが負担するのか。この問題は、需要曲線と供給曲線を使って分析することができます。

　国民がいちばん関心を持つのは、消費税によって価格がどれだけ上がるのか、ということです。需要・供給曲線で、消費税が価格にどのようにはねかえってくるのかという点について、簡単に分析することができます。図1-8を用いて、この点について説明してみましょう。

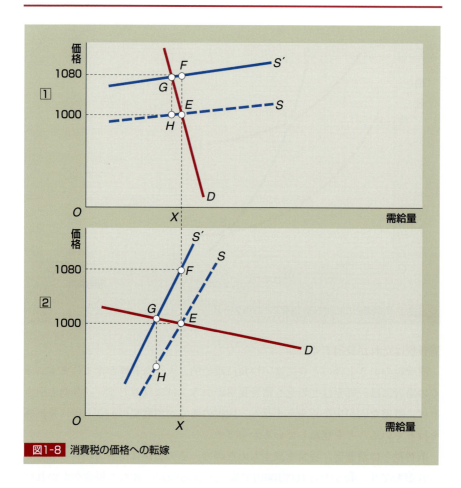

図1-8 消費税の価格への転嫁

　図1-8には二つの図がありますが、図①は消費税によって価格が大幅に引き上げられるケース（つまり税金が消費者価格に転嫁されるケース）を表わしており、図②は消費税がほとんど価格を引き上げないケース（つまり生産者が税金をほとんど負担するケース）を示しています。

　どちらのケースでも、曲線Dは需要曲線、曲線Sは税が課される前の供給曲線を表わしています。消費税が課される前の均衡点は、この二つの曲線の交点（点E）で表わされますが、図①、図②のどちらの場合も、均衡価格は1000円に、需要・供給はXになっています。

　さて、ここで8％の消費税が課されると、需要と供給はどのように変化するでしょうか。消費税が課される場合には、消費者の支払う価格（これを消費者

[*Column*] 現実の経済を見る眼
電力改革における需要と供給

　福島第一原子力発電所の事故を契機に、日本の電力システムの大幅な改革が行なわれています。日本の電力供給は北海道から沖縄までの10の電力会社が地域の電力供給をほぼ独占してきました。上流の発電から、中流の送配電、そして下流での顧客への供給を行なう小売り事業と、上流から下流までのすべてを担ってきました。こうした状況を垂直統合と呼びます。垂直統合によって、電力会社は地域で独占に近い状態でしたが、電力改革では上流、中流、下流のそれぞれの分野で参入や料金の自由化を促し、競争を促進すると同時に、全体の需要と供給のバランスを実現しようというものです。

　電力での需給バランスの基本的な考え方は、これまでは「安定供給」というものでした。経済発展や消費拡大によって電力需要が拡大していくので、それに必要な供給を確実に確保しようというものです。つまり、供給能力の調整に需給バランスの役割を求めるということです。そのため、原子力発電所を多く活用するような電力供給システムになっていました。安定供給は重要なことですが、原子力発電所の事故で供給に大きく制約が出てくることで、そうもいっていられなくなってきました。需要の増加にあわせて供給を拡大させていくことを安定供給と呼ぶのに対し、制約のある供給に需要をあわせていくことを「需要調整」（ディマンド・レスポンス）と呼びます。この需要調整を強化するために、価格の調整能力が求められているのです。

　電力の需要は時間帯や季節によって大きく変動します。夜間の電力需要は少ないのに対し、夏の高校野球の甲子園の決勝があるような日の午後は、冷房やテレビ観戦などで需要がピークに達するといいます。こうした日々の、そして季節のピーク時の電力需要を抑制することで、需要の変動幅を小さくし、供給制約のもとでも需給バランスを実現できるのです。

　この章の議論からもわかるように、需要と供給の調整は価格（料金）によって行なわれます。供給に限りがあり、需要を抑える必要があれば、料金を上げればよいのです。電力システムの自由化の一つの重要なポイントは、料金規制を撤廃して自由な料金制度を実現することで、需要調整の機能を最大限に発揮しようというものです。需要と供給という、だれでも知っている基本的な考え方ではありますが、それをきちんと理解することで、現実の複雑な経済問題の本質がよく見えてくるものです。

価格と呼びます）と生産者の受け取る価格（これを生産者価格と呼びます）を区別しなくてはなりません。この二つの価格の差額が消費税として政府に支払われます。

いま、図の縦軸には消費者価格がとってあるとします。すると、消費税が課されても、需要曲線は変化しません。消費者は自分の支払う価格に合わせて需要量を決めるので、価格のなかに消費税が入っているかどうかは直接需要に影響を及ぼさないのです。

これに対して、消費税が8％課されると、供給曲線は8％分だけ上方にシフトします（青い色の実線 S' が8％の消費税のもとでの供給曲線を表わしています）。なぜなら、生産者は生産者価格を見て供給を決めるわけですから、8％の消費税が課されればその分消費者価格が上がらないかぎり、同じ量を供給しようとしないからです。図でいえば、消費税がかかっていないときには、1000円という価格で供給曲線 S 上の点 E を選択していたわけですが、8％の消費税のもとでは、1080円という消費者価格が1000円という生産者価格に対応するので、図の曲線 S' 上の点 F がもとの点 E に対応することになります。——2 消費税が課された場合の均衡点は、曲線 D と曲線 S' の交点 G となります。

さて、二つのケースを比べると、図①のケースのほうが消費税の価格の転嫁の程度が大きいことがわかります。一般的に、需要曲線の傾きが大きいほど、そして供給曲線の傾きが小さいほど、消費税のうち消費者価格に転嫁される割合は大きくなります。これはつぎのような理由によります。

需要曲線の傾きが大きいということは、多少価格が上がっても需要がたいして減らないということです。つまり、需要が価格に対して非弾力的であるわけです。一方、供給曲線が水平に近いということは、供給が価格に敏感に反応するということです。つまり、少しでも価格が下がったら、供給量が大幅に減少してしまうということです。このような状況で消費税を課したとき、生産者価格が下がる余地はほとんどありません。もしそうなれば、商品は供給されなくなるからです。したがって、消費者価格が上がることで、つまり消費税が消費者価格に転嫁されることで、調整されるわけです。

2——消費税が課されるとなぜ供給曲線が税金分だけ上方にシフトするのかという点について、本章ではあまりくわしく説明する紙幅がありません。この点については、第3章で説明します。

これに対して、図2のように、需要は価格に対して弾力的で、供給は非弾力的である場合には、消費税の大半は生産者価格の引き下げで調整されるため、消費者価格にはほとんど転嫁されません。需要や供給が価格にどの程度弾力的であるかは、商品によって大きく異なります。したがって、同じように消費税が課されても、商品によって転嫁の率も異なることになります。

【演習問題】
1．以下の記述の真偽について検討しなさい。
　(1)毎年の白菜の価格と収穫量の関係をグラフにとっていけば、白菜の需要曲線を描くことができる。
　(2)需要と供給が一致する均衡価格より高い価格がつくと、需要は供給を超過する。
　(3)需要曲線の傾きがなだらかなほど、供給量の変化に伴う価格の変化幅も大きくなる。
2．縦軸に賃金、横軸に労働の需要と供給をとった労働の需要曲線と供給曲線を描いて、つぎの設問に答えなさい。
　(1)労働の需要曲線は通常右下がりになるが、これはどのような理由によるものと考えられるか。
　(2)労働の供給曲線は右上がりになると考えられるが、これはどうしてか。
　(3)労働者の数が増加すると、労働の需要曲線と供給曲線はどのように変化するか（あるいはしないか）。またそのとき、賃金はどのようになると考えられるか。グラフの上で検討しなさい。
　(4)景気がよくなると労働需要と労働供給はどのように変化するか（しないか）。また、そのとき賃金はどのように変化するだろうか。グラフの上で考えなさい。
3．医療サービスに対する需要曲線と供給曲線を想定して、以下の設問に答えなさい。
　(1)社会が豊かになって医療サービスへの需要が増大していくということは、需要・供給曲線上でどのように表わすことができるか。それによって、医療費、医療サービスの需要、医療サービスの供給はどのようになるか、グラフで検討しなさい。
　(2)上の設問に関して、医療費があまり高くならないのは、供給曲線がどのような形をしているときか。逆に医療費が大幅に上昇するのは、供給曲線がどのような形をしているときか。
　(3)医療サービスの供給曲線をシフトさせる要因にはどのようなものがあると考えられるか。
　(4)公的な規制によって医療サービスに価格制限が行なわれているときには、以上の分析はどのように変化するだろうか。

2 需要曲線と消費者行動

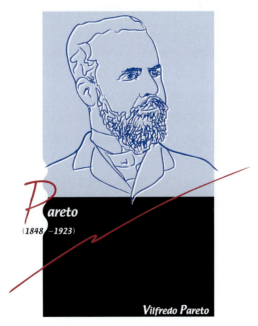

パレート（Vilfredo Pareto：1848-1923） ミクロ経済学の教科書では、資源配分の最適性の基準としてしばしば「パレート最適」という用語が出てくる。ワルラス（第1章扉）の後継者としてスイスのローザンヌで教えていたイタリア人経済学者パレートの名前を冠したものだ。

この章では需要曲線についてよりくわしく学ぶようですが、何が新しい点として出てくるのでしょうか。

この章でもっとも大切なメッセージは、単純な需要曲線の背後に、実は消費者の合理的な消費活動が隠されているということです。それを表に出してみることで、需要曲線からいろいろなことを読み取ることができるのです。

合理的な消費活動といわれても、何がいいたいのかわかりにくいのですが。

くわしくは本文を読んでもらうのがいちばんですが、たとえばつぎのようなことを考えてみてください。コンビニで100円のおにぎりを買った消費者がいるとします。おそらくこの消費者はそのおにぎりを食べることに100円以上の価値を見出しているはずです。それでなくては100円出しておにぎりを買うはずはありません。このように需要の背後には消費者のその商品への評価が隠れています。

ということは、実際に消費されたいろいろな商品の価格と需要量を調べることで、社会のいろいろな人がその商品を消費することで得られる満足度みたいなものがわかると考えてよいのでしょうか。

そのとおりです。この章では、消費者余剰という概念を説明しますが、需要曲線の背後に隠れている消費者余剰を分析することで、社会全体としてその商品にどのような評価がなされているのか見ることができるのです。その意味で、消費者余剰とは非常に重要な概念なのです。

具体的に消費者余剰をどのように利用するのでしょうか。

たとえば、海外からの牛肉の輸入を自由化したとします。すると、これまでよりも安い価格で牛肉が購入できることになります。そこで、自由化前と自由化後の価格、自由化によってどれだけ国内需要が増えるのか、といったことを調べることで、牛肉自由化が全体として日本の消費者にとって何円に相当するメリットをもたらすのかといったことを調べることができるというわけです。

なかなか計算がむずかしそうですね。

そのとおりです。しかし、現実に政府機関や国際機関などでは、経済学の手法を駆使してそうした計算をしています。また、そうした計算を通じて、いろいろな政策の効果を調べているのです。

私たち読者もそうした計算をすることを求められるわけですか。

この本ではそうした高度なことをやるわけではありません。ただ、こうした需要の背後に隠れている消費者の便益を表に出してやることで、需要の考え方やその背後にある消費者行動についてより理解が深まるわけです。

話を戻して申し訳ないのですが、人々が合理的な判断だけで消費を決めるというのは、どうも納得できない面があります。自分の消費行動を振り返っても、勢いに任せて高いものを買ったり、その場の雰囲気で食べ物を選んだりすることも多いのですが。

人々が合理的でない面を多々持っているというのは、そのとおりだと思います。経済学の世界でも、人間の非合理的な消費行動にある種の癖があることの理解が進んでおり、それを分析することの重要性を指摘する人が増えています。

どういうことでしょうか。

たとえば、不動産や株式市場で起きるバブルなどがその典型です。皆が値が上がると思うので自分も買う、という群衆的な行動が、不動産バブルなどを起こします。そしてそれはどこかでクラッシュ（破裂）します。こうした現象は社会的に好ましいことではありません。このメカニズムを探るためには、人間の持つ非合理性にまで踏み込む必要があります。

バブルと似ている面もあると思いますが、ファッションの流行なども似た面がありますね。皆が着ているので自分も着たいと思います。合理性だけでは説明できないですね。

人々の非合理性にもある種の癖があるようです。こうした点を分析する行動経済学という分野が注目されていますが、この章でも後半でいくつか例をあげて説明します。

この章では、需要曲線とその背後にある消費者の行動について説明します。需要曲線とは、価格が低いほど需要が多くなるという、需要と価格の関係を示したグラフです。しかし、そうした単純なグラフの背後には消費者の嗜好パターンが隠されています。それを表に出すための考え方をこの章で説明します。

たとえば、吉野家で380円の牛丼を食べている人を考えてみてください。その人は牛丼を食べることに380円以上の価値を見出しているから380円払って牛丼を食べているのです。お金を払って牛丼を食べるという需要行動から、その人の牛丼に対する評価が見えてくるのです。

消費行動を見ることでその消費者の選好がある程度わかるのなら、市場全体の需要曲線を使うことで消費者全体の選好パターンもわかるはずです。この章では、そうした分析のための手法として、消費者余剰という概念を説明します。この概念を使うことで、いろいろな市場で起こっていることの消費者への影響について分析することができます。

この章でも、抽象的な概念だけでなく、できるだけ具体的な現象を例に使います。企業が日本よりも海外で安く商品を売るダンピングと呼ばれる行為、石油価格によって日本経済が大きな被害を受けた石油ショックという現象など、需要曲線の考え方を使って簡単な分析を展開してみたいと思います。

I 需要曲線の構造

価格と需要

この章では、第1章で説明した需要曲線についてもう少しくわしく説明したいと思います。図2-1には、標準的な需要曲線が描いてあります。需要曲線とは、ある財の価格とその財に対する需要の間の関係を図に示したものです。需要曲線は通常右下がりになっていますが、これは価格が下がれば需要が増えるという関係を示しているわけです。

需要曲線を式の形で表わすなら、

$$X = D(p) \tag{2-1}$$

となります。X は需要量で、p は価格です。つまり、需要量 X は価格 p の関数として決まるというわけです。たとえば、図2-1では、価格が p_1 なら需要量は X_1 であり、それよりも低い価格 p_2 であれば、需要量は X_2 まで増えるということが読み取れます。

[Column] 現実の経済を見る眼
企業の価格決定と需要の価格弾力性

　企業の価格決定に需要曲線の考え方はどのように利用されているのでしょうか。企業の現場で聞いた話を紹介しましょう。主力商品の値上げについて話し合う、ある食品メーカーの経営会議での話です。円安で原料のコストが高くなったので、価格の引き上げが検討されました。ただ、価格を上げると、消費者がその商品を購入しなくなります。競合メーカーが値段を据え置けば、そちらに顧客が逃げてしまう可能性もあります。

　販売担当の役員は次のように発言しました。「現状で価格は100円前後ですが、これを10％ほど、つまり10円上げようと考えている。それで販売数量はおおよそ20％ほど下がることが想定されている。10％の価格上昇と20％の販売数量の減少で、売り上げは10％ほど減少します」という説明でした。本文で説明した概念でいえば、この企業は需要の価格弾力性をおおよそ2とみていることになります。価格の上昇率に対して、需要の減少率はそのおおよそ倍になると読んでいるのです。

　企業の担当者が需要曲線を実際に描いているわけではありません。ただ、価格引き上げに対して需要がどれだけ強く反応するのか、つまり需要の価格弾力性を念頭に置いて価格引き上げについての判断をしているのです。価格弾力性が大きいほど、つまり価格引き上げに消費者が強く反応するほど、価格引き上げに慎重にならざるを得ないことになります。実際、ここで紹介したケースでも価格引き上げに慎重な意見が多く出ました。

　この企業は最終的には価格を10％ほど引き上げる決定をしました。コストが高くなっていることが深刻だったのです。ただ、それだけが理由ではありません。円安で原材料のコストが高くなっているのは、ライバル企業も同じことなのです。ライバルもいずれ価格引き上げに追い込まれる。もしライバルが価格を引き上げれば、こちらが10％価格を上げても、需要が20％も落ちることはないでしょう。消費者にとって、より安い商品に逃げるという選択肢がないからです。こうした読みが、この企業の価格引き上げの判断の背中を押すことになりました。需要の価格弾力性とはいっても、ライバル企業が価格を据え置いた場合と、ライバル企業が同じように価格を引き上げてきた場合では、その数値が大きく異なります。現実の企業の価格変更の判断では、こうしたライバルの対応への読みも重要な判断材料となります。

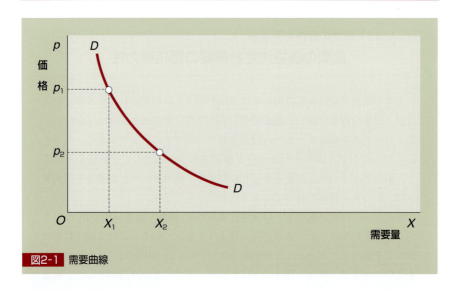

図2-1 需要曲線

　第1章でとりあげた例からもわかるように、経済問題において需要曲線の傾きの大きさが問題になります。図2-1では、p_1からp_2まで価格が低下したとき、需要量はX_1からX_2まで増加していますが、この価格の変化と需要量の変化の相対的な大きさが重要になるのです。

　価格の変化に対して需要が大きく変化するとき、そのような需要曲線を価格に対して弾力的な需要曲線といいます。つまり、需要が価格に敏感に反応するのです。この場合には、需要曲線は傾きがなだらかになります。

　これに対して、価格の変化に対して需要の変化の程度が小さいとき、そのような需要曲線は価格に対して非弾力的な需要曲線といいます。つまり需要量が価格変化に対してあまり敏感に反応しないのです。このような場合には、需要曲線は傾きが急になります。図2-2には、価格に対して弾力的な需要曲線と価格に対して非弾力的な需要曲線を描いてありますので、これらを比べてみてください。

　第1章の例でも説明したことですが、需要がどれだけ価格弾力的であるかは、その財やサービスの性格に依存します。コメや味噌のような必需品であれば、価格が多少変化しても需要にそう大きな変化があるはずはありませんので、これらの商品の需要は価格に対して非弾力的であるはずです。つまり需要曲線の傾きは急になるはずです。

　海外旅行のように奢侈品的な性格が強いものは、需要は価格に対して弾力的

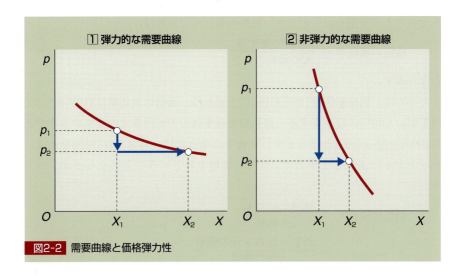

図2-2 需要曲線と価格弾力性

であると考えられます。海外旅行の料金が低下すれば旅行者数も大幅に増えると思われますので、需要曲線の傾きもなだらかになるはずです。

需要の価格弾力性

　価格の変化と需要量の変化の相対的な大きさによって需要の価格弾力性を測るといいましたが、厳密には話はそれほど簡単ではありません。弾力性を考えるときには、変化「量」ではなく変化「率」を用いなくてはいけないからです。

　変化量と変化率の違いがわかりますか。ある力士の体重が100キログラムあるとき、それを0.1トンであると呼んでも違いはありませんが、どうも私には0.1トンのほうが重いように感じられます。同じ重さでも単位を変えてしまうと、それから受ける印象も変わってしまいます。

　大きさや重さをはかるときには単位の違いはこのような印象だけの問題ですみますが、変化の大きさをはかり、しかもそれを比べるとなるとそうはいきません。「価格が10下がったとき需要が20増えた」というのでは、価格が10円下がったのか10ドル下がったのかわかりませんし、需要が20個増えたのかそれとも20キログラム増えたのかもわかりません。

　単位の問題を考えると、変化の大きさである変化「量」よりは、変化の比率である変化「率」を用いたほうが都合がよいわけです。変化率とは、変化の量

を元の大きさで割ったものです。価格の変化率であれば、

$$\text{価格の変化率} = \frac{\text{価格の変化量}}{\text{元の価格の水準}} \tag{2-2}$$

となります。

　たとえば、価格が100円から110円に上がれば、価格の変化量は110円から100円を引いた10円になりますが、価格の変化率はその10円を元の価格の水準である100円で割った0.1となります。変化率の場合には、通常これに100をかけてパーセントで表示しますので、10%の価格上昇ということになります。つまり、

$$\begin{aligned}\text{価格の変化率} &= \frac{\text{価格の変化量}}{\text{元の価格}} \\ &= \frac{\text{新しい価格}-\text{元の価格}}{\text{元の価格}} \\ &= \frac{110-100}{100} = \frac{10}{100} = 0.1 = 10\%\end{aligned}$$

となります。

　同様にして、

$$\text{需要の変化率} = \frac{\text{需要の変化量}}{\text{元の需要量}} \tag{2-3}$$

となります。あるいはこれに100をかけてパーセントで表示します。

　このように変化の大きさを変化率で表わせば、どのような単位で価格や需要量が表示されていても、単位とは独立に変化の大きさを表わすことができるわけです。

　需要の価格弾力性（price elasticity of demand）あるいは需要の価格に対する弾力性は、このような価格の変化率と需要の変化率の比として定義されます。すなわち、

$$\text{需要の価格弾力性} = -\frac{\text{需要の変化率}}{\text{価格の変化率}} \tag{2-4}$$

となります。つまり需要の価格弾力性とは、需要の変化率と価格の変化率の相対的な大きさとして表わされるのです。

　需要の価格弾力性は数式で表わせば、

$$\text{需要の価格弾力性} = -\frac{\frac{\Delta X}{X}}{\frac{\Delta p}{p}} \tag{2-5}$$

となります。ただし、p は価格の水準、Δp は価格の変化量、X は需要量、ΔX は需要の変化量を表わしています。

この式を変形すると、

$$需要の価格弾力性 = -\frac{\Delta X}{\Delta p} \cdot \frac{p}{X} \qquad (2\text{-}6)$$

となりますが、右辺の第一項は、直線の需要曲線の傾きの逆数ですので定数であり、第二項は、無限大からゼロまでさまざまな値をとります。

このように、需要の価格弾力性は、通常、ゼロから無限大までの値をとります（需要曲線が右上がりになっていれば弾力性がマイナスの値をとることもありますが、ここではこのような場合は無視します）。価格弾力性がゼロの需要曲線は垂直になります。価格弾力性がゼロなら、価格が変化しても需要はまったく変化しないはずです。これは需要曲線が垂直線になることにほかなりません。つまり、縦軸の価格の水準にかかわりなく、横軸の需要量は一定になります。需要の価格弾力性が無限大であるとき、需要曲線は水平になります。つまりわずかの価格変化に対しても、需要量は急激に変化するわけです。

需要の価格弾力性がゼロから無限大の間にあるとき、需要曲線は右下がりの曲線になります。弾力性の値が大きくなるほど、需要曲線の傾きはなだらかになっていきます。

ところで、(2-4) 式や (2-5) 式の右辺にマイナスの記号がついていることに読者は気づいたかもしれません。これは、需要曲線は通常右下がりになっており、価格と需要量は逆の方向に動くからです。需要の変化率を価格の変化率で割ったものは、マイナスの符号になってしまいます。需要の価格弾力性をプラスの記号にするために、右辺にマイナスの記号がついているわけです。

「弾力性」というと、なんともいかつく近寄りがたい印象をもつ読者も少なくないと思います。しかし、ミクロ経済学では、弾力性の考え方はきわめて重要です。本書においても、需要の価格弾力性だけでなく、供給の価格弾力性（次章で解説します）、需要の所得弾力性、代替の弾力性など、さまざまな弾力性が出てきます。これらはいずれも、ある経済変数（たとえば需要）が、それを変化させる原因である他の変数（たとば価格）の変化に対してどの程度反応するのかを数値で測るための指標です。需要の価格弾力性とは、需要が価格に対してどれだけ反応するのかを数値で表わしたものです。

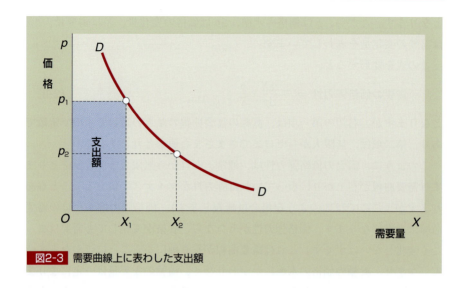

図2-3 需要曲線上に表わした支出額

需要と収入

　需要の価格弾力性は、売り手の収入や買い手の支出の金額が価格や需要の変化とともにどのように変化するかを見るときに役に立ちます。この点について、いくつか例をあげて説明しましょう。図2-3の曲線Dのような需要曲線を考えてみましょう。たとえばこれは石油の需要曲線であり、縦軸には石油価格、横軸には石油に対する需要がとってあるとしてみましょう。

　需要曲線の上では、価格や需要量以外のものを読み取ることができます。収入であり、支出です。需要曲線の縦軸にとられた価格に、横軸にとられた需要量を掛けると、買い手が需要のために支払った金額、つまり支出額を表わしていることがわかるでしょう。これは売り手からみれば、収入額ということになります。

　青色で示した長方形をみてください。これは、石油の価格がp_1、そしてそのときの石油の需要量がX_1であるときの石油への総支出額（総需要額）を表わしています。総支出額は、価格（財1単位に対してなされる支出）に需要量を掛けたものですので、図の青い部分の面積（＝価格×需要量）が支出額となります。この支出額の動きは、いくつかの経済問題を考えるさいに重要となります。

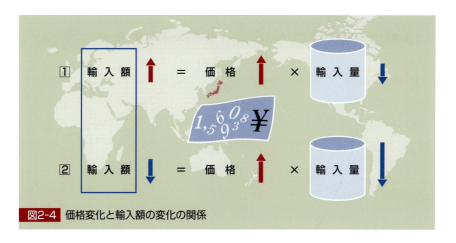

図2-4 価格変化と輸入額の変化の関係

例1：石油ショックと日本の石油輸入額

　石油輸出国の供給量制限によって石油の価格が上昇したとき、日本の石油輸入額はどのように変化するのでしょうか。輸入額は、価格に輸入量を掛けたものですので、

　　　石油の輸入額 ＝ 石油の価格×石油の輸入量

というように表わすことができます。石油の価格が高くなれば、石油の輸入量は減少すると考えられますので、輸入量の動きは図2-4に示した矢印のようになります。

　石油の輸入額は、石油価格の上昇の結果、かえって増大することがありえます。図のケース①に示されているように、価格が上昇しても輸入量がわずかしか減少しなければ、価格上昇の効果が輸入量低下の効果よりも大きく、輸入額は増大します。これに対して、ケース②のように、価格の上昇により輸入量が大幅に減少すれば、輸入額も減少します。このように、石油価格の上昇によって日本の輸入額が増大するか減少するかは、石油に対する需要が価格にどの程度敏感に反応するかに依存することがわかります。

　図2-5は、以上の点を需要曲線を用いて説明したものです。左の図①は、需要が価格変化にあまり反応しない場合を表わしています。この図のように、需要の価格弾力性が小さいときには、価格の低下（上昇）に対して、需要はあまり反応しません。右側の図②は、需要の価格弾力性が大きい状況を表わしています。

　図2-5において、石油価格が p_2 から p_1 へと上昇したと考えてみましょう。

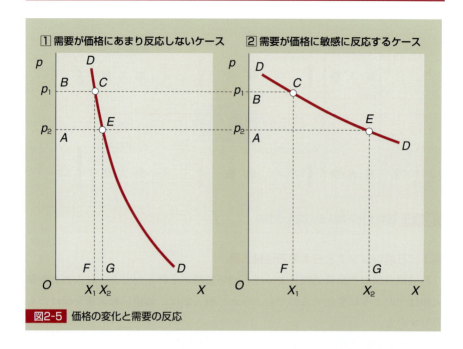

図2-5 価格の変化と需要の反応

　これによって、石油の需要量はX_2からX_1へと低下し、石油の輸入額（すなわち石油への支出額）は、長方形$OGEA$から$OFCB$へと変わります。価格上昇の結果、図①では輸入額は増大し、図②では減少します。これは、すでに図2-4で確認したことと同じ結果であることはいうまでもないでしょう。

　1970年代の石油ショックのときの日本の石油輸入額や経常収支の動きを調べてみると、石油価格が上昇した直後には石油の輸入額は大幅に増加し、経常収支も巨額の赤字になっています。しかし、数年後には輸入「量」の調整が行なわれ、日本の経常収支はかえって黒字の方向に転換しています。このような動きは、上で展開した議論によって理解することが可能です。

　図2-5において、図①は短期の石油への需要曲線、図②は中長期の需要曲線と解釈することができます。石油の価格が変化しても、短期には、石油輸入量はあまり変化しないでしょう。たとえば石油を用いて発電を行なっている電力会社にとって、石油の価格が高くなったからといって、つぎの日から石炭による発電に切り替えることはできません。

　短期における調整の難しさを反映して、短期の石油需要は、価格にほとんど反応しないと考えられます。したがって、価格が上昇すれば、それに応じて輸

入額も増大します。石油は日本の輸入のなかで大きなシェアを占めていますので、日本の経常収支も大幅な赤字を示すことになります。

これに対して、ある程度の時間が与えられれば、経済は石油価格の上昇に対応することができます。電力会社の例でいえば、石炭による発電に切り換えることができるわけです。したがって、中長期の石油への需要曲線は、図2-5の図②のような形状をしていると考えてよいでしょう。このような需要曲線のもとでは、価格上昇が大幅な需要の減少をもたらしますので、輸入額はそれほど増加しないか、あるいは減少することさえあります。

例2：豊作貧乏

第1章でとりあげた豊作貧乏の現象も、需要の価格弾力性の概念がかかわっています。気候がよくて野菜が豊作になると、価格が暴落して農家の収入がかえって減ってしまう現象を、豊作貧乏と呼びます。

図2-5をもう一度みてください。いま、ある野菜（たとえば白菜）の需要曲線が図①の DD 曲線のような形状をしていたとしましょう。ここで、もし白菜の収穫量が前年の X_1 の水準から今年は X_2 の水準まで上昇したとしたら、農家の収入はどうなるでしょうか。価格は p_1 から p_2 まで下がりますので、農家の収入（消費者の白菜への支出額）は、$OFCB$ から $OGEA$ へと減少することが読み取れます。

このような豊作貧乏が起こるのは、図①のように、人々の需要が価格にあまり反応しないケースにかぎられます。需要が価格にあまり反応しない場合には、X_1 から X_2 への供給増を需要に吸収させるため、価格が大幅に下がらなければなりません。したがって、収穫量の増大幅よりも価格の下落の程度のほうが大きく、農家の収入は減少してしまいます。

もし需要が図②のように価格に敏感に反応するのであれば、収穫量の増加があっても、価格はそれほど下落しません。したがって、豊作貧乏は、この場合には起こらないことになります。この点の確認は、読者のみなさんにまかせます。

例3：価格差別の理論——ダンピングの一側面

映画館などでは、子どもと大人には異なった料金が課されます。これは、映画館の利潤追求行動と矛盾しないのでしょうか。この点についても、図2-5

を用いて説明することができます。

　一般的に、大人の映画に対する需要は図①の DD 曲線のような形状をしていて、子どもの映画に対する需要は図②の DD 曲線のような形状をしていると考えられます。なぜでしょうか。大人の需要は、子どものそれに比べて、価格に大きく影響されないと考えられます。いくら入場料金が安くても、興味のない映画を観にいく大人は少ないでしょうし、ぜひ観たいと思う映画は、高い入場料を出しても観ようとするでしょう。したがって、大人の映画に対する需要は、価格にそれほど左右されないと考えられます。

　これに対して、子どもの場合には、金銭的制約が大きく、入場料の水準は需要に大きな影響を及ぼすでしょう。映画の内容にもよりますが、料金を低く設定すれば、多くの子どもをひきつけることができるでしょうし、料金をあまり高くすると、子どもの入場者数は非常に少なくなるでしょう。

　さて、以上のような状況で、子どもと大人の入場料はどのように設定されるのでしょうか。まず子どもの入場料ですが、これは比較的低く設定されます。子どもの入場者数は価格に敏感ですので、価格を多少低く設定して入場者数を増やすのは、興業主の利益にかなうからです。すなわち、ここでは「薄利多売」のメカニズムが働いています。他方、大人の入場料を低くすることは意味がありません。入場料を上げても大人の入場者数はそれほど減らないので、興業主は大人の入場料を高めに設定しようとします。

　このように、大人と子どもの入場料に差をつけるのは、両者の需要曲線の違いを考えれば、理にかなっていると考えられます。経済理論では、このような価格設定を価格差別と呼びます。価格差別の理論の応用例は多数あります。たとえば、ダンピングと呼ばれる現象は、価格差別の理論から説明することもできます。

　自国と外国の両方で自動車を売っている企業を考えてみましょう。自国では消費者のブランド選好（ホンダ派、トヨタ派など）が強くて、需要は価格にあまり反応しないとします（図2-5の図①）。一方、外国ではブランドはそれほど大きな意味を持たず、車の価格が需要の大きな決定要因であるとします（図2-5の図②）。各社の車の品質にそれほど差がないとすれば、他社よりも低い価格をつけた車に需要が集中します。その意味で、外国での車の需要は、価格に敏感であると思われます。このような場合に、自国で高い価格を、外国で低い価格を設定することは、利潤追求にかなっています。これは、ダンピングと

呼ばれる現象の一形態にほかなりません。

　価格差別の理論の応用例をもう一つだけあげておきましょう。映画や小説の世界では、慈悲深い医者は金持ちから高い診療費をとって、貧しい人の診療費を安くします。ところが、これは価格差別の理論の観点からは、利潤を高める行為でもあります。

　金持ちの医療への需要は、診療費にあまり左右されないでしょうし、貧乏な人々の医療への需要は診療費に敏感に反応するでしょう。したがって、金持ちに高い診療費を請求するのは、利潤最大化となんら矛盾しません。医者のなかには、利潤動機からこのような価格差別をする人もいるかもしれません。しかし、そのような動機から行なわれる価格差別であっても、結果的には貧乏な人々の利益となっています。

需要曲線のシフト

　第1章では地価の例（p.37～39）で、需要曲線のシフト（移動）をとりあげました。読者のなかには、需要曲線のシフトと需要曲線上の動きを誤解している人もいるでしょうから、この点について簡単に説明しておきます。

　第1章でとりあげたおにぎりの需要曲線を例にあげて説明しましょう。一般に、おにぎりの需要はさまざまな要因に依存するはずです。おにぎりの価格をはじめとして、そのときの気候（寒さや天候）、代替的な財の価格（たとえばパンの値段）などが変化すれば、おにぎりの需要も変化するでしょう。

　これを需要関数という式の形で表わすなら、

$$X = D(p, p^*, y, w, \cdots)$$

となります。ただし、X は需要量、p はその財（おにぎり）の価格、p^* はそれと競合する財（パン）の価格、y はその地域の所得水準、w は気候の状態を表わす変数であるとします。関数 $D(\cdot, \cdot, \cdot, \cdot, \cdots)$ は需要関数で、需要がいろいろな変数によって決まることを表わしています。需要関数のなかに「…」とあるのは、ここにとりあげたもののほかにも需要に影響を及ぼす変数があるかもしれないからです。

　このような複雑な需要関数をグラフに描くことはできません。しかし、われわれの分析の主要な関心は、需要量と価格の関係であり、それ以外の変数にはとりあえず関心がありません。したがって、それ以外の変数（p^*, y, w など）は、とりあえず変化しないものとして扱うことにします。このような扱いを受

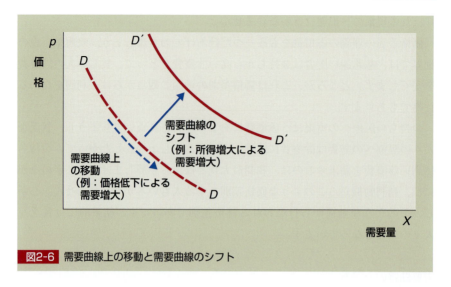

図2-6 需要曲線上の移動と需要曲線のシフト

ける変数を、外生変数と呼びます。外生変数とは、ここで考察している範囲外で決まってしまっている変数のことです。おにぎりの需要について考えるとき、所得や気候がどのように決まるかということはとりあえず問題にしないで、所得や気候がどのような状態にあるかということをあらかじめ与件（外生的なもの）として扱うのです。

　これに対して、価格 p や需要量 X を内生変数と呼びます。内生変数とは、考察の対象となっている経済モデルのなかでその動きが分析の対象となる変数のことです。需要曲線とは、外生変数をすべて与件（一定の値）とおいて、内生変数である価格と需要量の間の関係を描いたものです。「価格が下がれば需要が増加する」という記述は、この需要曲線上の動きとして表わされるのです。

　ところが、「所得が高くなっておにぎりの需要が増える」とか「気候が寒くなっておにぎりの需要が増える」といったことは、需要曲線のシフトとして表わされます。外生変数である所得（y）や天候（w）が変化すれば、それによって需要曲線の位置も変化（シフト）するのです。所得が増えたり寒くなっておにぎりの需要が増えれば、需要曲線は右側（需要を増やす方向）にシフトするはずです。これに対して、需要を減らすような外生変数の変化は、需要曲線を左側にシフトさせます。

　図2-6は、以上で述べたことを図にまとめたものです。需要曲線上の動き

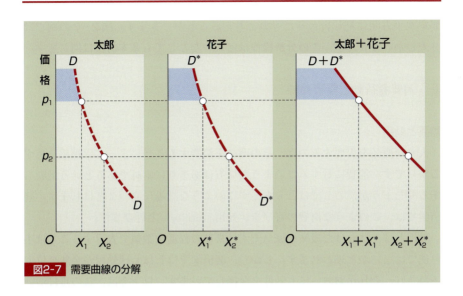

図2-7 需要曲線の分解

と需要曲線そのものの移動（シフト）は、きちんと区別しなくてはいけません。

需要曲線の分解

これまで需要曲線と呼んできたものは、経済全体として見たときの、ある商品に対する価格と需要量の関係でした。このような需要曲線は、個々人の需要行動から生み出されるものです。図2-7は、この点を簡単な例を用いて説明したものです。

この社会には太郎と花子の2人だけしかいないとします。図の DD と D^*D^* は、ある商品に対する太郎と花子の需要曲線を表わしています。いちばん右端にある $D+D^*$ と表示してある曲線は、太郎と花子の需要曲線を水平方向に足し合わせたものです。

水平方向に足し合わせるということは、つぎのような操作のことです。たとえば、価格が p_1 であると、太郎の需要は X_1、花子のそれは X_1^* となりますが、太郎と花子の需要を足し合わせた $X_1+X_1^*$ がいちばん右のグラフにとられています。p_2 の価格のところでも同じ操作が表示されていますので、確認してください。

このように、経済全体としての需要曲線は、その社会を構成する個々人の需

要を水平方向に足し合わせたものと考えることができます。図2-7の例では2人しかいませんが、この分解操作は何人いたとしても基本的には同じです。

II　消費者行動と需要曲線

需要と効用

　人々が商品を需要するのは、その商品を消費することによって幸福感を感ずるからです。消費に対するこのような見方はあまりに素朴であるという批判もあるでしょうが、ここではとりあえずこのような立場に立つことにします。経済学では、このような消費の喜びを、効用（utility）と呼びます。

　効用とは、はなはだ曖昧な概念です。喜びの程度を数値で表示することは不可能ではないかと思われます。しかし、経済学ではしばしば効用が金銭単位で表わされ、それがおおいに有効性を発揮しています。以下では、この点について簡単に説明してみたいと思います。なお効用については、第5章で再度くわしく議論します。

　図2-8は、1週間ベースで見た太郎のビールへの需要を表わしています。この図はつぎのように読みます。もしビールの価格が1400円以上2000円以下であれば、太郎は1週間にビールを1本飲むでしょう。もし、価格が1000円から1400円の間であれば、太郎は2本飲もうとするでしょう。700円から1000円の間なら3本……となっています。図2-8が、通常の需要曲線と違って、棒グラフ状になっているのは、ビールは1本単位でしか消費できないからです。ビールをいくらでも細かい単位で買えるなら、需要曲線も滑らかな右下がりの曲線となります。

　この需要曲線は、つぎのように読むこともできます。太郎は、ビール1本に対して最高2000円まで出してもよいと思っているのですから、1週間に1本のビールを飲むことの喜びは、太郎にとって2000円の価値があります。すなわち、太郎にとってのビール1本の効用を金銭価値で表わすと2000円になります。

　では、ビール2本の効用はどれくらいになるのでしょうか。2本目のビールに対しては1400円まで出す気持ちがありますので、2本のビールに対しては合計3400円（＝2000円＋1400円）の評価をしています。同じようにして、ビール3本には4400円、4本には5100円という評価がなされていることがわかりま

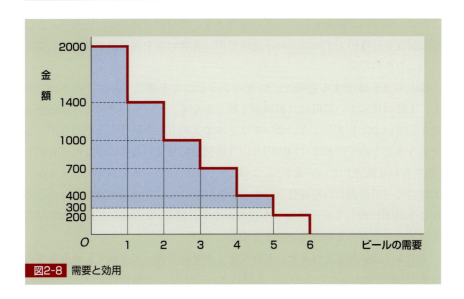

図2-8 需要と効用

す。

このように、個々人の需要曲線は、価格と需要の関係を表わしているだけではなく、その人がその商品に対してどのような評価をしているかも表わしています。しかも、この評価が金銭単位であるため、それなりの客観性を持った評価ということになります。

消費者余剰

さて、図2-8に戻って、ビールの価格が300円であったとしてみましょう。このとき、太郎はビールを5本まで買おうとするでしょう。これは、図から容易に確認できると思います。上で述べた方法で計算すると、5本のビールを飲むことは、太郎にとって5500（＝2000＋1400＋1000＋700＋400）円の価値があります。これに対して、太郎が5本のビールに対して支払った金額は1500（＝300×5）円です。両者の差額をとると4000円という数字が導出されますが、これが消費者余剰（consumer's surplus）と呼ばれるものです（図のうすい青の部分です）。

消費者余剰とはつぎのようなものを表わしています。ビール1本300円のとき、太郎はビールを5本買って1500円支払いますが、5本のビールに対する彼の評価は実際には5500円です。したがって、太郎はこのような需要行動をとる

ことで、4000円だけ得をしたことになります。消費者余剰とは、支払う意思はあるが支払わないですんだという意味での、需要行動を通じた消費者の利益を表わしたものです。

　以上の点を確認する意味で、つぎのようなことを考えてみてください。いま、太郎の住んでいる町には酒屋が1軒しかなく、しかもつぎのような価格設定をしているとしましょう。ビールは5本まとめてしか買うことができず、しかも5本まとめての値段は5400円という価格設定です（このような販売方法を「抱き合わせ販売」といいます）。このとき、太郎はビールを買うでしょうか。太郎にとっての選択の可能性は二つしかありません。ビールを買わないか、それとも5400円出してビールを5本買うかです。図2-8の場合には、太郎は5本のビールを買うという選択をするでしょう。

　このような状況と比べると、ビールを1本単位で売ってくれてしかも1本の価格が300円であるというのは、太郎にとってずいぶん都合のよいことです。消費者余剰とは、このような好都合な市場価格のもとで、太郎が獲得することのできる利益を表現したものと考えることができます。消費者余剰の額は、ビールの価格が低くなるほど大きくなります。この点を確認するために、ビールの価格が1000円のときと、100円のときの消費者余剰の金額を計算してみてください。また、外で食事をしたときに、レストランでの自分の消費者余剰はどれくらいか、考えてみてください。

市場需要と消費者余剰

　以上では消費者余剰の考え方を、個人の需要曲線で説明しましたが、消費者余剰は社会全体としての需要（市場需要）のうえでも考えることができます。この点を、図2-7に戻って説明しましょう。

　図2-7の左側二つのグラフの青い部分は、価格が p_1 であるときの太郎と花子の消費者余剰を表わしています。いちばん右側のグラフの青い部分は、市場全体の需要（太郎＋花子）$D+D^*$ について同じようにして消費者余剰を求めたものです。すでに説明したように、$D+D^*$ は、太郎と花子の需要曲線を水平方向に足し合わせたものです。したがって、いちばん右側の青い部分の面積は、左側二つのグラフの青い部分の面積を足し合わせたものに等しくなっているはずです。

　このように、市場全体の需要曲線から導かれた消費者余剰の大きさは、その

需要を構成している個々人の消費者余剰を足し合わせたものとなっています。

上の例では、太郎と花子の 2 人しかいないケースを考えていますが、社会に何人いても同じような議論が展開できるのは明らかでしょう。消費者余剰は、各消費者の効用を金銭価値という共通の指標で足し合わせたものとなっています。

別のケースでの確認

以上で述べた点、つまり、社会全体の需要曲線から求められる消費者余剰が個々人の評価（金銭的評価）の和になっていることを確認するために、つぎのような単純なケースを考えてみましょう。人々が通常 1 個しか購入しないような商品を考えてください。たとえば、村上春樹の新作の小説の需要を考えてみましょう。

この商品に対する需要曲線は、通常、図 2-1 のような右下がりの形をしていると考えられます。つまり、価格が安ければ、需要も大きくなるはずです。ところが、個々の消費者の需要曲線は、少し違った形をしています。同じ本を 2 冊買う人はいないからです。

図 2-9 の右側の図は、太郎、次郎、三郎の 3 人の、この本に対する需要曲線を、経済全体の需要曲線に対応させて描いたものです。太郎は村上春樹の大ファンなので、6000 円出してもこの本を買いたいと考えていますが、2 冊以上買う気はありません。したがって、太郎の需要曲線は、図に示したように、高さが 6000 円、幅 1 の長方形となります。次郎のこの本に対する評価を 4000 円、三郎の評価を 2000 円とすると、次郎と三郎の需要曲線も、図に示したようになります。

さて、この本が 3000 円で売られていたとすると、太郎と次郎は購入しますが、三郎は購入しないでしょう。購入する 2 人の消費者余剰は、図のうすい青の部分で示してあります。

図 2-9 の左側の図に描いた社会全体のこの本に対する需要は、このような個々の消費者の長方形の需要を足し合わせたものです。この需要曲線上の太郎、次郎、三郎の位置が確認できるでしょう。もちろん、この需要曲線の背後には、この 3 人以外に多数の人がいます。

このような社会全体の需要曲線の上で求められる消費者余剰は、この商品を購入する個々の消費者の消費者余剰（評価から支払った金額を引いたもの）の

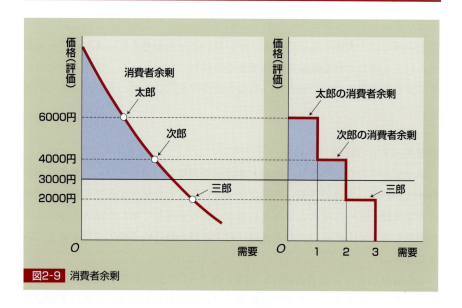

図2-9 消費者余剰

和になっていることは容易に確認できると思います。

需要と効用最大化

　消費者が合理的であるならば、消費の喜びを最大にするような需要行動をとるはずです。これは、ミクロ経済学のもっとも基本的な考え方です。本書では第5章でこの点についてくわしく説明しますが、ここで需要曲線を用いてこの点について簡単に説明しておきましょう（以下の説明では、図2-8を用います）。

　図2-8では、ビールの価格が300円であるとき、ビールを5本購入するということが示されています。そして、そのときの消費者余剰は4000円でした。じつは、価格が300円のとき、太郎はビールを5本購入することで、消費者余剰を最大化しています。

　この点を確認するために、たとえば、ビールを4本購入したときの消費者余剰を計算してみましょう。ビールを4本飲むことは、太郎にとって5100（＝2000＋1400＋1000＋700）円の価値があります。これに対して、ビール4本分の代金は1200円ですから、このときの消費者余剰は3900円となります。同じ方法によって、6本購入するときの消費者余剰も3900円、3本のときのそれは3500円と計算することができます。結局、価格が300円のときには、5本購入

するのがもっとも大きな消費者余剰をもたらすことが確認できます。消費者は、みずからの消費者余剰を最大にするように行動しています。需要曲線と価格によって決定される需要量は、このような消費者余剰の最大化を実現するものとなっています。

　以上の点は、追加的消費に対する便益と費用という観点から理解することも可能です。図2-8において、1本目のビールは、太郎にとって2000円の価値があります。当然、彼は300円支払ってビールを購入するでしょう。2本目のビール（ただしビールを1本すでに買うと決心したあとの2本目）は、1400円の価値があります。これもビールの価格（300円）以上ですので、彼は購入するはずです。このように順次購入量を増やしていくと、5本目は400円、6本目は200円の評価がなされていることが読み取れます。ビールの価格が300円ですから、5本目まで購入するのが、太郎にとってもっとも望ましいことがわかると思います。

　追加的に財の購入量を増やすことに対する消費者の評価のことを、その財に対する限界（的）評価、あるいは（金銭単位で表わした）限界効用と呼びます。太郎は、限界的評価が価格を上回っているかぎりは購入量を増大し、前者が後者よりも低くなる直前のところまで購入します。そこで彼の消費者余剰が最大になっているのは、説明するまでもないでしょう。

　以上の議論から、需要曲線には二つの読み方ができることがわかったと思います。図2-10は、この点を滑らかな需要曲線上で示したものです。まず、通常の読み方ですが、これは縦軸から横軸の方向に読む方法です。たとえば、価格が縦軸上にとられた p_1 の水準にあるとすると、そのときの需要は横軸上の X_1 である、というのがこの読み方です。これに対して、横軸から縦軸に向かって読むと、つぎのようになります。たとえば需要量（消費量）が横軸上に示された X_2 の水準にあると、そこでのこの財に対しての限界的評価は p_2 であると。後者のような需要曲線の読み方は、以下で展開されるいろいろな議論において頻繁に用いられます。

二部料金制（two-part tariff system）

　二部料金制と呼ばれる制度があります。この制度は、消費者余剰についての理解を深めるうえで有益な例です。二部料金制とは、富士急ハイランドの料金や電話料金などに見られる価格システムのことです。富士急ハイランドに入る

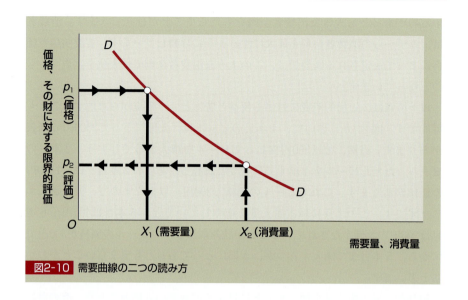

図2-10 需要曲線の二つの読み方

ためには、まず入場料を払いますが、特殊な切符を買わないかぎりは、これだけではジェット・コースターなどの乗物を利用することはできません。乗物に1回乗るごとに、代金を別に支払わなくてはいけません。電話料金も同じです。電話を設置するためには、加入料を支払いますが、これだけでは電話をかけることはできません。電話をかけるごとに、その度数に応じて通話料を払う必要があります。ポラロイド・カメラも二部料金制になっています。カメラ本体を買っても、（カメラを製造している会社によって販売されている）フィルムを買わなければ撮影できません。結局、カメラ本体に支払った金額は入場料ないしは加入料にすぎないことがわかります。

通常の商品（たとえばチョコレート）を買うのに入会金は必要ありませんから、チョコレートを何個購入しても、1個当たりに支払う金額は一定です（価格がこれに対応します）。これに対して、二部料金制の場合には、たくさん購入するほど、1個当たりに支払う金額が低下してきます。これは、入場料（加入料）が分散されるからです。

では、人々はなぜ入場料を払ってまで富士急ハイランドに行くのでしょうか。富士急ハイランドがビールやチョコレートの場合と異なるのは、入場料を課される点にあります。これまでの説明から明らかであると思いますが、もし入場料が消費者余剰よりも安ければ、入場料を払ってでも富士急ハイランドに

[Column] 現実の経済を見る眼
ブランドと価格

　需要の価格弾力性は価格設定に重要な意味を持っています。弾力性が大きいと、わずかな価格引き上げで需要が大きく落ち込みますので、企業は高い価格を付けにくくなります。一方で、弾力性が小さいと、価格を引き上げても需要がそれほど減少しないので、高い価格を設定しやすくなります。

　企業としては、高い価格を設定しやすいほうがよいので、需要の価格弾力性を小さくするようなマーケティング手法をいろいろ画策することになります。需要の価格弾力性を非常に小さくして、高い価格設定に成功しているのは、シャネルやプラダなど、スーパーブランドと呼ばれる高級品です。これらの企業は、ブランド価値を高めるようなあらゆる手段を導入しています。それが結果的にこれらのブランド商品に対する需要の価格弾力性を小さくしているのです。つまり、多少価格を高くしても、それに代わる商品がないと考える消費者は、高い価格でも商品を購入することになるのです。

　では、ブランドの価値を高めるためにどのようなことが行なわれているのでしょうか。まず店舗ですが、東京の銀座やニューヨークの5番街など、一流ブランドの店が集まる場所に、高級な仕様の店を出店する。こうした目抜き通りに出店する店を見て、多くの消費者はブランドイメージを植え付けられるのです。商品については、徹底した品質管理をします。このブランドなら品質については問題がないという強い信頼があってこそ、はじめてブランド価値が維持できるのです。さらに、ファッション雑誌や富裕層が読む雑誌などに、繰り返しイメージ広告を流します。イメージ広告ですから、中身よりも、そうした媒体に広告が載ることにこそ意味があります。そしてブランドを象徴するロゴや、ブランドイメージを象徴する色彩やデザインなどの徹底があります。

　ようするに、あらゆる手段を活用して、自社の商品が他の類似商品とは違うものであるということを発信し続けるのです。それがブランド価値として確立すれば、結果的に需要の価格弾力性も非常に小さくなります。本文のなかでは抽象的に需要の価格弾力性という概念を説明しましたが、ブランドビジネスの現場では、この需要の価格弾力性を小さくするために、実にさまざまなマーケティング手法を駆使し、世界全体で徹底したブランド管理が行なわれているのです。もちろん、中国などで偽ブランド商品が出てきたりすれば、それを徹底的に叩くための政治的行動を起こすこともいとわないのです。

入って、乗物に乗るでしょう。もし、入場料が消費者余剰よりも高ければ、富士急ハイランドには行かないでしょう。

二部料金制が広範に採用されていること、しかも人々が入場料や加入料を払ってでも、二部料金制をとっている商品を購入するということは、これらの商品が入場料や加入料以上の消費者余剰を生み出すからにほかなりません。

Ⅲ　合理性と非合理性

なぜ合理性を想定するのか

これまでの議論から、経済学にとって合理性の考え方が非常に重要な意味を持っていることがわかると思います。人々の経済活動を分析する経済学という学問が成立するためには、人々の経済行動にある種の規則性があることが前提となります。人々がまったくでたらめな行動を繰り返すだけであれば、そこに何らかの規則性を発見して、学問的な分析にまで深めていくことが不可能であるからです。

行動の規則性にはいろいろなレベルのものが含まれています。合理性の感じられないような行動の規則性も自然界には多くあります。たとえば、鳥の行動を観察すると、群れで飛ぶパターン、敵への反応、エサの集め方などに規則性があることは明らかです。結果的にそうした行動パターンが、種としての生存や繁栄に意味のあることが少なくありません。そうした意味では、規則性がある種の合理性を持っていることになります。ただ、鳥は一生懸命に頭のなかで利潤最大化や効用最大化の計算をしているわけではありません。そうした意味では、経済学で普通に考えているような合理性があるわけではないのです。

これに対して経済学の議論では、多くの場合、強い合理性を想定しています。消費者の場合でいえば、できるだけ効用を高めるような消費選択を行なうというものであり、企業であれば可能な限り利潤を高めるというものです。現実の世界でも、多くの企業はひたすら利潤を高めるように動いているようにも見えますので、利潤最大化という行動原理はそれなりに正しいようにも見えます。ただ、私たち消費者が本当に効用最大化だけで動いているのかとなると、疑問を持つ人も多いはずです。

経済学でも、どこまで強い合理性を想定するのかということには多くの議論や研究があります。合理性の仮定そのものが主たる論点となって出てきた研究

に対して、ノーベル経済学賞が授与されたこともあります。あとでとりあげる行動経済学がその典型です。

ただ、消費者が効用を高めるように、そして企業が利潤を最大化するように行動するという強い合理性の仮定は、経済学の分析力を高めるうえで重要な意味を持っています。人々が合理的に行動しているということで、その行動の背後にある評価や費用が見えてくるからです。この章の前半で説明したように、需要曲線は消費者の需要を表わすだけでなく、その需要にどれだけの金銭的な評価をしているのかも示しているのです。経済学ではこれを、willingness to pay（支払ってもよい金額）と呼びます。

たとえば、300円のスターバックスのコーヒーを飲んでいる人がいます。その人は、スターバックスでコーヒーを飲むのに300円以上出してもよいと思うから、そこにいるのです。300円の価値はないと思っている人は、そもそも300円出してコーヒーを飲まないでしょう。スターバックスでコーヒーを飲んでいる人はすべて、コーヒーに300円以上の価値を見いだしている人ということになります。こうした情報は、経済問題を考察するうえで有益なものです。

こうした見方は、政策運営でも重要な意味を持ちます。コメの市場の例で説明してみましょう。話を単純化するため、コメの品種による価格や評価の違いは無視して、すべてのコメがキロ400円であるとします。そして日本全体でのコメの消費量は60万トン（6億キログラム）であるとします。これからどのようなことがわかるでしょうか。

コメを消費している人はすべて、それに400円以上の価値があるので購入しているはずです。ですから、日本国民全体のコメに対する評価は、少なくとも400円×6億キログラムで、2400億円ということになります。実際には多くの人が400円以上の評価をしていますので、これ以上の金額が日本全体の消費者の評価額となるはずです。

さて、こうした情報は経済政策の判断に使うことができます。たとえば、コメの市場の一部自由化（市場開放）を考えてみましょう。市場開放によって、日本国内のコメの価格はキロ10円ほど下がると想定されているとします。この変化をどう評価したらよいのでしょうか。60万トンのコメの消費量を前提にすれば、少なくとも6億キログラムに10円をかけた60億円分、消費者余剰（消費者の利益の金銭評価額）が増えることがわかると思います。市場開放による価格下落の影響はそれほど大きいのです。もちろん、生産者は価格下落によって

損失を被りますので、そのマイナスと消費者利益の比較の問題となります。

このように消費者が合理的に行動するという前提に立つと、実際の消費行動の背後に隠されている消費者の評価が見えてきます。これは経済分析にとっても重要な意味を持ちます。伝統的な経済学において、合理性の行動原理が採用されてきた大きな理由の一つです。

現実の消費者は、非合理な消費行動をすることも少なくありません。勢いで商品を購入してあとで後悔することもあるでしょう。いちいち細かく商品を比べるのは面倒なので、手の届きやすい棚にある商品を購入する人もいるはずです。私たち消費者は経済学で記述されているようにウルトラ合理的に行動しているわけではありません。

それでも経済全体の描写として合理性の仮説は有効です。一人ひとりは少しずつ非合理的な面があっても、しょせんは誤差の範囲です。全体で平均して見れば合理的な行動となっていることが多いからです。右に少しずれる人も、左にずれる人もいるかもしれませんが、全体で見れば真ん中に平均化されるというようなものです。

非合理性の癖を探る：注目を浴びる行動経済学

一人ひとりで見れば合理性からのズレはあっても、全体で見れば合理的な行動原理が成立している。伝統的な経済学ではこのように考えてきましたが、これはいつも正しいとはいえないようです。多くの人々の行動が、合理的な行動パターンから一貫してある方向にずれることが、しばしば観察されるからです。

心理学の研究などの影響を強く受けた行動経済学という分野は、こうした経済現象の非合理性の重要性を明らかにしてきました。行動経済学の議論に大きな影響を及ぼしたカーネマン教授はノーベル経済学賞を受賞していますし、氏の著作『ファスト＆スロー』は世界的ベストセラーとなっています。行動経済学のエッセンスを一言でいえば、「予想可能な程度に非合理的」（predictably irrational）という表現がわかりやすいと思います。

人々の行動は合理的ではありません。しかし、その行動はまったくでたらめというのではなく、ある規則性を持っています。ある規則性を持って合理性から外れているのです。その規則性に注目することで、さまざまな知見が得られます。この規則性は、カーネマン教授の著作との関連でいえば、人間の脳の動

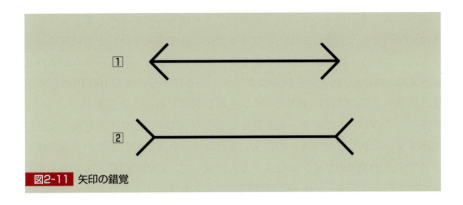

図2-11 矢印の錯覚

きとも深い関係にあるようです。

　行動経済学についてくわしく説明するのは、入門書である本書の範囲を超えています。ただ、いくつか有名な事例を紹介することで、行動経済学が重要な意味を持つことを理解してもらえると思います。

　人間の脳の機能には限界や歪みがあり、その限界や歪みの性格を明らかにすることで、人々の行動パターンについてより深い洞察が得られるのです。私たちの視覚やその情報を処理する脳の機能に歪みがあることは、さまざまな事例からも明らかだと思います。たとえば図2-11はよく使われる事例で、見たことがある人も多いでしょう。

　図2-11には二つの矢が描かれています。どちらの矢のほうが長く見えるでしょうか。2のほうが長いと感じた人が大半だと思います。ただ、定規で測ってみればわかると思いますが、実は二つの矢の長さは同じなのです。矢の両端部分の形が、矢の長さに関して異なった印象を与えているのです。

　目の前にある矢の図のように簡単なケースでも、私たちの認識には錯覚が生まれるわけですので、より複雑な経済現象の認識や行動にはさまざまな歪みが働くことは容易に想像できます。

非合理性の原理(1)：絶対評価よりは相対評価

　行動経済学のなかでいくつか明らかにされた原理を説明してみましょう。一つは、人々の価格などの評価についてのものです。多くの人は商品の品質や価格について絶対的な評価をすることができません。そこで類似のものを比較することで、消費の選択をすることが少なくありません。

あるレストランのメニューに二種類のワインが入っているとしましょう。一本は1000円でもう一本は2000円のワインです。多少高くついてもよいワインを飲みたいという人は2000円のワインを注文するでしょうし、安いほうがよいという人は1000円のワインを頼むはずです。かりに半分の人は1000円のワインを、残りの半分の人は2000円のワインを頼む状況であったとします。

さて、このレストランが、ある月からもう一つ3000円のワインを加えたとしてみます。これで客のワインの注文に変化は見られるのでしょうか。答えはイエスです。1000円のワインを注文する人が減って、2000円のワインを注文する人が増えたそうです。そして、3000円のワインを注文する人はあまりいなかったようです。

なぜこのような変化が見られたのか、説明するまでもないと思います。消費者はワインの評価と価格の関係について詳しい知識やこだわりを持っているわけではありません。メニューのなかから高いか安いかを選択するのです。選択肢が増えれば、その範囲のなかで選ぼうとするのです。

企業の販売戦略では、こうした人々の行動パターンを利用することが有効になります。レストランのメニューでは、それがほとんど売れなくても高額の商品を置いておくことで、それよりは安いけれども高額の商品がそれほど高い価格に見えないという錯覚を狙った価格設定がよく見られます。先ほどのワインの例もその一つで、3000円のワインがあることで、2000円のワインがそれなりに適正な価格に見えるのです。

消費者は価格を比較することで評価をする、つまり絶対的な評価は苦手で、相対的な評価に頼りがちだという錯覚をついた価格設定は、ほかにもいろいろな事例がみられます。たとえば、ある新聞が三つの料金オプションを提起しています。紙の新聞だけの購読だと月額料金で3000円、ネット購読だけの料金だと4000円、紙とネットの両方だと4000円になっているとしましょう。

この料金を見ると不思議な感じがします。ネットだけのものと、紙とネットの両方の料金が同じだからです。こうした料金を提示されたら、ネット購読だけという読者はいないでしょう。同じ料金で紙もネットも利用できたほうが明らかに得だからです。ただ興味深いのは、多くの人が紙の購読ではなく、紙とネットの両方を選択したということです。ネットだけの料金が、紙とネットの料金と同じであるため、結果的に紙とネットの併読が割安に見えたのかもしれません。

非合理性の原理(2)：現状維持志向

　人々の経済活動の歪みのなかでもう一つよく指摘されることが、現状維持に必要以上にこだわるということです。現状維持をやめたほうが利益が大きいと思えるケースでも、現状維持にこだわる人が多いようです。

　雑誌の購読についての行動は、こうした錯覚を利用することが多いようです。海外の購読ではよくあるケースですが、最初の1年は大幅な割引で雑誌を購読できます。気に入らなければそれで解約してもよい。ただ、解約しなければ、それ以降は通常料金で購読を続けることになります。こうした新規加入の割引で購読を誘っている雑誌が少なくないのです。

　私自身もそうした経験があります。ある雑誌を購読するかどうか迷っているとき、特別割引のキャンペーンのDMが届きました。米国ではよくあることです。それでとりあえず購読をすることにしましたが、特別料金が切れて料金が上がっても、わざわざそれを解約することはしないことになりかねないのです。

　雑誌の購読やスポーツジムのようなサービス提供者は、こうした消費者の特性を利用した販売方法をとります。お試し料金を提供するサービスは、一度はじめるとわざわざ解約をしない、という消費者の特性につけ込んだものなのです。

　細かい利害まで考えていちいち消費行動を変更しないということが、多くの消費者が示す現状維持志向の背景にあります。現実の世界での行動では、こうした現状維持志向を織り込んだ形で、いろいろなことが動いています。たとえば、デファクトと呼ばれる設定などもその一例です。

　スマートフォンやパソコンや家電製品は、その気になれば、実にさまざまな設定が可能です。しかし、説明書やマニュアルを丁寧に読んで、そうした設定を自分でしようとする人はそう多くはありません。その機器の当初の設定──これをデファクトといいます──をそのまま利用しようとするでしょう。メーカーのほうも、多くの人がいちいち設定を変えなくてもよいように、もっとも標準的な設定と考えられるものにデファクト設定をします。そうすることが顧客全体の平均的な利益ともなるからです。

　ただ、デファクトで与えられたものがすべて社会にとって好ましいものになっているとは限りません。そうした場合には、少しだけルールや仕組みを調整して、人々の行動を社会にとってより好ましい方向に誘導することができるは

ずです。こうした手法をシカゴ大学のセイラー教授はナッジ（nudge）と呼んでいます。nudge とは、人々がそちらに動くように少し押してあげるということです。

具体的な例をあげてみましょう。どこの紳士用の公衆トイレも、小便を外に外す人がいて、掃除が大変です。オランダ・アムステルダムのスキポール空港のトイレではある仕掛けをしたところ、外に漏れる小便が70％以上も減少したといいます。何をしたと思いますか。実は、便器の真ん中に虫のマークの模様をつけただけです。すると、多くの人が虫のマークめがけて小便をするようになった結果、小便が外に漏れることが少なくなったというのです。虫にめがけて小便をすることが、利用者一人ひとりにとって合理的でも何でもありませんが、こうした仕掛けが結果的に人々の行動を社会にとってより好ましい方向に持っていくのです。

ナッジの事例でより社会的に重要なものとして、年金運用の制度についての改革論議があります。いま多くの国で利用が拡大している年金に、確定拠出型年金があります。旧来の年金は確定給付型年金と呼び、年金受給者は一定額の年金を保証されていました。

確定給付型年金は老後の収入を安定させるうえで重要な意味を持っています。ただ、年金の運用の変動に対応するため、企業や政府が補填をするというような必要が生じることがあります。そのため、ある一定限度を超えて確定給付年金を拡大することは社会的にもむずかしいです。個人の負担が増えるというデメリットに目をつむっても、年金を充実させるためには、確定給付型年金に加えて、確定拠出型の年金を拡大させていくべきであると考える人が増えています。

確定拠出型の年金は、個人や企業が積み上げていった年金の運用リスクを個人が負担するというものです。運用成果によって年金支給額が変動するタイプの年金です。もちろん、リスクとはいっても、どういった資産で運用するのかによって異なってきます。国債などで運用すれば年金として戻ってくる金額は少なくなりますが、リスクは小さくなります。株式や外貨建て資産で運用すれば、年金額が大きくなるチャンスは増えますが、同時に思わぬリスクで年金額が大幅に減ることもありえます。

確定拠出型年金はどのような資産で運用するのかについて、さまざまなオプションがあります。年金加入者自身がどのような資産で運用するのか選択する

ことができるのです。ただ、米国などでの現実を見ると、多くの人がデファクトで設定してある運用をそのまま受け入れるケースが多いようです。よくわからないのでそれを選ぶということなのか、あるいは新しいものに組み替えるのが不安ということなのでしょうか。

ただ、ある程度のリスクはあっても、それなりのリターンのある資産を組み込んだ運用のほうが、一般的には好ましいでしょう。そう考えれば、どのような運用をデファクトとして設定するのかは、重要な政策課題となるわけです。こうした議論を米国で行なっている専門家は、もう少しリスクをとるような資産構成をデファクトとしたほうがよいと主張します。

いずれにしても、スマートフォンの料金やオプションの設定から年金運用の選択まで、社会には多くのものにデファクトのルールがあります。そのデファクトをどのように設定するのかということ自体が、経済制度や政策を考えるうえで重要な意味を持つのです。

非合理性の原理(3)：将来の自分と今の自分の戦い

私のように血糖値やコレステロールの数値が気になる年齢になると、日々の食事が真剣勝負になります。目の前にある美味しいものをすべて食べたら、あとで後悔することになるからです。若い人でもダイエットに関心がある人は同じでしょう。目の前にあるスイーツは本当に美味しそうですが、それに手を出せばダイエットに影響することになります。

ダイエットだけではありません。試験勉強をしている学生にとっても、日々、同じような心のなかの戦いがあります。もう１時間勉強をしておけばあとで楽になる。そう考えても、テレビの番組から離れられなかったり、あるいは眠気に勝つことがむずかしかったりします。

こうしたとき、「今の私たち」は「将来の私たち」と戦っているのです。「今の私たち」は誘惑に流されやすい存在です。美味しいものを食べたい、テレビを観ていたい、眠りたいという誘惑です。「将来の私たち」はもっと合理的思考をする人です。カロリーを抑えないと糖尿病になって、大変なことになる。ケーキを食べなければスリムな体型が維持できる。今勉強をしておけば試験も大丈夫だ。こうした合理的な思考をしています。

残念ながら、合理的な思考をする「将来の私たち」がいつも勝つわけではありません。目先の誘惑に流されて、あとで後悔する人が少なくないのです。だ

からこそ、「ダイエットの手法」とか、「自分に克つ方法」というような類の本がよく売れるのです。

　ここで興味深いのは、誘惑に負けてしまうという合理的ではない部分と、あとでそれを後悔するという合理的な部分が混在しているということです。ですから、ダイエットの手法の本などを読むと、合理的な自分を強化するようなさまざまな手法が提示されています。

　たとえば、毎日体重計に乗るのはよいといわれます。体重の変化を知ることによって、過剰な食欲への歯止めになるようです。毎食ご飯を一杯以上食べないと決めるようなことも有効かもしれません。これは経済学ではコミットメントと呼びます（第11章でくわしく説明します）。毎日、万歩計で一万歩以上歩くようにするとか、週に二回はジムに行くと決めるのも、コミットメントの例です。

　今日の自分が自分に言い訳をしないように戒めることも、結果的に合理的な行動につながるといいます。ダイエットをする人は、美味しそうなスイーツを目の前にして、明日からダイエットするから今日だけはよいだろう、と考えるようです。今日我慢できなければ明日も我慢できない。今日からダイエットをはじめないと、将来後悔するまでずっとダイエットはできない。そう考えて行動に移すことも有効なようです。

　以上で例にあげたさまざまな手法のどれが有効であるかわかりませんが、いずれにしても人間が合理的に行動する存在ではないということは確かなようです。

非合理性の原理(4)：群集心理

　すべてのことについて複雑な計算をして、合理的に行動することはむずかしい。これが行動経済学の基本的な考え方です。そこで注目されるのが、群集心理的な行動パターンです。経済現象でもこれが重要な意味を持つことが少なくありません。

　株や為替などの資産市場では、その価格が異常に高くなったり、それが暴落したりということを繰り返します。バブルやその破裂です。バブルがなぜ起きるのかという点については、いろいろな説明が可能です。ただ、そのなかでとくに重要だと思われるのは、「ほかの多くの人がやっているのだから正しいに違いない。だから自分もそう行動する」という群集心理的な行動の重要性が指

摘されます。

　ある企業の株価はいま割高か、それとも割安か。これを判断するための指標はいろいろあります。ただ、企業のような複雑な対象の評価について、いろいろな指標を見ながら、自分できちんと判断を下すことは簡単ではありません。そこで、ほかの人がその企業の株価をどう評価しているのかが気になります。もし多くの人がその企業の株を買おうとして株価が上昇基調にあれば、自分もその株を買ったほうがよいと考える人は少なくないでしょう。

　あるいは、ある国の為替レートが急速に下落する動きを示したとき、自分もその流れに乗らなくてはいけないと考える市場関係者は少なくありません。これがさらにその通貨の売りを増やし、為替レートはさらに下がることになるのです。

　こうした群集心理的な行動は、必ずしも非合理ともいえない面もあります。皆がその通貨が下がると考えて売りに出ているときに、自分だけ逆の買いに回るのは非常に勇気がいる行動です。より多くの人が売りに走れば、結局は早めに売りに乗ったほうが安全でもあるからです。あえて市場の流れに逆らって買いに出れば大きな損失を被ることにもなりかねません。

　アジア通貨危機、リーマンショック、ユーロ危機など、世界市場は何度も大きな金融市場の暴落に直面してきました。またその暴落の背景には、それ以前のバブルがあります。日本でも1980年代後半のバブルと、その後の暴落がありました。こうした市場の大きな変動を理解するためには、市場の群集心理が重要な要素となるはずです。

　群集心理は、経済政策を遂行する意味でも重要になります。たとえば、省エネを進めるための手法について考えてみましょう。周りの人になぜ省エネをするのか聞いてみてください。四つぐらいの理由が出てくると思います。①省エネをすればコスト削減できるから（経済的動機）、②省エネをすることは正しいことだから（道徳的動機）、③省エネをすることは環境問題などの観点から社会全体の利益となるから（社会的動機）、④周りの人が省エネをしているので（群集的動機）、の四つです。

　どの理由もそれなりの意味はあります。少なくとも①から③には、それぞれ合理性があると思います。しかし、どうも④の群集的動機がもっとも強く働いているようなのです。皆がやっているので自分もそうしている。人間とは群集的な動物なのかもしれません。

国民の一人ひとりの自主的な行動に働きかけることが必要な政策では、この群集心理的な行動原理を有効に活用することが重要となります。健康を維持するためには運動が必要であるとしても、人々はなかなか合理的な動機だけでは動きません。しかし、周りの多くの人が運動をしていれば、それに刺激されて運動する人も増えるでしょう。

　女性の社会的な活躍をもっと促進するためには、男性が家事や育児により積極的に参加することが必要です。男性が育児休暇をとることもよいでしょう。ただ、周りに育児休暇をとる人が少ないと、なかなかとりにくいものです。しかし、男性でも育児休暇をとるのが当たり前という社会になれば、そうした抵抗は小さくなるはずです。

【演習問題】
1．以下の記述は正しいか、それとも誤っているのか。
　(1)需要が価格に対して敏感に反応する財ほど、供給量の変動にともなう価格の変動幅は大きくなる。
　(2)価格が低いほど、消費者余剰は大きくなる。
　(3)石油の需要が価格に敏感であれば、石油価格の上昇は日本の経常収支を黒字にする。
　(4)需要の価格弾力性が大きいほど、需要曲線の傾きは急になる。
2．ある財に対する需要曲線が
　　$D = 100 - p$
　という形をしているとする。ただし、D は需要量であり、p は価格である。
　(1)もしこの財の価格が30であるとすると、消費者余剰はいくつになるか。
　(2)* 価格が10のところでの需要の価格弾力性はいくつであるか、計算しなさい。
3．つぎのような変化は衣料品に対する需要曲線をシフトさせるか。
　(1)所得が増加したので、衣料品の需要が増加した。
　(2)海外から安価な衣料品が入ってきたので、衣料品の需要が増加した。
　(3)寒い冬になって衣料品の需要が増加した。
　(4)技術革新で安価な衣料品が出まわり、需要が増加した。
4．需要曲線が右下がりであるということは、消費量が増大するほど財に対する限界評価が下がるということである。この仮定は妥当であろうか。また、需要曲線が右上がりであることがあるなら、それはどのようなケースか。
5*．市場需要に対応する消費者余剰が、個々人の消費者余剰の和となるのは、各人の消費者余剰が金銭単位という共通の単位で表わされていることによる。しかし、金銭単位による効用水準の表示には問題がないわけではない。たとえば、

金持ちの人の消費者余剰と貧乏な人の消費者余剰を比べると、一般的に前者のほうが大きくなる傾向がある（なぜか？）。したがって、市場需要のもとでの消費者余剰は、金持ちの人々の選好を強く反映することになる。この点について検討しなさい。

(各章の演習問題の＊印は難問です。)

3
費用の構造と供給行動

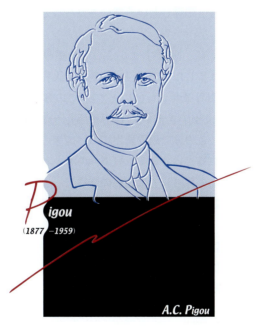

ピグー（Arthur Cecil Pigou：1877-1959）　イギリスのケンブリッジ大学でマーシャルの後継者として教え、『厚生経済学』という名著がある。公害などの外部不経済を是正するための税はしばしば、彼の名にちなんでピグー税と呼ばれる（第12章参照）。

この章では供給曲線についてくわしく学ぶようですが、前章で学んだ需要曲線の場合と何か違いがあるのでしょうか。

供給曲線の背後にどのような供給者の行動原理が潜んでいるのか探るという意味では、需要曲線の背後にどのような消費者の行動原理が潜んでいるのか見てきた前章と大きな違いはありません。ただ、供給側を見るさいには、まず費用（コスト）についてのいろいろな性質を理解することからはじめなくてはいけません。

費用（コスト）はいろいろな経済問題を考えるうえで重要なのですね。

そのとおりです。ただ、費用にもいろいろなものがあり、これをしっかり理解しないといけません。たとえば、限界費用と平均費用の違いはわかりますか？

いいえ。そもそも「限界」という言い方からしてむずかしい感じを受けます。

少し大げさに言えば、「限界」ということの重要性に気づいたことで、経済学は大きく進歩したのです（1870年代に限界概念を取り入れて発展した経済学の展開を「限界革命」といいます）。この章に限らず、経済学では「限界」という用語が多く出てきます。「限界費用」、「限界消費性向」、「限界効用」、「限界税率」等々。この章で限界費用についてきちんと学ぶことで、供給曲線について理解を深めるだけでなく、経済学のもっとも基本的な考え方である限界という見方について習熟してほしいのです。

 なんだかむずかしそうな話ですが、限界費用ってそんなに大切なのでしょうか。

限界費用の性質についてきちんと理解できれば、この章の目的の3分の2は達成したといってよいと思います。もちろん、限界費用以外に、先ほど触れた平均費用、総費用、固定費用、可変費用など、さまざまな費用が出てきます。

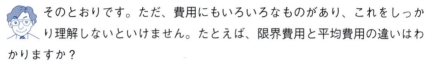 費用以外に、この章で学ぶ重要なことがらはあるのでしょうか。

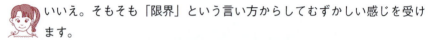 生産者余剰という概念が出てきます。前章では、需要曲線を使って消費者余剰という概念を説明しましたが、この章では供給曲線から生産者余剰という概念を組み立てていきます。生産者余剰は供給側が生み出す利潤に近

い概念ですが、とくに経済が生み出す価値を考えるうえでは重要な意味を持っています。

経済が生み出す価値とは何ですか。

これについては次章でくわしく説明することになりますが、おおよそ次のようなことです。いろいろな商品が生産され消費されることによって、さまざまな価値が生まれます。たとえば、消費者はその商品を購入してよかったと感じるはずです。よくなければ買うはずはないからです。消費者のこの満足を金銭価値で測ろうとしたのが消費者余剰です。同じように、供給者はその商品を市場に出してよかったと思うはずです。さもなければ供給などしないからです。その供給者の満足は基本的には利潤で表わされます。利益を生まない商品は供給しないというのが、供給者なのです。その利益に近いものが、生産者余剰です。ですから、消費者余剰と生産者余剰の両方を見れば、その商品の社会的な価値が読みとれるというわけです。

　この章では、供給曲線の背後にある生産者の行動について説明します。生産者はどのような行動原理に基づいて行動しているのでしょうか。ミクロ経済学の基本的な考え方は、生産者はみずからの利潤を最大化すべく行動するというものです。乱暴な言い方をすれば、できるだけたくさん儲かるように行動していると考えるのです。

　利潤とは売上（収入）から費用を引いたものです。したがって供給行動を考えるためには、収入と費用の中身に入っていかなくてはなりません。完全競争という競争的な状況を想定するこの章では、費用がとくに重要になります（収入については第9章で独占的供給者を分析するときにくわしく触れます）。

　費用には、総費用、限界費用、平均費用、可変費用、固定費用など、さまざまな概念があります。こうした概念を整理し理解したうえで、とくに限界費用を中心に分析が行なわれます。ようするに、供給者は限界費用が価格に等しくなるところまで供給するということが、この章のもっとも重要な結論となるのです。この考え方に基づけば、供給曲線の背後には限界費用曲線というものが存在することもわかります。

　本章では、また、以上の考え方を用いて、生産者余剰という概念にも言及し

ます。生産者余剰は、前章で説明した消費者余剰と組み合わせて、望ましい資源配分について考察するための重要な分析用具となります。

I　供給曲線

価格と供給

　図3-1は、標準的な供給曲線を描いたものです。縦軸には価格が、横軸には供給量がとられています。供給曲線とは、財（あるいはサービス）の価格とその供給量の間の関係を図に描いたものです。供給曲線は通常右上がりになっていますが、これは価格が高くなるほど供給量も多くなるからです。

　供給曲線を式の形で表わせば、

$$X = S(p) \tag{3-1}$$

となります。X は供給量で、p は価格です。関数 $S(\cdot)$ を供給関数と呼びます。供給量 X は、価格 p の関数として決まり、価格が変化すれば供給量も変化します。たとえば図3-1では、価格が p_1 であれば供給量は X_1 となり、価格が p_2 まで上がれば、供給量も X_2 まで増加します。

　供給曲線の形は、価格が変化したとき供給量がどの程度変化するかを表わしています。需要の場合と同じように供給の場合にも、価格に対する弾力性を考えることができます。この弾力性の大きさが、しばしば重要な意味を持ちます。第1章でとりあげた消費税が価格に及ぼす効果は、そのような例の一つです。

　供給の価格弾力性とは、供給量が価格に対してどのように反応するかを数値で表わすために、供給量の変化率と価格の変化率の比をとったものです。基本的な考え方は、第2章で説明した需要の価格弾力性とまったく同じです。

　式の形で定義すると、

$$\text{供給の価格弾力性} = \frac{\text{供給量の変化率}}{\text{価格の変化率}} \tag{3-2}$$

となります。いま供給量を X、価格を p、価格の変化量を $\varDelta p$、供給量の変化量を $\varDelta X$ とすると、供給の価格弾力性は、

$$\text{供給の価格弾力性} = \frac{\dfrac{\varDelta X}{X}}{\dfrac{\varDelta p}{p}} \tag{3-3}$$

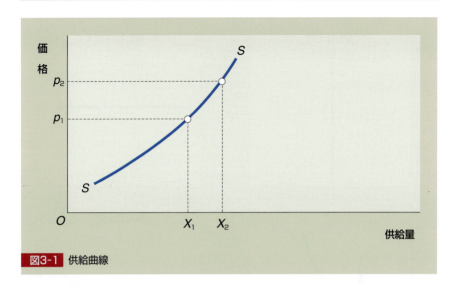

図3-1 供給曲線

と表わすことができます。供給の価格弾力性の場合には、分母と分子が同じ符号をとるので、需要の価格弾力性のようにマイナスの記号をつける必要はありません。

　需要曲線の場合と同じように、供給の価格弾力性は供給曲線の傾きと密接な関係にあります。図3-2には、いろいろな価格弾力性を持つ供給曲線が描いてあります。供給の価格弾力性がゼロのときには、供給量は価格にまったく反応しません。このような供給曲線は、図に示したように垂直線になります。これに対して、価格弾力性が無限大のときには、わずかの価格変化に対しても供給量は大きく反応します。この場合には、供給曲線は水平線になります。価格弾力性は、通常、ゼロと無限大の間の値をとり、供給曲線は右上がりになります。需要曲線と同じように、価格弾力性の大きな供給曲線ほど、その傾きは小さくなります。

供給曲線の分解

　需要曲線と同じように、供給曲線も個々の供給主体（これを以下では便宜上「企業」と呼ぶことにします）の供給行動を集計したものです。たとえば、この市場にA社とB社という二つの企業があるなら、市場全体の供給曲線はこの二つの企業の供給曲線を水平方向に足し合わせたものとなっています。これは、需要曲線の場合と同じことですので、あらためて説明する必要はないでし

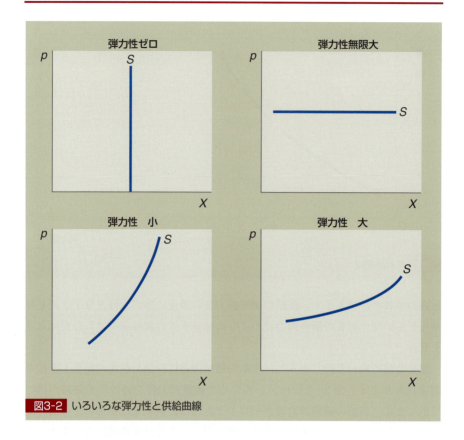

図3-2 いろいろな弾力性と供給曲線

ょう。

　ただし、供給曲線の場合には、以上の点に一つ留保条件を付け加えなくてはなりません。市場で成立している価格によっては、新たな企業が供給主体として市場に参入してきたり、いままで供給を行なっていた企業が市場から退出することがあります。この章では、このような企業の参入・退出については考えません（企業の参入・退出については第4章で説明します）。

供給曲線のシフト

　需要の場合と同じように、供給量もさまざまな要因によって影響を受けるはずです。たとえば、第1章でとりあげたおにぎりの供給であれば、おにぎりの供給量に影響を及ぼすのはおにぎりの価格だけでなく、材料であるコメの価格、一般的な賃金水準（おにぎり屋以外の仕事についたとき得られる所得）な

どにも依存すると考えられます。

この関係を式の形で表わせば、

$$X = S(p, q, w, \cdots)$$

となります。ただし X は供給量、関数 $S(\cdot,\cdot,\cdot,\cdots)$ は供給関数、p はおにぎりの価格、q は材料であるコメの価格、w は一般的賃金水準です。供給曲線のなかに「$\cdots$」とあるのは、これら以外にも供給に影響を及ぼす変数があるかもしれないからです。

需要曲線の場合と同じように、供給曲線とは、供給量 X と価格 p を内生変数とし、それ以外の変数（q や w）を外生変数として固定し、X と p の関係をグラフに描いたものです。したがって、たとえば「価格 p が高くなれば、供給量 X も増大する」といった動きは、供給曲線上の動きとして表わされます。

これに対し、外生変数である q や w が変化すれば、供給曲線はシフトするはずです。たとえば材料であるコメの価格 q が高くなればおにぎりの供給は減少するはずですので、供給曲線は左にシフトします。あるいは材料の価格が高くなるので、おにぎりの価格も上げざるをえず、供給曲線が上方にシフトするといってよいかもしれません。

生産のための費用の構造

図 3-3 は、費用にかかわるいくつかの曲線を示したもので、企業の費用構造について分析するさいに使われます。この図を用いて企業の費用の構造について説明していきましょう。

まず図①のほうですが、これは供給量（生産量）と総費用（total cost）の関係を表わしたもので、総費用曲線と呼ばれるものです。横軸には生産量がとられており、縦軸には総費用の水準がとられています。たとえば、生産量が X_1 の水準にあれば総費用は C_1、生産量が X_2 であれば総費用は C_2 というように読むことができます。総費用曲線が右上がりになっているのは、生産量が大きいほど総費用も多くかかるからです。なお、以下では生産と供給を同じ意味で使います。正確には供給のための費用には販売費用なども含まれますので、両者は区別しなくてはなりませんが、ここでは厳密な区別はしません（総費用の中身は、表 3-1 にまとめたようないろいろな費用の概念と関連しています）。総費用曲線が縦軸と交わっている点に注目してください。縦軸の切片の長さ C_0 は、この企業の生産のための固定費用を表わしています。固定費用と

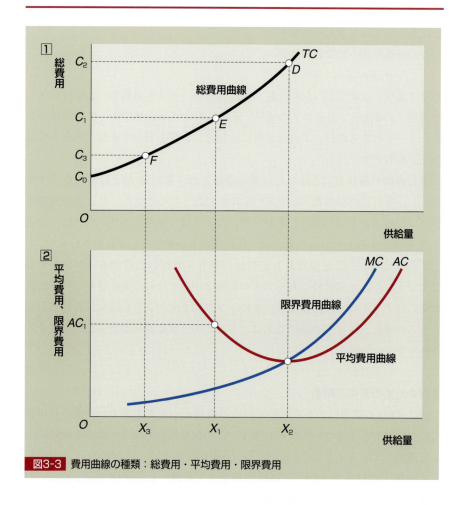

図3-3 費用曲線の種類:総費用・平均費用・限界費用

は、生産量の大小にかかわらず、少しでも生産を行なうのであれば必ずかかる費用のことです。たとえば、自動車のボディの型をとるための機械は、自動車を生産するためには必ず必要なものですが、そのための費用は生産台数とは独立に決まっています。したがって固定費用となります。

これに対して、費用のなかで固定費用以外のもの、すなわち生産量に依存して変化する費用の部分を可変費用と呼びます。たとえば図3-3の場合、X_1の生産に対してかかる C_1 の総費用のうち固定費用 C_0 を除いた部分が可変費用になります。

表3-1 費用の諸概念

総費用	→	費用全体
平均費用	→	単位当たりの費用（＝ $\frac{総費用}{生産量}$）
限界費用	→	生産量を1単位増加することに伴う費用の増大幅
可変費用	→	総費用のうち、生産量に応じて増大する部分（＝総費用－固定費用）
固定費用	→	生産量とは独立にかかる費用

平均費用と限界費用

図3-3の図②は、図①に対応して描かれた平均費用曲線と限界費用曲線を表わしています。平均費用（average cost）とは、生産1単位当たりにかかる費用のことで、総費用を生産量で割ることで求めることができます。たとえば、図で X_1 の生産量に対する総費用は C_1 ですが、このときの平均費用は C_1/X_1 となります。図①ではこの平均費用は原点 O と点 E を結んだ直線の傾きの大きさによって表わされます（なぜそうなるのか、理由を考えてください）。これはまた図②では縦軸上の AC_1 で表わされています。平均費用曲線とは、平均費用と生産量の関係をグラフに表示したものです。

平均費用曲線は、図②に描かれているようなU字型をすることがありますが、これはつぎのような理由によります。生産量が非常に小さいときには、固定費用の存在のため単位生産当たりの費用（平均費用）が高くなりますが、生産量が大きくなるにつれて固定費用がより多くの生産量で薄められるので、平均費用も次第に小さくなっていきます。しかし、生産量があまり大きくなると、こんどは可変費用の部分が逓増的に大きくなっていき、平均費用も増大していきます。

つぎに限界費用について説明しましょう。限界費用（marginal cost）とは、生産量を増加させたとき、費用がどの程度増えるかを表わしたものです。図3-3の図①を用いて、限界費用についてもう少しくわしく説明してみましょう。

いま生産量が X_3 であるならば、そのときの総費用は C_3 となっています。ここで生産量を X_2 まで増加させると、費用は C_3 から C_2 まで増加します。し

表3-2 費用に関する数値例

生産量	総費用	可変費用	平均費用	限界費用
0	0/200	0	0	10
1	210	10	210	15
2	225	25	112.5	20
3	245	45	81.7	30
4	275	75	68.8	40
5	315	115	63	60
6	375	175	62.5	100
7	475	275	67.9	150
8	625	425	78.1	−

たがって、生産量を増加させることによる追加的な単位生産当たりの費用は、この費用の増加分を生産量の増加分で割った$(C_2-C_3)/(X_2-X_3)$となります。これは、点Fと点Dを結んだ直線の傾きで表わされます。もし、生産量をX_3からX_1まで増加させるなら、この生産増における追加的1単位の生産当たりの費用増は、$(C_1-C_3)/(X_1-X_3)$となり、点Fと点Eを結んだ直線の傾きに等しくなります。

このように、X_3から生産量を増加させることに伴う追加的な費用（限界費用）を求めようとすると、どこまで生産量を増やすかによってその値が違ってきます。このような曖昧さを避けるため、限界費用をつぎのように定義します。すなわち、生産量を微少量増加させたとき、それにともなって費用がどの程度増加するかを、費用の増加分を生産量の増加分で割ったもので表わします。これは、グラフでは総費用曲線の（その生産における）接線の傾きに等しくなります。微分の考え方を知っている読者であるならば、限界費用が総費用の微分であることが容易にわかるでしょう。

本文中では、高度な数学的手法は使いません。したがって、以下の議論のためには、とりあえず限界費用をつぎのように理解しておけばよいでしょう。ある生産量における限界費用とは、その生産量から生産量をさらに1単位増加させたときの費用の増加分によって定義されます。ただ、「平均」や「限界」という考え方は、経済学のなかできわめて重要なものですので、この章の補論で説明します。

限界費用はそれぞれの生産量のところで定義されます。異なった生産量には、異なった限界費用が対応します。限界費用曲線とは、限界費用と生産量の関係を表わしたもので、図3-3の図②のMC曲線のような形をしています。この図では、限界費用曲線が平均費用曲線の最低点を通るように描いてありますが、この点については、章末の補論を参照してください。

費用関数に関する数値例

つぎに数値例を用いて、上で説明した費用に関する諸概念について考えてみましょう。表3-2は、ある企業の仮想的な費用構造を示したものです。ここには、生産量とそれに対応する総費用、可変費用、平均費用、限界費用がとられています。この表をグラフに描くと、図3-4のようになります。

この企業の固定費用を200とすると、総費用は可変費用に200を足したものとなっています。生産量がゼロのところの総費用が0/200となっているのは、まったく生産しなければ総費用はゼロ、少しでも生産すれば200になるということを表わしたものです。平均費用は、総費用を生産量で割ったものとなっています。平均費用が、生産量の低いところでは、生産量の増加とともに低下しているのは、固定費用の存在によるものです。

限界費用は、生産量の増加にともなって生じる費用の増加額であり、これは総費用からも可変費用からも読み取ることができます。たとえば生産量の3のところの限界費用30は、生産量を3から4まで増加させることによる費用の増加額を表わしています。したがって、総費用から275−245、あるいは可変費用から75−45と計算することができます。

限界費用と平均費用：ガストの例

すかいらーくが展開するガストのようなファミリーレストランでは、店舗の数を増やしていくことが、経営上非常に重要になります。店舗の増加は、いろいろなメリットをもたらします。そのなかでも、店舗増大による仕入れコストの節約も相当に重要な要因です。店舗が増えて仕入れる材料が多くなれば、それだけ仕入れ単価は低くなると考えられます。

ガストの平均費用と限界費用について考えてみましょう。ここでは、平均費用を店1軒当たりの費用、限界費用を店1軒増やすことに伴う費用と考えます。いま、全部で店が100軒あり、101軒目の店を出すことを考えているとしま

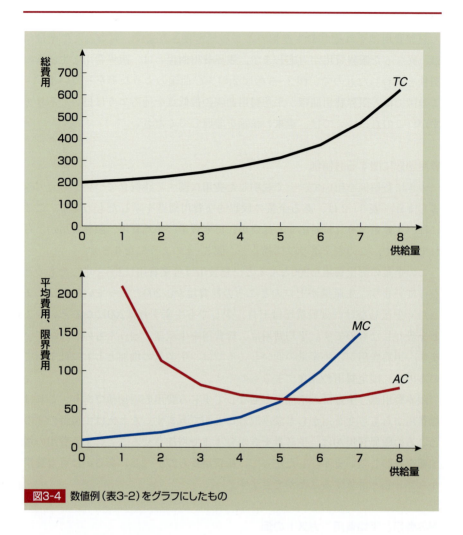

図3-4 数値例(表3-2)をグラフにしたもの

す。この101軒目の限界費用はどのようになるでしょうか。

　ここで陥りやすい誤りは、101軒目の店にかかる費用が限界費用であると考えることです。限界費用とは、101軒目にかかる費用ではなく、100軒の状態から101軒の状態に変わったとき、費用がどれだけ変化するかを示したものです。店の数が増えれば、仕入れの量も増えて仕入れ単価が下がりますので、101軒目の店ができることにより、他の100軒の店の費用も下がります。したがって、101軒目の店に対する限界費用は、101軒目にかかる費用から残りの100軒で生じる費用の減少分を差し引いたものとなります。

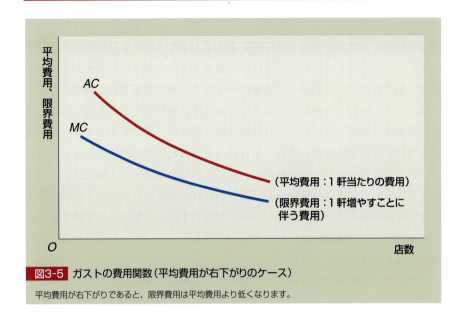

図3-5 ガストの費用関数（平均費用が右下がりのケース）
平均費用が右下がりであると、限界費用は平均費用より低くなります。

　　101軒目の限界費用
　　　＝ 101軒目の店の費用 − 残りの100軒の店での費用の低下

ところで、各店の規模がほぼ同じものであるとすれば、101軒目の店の費用は、平均費用にほかなりません。したがって、上の式はつぎのように書き換えることができます。

　　限界費用 ＝ 平均費用 −（店の増加にともなう平均費用低下）×（店の数）

　ガストの平均費用と限界費用は、図3-5のACとMCのようになっています。店の数が増えることにより仕入れ単価が下がりますので、平均費用は図のACのように右下がりになっています。限界費用は、平均費用よりも低くなっていますので、図のMCのような位置にあります。なお、ここで説明したことは、章末の補論でより厳密な形で議論してあります。

II　短期費用曲線と長期費用曲線

短期と長期

　経済学においては、しばしば短期と長期を区別して考えることが必要になります。企業の生産活動や変化への対応は、対応にどの程度の時間がかかるかに

よって大きな違いが出てくるからです。たとえば、第2章でとりあげた石油を使って発電をしている電力会社の例を考えてみましょう。かりに石油の価格が上昇していったとき、この電力会社の発電コストはどのように変化するでしょうか。電力会社による石油への需要はどのように変化するでしょうか。

以上の問いに対する解答は、企業が対応に使える時間がどの程度の長さであるかに大きく依存します。もし石油価格が上昇したことに対して十分な対応をする時間もないような短い期間であれば、電力会社は高い価格の石油を発電に使わざるをえないので、石油価格の上昇に応じて発電費用も大幅に増加するでしょう。しかし、ある程度の期間（数年から10年程度）をおいてやれば、電力会社は価格が高くなった石油から石炭など他の手段に発電方法を変換するかもしれません。その場合には、石油価格が上昇したほどには、発電費用は増加しないかもしれません。

このように、短期と中長期では企業にとって調整できる自由度がかなり違いますので、費用の構造も短期と長期では異なったものになるはずです。このような短期と長期の費用構造の違いを示したものが、つぎに議論する短期と長期の費用曲線です。

短期総費用曲線と長期総費用曲線

図3-6は、短期総費用曲線と長期総費用曲線の関係を示したものです。ここで注目してほしいことは、短期総費用曲線が多数あり、長期総費用曲線は短期総費用曲線の包絡線となっていることです。包絡線とは、図にもあるように、短期総費用曲線を重ねてつないでいった曲線です（この曲線は、各短期総費用曲線の最低点を結んだ曲線とは違うということに注意してください）。

生産を行なうためには、さまざまな生産要素（土地、資本、労働など）や原料を利用します。生産要素のなかには、短期的にすぐ調整できるようなものと、調整に時間がかかるものがあります。これをたとえば鉄鋼の生産の場合で考えてみましょう。大型設備は、生産量が変わったからといってすぐには調整できません。これに対して、原材料やエネルギー（製鉄のための電力の投入など）の利用量については、生産量に応じて比較的短い期間に調整ができると考えられます。

いま説明のために、短期的な調整が難しいのは設備の規模だけで、それ以外の生産要素や原料の投入は比較的簡単に調整できるものとしてみましょう。図

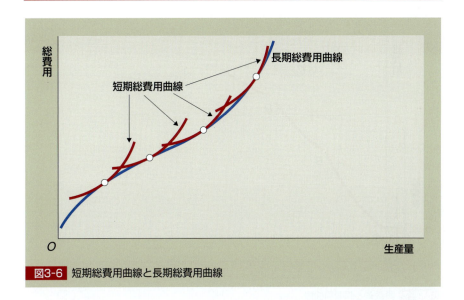

図3-6 短期総費用曲線と長期総費用曲線

3-7はこのような状況で三つの短期総費用曲線を描いたものです。それぞれ短期総費用曲線は、規模の小さい設備のもとでの製鉄のための費用（C_1）、中規模の設備のもとでの製鉄費用（C_2）、大規模設備のもとでの製鉄の費用（C_3）をとったものです。

まずC_1から見てみましょう。設備の規模が小さいので、当然、設備のための費用は少なくてすみます。このような生産方法は、少量の生産にはもっとも低い費用ですますことができます。ただし、生産量が拡大していくと、小さな設備が制約になって、費用は急速に増加していくでしょう（ある量以上の生産は、設備が制約になって生産することもできないかもしれません）。

C_2は中規模の設備のもとの生産費用で、この場合にはC_1の場合よりも設備費用が高いので、小規模の生産に関しては費用が高くなりますが、ある程度以上の生産（図の点Bが境界になる）については、小規模の設備の場合よりも生産費用が低くなります。最後にC_3は大規模な生産設備のもとでの費用を示したものです。この場合には設備のための費用が大きくウェイトを占めますが、巨大な規模の生産に関してはもっとも低い費用で生産することができます。

このように、C_1, C_2, C_3はそれぞれ異なった設備水準に対応した総費用曲線を表わしています。設備の水準は短期間に調整することはできませんので、こ

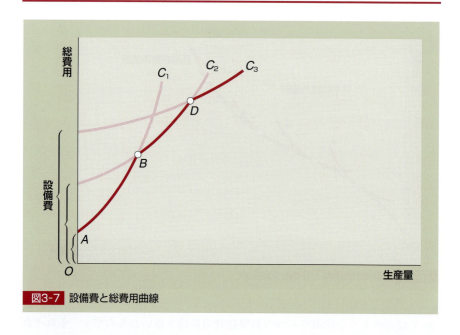

図3-7　設備費と総費用曲線

れらが短期の総費用曲線となるわけです。これに対して、長期の総費用曲線は、設備の水準の調整を行なったうえで、もっとも低い生産費用を実現するような生産量と費用との関係です。かりに、可能な設備の規模が C_1, C_2, C_3 の三つの短期費用曲線に対応するものしかなければ、長期総費用曲線はこの三つの曲線の下の部分をつなげたものとなります（図には赤い線で示してあります）。

　図3-6に包絡線として描いたような長期の総費用曲線は、設備の水準がいろいろな水準に調整できるという前提で描かれたものです。設備の水準を細かく微調整できるなら、図3-6に描いた短期の総費用曲線が多数描けるはずです。長期の総費用曲線は、そのような無数の短期総費用曲線の包絡線となります。

長期と短期の平均費用と限界費用

　つぎに、図3-6に対応する形で、限界費用曲線と平均費用曲線が短期と長期ではどのような関係にあるか考えてみましょう。これは、基本的には図3-6を平均費用曲線と限界費用曲線に書き換えるだけのことですので、技術的な問題にすぎません。ただ、平均費用や限界費用は重要な概念ですので、簡単に説明しておきたいと思います。

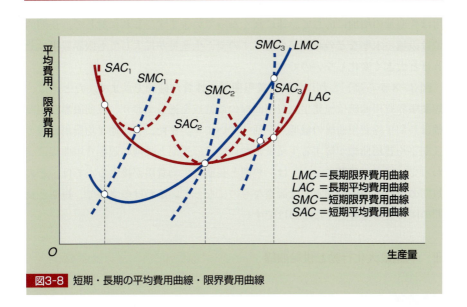

図3-8 短期・長期の平均費用曲線・限界費用曲線

　図3-8は、短期と長期の平均費用曲線と限界費用曲線の関係を示したものです。短期と長期の平均費用に関しては、総費用曲線において見られる関係に非常に近い関係が見られます。短期的には調整の難しい生産要素の存在のため、それぞれの設備規模に応じて、いろいろな短期の平均費用曲線が描けます。長期的には、設備の水準などが調整可能ですので、長期の平均費用曲線は短期の平均費用曲線の包絡線となります。平均費用が総費用を生産量で割ったものにすぎないということを確認すれば、長期と短期の平均費用の関係が総費用における関係と同じになることがわかると思います。

　これに対して、限界費用については、長期と短期の関係がだいぶ異なります。限界費用の場合にも、それぞれの設備の水準などに応じて、いろいろな短期の限界費用曲線が描けます。これに対して、長期の限界費用曲線は１本しか描けません。ただ、限界費用曲線の場合には、長期の限界費用曲線は短期の限界費用曲線の包絡線にはなっていません。一般的には、図3-8に見られるように、短期の限界費用曲線は長期の限界費用曲線よりも傾きが大きくなっています。

　限界費用曲線に関してこのような関係が見られるのは、つぎのような理由によります。短期的には、設備の水準などの調整をしないまま生産の変化に対する対応を迫られます。したがって、短期に生産を拡大しようとすると、限界費

用は生産量の増加に応じて急速に高くなっていきます。これに対して、長期的には設備の水準などの調整が可能ですので、生産量が拡大しても限界費用はそれほど大きく変化しないのです。

図3-8からは、これ以外にも費用曲線の性質が確認できます。たとえば、短期限界費用曲線は短期平均費用曲線の最低点を通っており、長期限界費用曲線は長期平均費用曲線の最低点を通っています。また、各短期平均費用曲線と長期平均費用曲線が接する生産量においては、短期と長期の限界費用曲線は交わっています。後者については、短期と長期の平均費用が接する点では、その短期の平均費用の設備水準は最適なものになっているわけですので、短期と長期の限界費用も等しくなるわけです。

Ⅲ　利潤最大化行動と供給曲線

完全競争

つぎに、上で説明したような費用構造を持った企業が、実際にどのような供給行動をとるかという点について説明しましょう。企業の供給行動について分析するためには、まずその企業がどのような行動原理に基づいて行動しているかということから明らかにしていかなければいけません。ここでは、「完全競争」という考え方に基づいて分析を進めます。

ある産業が完全競争的な状態にあるということは、つぎのような状態を意味しています。この企業とまったく同じ財を供給している企業が多数存在していて、この企業が供給量を変化させても、市場におけるその財の価格は変化しないとします。このような場合には、市場に同質の財がたくさん出回っているので、他の企業より高い価格をつけたのでは、その財をまったく売ることはできません。また、他の企業と同じ価格をつければいくらでも売ることができるので、他より低い価格をつける理由もありません。

このような状況にある供給者をプライス・テイカー（price taker）と呼びます。つまり、市場で決まっている価格をそのまま受け入れて供給するというような意味です。市場に競争者が多数いるときには、個々の供給者は価格支配力がありません。

たとえば大根を生産・供給している農家を考えてみてください。大根を出荷している農家はたくさんありますので、一つの農家が大根の出荷量を変化させ

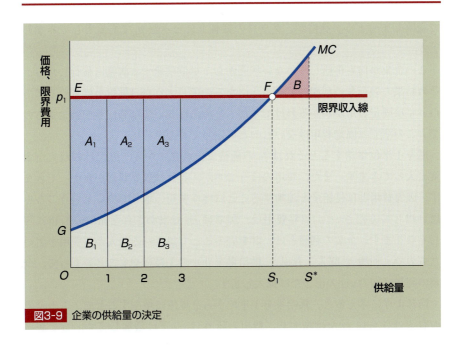

図3-9 企業の供給量の決定

たとしても、大根の市場価格にはまったく変化はないでしょう。このようなとき、各農家は市場で成立している価格で大根をいくらでも売れると考えて供給計画を立てるでしょう。第1章で説明したおにぎり屋の例もこれに近いものです。

　もちろん、このプライス・テイカーの仮定はつねに妥当するものではありません。たとえば、市場に供給主体が一つしかないとき（独占のケース）には、この企業は供給量を決定するにあたって、供給量の変化が市場価格に及ぼす影響を考慮に入れるでしょう。また供給主体（企業）の数が少なければ（寡占のケース）、各企業がみずからの価格設定行動が他の企業の行動にどのような影響を及ぼすかということを頭に入れながら行動するでしょう。これらの場合には、完全競争の前提は適当なものではありません。本書では第9章で独占や寡占の問題をとりあげます。また、完全競争についてより詳細な議論を第4章で展開します。

利潤最大化行動と供給曲線

　さて、図3-9を用いて、完全競争のもとでの個々の企業の供給行動につい

て説明しましょう。価格が、グラフの縦軸上にとった p_1 であるとしてみましょう。

この企業が何も供給していない状態から1単位供給する状態に移行したら、その結果この企業の利潤はどのようになるのでしょうか（供給をはじめるにあたっては固定費用がかかるわけですが、この点については第12章で議論するので、この章では固定費用はないものと仮定してください）。

財を1単位供給するとそれは p_1 の価格で売れますから、p_1 だけの収入が企業に入ってきます。また、費用のほうですが、これは限界費用がかかってきます（限界費用とは供給量を追加することに伴う費用の増分であるということを思い出してください）。限界費用は、図では B_1 で表わされた領域の面積に等しくなります。企業の利潤とは、財を売ることで得られる収入から費用を引いたもので（利潤 = 収入 − 費用）、供給量を0から1に増やすことによって、企業の利潤は図の A_1 の部分だけ拡大します。

同じように考えると、供給量を1単位から2単位に増やすことで、この企業の収入はさらに p_1 だけ増大し、費用のほうは B_2 だけ増加します。したがって、両者の差である A_2 の部分が供給量を1から2へ増加させることによる利潤増となります。供給量を2から3まで拡大すれば、それによって利潤はさらに A_3 だけ増加します。

このように、供給量を拡大していくにつれて、この企業の利潤は価格線（限界収入線）と限界費用線 MC の間の領域分だけ拡大していきます。もし S_1 まで供給量を拡大すれば、そのもとでの（固定費用を無視した）利潤総額は青い色で示した領域の面積に等しくなります。

グラフから容易に読み取れると思いますが、価格 p_1 のもとでは、S_1 以上に供給すると利潤はかえって低下してしまいます。たとえば、供給量を S_1 から S^* まで拡大すると、その結果、利潤は B の領域の面積分だけ減少します。したがって、完全競争市場においては、企業は限界費用が価格に等しくなるところまで供給しようとします。図では、これは S_1 の供給量になります。

生産者余剰

価格線（限界収入線）と限界費用線で囲まれた領域（図3-9の青色の部分）のことを、生産者余剰と呼びます。固定費用のないケースでは、生産者余剰はその企業の利潤の額に等しくなります。—1

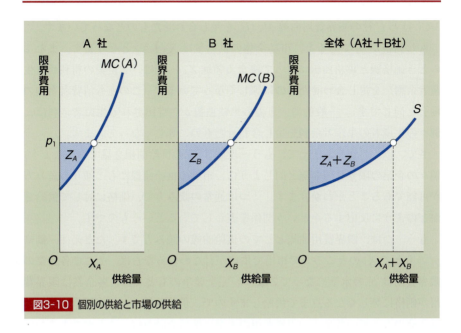

図3-10 個別の供給と市場の供給

　図3-10は、A社とB社の2企業が市場で供給している場合の、2社の限界費用曲線と市場全体の供給曲線の関係を示したものです（供給主体が3社以上の場合も基本的には同じような議論ができます）。すでに説明したように、個々の企業の限界費用曲線は、その企業の供給曲線にもなっています。限界費用曲線は、横軸から縦軸の方向に読むものです。つまり、横軸上の各供給量に対して、それに対応する限界費用曲線上の縦軸座標の値が限界費用となります。完全競争の前提のもとでは、限界費用曲線を縦軸から横軸の方向に読むこともできます。すなわち、縦軸上にとられた各価格に対して、それに対応する限界費用曲線上の点の横軸座標の値は、その価格のもとでの供給量を表わしています。限界費用曲線がその企業の供給曲線であるというのは、このことを指しています。

　市場全体の供給曲線は個々の企業の供給曲線を水平方向に足し合わせたものとなっています。この点は、需要曲線の場合と同じですので、繰り返し説明するまでもないでしょう。市場全体としての供給曲線は、A社の限界費用曲線

---

1 ──もし固定費用があると、生産者余剰は利潤に固定費用を加えた額に等しくなります。これを「粗利潤」と呼ぶことがあります。固定費用が存在するケースについては第12章を参照してください。ここでは、生産者余剰は利潤に等しいと考えて結構です。

$MC(A)$ と B 社の限界費用曲線 $MC(B)$ を足し合わせたものとなっています。

もし価格が p_1 であると、市場全体の供給量は X_A+X_B となります。またこのとき価格線と供給曲線によって決まる領域 Z_A+Z_B は、2企業の粗利潤（生産者余剰）を足し合わせたものに等しくなっています（この点も消費者余剰の場合と同じです）。一般的に、市場の供給曲線から導出される生産者余剰は、個々の生産者の生産者余剰を足し合わせたものに等しくなっています。

さて、以上の点をふまえて、もう一度図3-1の供給曲線を見てみましょう。個々の企業の限界費用曲線と同じように、市場の供給曲線にも二通りの読み方が可能であることがわかります。一つは通常の読み方で、価格に対して供給量がどのように反応するかという関係を表わしているというものです。

もう一つは、限界費用曲線としての供給曲線の読み方です。たとえば、価格 p_1 のもとで X_1 のところまで市場で供給が行なわれるならば、そこで各企業の限界費用は p_1 の水準になっています。完全競争のもとでは、各企業は限界費用が価格に等しくなる点まで供給しますので、供給曲線から、市場全体の供給量とそのもとでの各企業の限界費用の水準の関係を読み取ることができるわけです。もし市場全体の供給量が図3-1の X_2 であれば、そのもとでの各企業の限界費用は p_2 になっているはずです。いいかえると、供給曲線は市場全体としての限界費用曲線となっており、その財の供給量を増加させることにともなう社会的費用を表わしていることになります。この点は次章の議論において重要なものとなりますので、よく検討しておいてください。

需給均衡

これまで多くのスペースを使って需要曲線と供給曲線について説明してきました。次章では、これを使っていろいろな経済問題を考えていきますが、その前にいままでの議論の内容について簡単にまとめておきましょう。図3-11は、ある財の需要曲線と供給曲線を描いたものですが、このグラフからどれだけのことが読み取れるでしょうか。

まず第一に、需要曲線と供給曲線の交点 E が、実際に市場で取引される財の数量と価格を表わしているということがわかります。もし価格が図の p_1 よりも高い水準にあると、供給量が需要量を超過してしまいます。つまり、売れ残りが生じます（この点を図の上で確認してください）。このようなときには、遅かれ早かれ価格は下がるでしょう。逆に、もし価格が p_1 よりも低ければ、

[*Column*] ステップアップ経済学
余剰分析と公共経済

　Part 1の各章で説明している消費者余剰や生産者余剰の分析は、公共経済学という分野の分析に幅広く使われています。いろいろな経済政策の導入によって消費者や生産者がどのような影響を受けるのか数量的に把握することが可能になるのです。

　公共経済学は応用経済の分野のなかでも重要な位置を占める学問分野です。税や公共支出の影響を評価したり、公害の抑制から道路の混雑問題まで、さまざまな経済政策問題を分析対象とします。現実の経済政策の運営には、公共政策的な視点を欠かすことができません。

　具体的な分析例を一つあげてみましょう。たとえば、高速道路の料金をどのような水準に設定するべきか、という問題について考えてみましょう。道路料金は道路利用者の数に影響を及ぼします。料金が高ければ利用者は少ないでしょうし、料金が安ければ多くの人が利用します。利用者数は、また道路の混雑状況にも影響を及ぼします。利用者が多ければそれだけ混雑が激しくなり、利用者の利便性も低下します。

　高速道路の利用からの利便性、利用者の数、料金収入、道路の建設や運営の費用などを総合的に比較して、もっとも好ましい料金水準を設定することができるはずです。この場合、高速道路の利用者や利用者が高速道路利用から受ける利便性などは、高速道路の利用に関する需要関数から推計することができます。消費者余剰の概念がそこで使われることになります。

　現実の政策運営でこうした公共経済学的な手法が利用されるためには、需要や費用に対するさまざまな情報を集めなければいけません。ただ、そうした政策の便益や費用の計算結果について正確な数値が得られる場合ばかりとはかぎりません。また、公害や混雑などの費用を評価するためには、ある程度分析者の個人的な価値判断が入る余地はあるでしょう。

　こうした限界はあるとしても、政策運営を行なううえで公共経済学の助けを借りたほうが、政策担当者の直感だけに頼るよりははるかに望ましいといえるでしょう。多くの国で、公共投資のプロジェクト評価から公共料金の設定まで、公害や環境の規制から年金制度のあり方まで、公共経済学的な手法を用いた政策立案や既存の政策のレビューなどが行なわれています。

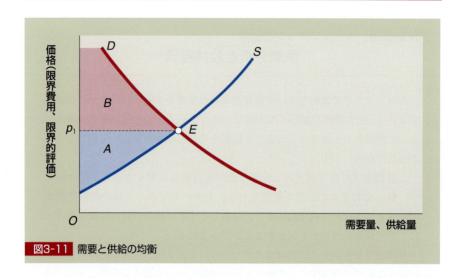

図3-11 需要と供給の均衡

今度は需要が供給を上回ってしまいます。つまり、この財を買いたくても買えない人が出てきます。このときは価格が上昇するでしょう。価格が p_1 の水準にあれば、需要と供給の乖離は起きませんので、価格を動かすような力は働きません。図の点 E はこのような状態を表わしていますが、これを<u>市場の均衡点</u>と呼びます。

　第二にわかることは、均衡点 E のもとで、各企業の限界費用は p_1（均衡における価格）になっており、各企業の粗利潤（生産者余剰）を足し合わせると、領域 A に等しくなっているということです。

　第三に、消費者のほうは、均衡においてこの財に対して p_1 という限界的な評価をしており、市場取引を通じて消費者が獲得する消費者余剰の総和は、領域 B の面積に等しくなります。

補論：費用曲線の数学的展開

　数学的な知識のある読者のために、本文で説明した費用曲線の性質について、数学的な説明をします。いま、総費用を C で表わし、これは生産量 X の増加関数として $T(X)$ と表わされるとしましょう。

$$C = T(X) \tag{3-4}$$

このような関数 $T(X)$ を総費用関数と呼びます。

　平均費用は総費用を生産量で割ったものですので、平均費用を AC とする

[*Column*] 現実の経済を見る眼
限界費用ゼロのビジネス

　インターネットやスマートフォンの普及で、映画や音楽の見放題・聴き放題のビジネスが広がっています。映画ではネットフリックスやHULUなどを利用している人も多いでしょう。アマゾンはプレミアム会員向けに、映画や音楽を無料で楽しめるサービスを提供しています。こうしたサイトでは、市場に出回っている映画を観ることができるだけでなく、独自に制作したドラマなどを流しています。活字の世界でも、NTTドコモなどが、契約者にいくつもの雑誌の読み放題のサービスを提供しています。

　こうしたビジネスが広がったのは、デジタル情報化された映画や音楽などを提供する限界費用がゼロとなっているからです。映画をネットワークで流すことで、何人に鑑賞してもらおうとその費用に変化はありません。つまり限界費用がゼロになっているのです。もちろん映画の製作費用、映画会社から権利を購入する費用、そして通信のネットワークを立ち上げ管理する費用など、さまざまな費用がかかります。ただ、その費用の多くは本文中で説明した固定費用に近い性格のもので、何人が映画を観てもその費用的な違いはありません。

　音声や映像をデジタル情報にして、それをインターネットなどのネットワークに流す情報通信技術の発達が、このような費用構造を生み出したのです。「コストゼロの経済学」というようなタイトルの本や雑誌記事が出回っていますが、情報技術の発展は、限界費用ゼロという特徴によって既存のビジネスを大きく変える原動力となっています。

　これによって既存のビジネスが大きな影響を受けていることは間違いありません。映画の見放題サービスによって、ビデオやDVDの売り上げは落ちたでしょうし、音楽の配信サービスの広がりでCDの売り上げも落ちています。そういったソフトを販売している店なども大きな影響を受けています。

　ただ興味深いのは、音楽のネットでの配信サービスが広がっていく一方で、ライブの演奏会の集客も増えているということです。多くの人にとって、情報通信サービスとして提供される音楽と、プレーヤーの息遣いを感じることができるようなライブの音楽とは別のものなのかもしれません。情報通信で音楽を聴く機会が増えるからこそ、ライブの音楽に接してみたいという気持ちも強くなるのでしょう。

と、それは
$$AC = \frac{T(X)}{X} \tag{3-5}$$
と表わされます。限界費用は、総費用曲線の（その生産量における）接線の傾きで表わされますので、式の上では総費用を微分したものとして求めることができます。限界費用を MC とすると、それは
$$MC = T'(X) \tag{3-6}$$
となります。

(3-5) 式を書き換えると、
$$T(X) = AC \cdot X \tag{3-7}$$
となり、これを微分すると
$$MC = T'(X) = AC + (AC)' \cdot X \tag{3-8}$$
となります。ただし、$(AC)'$ は平均費用の微分であり、生産量が変化するのに伴い、平均費用がどれだけ変わるかを表わしたものです。これが、本文中のすかいらーくのケースで求めたのと同じ式であることは容易にわかると思います。すかいらーくのように平均費用が右下がりになっているところでは、$(AC)'$ が負になっていますので、MC は AC よりも低くなっています。

より一般的には、(3-8) 式の $(AC)' \cdot X$ の符号が平均費用の傾きの符号と等しくなるので、①平均費用が右上がりのときは $(AC)'$ が正となり、限界費用は平均費用よりも大きくなり、②平均費用が右下がりのとき（$(AC)' < 0$）は限界費用は平均費用よりも小さくなり、③平均費用が一定（平均費用曲線が傾きゼロの水平線、すなわち $(AC)' = 0$）のときは限界費用と平均費用が等しくなることが式の上で確認できます。

ちなみに、本文の図3－3の②のように平均費用曲線がU字形をしているときは、その底の点では平均費用曲線の傾きがゼロ（水平）になっています。この場合には限界費用と平均費用が等しくなっているわけですが、これは図の上では、この点を限界費用曲線が通るということにほかなりません。この点を確認してください。

ところでここで説明した限界費用と平均費用の関係は、他の概念に関する「限界」と「平均」にも当てはまります。ここでの限界費用と平均費用を、限界収入と平均収入、限界税率と平均税率などに置き換えても、まったく問題は生じません。この点を確認してください。

【演習問題】

1. つぎの記述は正しいか、誤っているのか、それともどちらともいえないだろうか。簡単な理由を添えて答えなさい。
   (1) 平均費用曲線が右下がりのところでは、限界費用は平均費用よりも高くなっている。
   (2) 限界費用曲線が平均費用曲線と交わる点では、平均費用曲線の傾きは必ず水平になっている。
   (3) 平均費用と限界費用が等しくなっている生産量では、総費用曲線の接線は原点を通っている。
   (4) 固定費用が大きいと、平均費用はあるところまで右下がりになる。
   (5) 限界費用曲線が右下がりになることはありえない。

2. 限界費用曲線が
   $$MC = x$$
   という形をした企業が100社あり、ある財を市場で供給しているとする。ただし、xは1社当たりの供給量である。いま、各企業は完全競争的に(プライス・テイカーとして)行動しており、企業の数は100のまま変化しないものとする。以下の設問に答えなさい。
   (1) この市場での供給曲線を求めなさい。
   (2) 価格が10であるときの供給量と生産者余剰を求めなさい。

3. 平均費用曲線が右上がりであるときには、限界費用は平均費用よりも高くなっていることを示しなさい。また、平均費用曲線がU字型をしているときには、限界費用曲線は平均費用曲線の最低点を通ることを示しなさい。

4. 図に描かれた曲線 MC は限界費用曲線、曲線 AC_1 と AC_2 は平均費用曲線を表わしている。この図をもとにして、以下の設問に答えなさい。

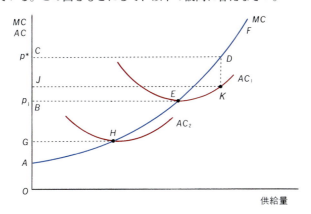

   (1) MC と AC_1 のような限界費用曲線と平均費用曲線をもつ総費用曲線(これを

以下では費用曲線1と呼ぶ）を描きなさい。MC と AC_2（費用曲線2と呼ぶ）についても同じことを行ない、二つの総費用曲線を比べなさい。

(2) 費用曲線1のもとでは、この企業の供給曲線は $OBEF$ となり、この企業は p_1 以下の価格では供給を行なおうとしない。この点について説明しなさい。費用曲線2のもとでは以下の点はどうなるか。

(3) 市場価格が p^* であるとき、費用曲線1のもとでこの企業の生産者余剰（粗利潤）、利潤（＝粗利潤－固定費用）、固定費用はそれぞれ、ADC、$JKDC$、$ADC-JKDC$ となる。この点について検討しなさい。費用曲線2についても同じことをしなさい。

5．つぎのような総費用関数を考えなさい。

$$C = 25 + 10X$$

ただし、C は総費用、X は生産量を表わしている。以下の問いに答えなさい。

(1) 固定費用を求めなさい。

(2) この総費用関数に対応する限界費用関数と平均費用関数の式の形を求めて、それをグラフに表わしなさい。

(3) 平均費用が15になる生産量を求めなさい。

(4) この費用関数の場合、限界費用は平均費用よりもつねに低いといってよいだろうか。

4
市場取引と資源配分

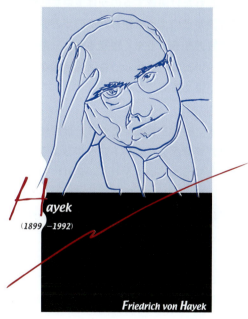

ハイエク(Friedrich Augustvon Hayek:1899-1992)
ある本でハイエクのことを「マルクスを殺した学者」と評してあったが、自由主義と市場経済を徹底して主張する論を張った思想家である。その主著『隷従への道』はイギリスの民営化・規制改革を進めたマーガレット・サッチャーに大きな影響を及ぼしたといわれる。

この章のタイトルにある「資源配分」という用語は、経済関係の本にしばしば出てくるようですが。

経済学のもっとも重要なテーマが、「資源配分」の問題であるといっても過言ではありません。この章では、これまでの章で学んできた需要曲線と供給曲線を使って、資源配分について本格的に説明することになります。

資源配分とは、一言でいえばどのようなことなのですか。

経済というのは、資本や労働などの限られた資源をいろいろな目的に利用するために、それらを配分する機械にたとえることができます。もし資源が無尽蔵に使えるのであれば、経済学など必要ありません。しかし現実には、資本や労働に限りがあるとき、どのような財やサービスにどれだけの資源を投じ、それをだれがどれだけ消費するのかは重要な問題となります。このようにさまざまな経済資源がどのように使われるのかというのを、一般的に資源配分といいます。この資源配分がうまく機能すれば、豊かな社会が実現できますが、この機能がうまくいかないと貧しい生活を余儀なくされてしまいます。

資源配分はだれが決めるのでしょうか。

それが大問題です。社会主義国であれば、計画経済の制度であるため、国家や地方政府が資源配分をコントロールしようとします。しかし、このような計画経済はあまりうまくいきません。これに対して、いまの日本のような市場経済社会では、一人ひとりの消費者や多数の企業がそれぞれ独自の行動をとり、社会全体では価格メカニズムという調整機能が働いています。

価格メカニズムとは何ですか。

それを学ぶのがこの章の重要な目的です。ようするに、需要と供給が等しくなるように価格が調整されることで、全体の調和がとれていくのです。

それは有名なアダム・スミスの「見えざる手」の働きのことを指しているのでしょうか。

そのとおりです。市場メカニズムは言語などと並んで、人間がつくったもっとも精巧ですぐれた仕組みです。しかもこの仕組みはだれか特定の人がつくったというのではなく、多くの人の日々の経済的な営みの結果として

できあがったものなのです。ある意味では言語と似たようなところがあります。

なかなかむずかしそうなテーマですね。

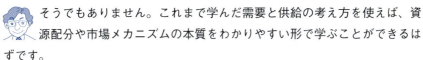そうでもありません。これまで学んだ需要と供給の考え方を使えば、資源配分や市場メカニズムの本質をわかりやすい形で学ぶことができるはずです。

　この章では、市場経済の資源配分の効率性について説明します。資源配分とは、資本・労働・土地などの生産要素をいろいろな産業に配分し、それによって生産された財やサービスを、いろいろな用途や多くの消費者に配分することをいいます。このような生産要素の配分、生産・販売活動、消費や投資目的などへの財やサービスの配分を、総称して資源配分と呼びます。

　古代社会から現代社会まで、資本主義経済から社会主義経済まで、どんな社会においても資源配分が行なわれています。とりわけ、市場経済はいろいろな意味で効率的な資源配分を実現するようなメカニズムを備えています。その中心的な機能を果たしているのが価格メカニズムというものであり、この章では価格メカニズムについてくわしく説明します。

　この章は、Part 1 全体の総まとめ的な性格を持っています。これまで説明してきた消費者余剰や生産者余剰の概念を用いて、資源配分の効率性の評価を行ないます。こうした分析手法を厚生経済学と呼ぶことがありますが、この手法を用いて税金や貿易など、さまざまな経済制度や経済活動についての評価をすることが可能になります。

　ミクロ経済学は、経済政策問題の分析に利用することができます。そうした具体的な事例については Part 3 でいろいろとりあげますが、そこでの分析の有力な分析手法となるのが、この章で説明する考え方です。

I　市場と価格メカニズム

市場とは

　経済学におけるもっとも重要な命題を一つあげるとしたら、何をあげたらよ

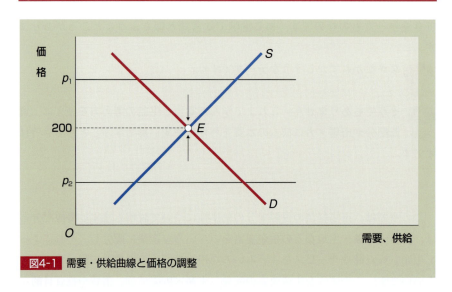

図4-1 需要・供給曲線と価格の調整

いでしょうか。おそらく、「市場での自由な取引にまかせておけば、資源配分の最適性が自動的に保証される」という命題をあげる人が多いと思います。ミクロ経済学の最大の課題は、市場の機能とそこでの価格メカニズムについて明らかにすることにあります。

　市場というと、野菜などを取引する青果市場や株式市場などを連想する人が多いと思います。これらの市場は、目に見える形で存在します。そこには売り手と買い手が集まり、せり人によって価格が決められていきます。しかし、野菜や株などの価格決定のあり方は例外的であり、ほとんどの商品については目に見える形の市場があるわけではありません。しかし、青果市場などの市場のイメージを拡張して、一般の財についても抽象的な意味での「市場」を考えることができます。これまで説明してきた需要曲線と供給曲線による分析は、このような抽象的な市場での価格決定のメカニズムを説明したものです。

　これまでの議論を、第1章で用いたおにぎりの例を使って、もう一度簡単にまとめてみましょう。ある商品（おにぎり）を供給する人（企業）も、それを需要する消費者も多数います。これは、青果市場や株式市場でせりに参加する人が多数いるのと同じです。これらの消費者や供給者は、市場価格を見ながらみずからの需要量や供給量を決めます。図4-1に示した需要・供給曲線は、このような需要と供給の状態を示したものです。

　もし価格が高すぎるようであるなら、需要は少なく供給が多くなります。つ

まり、超過供給の状態になります。これは図では価格 p_1 のような状態です。この価格では、供給のほうが需要より多いので、売れ残りが大量に生じます。その場合には、価格は次第に低下していくでしょう。価格を下げないかぎり、供給者の手元には売れ残りがたまるばかりだからです。図の矢印はそのような価格の動きを表わしています。

逆に、価格が低すぎるようであるなら、需要は供給より多くなります。超過需要の状態です。図では価格 p_2 がこのような状態を示しています。この場合には、買いたくても商品が買えない人が出てきます。したがって、供給者は価格を引き上げようとするでしょう。その結果、市場全体の価格は引き上げられていきます。この点も矢印で示されています。

このような調整プロセスを経て、最終的には需要曲線と供給曲線の交点である図の点 E のような状態が実現します。均衡、あるいは市場均衡です。調整プロセスでは、青果市場のように、せり人がいて、需給の状態を見ながら価格を上げたり下げたりしているわけではありません。あくまでも価格は個々の供給者が市場の状態を見ながら自発的に上げ下げしています。しかし、市場全体で見れば、せり人による調整と同じようなことが起こっているように見えます。このような意味で、一般的な財やサービスの価格決定や需給のバランスについて考えるさいにも、「市場」という考え方を使うことができます。

価格を通じた消費者の「連帯」

さて、点 E のような需給がバランスしたところで、個々の消費者はどのような行動をとっているのでしょうか。いま、需要と供給がバランスする均衡価格（図4-1の点 E における価格）が200円であるとしましょう。

第2章で説明したように、個々の消費者は自分の消費からの満足度（効用）を最大にするように、消費の選択をすると考えます。個々の消費者の満足度を客観的な形で評価することは難しいことですが、一つの便法として、消費者はそれぞれの財の消費に関して金銭的な評価を行なっていると考えることができます。

たとえば、いまおにぎりがむしょうに食べたいと思っている人は、1000円出してもいいからおにぎりを食べたいと考えるかもしれません。これに対して、おにぎりがそれほど好きでない人は、100円でもおにぎりを買おうとしないかもしれません。この人のおにぎりへの評価は10円とか20円といったレベルでし

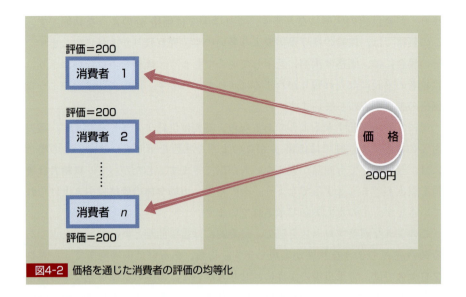

図4-2　価格を通じた消費者の評価の均等化

ょう。

　このように、個々の人はおにぎりに対して金銭価値で表わした評価を持っていると考えます。そして、消費者は自分の評価と市場価格を比べながら消費量を決めています。おにぎりの価格が200円であるなら、それよりも高い評価をする人だけがおにぎりを買うことになります。

　このような消費行動を通じて、非常に重要なことが起きています。「おにぎりを購入している人は、どの人も、自分の評価が市場価格に等しくなるところまで、おにぎりを購入する」ということです。すべての人が200円という同一の市場価格に直面しているわけですから、「おにぎりを購入している人は、どの人も、その評価が200円になるところまで購入する」ということになります。

　図4-2は、この関係を図で例示したものです。各消費者は、それぞれ勝手に自分の満足のために行動しています。上で説明した考え方でいえば、自分の評価が市場価格に等しくなるところまでおにぎりを買うわけです。ところが、すべての人が同一の価格（200円）に直面しているので、結果としてすべての人の評価が等しくなっているわけです。価格を通じて自動的に、すべての消費者の評価が一致するという、消費者間の「連帯」ができあがっていることになります。

　消費者の評価がすべて等しくなっているということは、資源配分という観点

からはきわめて重要な意味を持っています。この点を理解するためには、消費者の評価が異なっている場合にどのようなことが生じているのか考えてみたらいいでしょう。

かりに、太郎は彼の評価が500円のところまでしかおにぎりが食べられず、花子は彼女の評価が100円のところまでおにぎりを食べていたとしてみましょう。おにぎりが配給制になっていれば、このようなことが起こりえます。この場合、太郎はおにぎりを満足がいくまで消費していないし、花子は飽きるほど食べていることになります。このような状態は、望ましいとはいえません。太郎にはもっとおにぎりを消費してもらって、花子にはおにぎりの消費を減らしてもらう。そのかわり、花子には他の財をもっと消費してもらうことが、2人の利益となるのです。

つまり、みんなの限界的評価が一致するように商品が配分されることは、財が効率的に配分されているということにほかならないのです。価格を通じて、すべての消費者の評価が一致するということは、このような最適な資源配分が自動的に実現されることを意味しています。

価格を通じた生産者の「連帯」

以上で説明した価格を通じた消費者の「連帯」と同じようなことが、供給側にも起こっています。この市場にはたくさんのおにぎり屋があります。これらのおにぎり屋は、市場価格である200円を見て、自分のおにぎりの供給を決めています。

第3章で説明したように、それぞれのおにぎり屋は自分の利潤（利益）をできるだけ大きくするように行動しています。おにぎりを追加的に供給する費用（限界費用）が市場価格より低いかぎりは、そのおにぎり屋は供給を増やそうとするでしょう。結局、個々のおにぎり屋は、自分の限界費用がおにぎりの価格（200円）に等しくなるところまで供給するはずです。

すべてのおにぎり屋は、限界費用が200円になるところまで供給しています。また、市場価格が200円であるので、すべてのおにぎり屋はこの同一の価格に直面しています。したがって、個々のおにぎり屋はそれぞれ利己的に行動しているにもかかわらず、市場価格に導かれて、結果的に同一の限界費用のところまでおにぎりを供給していることになります。これは、価格に導かれた生産者の「連帯」ともいえる現象です。

消費の場合と同じように、個々のおにぎり屋の限界費用が一致していることは、資源配分上、大きな意味を持っています。かりに、限界費用が高いおにぎり屋と低いおにぎり屋が共存していたとしたら、それは社会全体の資源配分上、非効率であるということになります。限界費用の高いおにぎり屋が供給を減らし、限界費用が低い供給者が供給を増やせば、社会全体としての費用を節約することができるからです。市場経済の場合には、このような限界費用の均等化という生産者間の「連帯」が自動的に実現できることになります。

余剰分析による説明

以上でおにぎりの例を使って直観的に説明したことを、余剰分析を用いてもう少しくわしく分析してみましょう。

経済活動が望ましい形で行なわれているかどうか判断するうえで一つの基準となるのは、労働、土地、資本など生産活動に用いられる資源（これを生産要素と呼びます）が適所に適量だけ配分されているかどうかという点です。たとえば、大量の失業者が存在していたり、資本が生産性の低いところに滞留していては、望ましい資源配分の状態とはいえません。資源が効率的に配分されているというのは、諸生産要素が各産業間にうまく配分されていて、資源のむだ使いが生じていない状態をいいます。部分均衡分析では、余剰の大きさによって資源配分の状態を判断します。

図4-3のD曲線とS曲線は、ある財の需要と供給を表わしたものです。もしこの財について自由な取引が行なわれれば、図の点Eが均衡点となり、X^*だけの財が取引され、p^*が均衡価格となります。

この均衡点Eは最適な資源配分点にもなっています。需要曲線は、この財を需要する人々のこの財に対する限界的評価を表わしており、供給曲線は生産の限界費用を表わしています。したがって、均衡点Eでの生産量X^*では、需要側の限界的評価と供給側の限界費用が一致しています。

もしX^*よりも多く生産が行なわれると、限界費用が限界的評価よりも高くなってしまいます。たとえば、X_2まで生産されると、そこでの限界費用は点Fの高さで、限界的評価は点Gの高さになります。つまり、この財は需要側の評価以上の費用をかけて生産されているのです（過大生産）。もし生産量がX_2からX^*まで下げられれば、それによって三角形EFGの面積分だけ余剰の増加（社会的利益）が得られることになります。生産がX_2からX^*まで下が

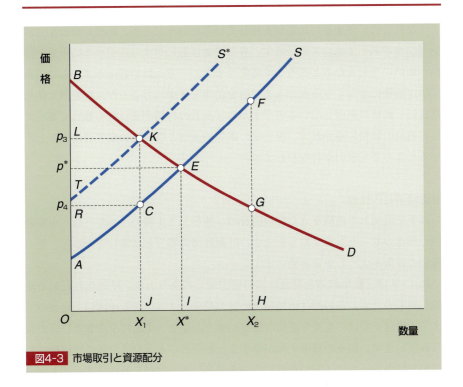

図4-3 市場取引と資源配分

ると、財を需要することによる便益は $IEGH$ の面積分だけ減少しますが、同時に生産のための費用も $IEFH$ の面積分だけ減少します。

　X^* よりも少ない生産しか行なわれないと、今度は限界的評価よりも限界費用のほうが低くなります。たとえば、図の X_1 までしか生産が行なわれなかったとしたら、需要側の限界的評価は点 K の高さになり、限界費用は点 C の高さになります。ここでは、限界的評価以下の費用で追加生産できるにもかかわらずそれが行なわれていないのですから、過小生産ということになります。もし生産が X_1 から X^* まで増加すれば、それによって三角形 CEK の面積分の余剰の増大が得られます。

　このように、市場での自由な取引のもとで実現した生産量は、需要側の限界的評価と供給側の限界費用を一致させるという意味で、最適な生産量となっています。またこの点で総余剰も最大となっています。これより多い生産量も、これより少ない生産量も、社会的に見て望ましい生産量とはいえません。

　需要側も供給側もみずからの利益のみを追求しているにもかかわらず、この

ような社会的に望ましい状態が実現しているということが、価格の資源配分機能（プライス・メカニズム）です。各需要者は財に対するみずからの限界的評価が価格に等しくなるところまで需要します。一方、供給者はみずからの限界費用が価格に等しくなるところまで財を供給します。ところが、需要側と供給側は同じ価格に直面しているのですから、両者の行動がまったく独立であっても、共通の価格に導かれて、需要側の限界的評価と供給側の限界費用が等しくなるところまで取引が行なわれます。

計画経済との比較

　以上で説明した価格を通じての消費の「連帯」と生産の「連帯」は、市場経済の機能のもっとも重要なものです。計画経済の場合と比較してみると、その機能の特徴がよくわかると思います。

　図4-4は、市場経済と計画経済の資源配分のあり方を、単純化した形で比較したものです。左の図は市場経済の資源配分のメカニズムを図示したものです。市場経済では、生産や消費の決定が個々の企業（工場）や消費者にゆだねられています。個々の経済主体が勝手な行動をとるとき経済全体の資源配分の調和をはかるメカニズムが必要になりますが、その役割を価格メカニズムが果たします。

　生産者も消費者も同じ価格に直面している（一物一価の法則）ので、消費者の財への評価や生産者の限界費用はすべて等しくなります。中央に管理者がいなくとも、消費者や生産者（工場）は主体的にみずからの消費量や生産量を調整し、結果的に最適な資源配分が実現するのです。

　生産と消費のバランスは、価格の調整によって処理されます。たとえば、消費者が欲する以上に生産が行なわれれば、売れ残りが生じ、それが価格を引き下げるでしょう。これは、生産の減少と消費の増大を誘発し、結果的に生産と消費のバランスが保たれることになります。生産が過小になるときには、これと逆の力が働きます。このように、市場経済においては、各経済主体（生産者・消費者）が、みずからの持つ正確な情報に基づいて行動すれば、あとは価格が全体の調整媒体となって資源の最適配分がもたらされます。

　図4-4の右の図は、計画経済の資源配分メカニズムを表わしています。工場が国内のあちこちにあり、中央の管理機構が各工場の生産能力や消費者の需要を考慮に入れながら、各工場へ生産の指令を出していきます。このときの生

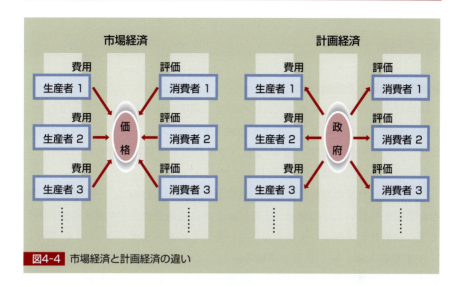

図4-4 市場経済と計画経済の違い

産計画のポイントとなるのは、中央の計画主体が各工場の生産能力や消費者の需要についてどれだけ正確な情報を持っているかということです。

　正確な情報なしに生産計画に割り当てると、資源のロスが生じること（資源配分が効率的に行なわれないこと）になります。たとえば、生産者1のほうが生産者2よりも低コストで生産できるのにもかかわらず、より多くの生産を生産者2に割り当てるということも起こりえます。また、消費者が欲しない商品を多量に生産するということもあるでしょう。

　常識的に考えて、中央当局が末端の工場の情報を正確に把握することは、困難だと思われます。末端の工場や消費者が正しい情報を提供するかどうかも、明らかではありません。この点は、市場経済と大きく異なる点です。市場経済においては、消費者や生産者が、財への評価や費用などについていちばんよく知っています。したがって、正しい情報に基づかないで行動するということはありえません。

　ハイエクはこの点を、場の情報（information on the spot）という考え方を用いて説明しています。個々の消費者の選好や生産者の生産費用などの情報は、すべてそれぞれの当事者がいちばんよく知っています。それを、中央の計画主体に集めて生産計画や消費計画に利用することは、ほどんど不可能なことなのです。

II 応用例

過剰生産の例：米価問題

　市場取引の資源配分メカニズムについて、現実の例を用いて、もう少し突っ込んで分析してみましょう。まず、過剰生産の例として、少し前の日本の米価政策について考察します。図4-5は、コメの需要と供給を表わしたもので、この図は基本的には図4-3と同じものです。

　日本の米価政策の特徴は、コメの生産者を保護するために、生産者米価（政府が農家から買い上げる価格。正確にはこれに流通費用などを足す必要があります）が消費者米価よりも高くなっていることにあります ──**1** 。図4-5では p_1 が生産者米価、p_2 が消費者米価を表わしています。このような価格のもとでは、コメの供給量は X_2 となり、需要量もそれに等しくなります。

　ここでは、コメの需要と供給が等しくなるように生産者米価と消費者米価がとってありますが、もしどちらかを動かすと、余剰米が出るか、あるいはコメ不足が生じます。たとえば、生産者米価を据え置いたまま消費者米価を引き上げたり、消費者米価を据え置いたまま生産者米価を引き上げたりすれば、余剰米が生じます（この点を図の上で確認してください）。

　さて、このような米価政策はどのように評価できるのでしょうか。図4-3と図4-5を比べてみればわかりますが、このような政策を行なった結果、政策的介入をしない場合よりも、三角形 EFG の面積分だけ余剰の減少（社会的な損失）が生じています。すでに説明したように、コメの自由な取引を認めれば、消費者余剰は BEQ に、生産者余剰は AEQ となります。これに対して、ここで述べた米価政策のもとでは余剰はつぎのようになります。

　まず生産者余剰ですが、これは図の三角形 AFM の面積に等しくなります。価格 p_1 のもとでは、生産者は X_2 まで生産しますが、そこでの総収入は価格 p_1 に供給量 X_2 を掛けた長方形の $OHFM$ の面積分となります。これに対して、費用（ただし固定費用は除く）は X_2 までの供給曲線の下の部分の面積 $OHFA$ となります。生産者余剰 AFM は、この二つの差として求められます。

　消費者余剰は、三角形 BGN の面積に等しくなります。X_2 だけのコメを消費

1──現在では、こうした管理的なコメの流通制度はくずれつつあります。

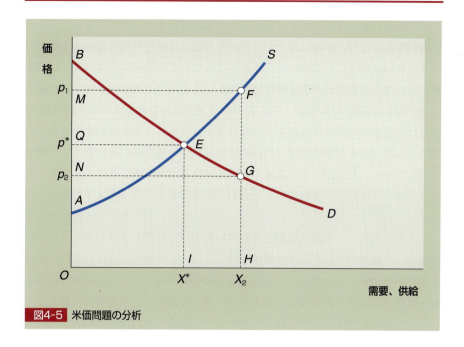

図4-5 米価問題の分析

することから得られる効用は $BGHO$ であり、このコメを購入するために支出した額は $OHGN$ となります。消費者余剰は、この二つの差として求められます。

社会全体としての総余剰を求めるときには、上の二つの余剰のほかに、政府の財政負担を考慮に入れなくてはいけません。政府は、X_2 だけのコメを p_1 の価格で購入（総購入費は $OHFM$）して、p_2 の価格で販売（総販売収入は $OHGN$）するわけですから、差額の $NGFM$ が財政負担となります。

以上の三つの項目をまとめると、総余剰はつぎのようになります。

　　生産者余剰＋消費者余剰－財政負担
　　　＝ $AFM + BGN - NGFM = BEA - EFG$

これを、政府の介入のない場合と比べてみると、EFG だけ余剰の損失が生じています。これは、図4-3のところで示したことと対応しています。

ここで問題にしている米価政策の特徴は、政府が価格に介入することで、価格の資源配分効果を殺してしまっている点にあります。消費者米価が生産者米価よりも低いのですから、需要側の限界的評価のほうが供給側の限界費用よりも低くなっています。つまりコメは過剰生産ということになります。

もし米価政策の目的が農家に対する所得補助にあるとしたら、そしてそれが正当化されるなら、米価に介入するという方法は最適の政策とはいえません。コメの取引は自由にしておいて、それによって生じた農家の所得減少分は非農家からの税金を農家への所得補助に使うという方法で対処すべきです。自由なコメの取引が行なわれると、生産者余剰は AEQ となりますので、$QEFM$ の額だけの農家への所得移転が必要となります。徴税による資源配分の歪みが問題にならないほど小さければ、国内の所得移転は一国全体の総余剰には影響を及ぼしません。したがって、農家の所得補助を目的とするならば、米価をいじるよりは、コメの取引を自由にしておいて所得移転を行なったほうがよいわけです。

にもかかわらず、米価政策がとられているのはなぜでしょう。考えうる一つの理由は、政策の目的が農家の所得補助にあるのではなく、コメの国内生産の確保にあるということです。しかし、需給が均衡する X^* 以上の水準に国内生産を維持することが必要なのでしょうか。第二の理由は、消費者から徴税して農家に所得移転することの行政費用がかかりすぎるので、米価に介入するほうが結局は社会にとって望ましいという点です。しかし、米価に介入する行政費用が所得移転の行政費用よりも小さいというのは、それほど説得的ではありません。

第三に考えられる理由は、直接的な所得移転では、消費者の同意を得にくいという点です。もし、農家への所得移転のために増税が行なわれたとしたら、納税者から強い批判が起こりかねません。高い生産者米価を支払うというのも所得移転の一形態にすぎませんが、納税者の受け取り方は相当違うと思われます。しかし、もしそうだとしたら、納税者の錯覚あるいは無関心につけこんだ、納税者をばかにした政策ということになります。

過小生産の例：間接税

つぎに、過小生産の例として、間接税の効果について分析しましょう。間接税にはいろいろな形のものがありますが、ここではとりあえず酒税のようなものを考えてください。この税のもとでは、生産者の設定する価格のうち一定額ないし一定割合が、税金として徴収されます。たとえば、ある財1単位当たり100円の税金がかかるとしてみましょう。

このような間接税は、生産者の費用曲線を変化させると考えることができま

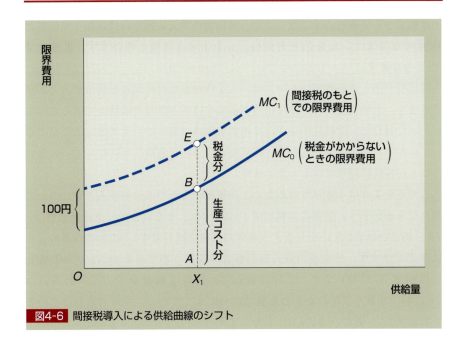

図4-6 間接税導入による供給曲線のシフト

す。供給のための費用のなかに税金を含めなくてはいけないからです。図4-6は、この点をグラフの上で例示したものです。MC_0は、税金がかからないときのある企業の限界費用曲線を、MC_1は100円の間接税が課されているときの限界費用曲線を表わしています。間接税が課されると、限界費用曲線は100円分だけ上方に移動します。たとえば、図のX_1の供給量のところでは、ABの部分が生産費用など通常の限界費用部分であり、BEの部分が新たに1単位の供給を追加するために納める税金となっています。

このように、100円の間接税の導入により、すべての供給者の限界費用曲線は100円分だけ上に移動します。すでに説明したように、市場全体としての供給曲線は、各供給者の限界費用曲線を水平方向に足し合わせたものとなっています。したがって、間接税の導入の結果、供給曲線も100円分上方に移動します。図4-3の実線の供給曲線Sは間接税がかかっていないときの供給曲線、破線の供給曲線S^*は間接税のもとでの供給曲線を表わしています。税金の分だけ、供給曲線は上方にシフトします。

間接税の導入の結果、供給曲線はSからS^*の位置へ移動し、均衡点はEからKへと動きます。消費者の支払う価格は図4-3のp_3となり、このうち100

円は税金として政府の手に渡るので、供給者の手元に残るのは供給1単位当たり p_4 となります。p_3 を消費者価格、p_4 を生産者価格と呼びます。需給量は X_1 となります。

間接税の例と米価政策のケースは、ちょうど正反対の現象と理解することができます。米価政策の場合には消費者価格のほうが生産者価格より低くなっていたのに対して、間接税の場合には消費者価格のほうが生産者価格より高くなっています。この差を考えれば、間接税の場合には過小生産になっているということが容易に理解できると思います。

この点をよりはっきりさせるため、間接税のもとでの余剰の大きさについて調べてみましょう。消費者余剰は図4-3の BKL となります。生産者余剰は、TKL あるいは ACR になります（両者の面積は同じです）。これはつぎのように確認できます。生産者の収入は消費者の支払う額である $OJKL$（＝価格 p_3 と供給量 X_1 の積）です。これに対して、費用は税金が $RCKL$（あるいは $TKCA$）、生産や供給にかかわる費用が $OJCA$ ですので、生産者余剰はその差である TKL（あるいは ACR）となります。

経済全体の余剰は、以上の消費者余剰と生産者余剰に政府の税収を足すことで求まります。政府の税収は $RCKL$（あるいは $ACKT$）ですので、総余剰は $ACKB$ となります。これを間接税がない場合と比べると、CEK の面積に等しい額だけの余剰の損失が生じています。間接税は消費者と生産者の直面する価格にギャップを引き起こし、価格の資源配分効果を歪める働きをします。

ところで、このような間接税はだれの負担となっているのでしょうか。税金を政府に支払うのは供給者であるので供給者がすべての負担を負っている、というのはあまりに単純な見方です。この点については、第1章で説明しました。図4-3にも示されているように、税金が課された結果、消費者が支払う価格は p^* の水準から p_3 の水準に上昇しています。課税の結果、生産者が価格を引き上げる行為を、税の価格への転嫁と呼びます。図4-3の場合には、転嫁は100円以下（100％以下）、つまり消費者価格の引き上げ幅は税額より小さいので、税の負担は供給側と需要側で分担して負担しています。供給側か需要側のどちらか一方だけが税をすべて負担するというのは、きわめて稀なケースです。

上で議論した間接税の資源配分に及ぼす影響の問題は、社会にとって望ましい税の体系を考える場合に重要なポイントとなります。この点について、簡単

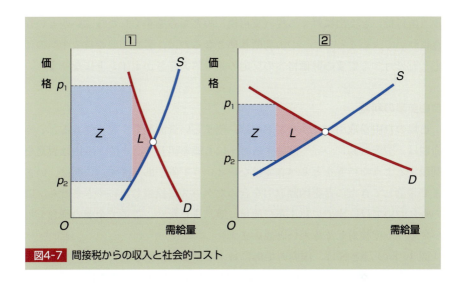

図4-7 間接税からの収入と社会的コスト

に説明しておきましょう。図4-7は、二つの異なった財について、間接税からの税収と間接税による余剰の損失を図示し、比較したものです。図の①、②で p_1 が消費者価格、p_2 が生産者価格、両者の差が税額を表わしています。また、青色の部分（図の Z）が政府の税収であり、赤色の部分（図の L）が間接税による余剰の損失（間接税の社会的コスト）です。

二つの図を比べると、①のケースのほうが税収のわりに税の社会的コストが小さいことがわかります。これはどのような理由によるのでしょうか。二つのケースの違いは、②のケースのほうが、需要も供給も価格の変化に敏感に反応するということです。このような場合には、間接税の導入によって価格体系が変化すると、市場の需給も大きく影響を受け、その結果余剰の損失も大きくなります。余剰の損失は税によって需給量が変化することに原因があるのです。これに対して、①のケースのように需要や供給が価格にあまり反応しない場合には、税が課されても需要や供給に大きな影響はありませんので、税の社会的コストも小さくなります。

このように、間接税がもたらす資源配分の歪みの大きさは、その財の需給が価格変化にどの程度反応するかによります。したがって、ある一定の税収を獲得することを前提としてどのような税体系を構築したらよいか、という問題を考えるときには、できるだけ需給が価格変化に反応しないような財に高い税率を適用するというのが一つの考え方となります。たとえば、賃金所得に対する

税（所得税）と支出に対する税（支出税）のどちらを重くしたらよいかという点について決めるとき、一つの判断基準となるのは、労働需要の賃金率への反応と財に対する需要の財価格への反応の相対的大きさがポイントになります。

自由貿易の利益

　市場の自由な取引にまかせておけば、望ましい資源配分を実現できるという命題は、国際貿易について議論するときにも顔を出してきます。各国は貿易を制限するような措置をとるべきではないという主張があります。これは、いままで議論してきたことを国際取引を含めたケースに拡張したにすぎません。この点については、すでに第1章で簡単に触れましたが、ここで余剰の概念を用いてもう一度検討してみたいと思います。

　図4-8のDとSは、国内の牛肉に対する需要と供給を表わしています。もしこの国（以下では日本と呼びます）が、外国と牛肉の貿易を行なわないなら、価格はp^*となり、消費者余剰はBEI、生産者余剰はAEI、そして総余剰は両者の和としてAEBとなります。また、そのときの国内生産量と消費量はX^*となります。

　もし日本が海外と牛肉の自由貿易を行なうならば、価格や余剰はどのように変化するでしょうか。いま、海外からp_1の価格でいくらでも牛肉を輸入できるとします。この価格で牛肉を自由に輸入したら、国内価格もp_1まで低下するでしょう。なぜなら、品質に差がないかぎり、消費者は高い価格の牛肉を買わないからです。価格p_1のもとでは、牛肉の国内生産量はX_1まで低下し、国内消費量はX_2まで増加します。また、両者の差である線分FGの長さ（$= X_2 - X_1$）は、牛肉の輸入量を表わしています。

　このような貿易に伴う牛肉価格の低下は、消費者に利益をもたらします。これは、貿易前と貿易後の消費者余剰を比べてみればわかります。貿易前にはBEIであった消費者余剰は、貿易後にはBGHにまで拡大しています。これに対して、生産者は価格低下の結果、損失を被っています。貿易の結果、生産者余剰はAEIからAFHにまで減少しています。

　このように、安価な牛肉を海外から輸入することは、消費者には利益を、生産者には損失をもたらします。さらに、二つの余剰の和である総余剰を見ると、貿易によってAEBから$AFGB$にまで拡大していることがわかります。つまり、貿易の結果、総余剰はFEGだけ増大しているのです。海外と自由な

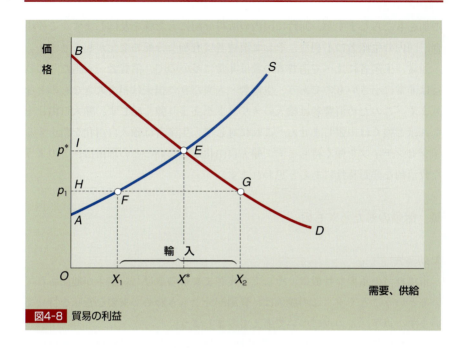

図4-8 貿易の利益

　貿易をすることはその国にとって望ましいことであるということは、この場合、余剰の増加という形をとります。
　では、なぜ貿易は日本に利益をもたらすのでしょうか。これに対する解答の鍵は、p^* と p_1 の差にあります。p^* は貿易をしていないときの日本の牛肉の価格ですが、それは同時に牛肉生産者の限界費用をも表わしています。この国内生産者の限界費用が輸入価格 p_1 よりも高いということは、海外から輸入するほうが日本で生産するよりも効率的な資源の使い方であるということを意味します。
　日本国内の資源の量はかぎられていますから、牛肉の生産をすれば、それだけ資本、労働、土地などの資源を他の産業にまわせなくなります。安く海外から輸入できる牛肉を高い費用をかけて国内で生産するより、その資源をもっと日本が高い生産力を持っている産業にまわしたほうが資源は効率的に使われることになります。海外と自由に貿易をすることで、このような効率的な資源配分を自動的に実現できます。
　ところで、牛肉を輸入することによって生産者が損失（生産者余剰の減少）を被る、という点には十分に注意を払う必要があります。自由貿易は総余剰の

増加をもたらしますが、同時に国内の所得分配にも影響を及ぼします。この場合、国内の生産者に不利な、そして消費者に有利な分配の変化が起こります。

通常、生産者に比べて消費者の数は非常に多いので、消費者一人当たりの利益は非常に小さいものであり、生産者一人当たりの損失は相当大きなものとなります。このため消費者は輸入のメリットをあまり強く感じず、輸入自由化をそれほど強くは主張しません。これに対して、生産者は輸入自由化を阻止するインセンティブを強く持ちます。輸入自由化が難しいことの理由は、このような政治的な非対称性にあると思われます。

III 競争のもたらすもの

X 効率性

市場経済の重要な特徴は、そこでさまざまな形のきびしい競争が展開されているということです。この競争は、資源配分上もきわめて重要な意味を持っています。以下、この点について考えてみましょう。

かつて国鉄（現在のJR）や電電公社（現在のNTT）を民営化するさいに、民間企業にすればもっと競争意識が出て、企業としての活力が増すだろうという議論がありました。公社や公団という形で親方日の丸の立場にあれば、効率の悪い経営を行なっても国家財政で損失を補填してもらえます。また、一生懸命に効率性を高めてもそれで利益になるわけではないので、効率を高める誘因もありません。

民営化前の国鉄に関しては、ずいぶんひどい話があったようです。国鉄で利用するハンガーなどの備品を、国鉄職員が大量に天下りする会社から、市価よりもはるかに高い値段で購入しているということが雑誌で紹介されていました。このようなことは、親方日の丸であれば当然起こりうる行為です。

市場経済の重要な特徴は、生産者間の競争によって、このような資源のロスを小さくするということにあります。企業が利益を求めて競争をするためには、生産の無駄はできるだけ減らさなくてはいけません。無駄の多い生産方法をとっていたら、利益をあげるどころか、競争に敗れて倒産してしまうかもしれません。

東西ドイツの統合に関連して、東ドイツ製の自動車が話題になりました。これはひどいポンコツ車ですが、ドイツの統一で西ドイツ車を買えるようになれ

[*Column*] 現実の経済を見る眼
保護貿易の費用

　通商政策はどこの国でも大きな政策論争の的となります。輸入を制限するのは多くの場合、国内生産者を保護するためですが、それによって消費者は高い価格の商品を購入させられることになります。輸入制限などの保護貿易政策は、消費者の犠牲のうえに成り立つ生産者保護政策なのです。

　では、消費者はどの程度の犠牲を払っているのでしょうか。アメリカなどでは、こうした問題について余剰分析を利用して調査しているレポートが多く発表されています。たとえばアメリカでは鉄鋼産業でしばしば保護政策が導入されますが、その大きな目的の一つが鉄鋼労働者の雇用を守るためです。では、鉄鋼労働者の雇用を一人守るために国民全体でどの程度の金額を負担しているのでしょうか。

　この問題は鉄鋼労働者の雇用を守るために輸入制限が行なわれて引き上げられた国内価格によって、消費者（この場合でいえば鉄鋼製品の利用者）がどの程度の余剰の損失を被るかということで分析できます。分析のくわしい内容を紹介するスペースはありませんが、鉄鋼労働者一人の雇用を守るために10万ドル近くのコストがかかっているという計算結果さえ報告されています。

　鉄鋼労働者の賃金は3万ドル程度でしょうから、わざわざ鉄鋼を輸入制限して雇用を守るよりも、鉄鋼労働者に直接お金を支払ってしまったほうがはるかに安上がりということになります。鉄鋼にかぎらず、多くの産業においては保護をすることによって国民が負担する費用は膨大なものになります。

　日本の保護政策では、農業産品の輸入制限がもっとも大きな問題です。農業分野では、輸入制限だけではなく、生産補助金や公共投資などさまざまな公的支援策が行なわれています。関税などによる消費者の余剰の損失なども含めて、農業保護のために国民がどの程度の金額を負担しているか計算してみると、実に農業の総生産額に近い金額の費用負担をしているという結果を出している調査もあるようです。農業保護がいかに多くの国民負担になっているかがわかります。農業政策を論ずる場合には、こういった分析結果も参考にしなくてはいけません。

ば、この東ドイツの車を生産している会社は確実に倒産するでしょう。国家的独占のもとで競争相手がいなかったので、ひどいポンコツであっても売れたわけです。競争相手がなければ、何をつくってもたいていは許されるということでしょうか。

競争にさらされていない企業に生じる資源配分のロスのことを、X非効率と呼びます。競争にさらされて、企業ははじめて効率性を上げることを真剣に考えます。つまり、X効率性が高まるのです。

市場経済においては、ライバル企業との競争以外にも、さまざまな形の競争が行なわれています。個々の労働者にとっては、同僚との競争があります。努力してよい業績をあげないと、出世はできないでしょう。

アメリカでは、あまり企業の業績が悪いと企業買収の対象にもなりかねません。経営の失敗で業績の低下している会社は、株価も下がります。このような企業は乗っ取りの対象となります。株価が安いうちにその企業を買収し経営者のクビをすげかえて、もっと優秀な経営者にまかせれば、企業の業績がよくなって株価も上がるでしょう。そうすれば、買収の利益も出るわけです。

以上のように、市場経済においては、実に多様な形で競争が行なわれており、それが個々の労働者や経営者に、効率性を高めたり、よりよい製品を開発したりする誘因を与えています。イギリスの経済学者ヒックスは、「独占のよいところは、平和なことである」といっています。独占的な地位にあれば、あくせく競争をしなくてすむので楽だ、というような意味の皮肉なのでしょうか。競争相手が多数いる競争的な市場では、このようなX非効率を享受する余裕はありません。

自然淘汰と適者生存

市場経済における競争は、適者生存あるいは自然淘汰というメカニズムを持っています。競争の過程で、生産性の低い企業や労働者は、淘汰されていってしまうのです。

たとえば、たくさんある焼芋屋のなかには、おいしい焼芋を売る屋台、サービスのいい屋台もあれば、そうでない屋台もあるでしょう。努力をしても、おいしい焼芋がつくれない屋台もあるかもしれません。焼芋屋の間で競争が起これば、客は味のいい焼芋屋で買うので、まずい焼芋屋は廃業に追い込まれることになるでしょう。

[*Column*] 現実の経済を見る眼
PPP/PFI

　私的な活動は民間企業が、公的な活動は政府が行なう。これが多くの社会の基本です。自動車を生産したりスーパーを運営したりするのは民間企業のほうがすぐれていますし、税金を徴収したり道路などの社会資本の整備をしたりするのは政府のほうが向いているからです。

　ただ、政府がすべての公的活動を行なうと、政府ならではの非効率性が生まれます。ある経済学者は、「民間企業は自分のカネを使って自分の利益をあげようと行動するが、政府は他人のカネを使って他人のために行動する。どちらがより真剣で効率的となるかは明らかだ」といっています。たしかに、日本に「お役所仕事」という表現があるように、公的な活動であってもすべての活動を政府が担うのではなく、民間企業に一部をまかせるほうがよいケースもあります。

　PPP（Private Public Partnership：官民連携）、あるいは PFI（Private Financial Initiative：民間資金活用）とは、公的活動に民間資金を入れ、民間の経営ノウハウを導入しようというものです。近年の日本でも積極的な活用が求められています。

　東京の豊島区は、一等地にある古い庁舎を、税金を使わずに新しい庁舎に立て替えました。以前よりも高い建物を建築することで、建物の一部は住宅やオフィスに貸すことができました。そうした建て替えと不動産の運営に民間資金を使い、民間企業にまかせたのです。

　関西国際空港や大阪国際空港（伊丹空港）は、2兆円以上の値段で、40年近い運営権を民間企業に売り渡しました。この民間企業は空港で店舗や航空ネットワークの運営を自由に行なうことで利益をあげられるのです。これによって、空港としては空港建設のための巨額の借金をなくし、民間企業の経営ノウハウによって、空港や地域経済をより活性化させることを期待したのです。もちろん、空港という公的な設備ですので、安全性などの基本的な規制（ルール）を民間企業に守ってもらうことは大前提となります。

　空港の民営化ともいうべきこの PPP/PFI の手法は、民間に委ねるという意味で、コンセッションとも呼ばれています。空港経営のコンセッションは全国の多くの地域から期待が寄せられており、大阪に続いて、さまざまな地域の空港の民営化が進んでいます。

このような自然淘汰は、同業のなかだけで起こるわけではありません。むしろ異業種間の競争のほうが重要なのかもしれません。戦後の経済発展の過程で、日本の産業構造は大きく変化しました。戦後初期には経済のなかで大きなシェアを占めていた農業や軽工業は、いまでは非常に小さな規模になっています。それにかわる形で重化学工業化、あるいは機械産業（自動車、電機、精密など）や先端技術産業へシフトしてきました。

　これは、農業や繊維産業（これらのすべてが競争力を失ったわけではありませんが）が、自動車や電気機器によって淘汰されてきたことにほかなりません。繊維産業の人たちが、トヨタや松下（現パナソニック）と競争したという意識は少ないかもしれません。しかし、自動車や電機の生産性が上昇していくことで、日本の賃金が上昇し、円の価値が高くなりました。それで、繊維や農業などは、海外の同業の生産者に対する競争力を失っていったわけです。

　このような産業間の淘汰による産業構造の変化は、日本経済にたいへん大きな恩恵をもたらしてきました。産業構造の変化なしには、日本はこれだけの高度成長を遂げることはできなかったでしょう。産業構造の変化のない経済や社会は、新陳代謝のない肉体のようなものです。日本経済が動脈硬化の状態に陥らないためには、このような産業構造の変化が持続して行なわれなくてはなりません。

自然淘汰と比較優位

　自然淘汰という言葉を使うと、競争は非情なものであるという印象を持つかもしれません。淘汰される者のことを考えているのかという反感を持つ読者も少なくないでしょう。現実問題としても、競争に敗れて倒産した企業やそこで働いている人には、いろいろな悲劇がついてまわります。

　しかし、競争によって淘汰されるということは、淘汰される側にとってもつねに悪いことであるとはかぎりません。その一つの例として、国際貿易における比較優位ということを考えてみましょう（比較優位についてのくわしい説明に関しては、第8章を参照してください）。現在の日本は、工業製品には国際競争力を持っていますが、農業にはありません。つまり、日本は農業には比較優位はないのです。

　コメや牛肉をはじめとするきびしい輸入制限によって日本の農業は守られています。しかし、もし農産物の輸入が自由に行なわれるようになれば、日本の

[Column] 現実の経済を見る眼
コーポレートガバナンス改革

　コーポレートガバナンスは、日本語に訳すと企業統治となります。企業の経営が健全に行なわれるように監視し、コントロールするための仕組みのことと考えてよいでしょう。コーポレートガバナンスの改革は、日本の経済政策のなかでも重要な存在となっています。企業がどのように経営されるのかは、株主や従業員などの利害関係者だけでなく、経済全体のパフォーマンスにも影響を及ぼすものであるからです。

　企業の経営が正しく行なわれるとはどういうことなのかは、簡単に定義できるものではありません。そもそも企業はだれのものであるのかという根本的な問題にかかわってきます。企業はもちろん株主の利益を重視する必要があります。ただ、従業員や取引先のことも考えなくてはいけません。株主といっても、大株主だけでなく、声をあげられない小口株主のことも考える必要があります。株主や従業員のような直接的な利害関係者だけでなく、地域や社会への影響も考慮する必要があります。

　結局、企業はどのような方向で、だれの利害をどのように重視していくのかということを決め、それを外に向かって明らかにしていくことも、コーポレートガバナンスの改革といえます。企業はどのような姿勢でどのように統治されるべきか明確にして、着実にそれを実行に移せるような仕組みを構築することが、コーポレートガバナンスです。

　コーポレートガバナンス改革の流れのなかで、企業の経営組織が大きく変わってきました。以前は従業員のなかだけで経営方針が決められることが多かったのですが、最近は社外取締役のように、外部の人材を経営者として迎え入れる企業が増えました。企業の重要な意思決定をする場が取締役会ですが、そのメンバーに多くの社外取締役を入れることで、内部者だけで決める経営を改めようというものです。

　コーポレートガバナンスの改革は、海外の投資家からも強く求められてきました。多くの利益を内部留保として溜め込み株主に還元していない。悪い業績が続いているのに経営者が責任もとらずに居座っている。こうした不満を表明する海外の投資家も少なくありませんでした。そうした株主の声を経営に反映させるためにも、コーポレートガバナンス改革が必要であると考えられます。

農業のかなりの部分は国際的な競争によって淘汰されるかもしれません。かりにそのようなことが起こるとしたら、それは日本経済に、あるいは農業従事者に、どのような影響を及ぼすのでしょうか。

　まず日本経済全体への影響ですが、日本の農業が国際競争で淘汰されていけば、現在農業に利用されている土地や労働などの資源が、他の用途に使われることになります。土地は住宅や公園に使われるかもしれませんし、農業で働いていた人たちあるいはその子孫は、工業やサービス産業で働くようになるでしょう。このような土地や労働の用途転換で、日本の国民所得は高くなるでしょう。また、土地もより有効に利用されると思われます。もちろん、日本の農産物の生産量は低下するでしょう。しかしそれは、海外から安い農産物を輸入すればよいのです。

　では、農業に従事している人にとっては、このような競争による淘汰はどのような影響を及ぼすのでしょうか。たしかに、先祖代々農業に従事してきた人にとって、農業を捨てて他の職業に移るのはたいへんなことでしょう。これらの人にとっては、淘汰されることの被害はきわめて大きいかもしれません。政府もなんらかの援助をすべきかもしれません。少なくとも、一生農業を続けることぐらいは保証すべきなのかもしれません。

　しかし現実の農家の実情を見ると、兼業農家、あるいは三ちゃん農家と呼ばれる農家のほうが、専業農家よりもはるかに多いようです。このような農家にとって、農業をやめることの被害は小さいでしょう。そもそも、兼業農家なら、国際競争にさらされていても、農業を続けていくかもしれません。

　また、兼業農家にとっても、専業農家にとっても、自分の子どもや孫にまで、不自由な輸入制限に守られた形で農業を続けていくことは本当によいことなのでしょうか。その時代にあった職種に転換できる柔軟性を持ったほうが、子孫の幸せかもしれません。そもそも、戦後の産業構造の転換のなかで農業から工業への労働移動があったのは、工業がもたらすより高い所得を求めたからです。

　農業の問題は複雑なので、これ以上踏み込むつもりはありませんが、競争による淘汰は、淘汰される側にとっても必ずしも悪いことではないという点だけ強調しておきます。

アダム・スミスの夜警国家論

　行政改革や臨調の考え方の根底には、政府が経済活動にあまり介入しないで、企業や消費者のやりたいようにやらせておけば、それが経済にとっていちばんいいことであるという思想があります。これは、これまで説明してきた市場やそこでの価格メカニズムの機能を評価する立場であり、古くはアダム・スミスの夜警国家論として知られているものです。国家の役割は、夜警をおいて治安を維持する程度のものであり、それ以外の活動はすべて民間にまかせておけばよいという考え方です。

　このような市場メカニズム崇拝主義をいちばん強く打ち出しているのは、フリードマンやスティグラーに代表される新古典派でしょう。フリードマンによるつぎの主張はなかなか説得的です。

　「政府は他人（国民）のお金を使って、他人（国民）のためにいろいろなことをやっている。民間経済主義（企業と消費者）は、自分のお金を使って自分のためのことをやっている。どちらがより真剣であり正しい判断を行なえるかは明らかである」。

　フリードマンにいわせれば、鉄道や電話サービスはもとより、郵便貯金業務、タバコや塩の専売業務などに政府がかかわることは意味がないということになるのでしょう。貨幣の発行、税の取り立て、郵便事業なども、民営化できる部分はやるべきだという考え方もあります。

　日本では、交通、運輸、金融、通信など多くの分野で、実にきびしい規制が行なわれています。文字どおり、役人が民間企業の箸の上げ下ろしにまで口を出しているのです。政府規制をどこまで認めるのか、あるいは徹底するのかという問題も、つきつめれば市場の機能をどこまで信頼するのかということにほかなりません。

　なお、この章では市場の機能を説明するために、市場のよい面だけを見てきました。現実の経済問題を考えるにあたっては、市場の持っている影の面、あるいは問題点にも配慮しなくてはいけません。これについては、Part 3 でとりあげます。

Ⅳ　企業の参入・退出行動と資源配分：完全競争市場の長期均衡

個別企業の利潤最大化行動

　産業や経済のダイナミズムは、つぎつぎと新しい企業が市場に参入してくることによって生まれるものです。たとえば、すでに巨大企業が確立しているアメリカの自動車産業に日本のメーカーが参入していったことは、アメリカ市場における競争をたいへん激しいものにしました。日本においても、各産業で新規参入が起こり、競争が激化し、サービスの質を向上させています。このように、新たな企業が参入してくることによって競争が活性化した例は、ほかにも多数あります。

　企業の参入・退出行動は、資源配分や競争構造に重要な意味を持っています。企業の参入・退出行動は、さまざまな産業構造のもとで起こりますが、この章ではもっとも基本的なケースである完全競争の場合を考えることにします（第9章では、独占的競争のもとでの参入・退出行動について考察します）。

　図4-9は、第3章で説明した完全競争市場のもとにおける個別企業の短期的な供給行動を表わしたものです。短期ですので、この企業は設備などに制約されながら短期費用曲線上で利潤最大化行動をとっています。AC曲線はこの企業の短期平均費用曲線、MC曲線は短期限界費用曲線を表わしています。

　この企業は完全競争的な産業にいるので、その生産する商品の価格については市場から与えられているように行動すると考えてよいでしょう（プライス・テイカーの仮定）。いま図のp_1がこの財の価格であるとするならば、この企業は短期の限界費用が価格p_1に等しくなるX_1のところまで供給しようとするでしょう。図では、これは価格線p_1と（短期の）限界費用曲線MCの交点Eによって示されています。この場合、価格p_1はこの企業の（短期の）平均費用よりも高くなっていますので、この企業は正の利潤をあげています。これは図ではBEの部分に対応します。

企業の参入と正常利潤

　以上で説明したような短期の状況は、個別企業の観点からは利潤最大点となっていますが、産業全体の観点からは、均衡の状態とはいえません。なぜなら、この産業内の企業が利潤をあげているために、他の企業の参入を招きやす

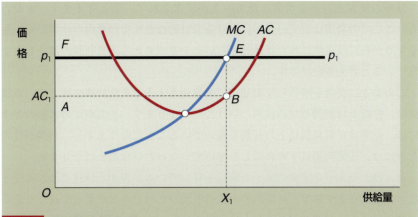

図4-9 完全競争の短期均衡

価格が p_1 であると、価格線 p_1p_1 が限界費用曲線（MC）と交わる X_1 まで供給が行なわれます。このとき平均費用の水準は OA ですので、$ABEF$ だけの利潤が得られます。このような（超過）利潤の存在は、新たな供給者の参入を促します。

い状態にあるからです。

　完全競争とは、非常に多くの企業が競争している産業を想定して考えられた概念です。このような多数の企業による競争は、つぎの二つの特徴で表わすことができます。一つは、個々の企業が価格支配力を持たないということです。同じような財を供給する企業が多数あるということは、他の企業と同じ価格をつけなければ競争できません。これは第3章で説明したプライス・テイカーの仮定です。

　完全競争のもう一つの特徴は、潜在的に多くの企業がこの市場に参入する可能性があるということです。この産業で生産をしている企業が大きな利益を稼いでいる場合には、他の企業がこの産業に参入してくるわけです。企業が多数で競争しているということは、すでに産業内で多くの企業が競争しているというだけでなく、潜在的にこの産業に参入してくるだろう企業も多数あるということです。

　経済学では、参入という現象を考えるため、正常利潤という概念を用います。正常利潤とは、企業が最低限獲得したいと考えている利潤の水準で、これを超えた利潤を稼いでいる企業があるような産業では参入が起こりますが、正常利潤以下の利潤しか稼げないような産業には参入は起こらないであろうという限界的な利潤の水準のことです。

分析の便宜上、正常利潤は費用のなかに含まれていると考えます。すなわち、ここでの費用は現実の世界における会計的な意味での費用だけでなく、生産するからには当然これだけは稼ぎたいと企業が考える正常利潤の部分も含まれていると考えるわけです。

　このように費用を解釈しなおせば、企業がちょうど正常利潤を稼いでいる状況は、分析上は利潤ゼロの状態ということになります。利潤が正の状態のときには、企業は正常利潤以上の利潤を稼いでいることになりますし、利潤が負のときには、正常利潤以下の利潤しか稼いでいないということになります。

　参入は、企業が正常利潤以上の利潤を稼いでいるか否かということが目安となって起こりますので、産業内の企業の利潤が正のときにかぎって新たな企業が参入します。利潤がゼロのときには参入はありませんし、利潤が負のようなときには、この産業から退出して生産をやめる企業が出てきます。

参入・退出による調整

　さて、図4-9に戻って、参入行動について分析してみましょう。この図では、すでにこの産業で生産をしている企業（既存企業と呼びます）は、単位生産当たり EB の大きさに等しいだけの利益を得ています。この企業の利潤は、この EB に供給量 x_1 を掛けたものですので、長方形 $ABEF$ の面積がこの企業の稼ぐ利潤を表わしています。この場合、既存企業は正常利潤以上の利潤を稼いでいます。

　この産業は完全競争的ですので、同じような費用構造を持った企業が潜在的には多数存在すると考えられます。したがって、潜在的参入者がこの産業に参入してきます。このような参入によって、産業全体としての供給量は増加し、価格は低下していくでしょう。このプロセスを確認するため、図4-10を使って説明しましょう。

　曲線 D はこの財に対する市場全体の需要を表わした需要曲線です。これが右下がりになっているのは、価格が低くなるほど需要が増えるからです。曲線 S は既存企業の短期限界費用曲線を足し合わせた産業全体の短期の供給曲線です。第3章で説明したように、短期の供給曲線とは、この産業内で生産を行なっている企業の限界費用曲線を足し合わせたものになっています。短期の均衡はこの二つの曲線の交点に決まります。そのときの価格が p_1 です。

　さて、ここで新規企業の参入があると、この市場にどのような変化が起こる

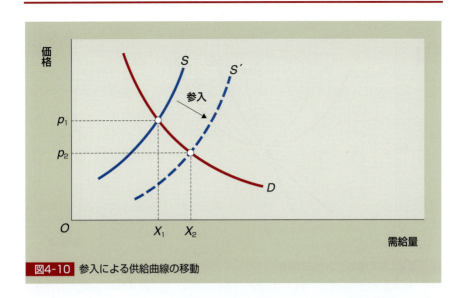

図4-10 参入による供給曲線の移動

のでしょうか。この財を供給する企業の数が増えるのですから、供給曲線が変化するはずです。需要の側では変化はありませんので、需要曲線は変化しないはずです。図ではこのような参入による供給の変化を、供給曲線の S から S' へのシフトとして表わしています。このように供給が拡大すれば、価格は需要曲線に沿って低下していくはずです。供給曲線が S から S' へとシフトする間に、価格は p_2 まで低下します。

この参入による価格低下によって、既存企業の利潤は次第に減少していきます。結局、既存企業が利潤ゼロ（つまり正常利潤しかあげていない状態）になるところで新規参入が止まり、この産業は長期の均衡状態になるはずです。

長期均衡の状態

図4-11は参入・退出が行き渡り、産業が長期的な均衡状態になった状況を示したものです。長期的な均衡においては、各企業の利潤はゼロ（正常利潤）になります。これは図に示されているように、価格が個々の企業の長期平均費用曲線の最低点の水準に等しくなることを意味します。完全競争市場においては同じような費用構造をもった企業が多数存在しますので、生産を行なっているすべての企業は、図に示されているような状態になっています。

長期的な均衡においては、個々の企業は設備水準などを調整する時間が十分

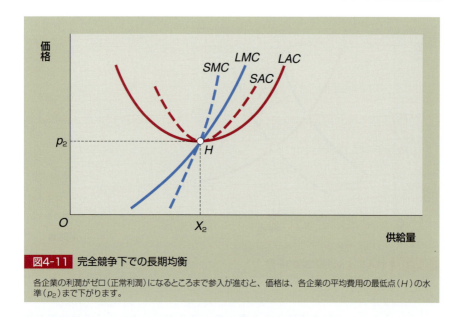

図4-11 完全競争下での長期均衡

各企業の利潤がゼロ（正常利潤）になるところまで参入が進むと、価格は、各企業の平均費用の最低点（H）の水準（p_2）まで下がります。

にありますので、長期費用曲線上で利潤の最大化をはかろうとします。しかし、それでも利潤が出れば新規企業が参入しますので、これ以上価格が下がったらどの企業も利潤をあげることはできないというぎりぎりのところまで価格が下がります。つまりそこまで参入が続くのです。図に示したのはこのような調整が行きついた状況です。

簡単に確認できることですが、図の価格 p_2 のもとでは、X_2 のところまで供給することが、この企業にとっての（長期的な意味での）利潤最大化になっています。これはこの生産量のところで、長期的な限界費用が価格 p_2 に等しくなっていることからも確認できると思います。またそこでは、価格が平均費用に等しくなっていますので、利潤はゼロになっています。念のために、図には長期的な均衡点に対応する短期の平均費用曲線と限界費用曲線が描いてありますので、この曲線上でも利潤最大化になっていることと、利潤がゼロになっていることを確認してください。

以上で説明したことは、参入行動が資源配分にどのような影響を及ぼすかに関して、きわめて興味深いことを示唆しています。参入の結果、個々の企業はその平均費用がもっとも低くなる点で生産を行なっています。これは、個々の企業がもっとも効率の高い生産方法で生産をしていることを意味します。参入

の圧力は、結果として個々の企業に費用のもっとも低いところで生産させているのです。少しでも利潤があがっていれば参入が生じるような世界では、だれよりも低い費用で生産していないかぎり、つまり平均費用曲線の最低点のところで生産していないかぎり、競争に負けてしまうのです。

需要・供給曲線上で見た短期と長期の関係

以上で説明してきたことを、需要曲線と供給曲線の上で、確認のための分析をしてみましょう。図4-12にはいくつかの需要曲線と供給曲線が描いてあります。このなかで、もっとも重要なのは高さp^*の水平な直線S_0で、これが長期の供給曲線を表わしています（これは図4-11でみた長期平均費用曲線の最低点の高さに等しくなっています）。図4-12は、この長期の供給曲線の内容について説明するためのものであると考えてもよいかもしれません。

さて当初、点Eが長期の均衡であったとしましょう。ここでDは需要曲線、Sは供給曲線です。点Eでは価格がp^*になっていますので、どの企業の利潤もゼロになっています。つまり点Eは長期均衡の状態です。曲線Sは、この長期均衡の状態における短期の供給曲線です。長期の均衡を考えているのに、短期の供給曲線を考えるのはおかしいと考える読者もいるかもしれません。この点は重要ですので、少しくわしく説明しておきましょう。

点Eで、既存企業がどこも利潤をあげられないほどまで参入が進んだ状態を示しています。点Eで生産を行なっている企業の数は、簡単に計算することができます。点Eにおける産業全体の供給量はX^*です。一方、個々の企業は長期の平均費用曲線の最低点で生産しているので、一つの企業の生産量は図4-11のX_2になるはずです。したがって、企業数はX^*を個々の企業の生産量X_2で割ったX^*/X_2となっているはずです（これは一般的にはちょうど割り切れる数字にはなりませんが、その点に関してはこだわらないことにします）。

短期の供給曲線Sは、このような長期均衡点Eのもとでの企業数を前提としたときの供給曲線です。もう少し具体的な言い方をするなら、図4-12のSは、個々の企業の供給曲線である長期の平均費用曲線の最低点を通る短期限界費用曲線（図4-11の曲線SMCを企業数の分だけ横に足し合わせたもの）になっています。

さて、何らかの理由でこの財に対する需要曲線がDからD'へとシフトした

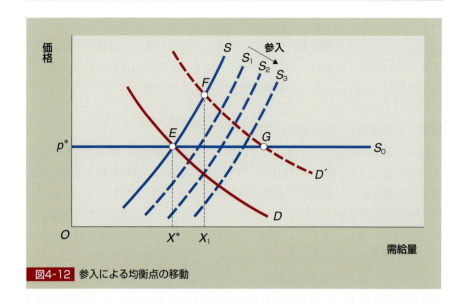

図4-12 参入による均衡点の移動

場合に、短期的な調整と長期的な調整はどのように行なわれるのでしょうか。需要曲線がこのように増加する理由はいろいろ考えることができますが、たとえば景気が好転してこの財の需要が増大したと考えればよいでしょう。

このような需要の増加に対する市場の対応は、短期と長期では異なります。短期的には、企業数は増えません。また、個々の企業は設備などの調整を行なうことができないので、短期の費用曲線上で調整を行ないます。したがって、需要が D から D' へとシフトすると、短期的に均衡点は短期供給曲線 S に沿って、E から F へと移動します。この間、企業数は変化していませんが、価格の上昇によって個々の企業の生産量が拡大し、結果として産業全体の供給量も X^* から X_1 まで増大します。

さて、点 F のようなところでは、各企業は超過利潤をあげているはずです。したがって、ある程度の時間を経て、新規企業の参入が起こります。このような新規参入による企業数の増大により、短期供給曲線は S の位置から、S_1, S_2, S_3 というように次第に右の方向にシフトしていきます。このような供給の増加によって、価格は需要曲線 D' に沿って次第に低下していきます。結局、最終的に価格が p^* まで低下し、個々の企業が超過利潤を稼ぐことができなくなるまで参入はつづきます。図の点 G は、そのような参入が行き渡って、新たな長期の均衡にいたった状態を表わしています。

このように、需要が増加すると、一時的には価格が上昇するものの、最終的には新たな企業の参入が起こり、価格は長期的な均衡状態に戻ってしまいます。需要の増加の前と後と比べると、違っているのは企業の数だけということになります。図に描いた水平の長期供給曲線 S_0 は、このような参入のプロセスまで考慮に入れた価格と供給量の関係を示したものです。これを長期供給曲線と呼びます。利潤があるかぎりいくらでも企業の参入が起こるので、一定の価格 p^* のもとでいくらでも供給があります。

補論：一物一価の法則と商人の役割

本文中では、すべての生産者と消費者が同一の価格に直面するということを前提に議論してきました。これは、一物一価の法則と呼ばれる考え方です。この補論で、この法則について簡単に説明したいと思います。

同一商品の価格は同一の価格になる傾向があります。もし同じ商品が別のところで異なった価格で売られていたら、だれも高いところで買おうとしないでしょう。あるいは、安いところで買ってきて、高いところで売ることで儲けようとする者が出てくるでしょう。そもそも商人の役割とは、できるだけ安いところで商品を仕入れてきて、それをできるだけ高く売れるところで売るということです。ちょうど水が高いところから低いところへ流れるように、商品は値段の安いところから高いところに流れるのです。

江戸時代の豪商、紀伊国屋文左衛門は、江戸にミカンがないときに、嵐のなかを命を張って紀州のミカンを運びました。それで大金を儲けたわけです。文左衛門がいなければ、江戸のミカンの価格はとてつもなく高いものになったでしょう。江戸っ子にとって、ミカンのない正月はわびしいものでしょう。一方、紀州ではミカンが腐って投げ売られたでしょう。文左衛門の行為は、紀州と江戸のミカンの価格差を埋めることで、両方を救ったわけです。

文左衛門がやったように、安いところで買って高いところで売る行為を、裁定あるいは裁定取引と呼びます。現代社会においても、さまざまな裁定が行なわれています。たとえばヨーロッパ製のブランド衣料品や洋酒の日本国内の価格は、メーカーや輸入総代理店（独占的に輸入を行なっている輸入業者）によって非常に高い値段がつけられることが少なくありません。すると、海外で大量に仕入れて日本で売ろうとする企業が出てきます。並行輸入と呼ばれるものです。並行輸入は、国境を超えた裁定にほかなりません。図4-13は並行輸入

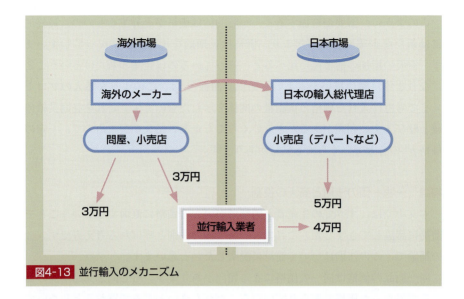

図4-13 並行輸入のメカニズム

の経路について図で例示したものです。このように、余っているところから不足しているところに商品を流す行為は、市場経済の健全な機能に欠かすことができません。

【演習問題】
1．以下の設問に答えなさい。
(1)完全競争的な市場では、各供給者の限界費用はすべて価格に等しくなるといわれる。これはどうしてか。
(2)同じ財を生産している生産者がそれぞれ違った限界費用水準になっていることは、資源配分の効率性の観点から望ましいとはいえない。これはどうしてか。
(3)完全競争のもとで自由な参入が起これば、各供給者は平均費用の最低点で生産せざるをえない。これはどうしてか。
(4)貿易を制限するよりは自由貿易にしたほうが総余剰が大きくなるという。これはどのような理由によるのであろうか。
2．需要曲線と供給曲線がつぎのように与えられているとしてみよう。
　　$D = 100 - p$
　　$S = 3p$
ただし、D は需要、S は供給、p は価格である。以下の問いに答えなさい。
(1)市場均衡の価格と需給量を求めなさい。またそこでの、消費者余剰、生産者余剰、総余剰の金額を求めなさい。

(2) かりにこの財の消費に20だけの消費税が課されたとしたら、消費者の支払う価格、消費者余剰、生産者余剰、政府の税収の金額はどのようになるか。

(3) (1)と(2)を比べて、総余剰はどれだけ違うか。グラフの上で表わしなさい。

3．ある財に対する需要曲線が $D = 100 - p$、供給曲線が $S = p$ であるとする。ただし、D は需要、S は供給、p は価格である。

(1) 均衡価格とそこでの消費者余剰、生産者余剰を求めなさい。

(2) 生産に対して1単位あたり20（円）の生産補助金が出されたとする。このときの均衡価格、生産者余剰、消費者余剰、補助金のための支出額はいかほどであるか。また、(1)のケースに比べて、総余剰はどう変化しているか。

(3) 消費に10％の間接税がかけられたとして、(2)と同じ設問に答えなさい。ただし、10％の間接税とは、消費者の支払った金額のうち10％が政府に税金として納められるということである（ここでは、(2)で考えたような補助金はないものとしてよい）。

4．上の設問と同じ需要・供給曲線をもつ財が海外と貿易されているとする。以下の設問に答えなさい。

(1) この財が海外から輸入されるのはどのような場合か。ただし、輸送費用や関税は考えなくてよい。

(2) この財が海外に輸出されるのはどのような場合であるか。

(3) いま、この財の国際価格が10であったとしよう。この国はこの価格でいくらでも海外から輸入できるものとすると、この国はこの財の輸入国となる。このときの輸入量、消費者余剰、生産者余剰を求めなさい。また、総余剰は、設問3の(1)に比べてどれだけ大きくなっているか。

(4) (3)のケースで、10だけの輸入関税が課されると、輸入量、消費者余剰、生産者余剰はどうなるか。また、関税収入はいかほどか。さらに、総余剰は、(3)の場合に比べて、どれだけ変化するか。

Part 2

一般均衡分析

　Part 1 では、特定の産業や財・サービスに限定した需要と供給の分析を行なう「部分均衡分析」について説明しました。部分均衡分析は、複雑な経済現象を単純化してとらえるためにはたいへんに都合のよいものです。需要や供給の構造や価格メカニズムについては、部分均衡分析の範囲内で多くのことを理解することが可能です。しかし、特定の産業や財・サービスに分析を限定することは、異なった産業や市場の間の相互依存関係や産業間の資源配分について考えるためにはあまり適当ではありません。そこで、複数の産業や市場を同時に考えるための分析枠組みとして、「一般均衡分析」が必要になります。この Part では、一般均衡分析の枠組みを、ごく初歩的な形で紹介し、とくに資源配分という問題について考察を進めていきたいと考えます。

　ミクロ経済学の重要な課題は、経済内における資源配分の問題を分析することにあります。資源配分とは、経済内で資本や労働などの生産要素がさまざまな生産活動にどのようにふりわけられ、そして生産された財やサービスが消費者などにどのように配分されるのかという状態を表わしたものです。そもそも経済学が取り組むべき最大の課題は、社会にかぎられた資源しかないとき、それがどのようにして有効に利用できるのかということです。資源の利用は、市場経済では、計画経済のように中央集権的に行なわれるのではなく、一人ひとりの消費者、あるいは一つひとつの企業が行なう行動が集計されて経済全体の動きを決定するのです。

　こうした消費者や企業の行動は、価格によって影響を受け、価格は

資源配分が有効に行なわれるように機能するのです。Part 1 で説明した価格メカニズムが、この Part 2 ではより本格的な形で説明されます。一般均衡分析の枠組みのなかで、まず消費者行動が説明され（第 5 章、第 6 章）、次に生産や費用についての考察が行なわれ（第 7 章）、最後にそれを集約する形で需要と供給が調整される価格メカニズムやそのもとでの資源配分の状態についての分析（第 8 章）が行なわれます。

　一般均衡分析は、多くの財や産業を同時に分析するため、どうしても数理的手法などむずかしい分析手法に頼らざるをえません。入門書である本書ではそのような内容までカバーすることはできません。ここでは、できるだけ簡単な枠組みのなかで一般均衡分析の考え方を説明します。

5
消費者行動の理論

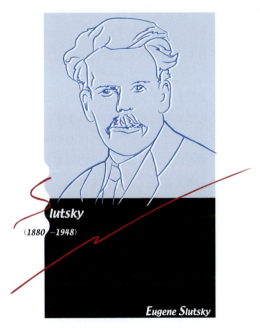

スルツキー（Evgeny Slutsky：1880-1948） ロシアの統計学者であり数学者。統計理論の分野で多くの貢献をしたが、経済学においては、第5章と第6章で説明する消費者理論の基本的な考え方であるスルツキー方程式の創始者としてあまりにも有名である。

この章では消費者の行動について学ぶと書いてあります。第2章「需要曲線と消費者行動」で消費者の行動について学びましたが、この章では何をさらに学ぶのでしょうか。

第2章は特定の財やサービスを分析対象としたものであり、消費者行動の全体像を見たものではありません。パート1全体がそのような分析手法であり、これを部分均衡分析と呼びます。この手法は経済問題をわかりやすく理解するうえでは有効です。ただ、経済全体を見るという視点からは限界があります。

そういえば、パート2のタイトルは「一般均衡分析」となっていますが、このことですか。

そのとおりです。パート2では、経済全体を鳥瞰する手法として一般均衡分析の考え方を説明し、それで消費者行動（第5章と第6章）、企業や生産の理論（第7章）、そして資源配分や市場均衡（第8章）について学びます。

一般均衡分析ってむずかしそうですが、役に立つのでしょうか。

たしかにパート1よりもむずかしいかもしれませんが、一般均衡分析によってはじめて見えてくることも多くあります。ミクロ経済学のもっとも重要な概念は資源配分ということです。これはどの財をより多く消費し、そのためにどの財を犠牲にするのか、あるいはどの財をもっと生産して、どの財の生産を犠牲にするのかを考えることです。まさに、資源の配分を考えるわけですが、そのためには経済全体を大きく見る手法が必要です。それが一般均衡分析です。

この章を見たら、無差別曲線や予算制約線など、いろいろな図が出てきますね。

そうです。実はここで学ぶ無差別曲線などの考え方は、この教科書だけでなく、経済学のいろいろなところで出てきます。その意味では、この章で、経済学の基本的な手法を学ぶということでもあります。さらに上級の経済学の勉強をするときに必要な知識がこのパートでは出てきます。

この章では、2財という簡単なフレームワークを用いて、消費者行動の基本事項について説明します。消費者行動は、予算制約と効用最大化という二つの柱から成り立っています。消費者はかぎられた所得や予算のなかで、さまざまな財・サービスを購入しなければなりません。この章では、そのような制約を予算制約線という考え方で分析します。消費者はそのような予算制約のもとでみずからの満足度をできるだけ高くするような消費行動をとろうとすると考えます。この章では、そのような満足度を効用という概念でとらえ、その効用を示す分析用具としての無差別曲線について説明します。予算制約線や無差別曲線などの分析概念を理解してもらうことがこの章の目的です。

Ⅰ 無差別曲線と効用

効用

現実の世界の消費者は、非常に多数の財を購入しますが、その行動のパターンのエッセンスは、以下で示すような単純な2財のケース（2財モデル）で説明することができます。いま、市場には財1と財2しかないとします。あるいは、すべての財が、簡単化のため財1と財2に集約されていると考えても結構です。

2財モデルは、一般均衡モデルのなかでもっとも単純なものです。本書のような入門書では、一般均衡分析について説明するとき、2財モデルを使わざるをえません。単純な2財モデルで一般均衡分析の多くの問題のエッセンスをわかりやすい形で示すことができます。以下、本書でも2財モデルを主たる分析方法として利用し、一般均衡の問題について説明していきたいと思います。

第2章で述べたように、経済学では通常、消費者は効用を最大化するように行動すると考えます。これを効用最大化仮説と呼びます。効用の概念は、消費者行動の理論の重要な柱ですので、まずこの概念について簡単に説明しましょう。

消費者が財を消費することによって感ずる満足度を、効用（utility）と呼びます。効用の水準は二つの財の消費量に依存すると考えられます。二つの財の消費量と効用の間の関係は、つぎのような効用関数によって表わされます。

$$U = U(C_1, C_2) \tag{5-1}$$

この関数は、効用水準 U が、二つの財の消費量 C_1、C_2 に依存して決まる

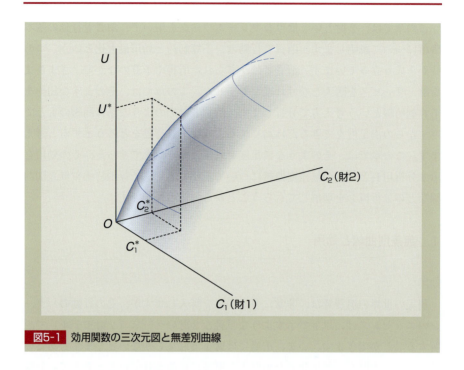

図5-1 効用関数の三次元図と無差別曲線

ということを示したものです。常識的には、二つの財の消費量 C_1 と C_2 が大きくなるほど、効用の水準も大きくなると考えられます。

　効用とは消費からの満足度を示す指標のことであるといっても、それがどのようなものであるかを具体的な形でイメージするのは容易ではありません。効用はどのようにして測ったらよいのでしょうか。それはたいへんに困難な問題のようですが、効用があえて測れるとするならば、(5-1) 式のような効用関数で表現することができます。効用の中身の問題についてのやっかいな議論は後回しにして、とりあえず議論を先に進めることにします（効用のこのような問題については、この章の補論を参照してください）。

　図5-1は (5-1) 式で表わした効用関数をグラフに描いたものです。(5-1) 式には、財1と財2の消費量（C_1 と C_2）と効用水準（U）という三つの変数がありますので、これをグラフに表わそうとすると、三次元のグラフになってしまいます。図5-1では、横軸にとられた C_1 と縦軸にとられた C_2 の値によって、三つ目の軸（垂直方向の軸）の上に効用の水準を読み取ることができます。たとえば、財1の消費量が C_1^*、財2の消費量が C_2^* であるとき、効用の

[Column] 現実の経済を見る眼
消費者重視の経済運営

　経済学の世界では、消費者がすべての中心にいます。これを消費者主権といいます。経済政策の目的は消費者の効用をできるだけ高くすることであり、生産者の利益などはそのための手段にすぎないからです。しかし、現実の政策運営は必ずしもそうなっていません。

　その一つの例が食料問題かもしれません。日本の食料供給について管轄している官庁は農林水産省です。しかし、農林水産省という名称からもわかるように、この役所はどちらかといえば生産者のほうを向いた組織でした。

　BSE（いわゆる狂牛病）や残留農薬の問題などが出てきたとき、農林水産省の対応は消費者軽視であるという批判がしばしば出てきました。しかし考えてみれば、かつては日本の労働人口の半分以上が農林水産業に従事していたわけですから、その時代からつづく役所が生産者の方向を向いているのは当然かもしれません。

　しかし、現在、日本の農業従事者の数は人口の数パーセントにすぎません。食料問題で消費者の立場を重視しなくてはいけないのは明らかです。大胆な言い方をすれば、農林水産省という役所も食料省という形で消費者の方向を向いた名称に変わっていくべきなのかもしれません。

　残念ながら、日本の食料政策はまだ生産者の方向ばかり向いています。多くの農産品に高い関税が課されており、日本の消費者は世界一高い食費を払わされています。農業保護の名目のもとに巨額の農業土木事業が行なわれており、これが日本の財政を圧迫しています。農業生産に効率性をもたらすかもしれないと期待されている農地利用の自由化や株式会社の農業への参入も、規制によってきびしく制限されています。

　農業分野を改革していくことは、日本国内の食料生産をつぶすことではありません。消費者の利益を第一に考えた食料供給システムに組み替えていくことなのです。当然、海外からの輸入も重要でしょう。しかし、それを補完する国内供給の強化だって可能です。保護に守られたひよわな農業ではなく、安全・安心を重視する消費者の嗜好にきちんと対応できる競争力のある生産者を国内に育てることが必要なのです。

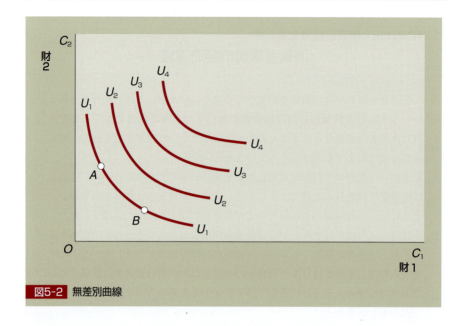

図5-2 無差別曲線

水準は U^* になっています。

　常識的には、二つの財の消費量が増加するほど、効用の水準も高くなりますので、図5-1のように、原点から離れるほど効用も高くなります。

無差別曲線

　筆者は、昔あるアメリカの大学で、図5-1のような効用関数のグラフの立体模型像を見たことがあります。また、最近はコンピュータ・グラフィックスが簡単に使えるようになってきましたので、立体図を描くのはそれほど難しくありません。しかし、実際に消費者行動分析を行なうのに、立体図だけに頼るわけにはいきません。

　このような立体模型に代わるものとして、経済学では無差別曲線を利用します。無差別曲線は、地図や天気図などで用いられる等高線と同じ考え方に基づいています。図5-2に描いたような曲線群は、標準的な無差別曲線を示したものです。この図の横軸には財1の消費量（C_1）、縦軸には財2の消費量（C_2）がとられています。

　図5-2の上の各点は、それぞれ二つの財のある消費レベルを表わしています。その消費レベルのもとでの効用水準を等高線で示したものが無差別曲線で

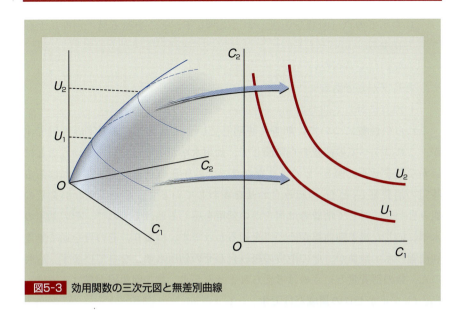

図5-3 効用関数の三次元図と無差別曲線

す。たとえば、図の点 A と点 B は、同じ無差別曲線 U_1U_1 にのっています。これは、二つの消費点が同じ効用水準をもたらすことを表わしています。曲線 U_1U_1 上のすべての点は、A や B と同じ効用水準をもたらします。このように無差別曲線とは、同じ効用水準をもたらすような消費点を結んだ等高線のことです。

曲線 U_2U_2 は、U_1U_1 よりも少し高い効用水準に対応した無差別曲線です。U_2U_2 上の各消費点は、U_1U_1 上のどこかの消費点よりも二つの財の消費量が少し大きくなっています。同じように、U_3U_3 はさらに少し高い効用に対応する無差別曲線であり、U_4U_4 はそれよりもまた高い効用水準に対応しています。

以上で述べたことを確認するために、図5-3には効用関数の立体図と無差別曲線の関係が描かれています。効用関数の立体図をある高さ(効用の水準)で水平に切ってその断面図を平面に投影すると、無差別曲線が1本描けます。異なった高さでつぎつぎに断面図を切ってそれを平面に投影していけば、異なった効用水準に対応した無差別曲線が描けるわけです。

無差別曲線の基本的な性質

無差別曲線の基本的な性質を列挙すると、つぎのようになります。

① すべての点（消費量を表わす）に関して、そこを通る無差別曲線が存在する
② 互いに交わらない
③ 右下がりである
④ 原点に対して凸である

　これらの性質について、順番に説明していきましょう。まず①の性質ですが、これはすべての消費の点に関して、効用水準が決まっているということにほかなりません。図5-2のようなグラフ上の任意の点をとると、それはある特定の消費量 C_1 と C_2 の組み合わせを表わしています。そのような消費量の組み合わせに対して消費者は何らかの効用を感じるわけですので、その効用の水準に応じた無差別曲線がその点を通るわけです。つまり、その点を通る無差別曲線の示す数値が、その消費の組み合わせの効用水準になっています。もちろん、負の消費量というのは考えられませんから、無差別曲線が描けるのは、C_1、C_2 が正かゼロの領域だけです。―1

　つぎに、無差別曲線は互いに交わらないという②の性質について説明しましょう。みなさんは、地図の等高線でも、あるいは天気図の等圧線でも、それらが交わった図を見たことがありますか。ないはずです。等高線や等圧線が交わらないように、無差別曲線も交わることはありません。

　このことを確認するために、図5-4のように無差別曲線が交わったとき、どのようなことが起こっているか考えてみましょう。この図の二つの無差別曲線のうちの一方のA線のほうが、B線よりも高い効用水準に対応しているとしてみましょう。すると、この二つの無差別曲線の交点である点Eの効用は、どちらの無差別曲線の効用水準になるのでしょうか。これらは明らかにおかしなことです。

　また、かりに二つの交わる無差別曲線が同じ効用水準であるとすると、図の点 b は点 a よりも二つの財の消費量とも多いのにもかかわらず、効用水準が同じであることになってしまいます。通常は、消費量が増加すれば効用も高く

1――ある消費点（たとえば C_1^*、C_2^*）を通る無差別曲線がないということは、その消費者がその消費点でどのような効用を感じるのか自分でもわからないということです。現実にはこのようなことはありそうなことですが、ここでは消費者はどのような消費の組み合わせに対しても評価を下せ、効用水準の値が決まるものと考えます。その意味で、ここで考察の対象となっている消費者は十分な判断力を持った人です。

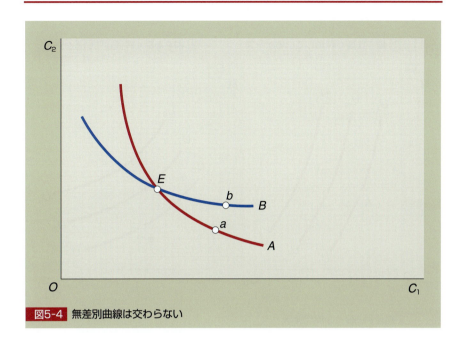

図5-4 無差別曲線は交わらない

なりますので、このようなことは起こらないと考えたほうが自然でしょう。以上の二つの理由によって、無差別曲線は交わりません。

つぎに③の性質である無差別曲線が右下がりであるという点について考えてみましょう（なお、以下で無差別曲線が右上がりになるケースも説明します）。無差別曲線は、通常、図5-2に示したように右下がりになっています。これは、たとえば図の点Aと点Bを比べてみると理解しやすいでしょう。点Aは点Bに比べて、財2の消費量は多くなっていますが、財1の消費量は少なくなっています。つまり一方の財の消費量の減少を、他方の財の消費量の増大で補っているわけです。

無差別曲線は、同じ効用水準をもたらすような消費の組み合わせを図の上にとったものです。同一の無差別曲線上で一方の消費量が増えていけば、他方の消費量は減少していかなければなりません。両方の消費量が増えても効用水準が変わらないということ、あるいは両方の消費量が減っても効用水準が変化しないということはありえないのです。

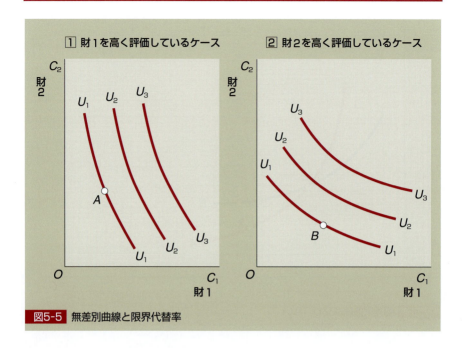

図5-5 無差別曲線と限界代替率

選好のパターンと無差別曲線の形状

　無差別曲線の基本的な性質の③について、もう少し説明をつづけましょう。図5-5に示した二つのグラフは、異なった選好のパターンを表わしています。図①のほうでは無差別曲線の傾きが急になっており、図②のケースでは無差別曲線の傾きがなだらかになっています。

　まず図①のほうから見ていきましょう。無差別曲線の傾きが急であるということは、財1の消費を増加するために犠牲にしてもよいと思う財2の量が多いということです。たとえば、点Aから無差別曲線U_1U_1に沿って右下のほうへ動いてみましょう。同じ無差別曲線上にのっているので、効用水準は変わりません。しかし、無差別曲線上を右下に移行することにより、財1の消費量は増大し財2の消費量は減少しています。図①では無差別曲線の傾きが急なので、この間の財1の消費量の増加に比べて財2の消費量の減少のほうが大きくなっています。つまり、この消費者は財2よりも財1を相対的に高く評価しているわけです。

　これに対し図②の場合、点Bから無差別曲線に沿って右下に動いていったとき、財1の消費量の増加に比べて財2の消費量の減少幅は小さくなっていま

す。財 1 の消費量を増加するために犠牲にしてもよいと思う財 2 の消費量が小さいということです。すなわち、この消費者は財 2 を相対的に高く評価していることになります。

このように、無差別曲線の傾きが急であるほど、その消費者は財 1 をより高く評価しています。逆に、無差別曲線の傾きがなだらかであるほど、財 2 を相対的に高く評価しています。無差別曲線の傾きは、以下で説明する限界代替率という概念に対応します。

限界代替率の考え方

無差別曲線の傾きである限界代替率について、もう少しくわしく説明しましょう。話に具体性を持たせるため、財 1 をリンゴ、財 2 をミカンとし、この消費者を太郎と呼びます。

太郎にとってリンゴの価値とは、リンゴを食べることから得られる満足感や栄養補給から生じます。しかし、この満足感や栄養からの効用を具体的な数字で表現することはほとんど不可能に思われます。ただ、リンゴの消費の価値をミカンの数量で表現することはできそうです。非常に小さな IC チップの大きさを写真上で示そうとするとき、横に500円玉を置いて比較するのと同じ方法です。

太郎にとってリンゴとミカンはある程度代替可能なものでしょう。リンゴの消費を 1 単位減らさなくてはいけないとしても、もしミカンの消費量をある程度増加させることができるのであれば、太郎の全体としての満足度は変わらないでしょう。

では、どの程度ミカンの消費量を増加させたら、太郎にとってリンゴ 1 個分の消費の減少を補うことができるのでしょうか。これは、太郎がリンゴやミカンをどの程度好むかということによります。もし太郎がリンゴを非常に好きであれば、このミカンの量は大きくなるでしょう。逆に、もし太郎がリンゴよりもミカンを好むならば、少ないミカンの量でリンゴの減少を補うことができます。このように、リンゴの消費量の減少を補うのに必要なミカンの量を、消費におけるリンゴとミカンの間の限界代替率（Marginal Rate of Substitution: MRS）と呼びます。限界代替率の大きさは、無差別曲線の傾きの絶対値に等しくなります。

限界代替率は、その人の二つの財に対する相対的な選好の強さを表わしてい

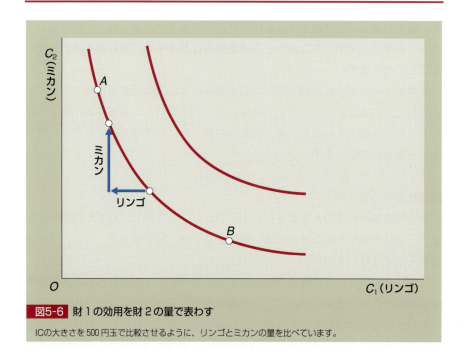

図5-6 財1の効用を財2の量で表わす

ICの大きさを500円玉で比較させるように、リンゴとミカンの量を比べています。

ます。一般的に、財1をより強く選好する消費者ほど、リンゴのミカンに対する限界代替率（リンゴの消費の減少を補うのに必要なミカンの量）は大きくなります。つまり、無差別曲線の傾きは急になります。

　限界代替率の大きさは、また、その消費者がどの点で消費をしているかにも依存します。たとえば図5-6の点Aと点Bを比べると、点Aのほうが点Bよりもリンゴとミカンの間の限界代替率が高くなっているはずです。なぜなら、点Aのほうが点Bよりもミカンをより多く消費し、リンゴをより少なく消費しているからです。それだけミカンよりもリンゴが希少になっているはずです。したがって、ミカンの消費を増やすことによる満足度の上昇幅、あるいは同じことですが、ミカンの消費を減らすことに伴う満足度の下落幅は小さくなります。

　無差別曲線上に沿ってリンゴの消費量を増やしていく（ミカンの消費量を減らしていく）ほど、限界代替率は小さくなっていきます。それだけリンゴからの効用が低下し、ミカンからの効用が大きくなるからです。このような現象を限界代替率逓減の法則と呼びます。限界代替率逓減の法則のため、無差別曲線

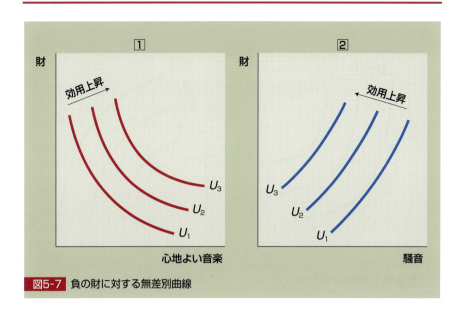

図5-7 負の財に対する無差別曲線

は通常、原点に対して凸となっています。つまり、先に述べた④の性質です（この性質については、後でもう少しくわしく説明します）。

右上がりの無差別曲線

　無差別曲線が右下がりであるという③の性質について理解を深めるために、あえて右上がりの無差別曲線について考えてみましょう。図5-7を見てください。図1は、通常の財と心地よい音楽の間の無差別曲線を示しています。また、図2は、通常の財と騒音の間の無差別曲線を示しています。この二つのケースでは、無差別曲線の形状は明らかに違っています。

　まず図1のほうですが、これは通常の無差別曲線と同じ形をしています。心地よい音楽は、通常の財と同じように、より多く消費できるほど効用が高くなると考えられます。したがって、心地よい音楽は、通常の財と同じように扱うことができます。

　これに対して、騒音は、いわゆる負の財です。騒音が激しいほど、効用は下がっていきます。この場合の無差別曲線は、図2にあるように、右上がりの形になります。騒音が激しくなると、効用水準は下がっていきますが、もしこれとともに他の財の消費量が増加するのであれば、効用は元の水準にもどりま

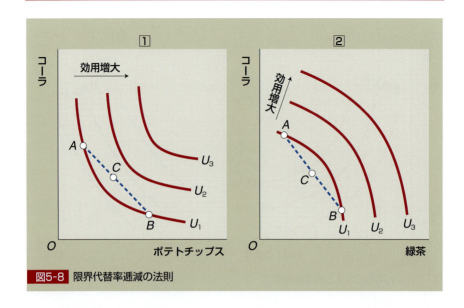

図5-8 限界代替率逓減の法則

す。したがって、騒音の増加をちょうど打ち消すような財の消費があったとき、元の消費点と新しい消費点は同じ無差別曲線上にのっていることになります。無差別曲線が右上がりであるのは、このような状況を表わしていると考えられます。

無差別曲線の凸性

　図5-8は、無差別曲線が原点に対して凸であるという④の性質を理解するうえで役に立つものです。この図では例示のため、横軸と縦軸に財の名前が表示してあります。左の図①では、ポテトチップスとコーラの無差別曲線がとられており、右の図②では、緑茶とコーラの無差別曲線が描いてあります。

　図①に示されたポテトチップスとコーラの無差別曲線は、原点に向かって凸の形をしています。これに対して、図②に示された緑茶とコーラの無差別曲線は、原点に向かって凹の形をしています。二つのケースで違うのは、ポテトチップスとコーラはいっしょに消費したほうが効用が高いのに対し、コーラと緑茶の場合にはチャンポンにすればかえって効用が下がることがあるということにあります。

　コーラとポテトチップスの場合には、コーラの消費量が多くてポテトチップスの消費量が少ないような点Aでは、ポテトチップスをコーラに比べて強く

欲します。これは点 A における無差別曲線の傾きが急になっていることからも確認できると思います。これとは逆に、ポテトチップスの消費量が多くコーラの消費量が少ない点 B では、コーラを強く欲します。これは、点 B における無差別曲線の傾きがなだらかであることによって表わされています。

このように、コーラとポテトチップスの場合には、コーラの消費量が減りポテトチップスの消費量が増えるほど、ポテトチップスの評価が下がり、コーラの評価が上がっていきます。これは、ポテトチップスの消費量が増えるほど、ポテトチップスの限界代替率（無差別曲線の傾き）が減っていくことにほかなりません（限界代替率逓減のケース）。

これに対し、コーラと緑茶の場合には、コーラの消費量が少なく、緑茶の消費量が多い点 B では、緑茶の評価が相対的に高くなっています。逆に、コーラの消費量が多く緑茶の消費量が少ない点 A では、コーラの評価が高くなっています（このことを、無差別曲線の傾きによって、確認してください）。このケースでは、コーラの消費量が増大するほど、コーラの緑茶に対する限界代替率（無差別曲線の傾き）は逓増しています。したがって、これを限界代替率が逓増するケースと呼びます。

このように、財によっては無差別曲線が原点に向かって凹、外に向かって凸になることもあります。しかし、ほとんどの財の場合には図①のように原点に向かって凸の形をした無差別曲線になると考えられます。したがって、特殊な場合を除いては、図①のような無差別曲線を考えることにします。

II　予算制約と消費者行動

予算制約線：数値例

第I節で説明した無差別曲線の考え方を用いて、つぎに消費者行動について分析してみましょう。消費者行動理論には二つの柱があります。一つは、消費者がどのような選好パターンを持っているかということであり、これは前節で説明した無差別曲線によって表わされます。

もう一つの柱は、消費者がどのような制約のもとで消費選択をしているかということです。これを予算制約と呼びます。予算制約は消費者行動理論においてきわめて重要な役割を演じます。消費者行動理論のエッセンスは、かぎられた所得を消費者がどのような財の消費に配分するかということにあるので、所

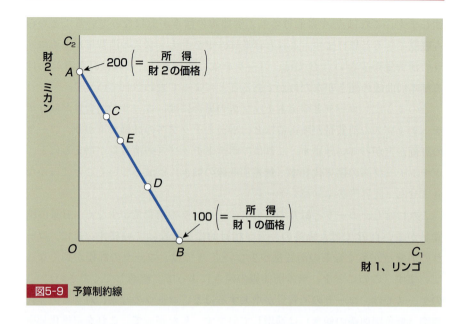

図5-9 予算制約線

得や価格によって消費者の消費配分がどのように制約されるかを明らかにすることが分析の鍵になるわけです。以下で導入する予算制約線は、そのような制約をグラフで表示したものです。

まず、単純な例を用いて、予算制約について考えてみましょう。これまでと同じように、単純な2財のケースを考えます。ある消費者がこの2財に使える金額（これを所得と考えてもいいでしょう）が10万円であり、財1の価格が1000円、財2の価格が500円だとしましょう。このとき、この消費者は財1と財2を何単位買えるでしょうか。

もし所得を全部財1に使えば、100個買えます（10万÷1000）。もし所得をすべて財2の購入にまわせば、財2が200個買えることになります。取得を二つの財に分けて使えば、

$$1000C_1 + 500C_2 = 100{,}000$$

を満たすような消費が可能です。ただし、C_1は財1の購入量、C_2は財2の購入量です。

図5-9の三角形OABは、上の予算制約条件を満たすような2財の消費量の組み合わせを表わしています。ただし、横軸には財1の消費量（C_1で表示）、縦軸には財2の消費量（C_2）がとってあります。この領域でとりわけ重

要であるのが、三角形の境界部分である線分 AB です。消費者が10万円（所得）をすべて二つの財の消費に支出するとき、消費点（二つの財の消費の組み合わせ）はこの線分上にあります。以下では、所得はすべて支出されると仮定し、消費点は AB 上にあるとします。所得の一部を貯蓄にまわす場合については、第15章で説明します。

図 5-9 の線分 AB を予算制約線と呼びます。この線分の傾きは、2財の価格の比率（相対価格）にマイナスをつけたもの（この場合には -2）となっています。これは、つぎのような理由によります。この線分の傾きは、この消費者が財1の消費を1単位減らしたとき、財2の消費をどれだけ増加させることができるかを表わしています。もし財1の消費量を1単位減らせば、それによって財1の価格である1000円が節約できます。この1000円で財2を購入すれば、財2を2単位購入できます。すなわち、二つの財の相対価格分の財2が購入できます。消費者が財1により多くの金額を支出するほど、財2にまわす金額は少なくなり、消費点は点 B に近づいていきます。

消費者は、この予算制約線上で自分の満足度がもっとも高い点を選ぼうとするでしょう。では、それはどのような点でしょうか。直観的には、財1を強く選好する消費者ほど点 B に近いところを選択し、財2を強く選好する消費者ほど点 A に近いところを選択するでしょう。この点は、第Ⅰ節で説明した無差別曲線を用いてより厳密な形で分析することができます。

無差別曲線と効用最大化

図 5-10 は、図 5-9 に無差別曲線を重ねたものです。予算制約線 AB の傾きは二つの財の相対価格に等しくなります。この消費者は、この予算制約線上で、いちばん効用の高い点を選択しようとするでしょう。これは図の上では、点 E によって表わされています。

点 E は、この消費者の無差別曲線と予算制約線が接する点になっています。図を見ればわかるように、この点以上の高い効用水準を予算制約線上で実現することはできません。これは、予算制約線上の E 以外の点を通る無差別曲線を考えてみれば明らかでしょう。

たとえば、点 E よりも予算制約線上で右下の点、つまり財1をより多く消費するような点（たとえば図の点 A）を通る無差別曲線の効用は、点 E を通る無差別曲線のそれよりも低くなっています。同様に、より財2を多く消費す

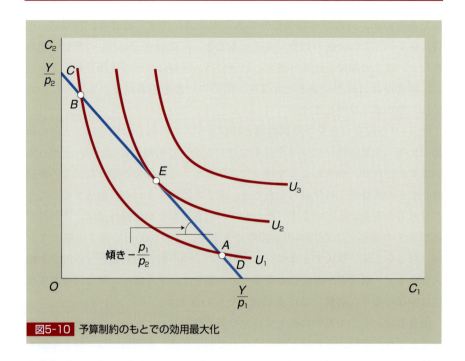

図5-10 予算制約のもとでの効用最大化

るような左上の点（たとえば図の点 B）を通る無差別曲線の効用も小さくなっています。

これまでは数値例で考えてきましたが、以上の議論をもう少し一般的な形でまとめておきましょう。いまある消費者の所得（消費に使うことができる金額）を Y とし、財1の価格を p_1、財2の価格を p_2 とします。このとき、この消費者が直面する予算制約式は、

$$p_1 C_1 + p_2 C_2 = Y \tag{5-2}$$

となります。ただし、C_1 と C_2 は、財1と財2の消費量を表わしています。

この予算制約線のグラフは、図5-10の直線 CD のようになります。すなわち、横軸を Y/p_1 で切り、縦軸を Y/p_2 で切る、傾き $-p_1/p_2$ の線分になります。この線の意味について、数値例にならって簡単に説明しておきましょう。

まず、横軸の切片の値である Y/p_1 ですが、これは所得をすべて財1の消費に費やしたときに購入できる財1の量を表わしています。同様に縦軸の切片である Y/p_2 は、所得のすべてを財2に投入するとき購入できる財2の量です。

つぎに予算制約線の傾き（の絶対値）の p_1/p_2 ですが、これは予算を財1か

ら財2（あるいは財2から財1）へ配分のウェイトを変えたとき、財1と財2がどのような比率で代替されるかを表わしたものです。財1の消費を1単位あきらめれば、それで p_1 だけの資金が捻出できます。それを財2の消費に利用すれば、p_1/p_2 だけの財2が購入できます。つまり、予算の制約のもとで、財1と財2は p_1/p_2 の比率で交換（代替）できるわけです。

さて、消費者が選択する消費点は、予算制約線と無差別曲線が接する点です。予算制約線上では、この点で効用がもっとも高くなっています。

限界代替率による説明

図5-10に示されているように、消費者が選択する消費点は、無差別曲線が予算制約線に接する点です。予算制約線の傾きは、財1と財2の相対価格（価格比）p_1/p_2 ですし、無差別曲線の傾きは二つの財の間の限界代替率となっていますので、消費点（効用最大点）では、

　　　価格比＝限界代替率

という関係が成り立っています。この関係は、資源配分の問題を考えるうえで重要なものですので、少し説明しておきましょう。

すでに説明したように、価格比は予算の範囲内で財1と財2がどのような比率で代替可能であるかを表わしています。また、限界代替率は、消費者の選好（効用）から見て財1と財2がどのような比率で代替可能であるかを表わしています。この二つが一致するところで消費するということが、効用最大化につながります。図5-10では、点 E がこのような効用最大点になっています。

以上の点は、両者が一致しないところでどのようなことが起こっているか検討してみればより明らかになるでしょう。図5-10を見てください。点 E より右下にある点 A では、限界代替率は相対価格よりも小さくなっているはずです。点 A は点 E よりも財1の消費量が多く財2の消費量が少ないので、この消費者の限界代替率は、点 E より点 A においてのほうが小さくなっています。

たとえば点 A におけるこの消費者の限界代替率が1であったとしましょう。また相対価格 p_1/p_2 は2であったとしてみましょう。すると、この消費者は点 A において1単位のリンゴと1単位のミカンに同等の評価を下しています。これに対して、リンゴとミカンの相対価格は2（すなわち財1の価格は財2の価格の2倍）ですので、市場では財1は財2の2倍の評価を得ています。

自分が市場よりも相対的に高い評価をしている財2をより多く消費し、自分

があまり高く評価していない財1の消費を減らすことで、この消費者はより高い満足を得ることができます。図でいうと、点Aより予約制約線上の左上に移動することで、太郎の満足度は高まるのです。

点Eよりも左上方の点、たとえば点Bのような点を消費点として選ぼうとすると、こんどは財2の消費量が多すぎます。点Bでは、限界代替率は相対価格よりも大きくなっています。たとえば、点Bにおける限界代替率が3であったとしてみましょう。点Bでは、この消費者は1単位の財1と3単位の財2を同等のものと評価しています。点Bでは、この消費者のほうが市場よりも財1をより高く評価していますので、財1の消費量を増やしミカンの消費量を減らすことで、この消費者の満足度は上昇します。これは図の上では点Bから点Eの方向への動きで表わされます。

以上の議論より、結局、点Eが予約制約線上でもっとも高い満足度を与える点であることがわかりました。当然、消費者もこの点を消費点として選びます。

財の種類が多数のケース

これまでの議論は、すべて財の種類が2種類の場合だけ議論してきました。現実の消費者は非常に多くの種類の財を消費しますから、ここでの2財の例がそのままの形で応用できるわけではありません。もちろん数学の力を借りれば、財の種類が多数あるときの分析ができないわけではありませんが、入門書である本書ではそのような分析はむずかしすぎます。

ただ、以上の限界代替率の議論を、財の数が多数ある場合に拡張して解釈することはできます。上で述べた限界代替率と価格比の間の関係は、すべての財についていえることです。両者の間に乖離があるような消費の配分のあり方は、合理的であるとはいえません。したがって、消費者が効用を最大化するように行動していれば、すべての財に関して、

　　　価格比＝限界代替率

という関係が成立しているはずです。

補論：基数的効用と序数的効用

「人間の脳波を分析することで、その人がどの程度の効用を感じているか測れるようになった」。もしこのような科学的発見があれば、ミクロ経済学につ

[Column] ステップアップ経済学
時間の消費理論

　本文中で説明したように、消費者は予算制約のもとで消費行動を決めます。つまり、消費に使える金額の上限が決まっているので、その範囲のなかで何を消費するのか決めるということです。ただ、本当のところは、消費者は予算制約のほかに、もう一つの制約に縛られています。それが時間制約です。どの人も1日24時間しかなく、そのなかで仕事や休息、余暇の時間を配分するのです。そして消費にも時間がかかります。買い物の時間も必要でしょうし、旅行のようなサービスを消費しようと思えば、それなりの時間を用意する必要があるからです。

　ノーベル経済学賞を受賞したゲーリー・ベッカー教授は、時間制約に焦点を当てた消費理論を提起して、その後の議論に大きな影響を与えました。現実の世界でも時間の経済学は重要です。たとえば、なぜコンビニがこれだけ増えたのかといえば、多くの消費者が、買い物が便利になって時間を節約することに高い価値を見出しているからです。コンビニエンス（便利さ）を提供することが価値であるのです。所得の低い貧しい国の人も、所得の高い豊かな国の人も、平等に24時間を持っています。だから、豊かな国の消費者ほど、時間の価値が高くなるのです。

　随分前のことですが、あるコンビニの経営者が、自分のところに来る客は4分30秒くらいで商品を購入して店を出るといっていました。おにぎり、飲み物、雑誌などを4分30秒程度で購入できる店というのは、ほかにはありません。コンビニが提供する時間節約の威力は大変なものです。だから、コンビニは顧客の買い物時間を短縮する取り組みを続けています。

　たとえば、コンビニのレジに何人か人が並んでいるとき、隣のレジがすぐに開くことを目撃した人は多いと思います。せっかく便利に商品を購入しようと思っても、レジの列で時間がかかってしまったら、お客はイライラするはずです。それではコンビニエンスにならないので、レジでの待ち時間を短くすることに注力しているのです。レジでの支払いを現金から電子マネーに切り替えることも、お釣りの計算などにかかる時間がいらないので、レジでの処理時間を大幅に短縮する効果があります。コンビニが電子マネーを積極的に導入しようとするのにはさまざまな理由がありますが、レジでのコンビニエンスの追求という面があることは確かです。

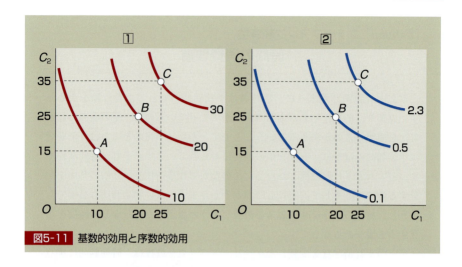
図5-11 基数的効用と序数的効用

いても新しい発展があるかもしれません。しかし残念ながら、効用というものは重さや距離をはかるような意味で数量化することはできません。

重さや距離のような数値を基数と呼びます。基数の場合には、数値そのものの大きさに意味があり、「太郎の体重は花子の2倍である」、「家から学校までの距離は、家から駅までの距離の半分である」といった比較が可能です。しかし、効用に関しては、このような基数の性質を期待することはできません。

「フランスワイン1杯の効用はドイツワインの効用の2倍である」とか、「太郎は花子の2倍幸せである」といった比較はあまり意味がありません。しかし、「フランスワイン1杯の効用はドイツワイン1杯の効用よりも高い」という形の比較であれば十分意味があります。そもそもこのような比較をすることなくして、効用最大化という形の消費選択はできないからです。

効用は基数ではなく序数と考えるべきであるというのが、消費者行動理論の標準的な考え方です。序数とは比較のための指標としての数字であり、その数値の絶対的な大きさは意味がないような数字です。

図5-11を見てください。ここには形のまったく同じ無差別曲線の図が描いてあります。ただし、無差別曲線に記してある効用の水準はまったく違います。この二つの無差別曲線群は、異なった消費者行動を意味するのでしょうか。答えは明らかに否です。消費者は予算制約のもとで効用のいちばん高い消費点を選択しようとしますが、そのような行動において、結果としての効用の

「絶対的」水準がどのような値になるかということは、消費行動とは直接関係ありません。

もしそうであるなら、図5-11に描いたような二つのタイプの無差別曲線はまったく同等のものとして扱ってもよいことになります。このような関係にあるとき、効用は序数であるといいます。序数とは、順序関係だけが問題であり、その絶対的な数値は問題にならないようなものをいいます。

【演習問題】
1．以下の設問に答えなさい。
 (1)無差別曲線が原点に対して凹になるのは、どのような場合であるか。具体的な例をあげながら答えなさい。
 (2)消費者の効用最大化を考えるときには、序数的な効用で十分であるといわれるが、それはどのような理由によるのだろうか。
 (3)予算制約線の傾きは価格比になる。これはどうしてか。
 (4)無差別曲線が右下がりになるのはどのような理由によるのか。
2．つぎのような状況の予算制約線を描きなさい。
 (1)所得が20万円、財1の価格が1000円、財2の価格が2000円の場合の予算制約線を描きなさい。ただし、この二つの財以外の財は考えなくてよい。
 (2)(1)で所得が40万円になったら、予算制約線はどのように変化するだろうか。グラフの上で確認しなさい。
 (3)(1)で財1の価格が2000円に上がったら、予算制約線はどのようになるだろうか。グラフの上で確認しなさい。
 (4)(1)で財2に25％の消費税が課されたら、予算制約線はどのように変化するであろうか。
 (5)農産物を売って生活している農家を考える。財1を農産物、財2をその他の財として考えなさい。いま、この農家が収穫した農産物は1000単位であったとする。財1（農産物）の市場価格は20、財2（その他の財）の市場価格は40であるとする。この場合の、農家の直面する予算制約線を描きなさい。

6
消費者行動理論の展開

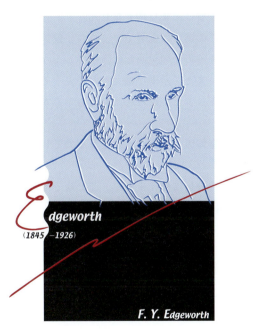

エッジワース（Francis Ysidro Edgeworth：1845-1926）　第8章で説明に利用する長方形は経済学者の間ではエッジワース・ボックス（ボックス・ダイアグラム）と呼ばれる。この図やその上で描ける契約曲線はミクロ経済学のさまざまな問題に利用される有名な図である。

この章は「消費者行動理論の展開」となっていますが、前の章で学んだ消費者理論をさらに深く学ぶということでしょうか。

基本的にはそのとおりです。もう少しくわしくいえば、前の章では消費者理論の考え方を学んだにすぎません。この章では、その理論をどう使うのか学んでほしいと考えています。

具体的にどう使えるのでしょうか。

消費の問題は経済のさまざまなところに顔を出します。「所得が増えたら消費はどう変化するのか」というのはしばしば出てくる重要な問題です。しかも、それは結構複雑な問題なのです。たとえば、所得が増えれば消費が大きく反応する商品やサービスがあります。旅行などはその典型です。奢侈品と呼ばれることもあります。一方でコメや電気代のように生活必需品の場合には、所得が増えても消費はあまり増えません。

企業にとってはこの違いは重要でしょうね。景気が良くなったときにどの程度需要が増えるのかの見通しは重要でしょうから。

そのとおりです。また、所得が増えるとかえって消費が減るものもあります。下級財やギッフェン財と呼ばれるものですが、これについてもこの章で説明します。

そのほかに消費者理論はどのように使えるのでしょうか。

いろいろな分野の分析に使えますが、この章ではとくに重要と思われる労働供給の行動についてとりあげます。

労働供給って何ですか。

いろいろな商品をどれだけ消費するのかと同じように、どれだけの時間働くのかということも、消費者の重要な選択の問題です。消費の分析と同じように、どれだけ働くのかという分析を行なうことができます。これを労働供給と呼びます。

でも、会社に入ればどれだけの時間働くのかは自分では決められませんが。

もちろんです。でも、学生のアルバイトの労働時間はどうでしょうか。主婦がパートで働こうと考えるとき、どれだけの時間働くのかは大きな

問題です。定年になった人でも、まだまだ元気で少しは働きたいと考えています。そこでも週に何時間働くのかということが重要な選択となります。いずれにしても、どれだけ働くのか、どれだけの労働供給が生まれるのかということを分析する手法が必要です。ここで、そうした考え方を説明します。

　この章では、第5章で説明した消費者行動理論を用いて、価格や所得が変化したときに需要がどのように変化するのかを分析します。価格や所得の変化は予算制約線のシフトによって表示されますが、これらの変化が需要にどのような影響を及ぼすのかは、その財やサービスの特性に大きく依存します。この章でも、正常財や下級財、あるいは奢侈品や必需品などの概念を説明しますが、こういった財・サービスの特性によって需要の変化のパターンは大きく異なります。価格が変化した場合の需要への影響は少し複雑であり、この章でくわしく説明されているように所得効果と代替効果に分けて分析することが必要となります。章の後半では、こうした分析の応用例として労働や土地の供給行動（需要ではない）を消費理論の応用として分析します。

I　所得変化と需要

需要関数

　第5章で説明した消費者行動理論の結論だけをまとめてしまえば、つぎのような式の形で簡単に表わすことができます。2財の簡単なケースでいえば、

$$C_1 = C_1(p_1, p_2, Y)$$
$$C_2 = C_2(p_1, p_2, Y)$$
(6-1)

という形で表わされます。つまり、二つの財の需要量（消費量）C_1 と C_2 は、二つの財の価格 (p_1, p_2) と所得 (Y) の関数として表わすことができます。

　第5章の議論を思い出してください。個々の消費者にとって財の価格や所得は動かすことができないもので、これらによって予算制約線の形が決まります。——**1** 与えられた予算制約のもとで効用のもっとも高い消費点を選択します

1——所得については、どれだけの時間働くかということで、ある程度動かすことができると考える読者もいると思います。そのように労働時間を調整することで所得が変化するという点については、この章の第Ⅲ節を参照してください。

から、(6-1) 式のように消費量は価格と所得の関数として決まるわけです。

(6-1) 式のように価格や所得の関数として消費量を表わしたものを、需要関数あるいは、消費関数と呼びます。消費関数の形からも明らかなように、所得や価格の水準が変化すれば、それにともなって消費量も変化します。所得や価格の変化に対して消費はどのように変化するのでしょうか。

与件が変化したときに、人々の行動がどのように変化するのか、経済の均衡がどのように変わるのかといったことを分析することを比較静学といいます。別の言い方をするなら、外生変数である価格や所得が変化したとき、内生変数（ここでは消費量）がどのように変化するかを分析することを比較静学と呼びます。この章では、消費に関する比較静学分析を行なうことによって、消費関数の性格、その背景にある消費者の行動パターンについて説明します。

所得の変化と消費パターンの変化

「エンゲル係数」という用語を聞いたことがありますか。家計や国の総支出に占める食費の割合のことをエンゲル係数と呼びます。一般に、豊かな家計（国）ほどエンゲル係数が低いといわれています。

食料は必需品であり、所得が高くなるほど人々は他の財へより多く支出をまわします。最近の学生のみなさんは豊かな生活をしている人が多いかもしれませんが、われわれの学生のころはかつかつの生活をしていて、エンゲル係数は相当高かったと記憶しています。

エンゲル係数の考え方の背景には、所得の変化に対して消費がどのように調整されるかという問題があります。いま、ある消費者の所得が増加したと仮定してみましょう。この消費者の消費パターンはどのように変化するのでしょうか。これを予算制約線と無差別曲線の二つを用いて分析してみましょう。

図6-1は、所得が増大したとき、予算制約線がどのように変化するかを示したものです。ただし、価格は変化しないものと考えます。所得の増大によって、予算制約線は、AB の位置から $A'B'$ の位置へ移動します。たとえば所得が2倍になれば、一定の価格のもとでは2倍の消費が可能です。したがって、予算制約線は原点から見て、右上方の2倍の位置にシフトするはずです。一般に、所得が増加すれば予算制約線が右上方へシフトします。

この点は式の上からも確認できます。予算制約線は

$$p_1 C_1 + p_2 C_2 = Y$$

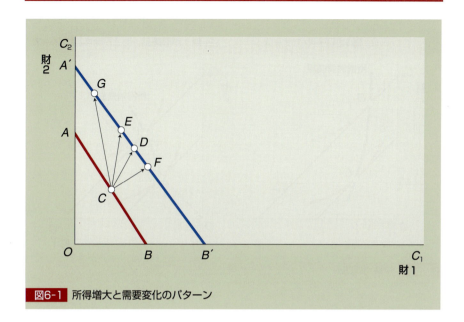

図6-1 所得増大と需要変化のパターン

という条件を満たす消費量 C_1 と C_2 の組み合わせですから、Y が増大すれば予算制約線は所得の増大分だけ平行移動します。

このような所得の増大とそれにともなう予算制約線の移動によって、消費点はどこに移動するのでしょうか。所得の増加前には C 点の消費点があったとしてみましょう。図6-1には、C から D、E、F、G への4通りの動きが示してあります。所得が増加して予算制約線が右上方向にシフトしていったとき、消費者がどのように消費量（需要量）を増やしていくかは、無差別曲線の形に依存します。

図6-2には、図6-1の変化に対応した動きが、無差別曲線を書き加えた形で示してあります。図6-2のそれぞれの図には、所得が増加していくのに伴い二つの財の需要がどのように変化していくかが、曲線 CG、CE によって示されています。このような曲線を所得消費曲線と呼びます。以下では、これらの動きについてもう少しくわしく見てみましょう。

下級財と正常財

所得の増加によって消費点が C から G へ移動するなら、所得の増加の結果、財1の消費量はかえって減少していることになります。このようなとき、財1

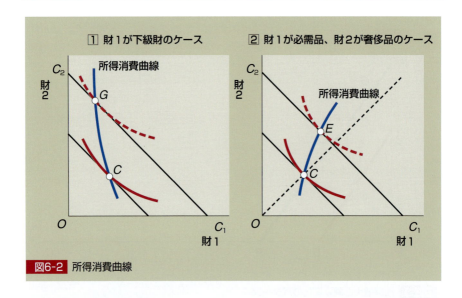

図6-2 所得消費曲線

を下級財（劣等財）と呼びます。下級財の例はたくさんあります。たとえば、学生街の安い食堂の料理は、貧乏な学生の貴重な栄養源となっていますが、このような食堂に頻繁に通っていた学生も、もし高い賃金のアルバイトが見つかれば、前ほどはその食堂に足を運ばなくなるでしょう。もしそうなれば、この食堂の料理は下級財ということになります。また、安物の衣類なども下級財であるといってよいかもしれません。

　下級財の例をいろいろ考えることはできますが、ほとんどの財は下級財ではないといってもよいでしょう。一般的には、所得が増加すれば、多くの財の消費も増えるからです。所得とともに消費が増える財を正常財あるいは上級財と呼びます。

奢侈品と必需品

　上級財でも、消費が所得にどれだけ大きく反応するかでいくつかのケースに分けることができます。図6-2の図②のように、所得の増加によって消費点が点Cから点Eに移る場合について考えてみましょう。この場合には、どちらの財の消費も増えています。しかし、財2に比べて財1の消費の増え方が小さくなっています。その結果、所得の増加後のほうが、財1に対する支出比率（総支出のうち財1に支出される比率）が小さくなっていることが読み取る

と思います。

このようなことが起こるのは、財1が必需品、財2が奢侈品的な性格を備えているからです。必需品の例としては、コメのようなものを考えればよいでしょう。コメは日本人の食生活に欠かせないものですが、その消費量には物理的限界があります。したがって、所得が増えてもコメに対する支出額はそれほど増えないでしょう。必需品とは、所得が増加してもそれほど消費量が増えない財であると考えればよいでしょう。

これに対して、奢侈品の例としては娯楽（旅行、コンサートなど）や高級衣料などをあげることができます。これらの商品に対する支出は、所得の増大とともに逓増的に増加していくと考えられます。

エンゲル係数の基礎にあるのは、食料が必需品であるという考え方です。もし食料が必需品であったなら、所得水準が高くなるほど総支出に占める食料品に対する支出の割合は小さくなるでしょう。つまり、所得の高い家計や国ほどエンゲル係数は小さくなると考えられるのです。

もし財2が必需品であるなら、所得の増大によって消費点はCからFの方向に移動するでしょう（図6-1）。どちらの財も極端な必需品や奢侈品でなければ、消費点の動きはCからDのようなものになります。

需要の所得弾力性

以上で述べたような消費の所得変化に対する反応は、図6-3のような所得と消費量（需要量）の関係として表わすことができます。この図の横軸には所得の水準が、縦軸にはそれぞれの財の需要量（消費量）がとってあります。この図には、奢侈品と必需品の二つのタイプの正常財と、下級財を比較した形で描いてあります。

これまでの説明から明らかなように、正常財の場合には所得の増大に伴い消費量も増大しますので、グラフは右上がりになります。これに対し、下級財の場合には所得の増大に伴い消費量は減少しますので、グラフは右下がりになっています。奢侈品と必需品の違いは、グラフの傾き（所得の増大に対する消費量の反応の程度）に現われます。必需品の場合には、所得が変化しても消費量はあまり反応しませんので、グラフの傾きはなだらかになります。これに対し奢侈品の場合には、グラフの傾きが急になります。

図6-3に示したことは、需要の所得弾力性と呼ばれる概念によって数値化

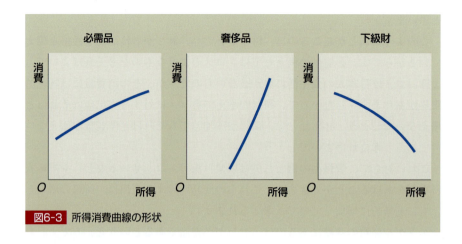

図6-3 所得消費曲線の形状

できます。需要の所得弾力性は、

$$需要の所得弾力性 = \frac{需要量の変化率}{所得の変化率} = \frac{\frac{\Delta C_1}{C_1}}{\frac{\Delta Y}{Y}}$$

と定義されます。ただしここでは財1の需要の所得弾力性を示しましたが、財2についても同様に定義することができます。

　需要の価格弾力性と同じように、需要の所得弾力性は、需要量が所得に対してどれだけ敏感に反応するかを数値で表わしたものです。正常財の場合は、この弾力性は正の値をとりますが、下級財の場合には負の値となります。また、必需品の場合には弾力性は1よりも小さな正の値をとりますが、奢侈品の場合は1よりも大きくなります。

　需要の所得弾力性の値は、1が重要な分岐点となります。需要の所得弾力性が1である場合には、需要は所得と同じ率で変化します。たとえば所得が10％増加すれば、需要も10％増加します。この場合には、この財への支出シェア（所得のうちこの財の購入に支払う金額の割合）は、所得に依存せず一定の値をとります。

　しかし、必需品のように需要の所得弾力性が1よりも小さいと、所得が増えていったとき、需要の増加率は所得の増加率よりも小さくなります。したがって、所得が高くなるほど、その財に対する支出シェアは小さくなっていきます。この章の冒頭に述べたエンゲル係数は食料品に対する支出シェアのことで

す。食料品が必需品であるなら、需要の所得弾力性は1より小さいはずです。したがって、所得の水準が高い家計ほど、食料品への支出シェアは小さくなります。なお、奢侈品の場合には、所得が増大していくほど、支出シェアは大きくなります。

II　価格の変化と需要

価格変化と予算制約線

つぎに価格が変化したときに消費パターンがどのように変化するか考察しましょう。価格が変化したとき、予算制約線はどのように変化するのでしょうか。2財の場合で考えてみましょう。予算制約線は式の形で表わすと

$$p_1 C_1 + p_2 C_2 = Y$$

ですので、財1の価格 p_1 が変化しても、財2の価格 p_2 が変化しても、予算制約線の位置は変化します。図6-4はいろいろな価格変化と予算制約線のシフトの仕方を比較したものです。

まず、二つの財の価格が同じ比率で変化した場合について考えてみましょう。かりに、価格 p_1 と p_2 がともに半分になったとしてみましょう。そのとき、予算制約線の位置は、図6-4の図①にも描かれているように、原点から見て2倍の位置の右上方へシフトします。つまり、価格の低下前と比べて、二つの財を倍購入できるようになったわけです。

二つの財の価格がともに半分になったということは、価格が変化しないまま所得が倍になったことと同じことなのです。つまり、価格の低下は実質的な所得の増加となっています。このようにすべての財の価格が同じ率だけ変化する場合には、実質的に影響は所得変化と同じであり、前節と同じように分析することができます。

一方の財の価格しか変化しなかったり、いろいろな財の価格の変化の比率が異なるときには、状況はもう少し複雑です。図6-4の図②には、財1の価格だけが低下した場合、図③には財2の価格だけが低下した場合の予算制約線の動きが描いてあります。財1の価格が低下した場合についてくわしく説明してみましょう（財1の価格が上昇する場合については同じように分析することができます）。財2の価格と所得は変化しないものとします。財1の価格が低下すると、予算制約線は縦軸の切片を中心として時計と反対の方向に回転しま

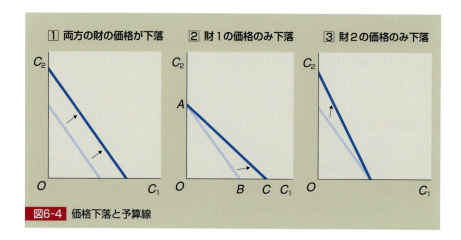

図6-4 価格下落と予算線

す。

　これは、予算制約線の式の形を見れば容易に確認できることですが、もう少し直感的な説明をしてみましょう。線分 AB が価格下落前の予算制約線で、線分 AC が価格下落後の予算制約線です。財1の価格が低下した分だけ、財1が買いやすくなり、予算制約線は水平方向に原点に対して拡大しています。財2の価格は変化していませんので、縦軸方向には変化はありません。

　予算制約線が時計と反対方向に回転していますので、予算制約線の傾きは価格低下後なだらかになっています。予算制約線の傾きは二つの財の相対価格を表わしていますので、財1の価格低下によって相対価格（価格比）p_1/p_2 が小さくなれば、予算制約線の傾きもなだらかになります。

価格変化と消費点のシフト：相対価格の変化と絶対価格の変化

　このような財1の価格下落によって、財1と財2の消費量はどのように変化するのでしょうか。そのためには、図に無差別曲線を重ねて描かなければなりません。図6-5を用いて考えてみましょう。どちらの図においても、財1の価格下落によって財1の需要は増加していますが、財2の需要量は、ケース①では減少していますが、ケース②では増加しています。したがって、価格変化が消費量に及ぼす影響を調べるためには、もう少し分析に工夫が必要であることがわかります。以下で説明する所得効果と代替効果の考え方は、そのためのものです。

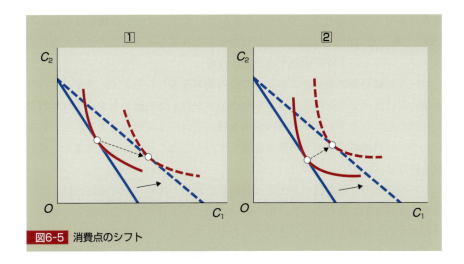

図6-5 消費点のシフト

　図6-4で財1の価格だけ下落した図②と、両方の財の価格が同率だけ減少した図①を比べてみてください。この二つには共通性があります。どちらの場合にも、予算制約線が右上方にシフトしています。これはすでに説明したように、価格の下落は実質所得の上昇を意味するからです。財1の価格のみが低下した図②の場合には、このような変化のほかに、予算制約線が時計と反対方向に回転するという変化があります。これは財1の価格が財2に比べて相対的に低くなっていることを意味します。

　財1の価格の低下が財2の需要に及ぼす影響が確定しないのは、実は価格変化が上の二つの効果を複合したものになっているからです。財1の価格低下は実質的な所得上昇という効果と、二つの財の間の相対価格の変化という二つの側面を持っているのです。

　実質的な所得が増加したということは、財2の需要を増やす要因となります。財2が正常財であるかぎり、実質所得の増加は需要の拡大要因となるからです。一方、財2の相対価格が上昇することは、財2の需要の減少要因となります。財2が相対的に高くなったことにより、需要の一部が財1にシフトするからです。

価格の変化と消費パターンの変化：数値例

　以上で説明したことを、単純な数値例で考えてみましょう。太郎は非常に炭

酸飲料が好きで、毎月コーラを100本飲んでいます。コーラの価格は当初1本150円であったのが1本100円に下がったとしてみましょう。このとき太郎の消費パターンはどのように変化するでしょうか。

コーラの価格が下がったことは、二つの効果をもたらします。まず、コーラが他の財に比べて相対的に安くなったのですから、他の財からコーラへの消費の代替が起こります。サイダーの消費を控えてコーラに切り替えるかもしれませんし、炭酸飲料以外の財の消費を減らすかもしれません。この効果を代替効果と呼びます。

コーラの価格と他の財（たとえばお酒）の価格の比率（相対価格）は、コーラを1本追加的に飲むために、他の財（お酒）の消費をどれだけ減らさなくてはならないのかを表わしています。したがって、コーラの価格が下がれば、コーラを飲むために犠牲にしなくてはならない他の財の量は少なくなります。この結果、他の財からコーラへの代替が起こります。

価格下落のもう一つの効果は実質的な所得の変化です。1カ月に100本コーラを飲む太郎にとって、50円の値下がりは、5000円（＝50×100）の所得増加と同等の意味を持ちます。この実質的な所得増加により、太郎はコーラの消費も他の財の消費も増やすことができます（ただしここでは下級財はないものと仮定しています）。このように価格変化が実質的に所得変化となって消費パターンに影響を及ぼすことを所得効果と呼びます。

所得効果と代替効果についてもう少し深く理解するためには、所得効果だけ、あるいは代替効果だけしか起こさないような価格変化の例を考えてみたらよいでしょう。

まず、所得効果だけしか起こらない価格の変化の例を考えてみましょう。もしすべての財の価格が同じ割合で下落するなら、所得効果しか働きません。たとえば、すべての価格が20％下落し、所得は変化しなかったとしてみましょう。これは所得の実質20％増加と同じことです。したがって、消費者は下級財を除くすべての財の消費を増加させることでしょう。相対価格は変化していませんから、代替効果は生じていません。

これに対して、代替効果しか起こさない価格変化もあります。一部の財の価格が上昇しているとき、ちょうどそれを補うような形で他の財の価格が低下している場合です。インフレがまったくなくて消費者物価指数が変化していないときでも、個々の財の価格は変化していますが、このような状況は代替効果の

みが働いている場合であると考えてよいでしょう。

　もちろん一般には、価格変化が起これば、代替効果も所得効果も働きます。上の太郎の例でいえば、代替効果も所得効果も太郎のコーラの消費を増やす方向に働きます。本書でもしばしば描いた右下がりの需要曲線は、このような価格と需要量（消費量）の関係を示したものです。価格が下がれば、代替効果と所得効果の両方を通じて需要は増大し、右下がりの需要曲線が描けます。

　一方、他の財に関しては代替効果は消費を減らす方向に、所得効果は消費を増やす方向に働いています。したがって、コーラの価格が低下したとき、他の財の需要が増加するかどうかは、代替効果と所得効果のどちらが強く働くかに依存します。このことは図6-5からも容易に確認できると思います。

価格の変化と需要の変化：一般的なケース

　以上で説明した価格の変化が需要に及ぼす影響を、無差別曲線と予算制約線を用いて、もう少し一般的に分析してみましょう。これまでと同じように、財1の価格が低下したときの需要の変化について分析します。財2の価格と所得には変化はないものと考えます。図6-6は、イギリスの経済学者ヒックスによって提示された価格変化の代替効果と所得効果の分解に関する分析です。

　この図の特徴は、財1の価格低下を、予算制約線ABから予算制約線CDへの動きと、予算制約線CDから予算制約線AFへの動きに分解したことにあります。財1の価格が変化したわけですから、最終的には予算制約線はABの位置からAFの位置へシフトするわけですが、この動きを相対価格の動きと実質所得の動きに分解してみようというのがこの図の目的です。

　予算制約線CDは、このような分析の目的のために引いた仮想的な予算制約線で、この予算制約線の意味を理解することが、まさに価格変化の代替効果と所得効果への分解を理解する鍵になります。

　予算制約線ABからCDへの動きについてもう少しくわしく検討しましょう。二つの予算制約線ABとCDは同じ無差別曲線U_0に接していることがわかります。また、予算制約線CDとAFは傾きが同じになっています。財1の価格が低下したことは、財1の財2に対する相対価格が低くなるという効果と、実質的な所得が増加するという効果に分解されます。予算制約線CDは、このうちの後者の効果を除いた動きを示すためのものです。

　実際には財1の価格だけが低下するわけですが、実質所得を変化させないで

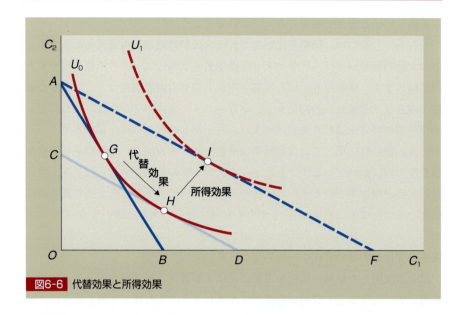

図6-6 代替効果と所得効果

相対価格だけが変化した効果を見るため、財2の価格を引き上げ、財1の価格を下げて、同じ相対価格の変化の状態をつくってやります。その結果が予算制約線 CD です。もちろん、財2の価格を引き上げたのは分析上の目的のためのトリック（便法）です。現実に財2の価格が上昇するわけでありませんが、もし財2の価格が予算制約線を CD の位置に移すように上昇すれば、この消費者は価格変化から実質的な所得の増加の恩恵を何ら受けないことになります。残ったのは相対価格の変化の影響です。——2

このような予算制約線の AB から CD のシフトへの結果、無差別曲線 U_0 に沿って、消費点は点 G から点 H へと変化します。つまり、財1の消費が拡大し、財2の消費が低下するわけです。これは相対価格の変化を反映して、消費が、価格が相対的に高くなった財2から安くなった財1に移ったことを示しています。このように、価格変化のうち、実質所得の変化の効果を抜いた相対価格の変化のみの影響を、代替効果と呼びます。

さて、つぎに、予算制約線 CD から予算制約線 AF へのシフトについて考察

2——財2の価格を分析上引き上げたので、相対価格の動きを同じにするため、予算制約線 AB から予算制約線 CD への財1の価格低下は、実際の財1の価格低下より少なくとってあります。

表6-1 財1の価格下落の効果

	所得効果	代替効果
財1の需要	↑	↑
財2の需要	↑	↓

しましょう。現実に財1の価格が低下すれば、実質所得が増加しているはずです。予算制約線 CD から AF へのシフトは、このような実質所得の増加の影響を示したものです。予算制約線が CD から AF へとシフトすることで、消費点は点 H から点 I まで変化しています。ここでは財1、財2ともに正常財であると考えますので、どちらの財とも消費が拡大しています。このように価格の変化によって引き起こされた実質的な所得の変化による消費の変化への影響を、所得効果と呼びます。

以上の説明では、代替効果と所得効果に分けて説明するために、仮想的な予算制約線 CD を描きましたが、実際に財1の価格が低下した場合には、予算制約線は AB の位置から AF の位置へとシフトします。したがって、現実の消費の変化も代替効果と所得効果を合成した形で現われます。以下で議論するいろいろな例からもわかるように、具体的な問題について分析するときには、代替効果と所得効果に分解して考察することが便利であることが少なくありません。

このように二つの効果に分解することを、この分析に関して先駆的な研究を行なったソビエト（ロシア）の経済学者（統計学者）スルツキーにちなんで、スルツキー分解と呼びます。

以上の議論を理解しやすいように、財1の価格が低下したときの財1と財2の消費に及ぼす影響を、代替効果と所得効果に分けて表6-1にまとめておきました。

代替効果と所得効果の比較

表6-1からわかるように、財1の価格の低下は、代替効果からも所得効果からも、財1の需要を増やす方向に働きます。財1の価格が低下すれば、相対的に安価になった財1に需要が移りますし、価格低下によって実質所得が増加することも、財1の需要増大の要因となります。

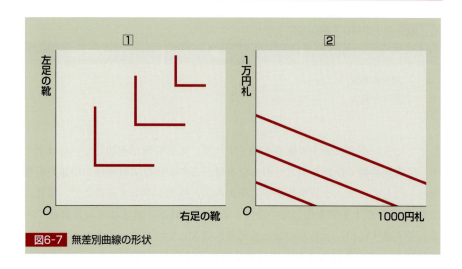

図6-7 無差別曲線の形状

　これに対して、財2の需要に対する影響はそれほど簡単ではありません。代替効果で見れば、相対的に価格の高くなった財2の需要は減少しますが、所得効果から見ると、実質所得の増加によって財2の需要は増大するからです（ここでは財2は正常財とします）。一般的にも、代替効果と所得効果のどちらのほうが強く働くかは、明らかでありません。図6-5で示したように、財1の価格低下によって財2の需要が増大すること（②のケース）もありますし、需要が減少すること（①のケース）もあるからです。

　代替効果と所得効果の大きさを比較するうえで重要な概念となるのが、代替の弾力性です。図6-7はハーシュライファーの教科書で有名になった代替の弾力性に関する例です。左側の図①は、靴の右足と左足の間の無差別曲線が描いてあります。靴の場合には両方揃ってはじめて価値があるわけですので、無差別曲線は図に描いたように、L字形に曲がっているはずです（その理由について考えてみてください）。このような関係にある無差別曲線を、代替の弾力性が小さいといいます。要するに代替の可能性が少ないわけです。

　これに対して、右側に描かれた図②は、1000円札と1万円札の間の無差別曲線です。どの人にとっても、1000円札10枚の価値と1万円札1枚の価値は同じはずです。したがって、両者の無差別曲線は図に描かれているように、直線となるはずです。要するに、両者間の代替性は非常に高いわけです。

　ここでとりあげた二つの例は極端なものですが、より一般的なケースは図6

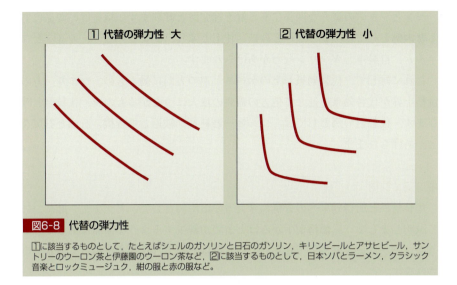

図6-8 代替の弾力性

①に該当するものとして、たとえばシェルのガソリンと日石のガソリン、キリンビールとアサヒビール、サントリーのウーロン茶と伊藤園のウーロン茶など、②に該当するものとして、日本ソバとラーメン、クラシック音楽とロックミュージュク、紺の服と赤の服など。

-8のように描くことができます。図①のケースのほうが、図②のケースよりも代替の弾力性が高くなっています。

たとえば、2つの異なったガソリンスタンドのガソリン、二つの異なった会社のウーロン茶、キリンビールとアサヒビールの間の代替の弾力性は大きいだろうと考えられます。これに対して、日本そばとラーメン、クラシック音楽とロック音楽、紺の服と赤い服などの間の代替の弾力性は相対的に低いといえるかもしれません。

図を描いて検討してもらえば容易にわかることですが、代替の弾力性が大きいほど、代替効果が所得効果にくらべて強く働きます。図6-5でいうと、①のケースのほうが代替の弾力性が大きくなっていることが確認できると思います。

補完財と代替財

以上の例では、一方の財の価格上昇は、代替効果に関するかぎりは、他方の財の需要の増大をもたらしました。しかし、これはつねに正しいとはかぎりません。たとえば、パンの価格が上がったとき、ジャムへの需要はどうなるでしょうか。ジャムは通常パンといっしょに消費されるものですので、パンの価格が上がれば、パンへの需要とともにジャムへの需要も下がると考えられます。

パンとジャムのような関係にある財を補完財と呼びます。補完財の関係にある財の例としては、コーヒーと砂糖、住宅と家具、鉛筆とノート、カメラとフィルム、自動車とガソリンなどがあげられます。

これに対して、代替効果が上のケースと逆の方向に働くもの、つまり一方の価格上昇が代替効果を通じて他方の需要の増大につながるものを、代替財と呼びます。代替財の例としては、コーヒーと紅茶、鉄道と飛行機、石油と石炭などがあげられます。

ギッフェン財

代替効果と所得効果への分解の考え方の応用例として、ギッフェン財について説明しましょう。価格が下がるほど需要が減少するような商品はあるでしょうか。ギッフェン財として知られている財はこのような性質を持っているといわれます。

ギッフェン財とは、下級財のなかでもとくに所得効果の強く働く商品のことです。具体的な例として、貧乏な学生にとっての学生食堂の定食を例にあげて説明してみましょう。貧乏な学生が、生活費のほとんどを価格の非常に安い学生食堂の定食に使っていたとしてみましょう。もしこの定食の価格が下がったら、この学生の定食の消費回数は増えるでしょうか。

学生にとって、この定食は下級財であるとします。つまり、お金がないから仕方なく食べているわけで、もし収入が上がれば別のものを食べたいと考えているとします。かりにこの定食が300円で、この学生は月に25回この定食を食べているとします。

定食の価格が250円に下がれば、学生にとって1回当たり50円節約できることになります。25回であれば、1250円節約できるわけです。このような価格低下は学生にとって実質所得の増加と同じことですので、学生は下級財である定食を食べる回数を何回か減らして、もう少し高いものを注文するかもしれません。このようなとき、この定食はギッフェン財であるということになります。逆に定食の価格が上昇すれば、需要が拡大することも確認できると思います。

このようにギッフェン財とは、下級財でかつ所得効果が代替効果よりも強く働くような財のことをいいます。下級財であっても代替効果のほうが強く働くなら、価格が低下したとき需要は増加するはずです（この点の確認は読者にまかせます）。

[Column] 現実の経済を見る眼
ビジネスチャンスは補完関係にあり

　この章で説明した代替と補完という概念は、現実のビジネスの問題を考えるうえでも重要なキーワードになります。インターネットとビジネスの関係を例に考えてみましょう。

　少し前に、インターネットが便利になると店はいらなくなるという議論が流行しました。店までわざわざ買い物に行かなくても、インターネットで注文すればすむからというような考え方です。この発想の背後には、インターネットの機能と店の機能は代替的なもの（とってかわられるもの）というような前提があります。

　しかし、現実はそうではないようです。あるコンビニエンスストアがインターネットを通じた書籍の販売に参入しました。インターネットで注文した書籍を宅配業者に家まで持ってきてもらうこともできるし、近くのコンビニを指定してそこにとりにいくこともできるというサービスです。かなり多くの客はコンビニに書籍をとりにいくサービスを選んだそうです。

　たしかに宅配業者にもってきてもらうのには不便さがあります。いつ来るかわからないのに、留守をすればまた連絡しなくてはいけない。代金をクレジットカードで払うのか、届けてくれた業者に払うのか、いずれにしろ煩わしい。それなら、24時間いつでも開いている近くのコンビニに行って現金で支払ったほうが簡単であると考えた消費者も多いのでしょう。

　ようするに24時間開いている店の機能は、インターネットの機能とは補完的であったのです。インターネットが便利になるほど、商品をピックアップしたり、サービスを受けたりする場所としてのコンビニの店舗の役割が重要になるのです。最近はコンビニもこうしたことを意識して、積極的にインターネットビジネスを展開するとともに、店のことを店舗というよりはステーションと呼ぶようになってきました。

　インターネットのような新しい技術が出てきたとき、それが既存のビジネスにどのような影響を及ぼすのかは、インターネットと既存ビジネスが代替関係にあるのか補完関係にあるのかによって違ってきます。ビジネスチャンスは補完関係にあるのです。インターネットが普及するほど、インターネットにできない機能を持っているビジネスは、インターネットと結び付くことによって補完関係をフルに発揮できるのです。

現実の世界でギッフェン財の例はほとんど存在しないといってよいのかもしれませんが、所得効果、代替効果、下級財などの概念の意味を確認するうえでは、ギッフェン財はよい例となっています。

留保需要

大根に対する需要について考えてみてください。大根の価格が高くなったとき、家計の大根の消費量は増加するでしょうか。すでに議論したビールの場合と同じように考えれば、大根の消費量は減少すると考えてよいでしょう。

代替効果について見ると、相対的に価格の高くなった大根から他の財に消費の代替が起こり、大根の消費量は減少すると考えられます。また所得効果について見ると大根の価格上昇の結果、家計の所得は実質的に減少するので、やはり大根の消費は減ると考えられます（もっとも、家計の総支出に占める大根の支出の割合は小さいので、所得効果はそれほど大きくないと思われます）。結局この場合、代替効果と所得効果は同じ方向に働いています。

もし読者のみなさんのなかに農家の方あるいは農家出身の方がいらしたら、上の議論に異論をはさむのではないでしょうか。大根を出荷している農家にとって、大根の価格の上昇は実質的な所得の増加となります。農家にとっては、大根の価格上昇が大根の消費量に及ぼす代替効果と所得効果は、逆の方向に働きます。

大根の価格が相対的に高くなったのですから、代替効果は大根の消費量を減少させる方向に働きます。しかし、農家にとって大根の価格が高くなることは所得が増加することを意味するので、所得効果は大根の消費量を増加させる方向に働きます。最終的に農家の大根の消費量が増加するかどうかは、どちらの効果がより強く働くかに依存します。所得の多くを大根の栽培に依存している農家であれば、大根の価格の上昇の結果、かえって大根を以前より多く消費するかもしれません。

農家の大根に対する需要パターンが非農家のそれと違う理由は、いうまでもなく農家が大根の供給者の立場にあるのに対して、非農家は需要者の立場にあることによります。どちらの立場にあるかによって、大根の価格上昇はその家計の実質的な所得に逆の影響を及ぼします。農家のような立場に立って大根を需要する家計の需要を留保需要と呼びます。生産した大根のすべてを市場に出すのではなく、一部をみずからの手元において消費するのでこう呼ぶのです。

留保需要の場合の所得効果は通常の場合の所得効果と逆に働きますので、取り扱いに注意が必要です。本章と第15章でとりあげる労働の供給、貯蓄行動など、消費者行動の理論の重要な応用例のいくつかは留保需要のケースになっています。

留保需要の応用例：地価と宅地供給

留保需要の例として、地価と宅地供給の関係について考えてみましょう。地価の問題について正確に理解するためには、投機行動などについて厳密に考える必要があります。しかしここではそこまで踏み込まないで、あくまでも消費者行動理論の応用問題として単純化して分析します。

さて、自分の土地を売って生活費の一部にしている家計（都市近郊の農家など）を考えてみましょう。地価が高くなったとき、このような家計が供給する宅地の量は増加するのでしょうか。ただし、将来の値上がりないし値崩れを見越しての投機的行動について考えないことにします。

このような家計は土地を留保需要する立場にあります。自分の持っている土地の一部を売り、残りを野菜の栽培などの目的に使っているのです。もし地価が上がれば、代替効果は宅地供給を増加させる方向に働きます。土地に比べて他の財の価格が相対的に安くなったのですから、この家計は土地をより多く供給して他の財をより多く消費しようとするでしょう。

では、所得効果はどのように働くのでしょうか。この家計は土地を売る立場にあるのですから、地価の上昇はこの家計の所得を実質的に増加させる方向に働きます。したがって、この家計は地価が上がる前よりも少ない土地を供給するだけで同じだけの所得を得ることができます。つまり、この家計の土地に対する留保需要は、地価の上昇の所得効果の結果、かえって増加するのです。

地価の上昇によりこの家計の宅地供給が増加するか否かは、所得効果と代替効果のどちらが大きく働くかに依存することになります。もし所得効果のほうが強く働くなら、地価の上昇は宅地供給を減少させてしまいます。土地を供給できる家計の土地供給の目的が一定の所得を得るためであれば、そのときには所得効果のほうが強く働き、土地の供給はかえって減少してしまいます。

III　労働供給の理論

賃金と労働供給

　第II節の最後で説明した留保需要のもう一つの重要な例が労働供給の問題です。賃金が高くなったとき、人々は以前より多く働こうとするのでしょうか。会社に正社員として雇われている人の場合には、副業を持たないかぎり自分の意思で労働時間を増やしたり減らしたりすることはできませんので、ここでは主婦がパートとして働きに出る場合を考えてください。

　主婦がパートに働きに出る目的が家計を支えることにあるとしましょう。主婦は、どの程度の時間をパートで働くかを決めるにあたって、パートから得られる所得とパートで働くことで奪われる自由な時間や家事のための時間がどのくらいであるかを考えます。もしパートの賃金が上がったら、主婦は前よりも長く働こうとするでしょうか。

　代替効果からは、より長い時間働こうとするでしょう。賃金が上がることで、それだけ働くことがより有利になるからです。パートの賃金は、働く時間を減らして、より多くの時間を余暇や家事に使うことの機会費用になっています。この場合、機会費用とは、余暇や家事のための時間をより多くとることで、そのためにパートで働く時間が減り、働けば得られたであろうが実際には働かなかったため得られなかった賃金のことです。賃金が上昇してパートで働かないことの機会費用が大きくなれば、代替効果から労働時間は増加するでしょう。

　これに対して、所得効果は労働時間を短縮するように働きます。賃金が高くなれば、少ない時間で働くことで同じだけの所得を稼ぐことができます。つまり、この家計の所得は実質的に増加します。主婦は時間の一部だけをパートとして働き、残りを自分の目的や家事のために使っているという意味で、労働を留保需要しています。したがって労働の価格である賃金の上昇は、家計の実質的な所得を増加させるのです。実質的な所得の増大の結果、主婦はより多くの時間を余暇や家事に使おうとするでしょう。余暇や家事が下級財でないかぎり、これらに使う時間は増加するはずです。したがって、賃金上昇の所得効果は余暇などに使う時間を増加させ、パートに出る時間を減少させます。

　このように、賃金が上昇したとき、主婦のパート労働時間が上昇するか減少

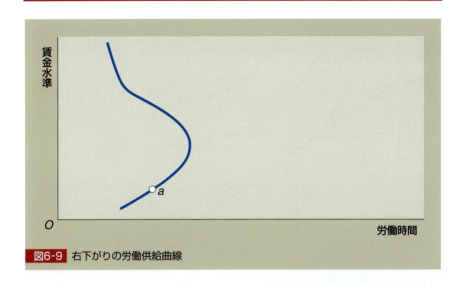

図6-9 右下がりの労働供給曲線

するかは、いちがいには判別できません。代替効果と所得効果が逆の方向に働くからです。この主婦が賃金の上昇に敏感に反応し、賃金が上がったのだから少しでもたくさん稼ごうというタイプであるならば代替効果のほうが大きいので、賃金上昇は労働時間を増加させるでしょう。逆に、パートで働く目的がある一定の所得を稼ぐことであり、賃金が上がってもそれ以上稼がないで余暇や家事に時間を使いたいというタイプの主婦であるなら、所得効果のほうが強く働いて、賃金上昇の結果、労働時間はかえって短くなるでしょう。

途上国での労働供給

　賃金が上がったとき、労働時間が増加するかどうかは、経済発展にからんでしばしば問題にされます。発展途上国では、しばしば図6-9に描いたような労働供給曲線が見られるといわれます。つまり経済が多少とも豊かになり賃金が上昇すると、人々は働かなくなるのです。図にあるように労働の供給曲線が一部右下がりになっているのは、このような行動を表わしています。

　このような現象は、すでに述べた考え方を使ってつぎのように説明できます。ほんとうに貧しくて賃金が極端に低いときは、人々は食べていくために最大限働こうとします。もちろん余暇をぜいたくに使おうということなど考えられません。これが図6-9のaのような点で起こっていることです。

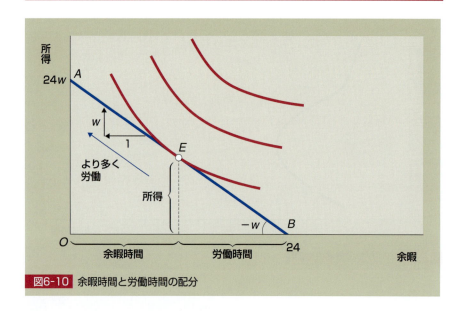

図6-10 余暇時間と労働時間の配分

　ここで少し賃金が上がってくると人々はどのように反応するでしょうか。賃金が上がったのでもっと働くというようには反応しません。むしろ賃金が高くなった分、前よりも少ない労働時間で同じだけの所得を稼ぐことができるようになるので、少し自分の時間を持つ余裕が出てきます。その結果、労働時間はかえって減少します。

労働供給に関する予算制約線

　以上で説明したことを、無差別曲線と予算制約線を用いて、もう少しきちんと分析してみましょう。図6-10の横軸には余暇の時間が、縦軸には所得がとられています。余暇の時間とは、人々の時間のうち労働に使う時間を除いたものです（したがって睡眠時間なども入っています）。所得の背景には、それによって可能になる消費があると考えてください。通常の財の場合と同じように、余暇と所得の間にも、図に描いたような無差別曲線が描けると考えます。つまり所得が多いほど、また余暇に利用できる時間が多いほど、効用も高くなるわけです。

　では、この図に予算制約線はどのように描けるのでしょうか。図にはもっとも単純なケースについて予算制約線を描いてあります。この人はすべての所得

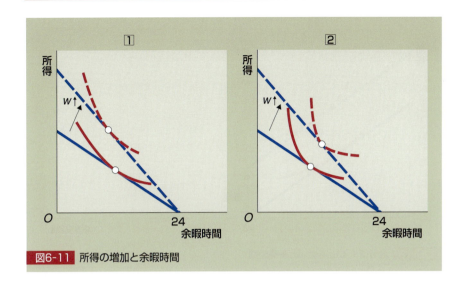

図6-11 所得の増加と余暇時間

を賃金に依存しています（後で、賃金以外の所得がある場合について考察します）。もしまったく労働をしなければ所得はゼロということになります。図の点 B はこのような状態を表わしています。1日は24時間ですので、まったく労働をしなければ24時間を余暇に使えるわけです。そのかわり、所得はゼロです。

さて、1時間当たりの賃金を w としてみましょう。すると余暇を1時間減らす（つまり1時間労働をする）なら、所得は w となります。2時間なら $2w$ の所得、3時間なら $3w$ の所得となります。このように余暇の時間を減らしていって労働にまわすほど、この人は予算制約線 AB 上を左上に向かって動いていくことになります。1時間の余暇を犠牲にすることで w の所得が得られますので、予算制約線の傾きは $-w$ となっています。予算制約線 AB はこのような余暇と所得の代替関係を表わしています。

この消費者が最終的に選ぶ点は、予算制約線が無差別曲線と接する点です。その点で効用が最大になるからです。いまその点が E であるとすると、この消費者の労働時間と所得は図に示したようになります。

さて、ここで賃金が上昇したとします。このような賃金の上昇は、図では予算線の時計方向の回転によって表わされます。予算線の傾きが賃金になっているので、賃金が上昇すれば予算線の傾きも急になるわけです。このような予算

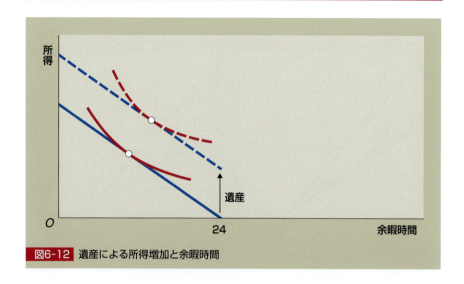

図6-12 遺産による所得増加と余暇時間

線の変化によって、最終的な効用最大点はどのように変化するのでしょうか。所得が増加する（つまり図の縦軸方向で見れば上へ移動する）ということはわかりますが、余暇の需要が増大するかどうかは明らかではありません。

図6-11には、二つの場合が描いてあります。①のケースでは賃金上昇の結果、余暇の需要は減少しています。つまり、賃金の上昇によって労働時間が増加しています。これに対して②のケースでは、賃金の上昇によって余暇の需要はかえって増加しています。したがって、労働時間は賃金上昇の結果、かえって減少しているのです。このように、賃金が上昇したからといって、労働時間が増加するとはかぎらないのは、代替効果と所得効果が逆の方向に働くからです。

非労働所得の増加と労働供給

以上では、賃金所得以外の所得はないという前提で議論しました。つぎに、賃金所得以外の非労働所得があった場合には、これまでの議論がどのように修正されるか考えてみましょう。

いまこの労働者に親から遺産が入ったとしてみましょう。まったく労働をしなくても手に入る所得です。この場合、この人の予算制約線は、図6-12に描いたように、遺産の分だけ上方にシフトします（正確にはこの図は1日単位なので、遺産を1日分に分けた額がこの予算制約線のシフトの幅になります）。

このように非労働所得の増加は、通常の消費理論における所得の増加と同じような効果をもたらします。もしこの人にとって余暇も消費（所得）も正常財であるなら、所得（財の消費）も余暇の消費も増加します。図でいえば、非労働所得の増加によって予算線が右上方に平行シフトしていくことで、消費点も右上方に移動していくのです。

労働供給量（労働時間）は24時間から余暇の時間を引いたものとなっていますので、余暇の消費が増えるということは、労働時間は減少していることになります。ようするに、非労働所得が増えれば以前ほど働かなくてよいわけです。

家計所得とパート労働

これまでの議論を読んで、人々が賃金の変化に対して労働時間を調整するということが現実とだいぶ違うと抵抗を感じた読者もいるかもしれません。現実には企業で働いている労働者は労働時間が決められており、自分で労働時間を調整することはできない場合が少なくないからです。このような現実の制約を考慮に入れると、これまでの議論を多少修正しなくてはなりません。ここで労働供給量を調整する主体が個人でなく、家計（家族）であると考えなければなりません。

いまある家計に夫と妻が働き手としており、夫は労働時間が決められているサラリーマンであるとします。しかし妻はパートタイマーとして働くので、労働時間を調整することができるとします（家庭内での労働については賃金が払われないので、それは家庭内の余暇の消費に換算されます）。

図6-13はこのような家計の予算線を描いたものです。ここでは全体の労働の持ち時間は2人分の48時間です。かりに夫が1日8時間の労働を強制されるとするなら、予算線は8時間のところで図に描いたように屈折します。ようするに夫が現在の仕事をつづけるかぎり8時間の余暇を犠牲にして、それに応じた賃金（図に示してあります）を受け取ります（単純化のため、非労働所得はないものと仮定しています）。

家計にとっては、そこからさらに所得が必要であるなら、妻がパート労働に出るか、夫が副業をもつしかありません。これらについては時間の調整がきくので、図の点Cより左上、つまりパートや副業で収入を稼ぐところでは予算線はこれまでの議論のように左上がりの直線になっています。

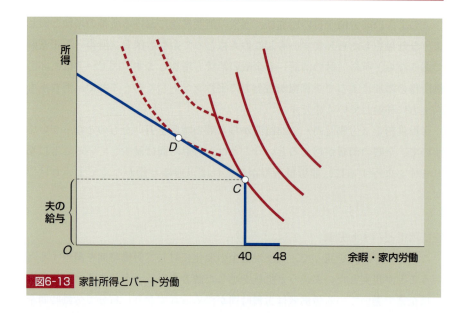
図6-13 家計所得とパート労働

このように、一定時間働くことを強要されるサラリーマンの家計の場合は、予算制約線に多少の変更はありますが、その本質に変化はありません。参考のため図には二つのタイプの無差別曲線が描いてあります。赤色の実線で示したような無差別曲線をもつ家計の場合には、夫の給料だけで生活し、パートや副業には手を出しません。この場合は、図にあるように効用最大点（点 C）は予算線の屈折点となります。これに対して、点線の無差別曲線の場合には、パート労働や副業を行なうところで予算線と無差別曲線が接しています（点 D）。

【演習問題】

1. 以下の記述の真偽について検討しなさい。
   (1) その財の消費量が大きいほど、価格変化の所得効果は強く働く。
   (2) 需要が所得変化に反応しない財ほど、所得の増加とともに支出シェアが減っていく。
   (3) 代替効果があまり強く働くと、賃金上昇の結果、かえって労働時間は低下する。
2. 価格上昇の結果、かえって需要が増大する財を「ギッフェン財」という。これはどのような財であるか検討しなさい。ただし、下級財、代替効果、所得効果という概念が鍵となる。

[*Column*] ステップアップ経済学
家計生産の理論

　この章では消費者として、一人ひとりの個人を想定して説明しています。しかし、独身世帯は別として、多くの人は家族のメンバーとして行動しており、消費者行動も家族単位で分析したほうが好ましい場合が少なくありません。

　たとえば、夫は仕事に出るが、妻は家庭の仕事をし、子どもは学校に行っているというような家族の場合、家計全体で一つの予算制約が働いているはずです。そしてこの場合、妻の行動は家庭のなかの活動であるため見えにくいのですが、経済活動の重要な一翼を担っているのです。

　実は妻が行なっている活動は消費活動よりも生産活動の部分が大きいのです。家事や育児のような活動を家計生産活動と呼んで、これを明示的に分析することで、消費活動や主婦の勤労行動（パートなど）について分析する研究成果が多く出されています。家事や育児もその一部を外食や託児所の利用で他にゆだねることもできます。家事や育児のうち家庭のなかで行なうものは家計生産となりますが、外の施設を利用すれば消費活動になるわけです。つまり家計生産と消費活動は密接なかかわりを持っています。

　日本の労働市場は、主婦層によるパート労働の割合が大きいことに一つの特徴があります。パート労働は家計生産を犠牲にして主婦が外に出ていくことを意味します。パートにかぎらず主婦が外に働きに出れば、家事や育児のサービスを消費として外から購入せざるをえません。労働市場の動きと消費活動の間にも密接な関係が見られます。

　労働経済学という分野の研究者を中心にこうした家計生産の理論が展開されており、いまやこうした家計の活動の分析は消費者行動理論を包含する形での重要な研究分野となっています。出産、育児、介護、年金、教育など人生設計に決定的に重要な影響を及ぼす活動は、一連の家計生産活動のなかで分析することが可能となります。育児や教育など、全人格的な人間の活動が経済学ですべて分析できるものではないことはいうまでもありません。ただ、こうした問題について経済学的な視点から分析をすることの重要性が増していることも事実なのです。すべての社会活動は何らかの意味で経済的な側面を持っているのですから。

3. 労働を供給することで所得を稼いでいる消費者を考える。労働と所得の間の無差別曲線を描いて、以下の設問に答えなさい。ただし、この消費者は労働供給量を細かく調整できるものと考える。

(1) 賃金に所得税が課されたとき、この消費者の直面する予算制約線はどのように変化するだろうか。

(2) そのような所得税の賦課によって、この消費者の労働時間は増加するだろうか、それとも減少するだろうか。代替効果と所得効果に分けて考えなさい。

(3)＊賃金に所得税が課されるかわりに、財の消費にすべて一律の税が課された場合には、この消費者の予算制約線はどうなるであろうか。無差別曲線を描いたときの所得を消費に置きかえて考えてみなさい。

7

生産と費用

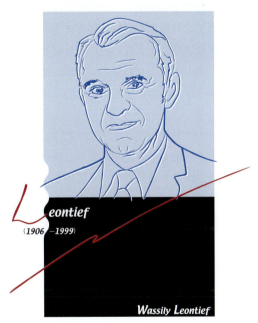

レオンティエフ（Wassily W. Leontief：1906-1999）投入産出表（インプット・アウトプット・テーブル）を構築したことで知られている。多くの政府は投入産出表を公表しているが、この表を利用することで、産業間の相互依存関係について数量的な把握をすることができる。現代経済の分析には投入産出表は欠かすことができない。

パート1で需要曲線の背後には消費者の行動があり、供給曲線の背後には企業や生産者の費用の構造があるということを説明しました。この章と前の二つの章の関係も同じで、前の二つの章で消費者行動を分析しましたが、この章では企業の生産構造や費用について説明します。

パート1で学んだ以上のことがこの章で出てくるでしょうか。

ここで新たに学ぶもっとも重要な考え方は、生産関数という概念です。生産関数は経済学のあらゆる分野で使われる大変重要な分析手法ですが、この章でそれについてしっかり学んでほしいと思います。

生産関数とは何ですか。

企業による生産活動やその費用について考えるには、資本や労働など生産要素と呼ばれるものが重要な意味を持ちます。社会には限られた量の資本や労働しかありませんので、それをいろいろな財やサービスの生産にどのように振り分けるのか、ということが経済の大問題となります。その生産要素と生産物の技術的な関係を示したのが生産関数なのです。

技術的な関係とは？

ようするに、資本や労働などの生産要素をどれだけ投入すれば、どれだけの財やサービスが出てくるのかという関係を示したものが生産関数です。くわしくは本文を読んでもらいたいのですが、この生産関数は経済のなかの生産や企業行動を分析するうえで基礎となるものです。

企業といっても、メーカーもあれば、小売業もありますね。ディズニーランドのようなエンターテイメント企業もありますが。

それぞれの財やサービス、あるいはそれぞれの企業に、それぞれの生産関数があると考えてください。生産関数の具体的な形状にまで立ち入る必要はありません。重要なことは、資本や労働などの生産要素（投入物）がなければ何も生産できないということ、そして生産要素の量には限りがあるということです。この関係を明確にするのが生産関数なのです。そして、その限られた生産要素をどの産業にどれだけ振り分けるか、つまり何をどれだけ生産するのかを決めること、これが資源配分なのです。

どの産業にどれだけの生産要素を振り分けるのかは、だれが決めるのでしょうか？　政府ですか？

独裁国家や社会主義国家なら、政府がそういうことを決めるかもしれません。しかし、日本のような市場経済の社会では、企業が生産要素をとりあうことで、資源配分が決まるのです。企業は利益をあげようとして労働や資本を確保しようとするでしょうし、賃金などの生産要素の価格がそうした企業行動に影響を及ぼすのです。そうした動きを分析するうえでも、この章で説明することは有益なはずです。

　この章では、生産や費用の構造について分析します。第5章と第6章で説明した消費者行動理論は効用最大化という考え方に基づいていますが、この章で説明する供給行動の理論は企業による利潤最大化という考え方に基づいています。利潤最大化を分析するため、まず生産関数や費用という考え方について説明が行なわれます。生産関数とは、複数の生産投入物から生産物を生み出すプロセスを単純化したものですが、この関数を分析するために、等費用曲線や等量曲線という概念を導入します。費用を説明したあと、収入という概念について説明し、それで利潤最大化行動について考えます。そしてそこから導出されるのが供給曲線となります。

I　生産関数としてとらえた企業

企業とは

　現代経済を理解するためには、企業活動を無視することはできません。「企業とは何だろうか」、「企業はどのような行動原理に基づいて行動しているのだろうか」といった問題に、満足のいく解答を提示することは容易ではありません。

　企業にはさまざまな側面があります。まず、労働、資本、原材料などを投入して生産物を生み出す生産体としての側面、生産した商品に価格をつけ、流通市場に流す供給主体としての側面があります。企業の資金調達サイドの行動も無視できません。生産や研究開発などのための資金を調達するために、企業は株式や債券を発行したり、銀行から融資を受けたりしますが、このような企業

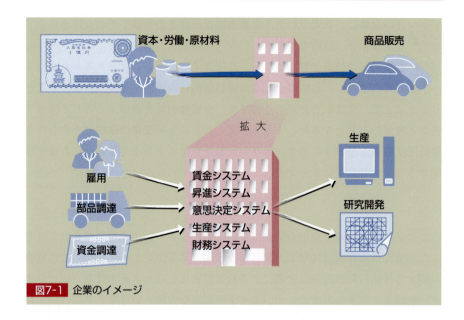
図7-1 企業のイメージ

の資金調達行動を理解することなく、金融市場のメカニズムについて明らかにすることは不可能です。さらには企業のなかをのぞいてみると、そのなかでの人事システム、賃金システム、意思決定メカニズムの構造なども、企業を理解するために重要な意味を持っています。

　企業の行動原理や企業の組織構造について研究する分野を、「企業の経済学」と呼びます。この分野は最近、急速に発展しています。本書でもこの分野のいくつかの重要な成果について触れる機会があると思います。

　図7-1は、以上で述べた企業のイメージを概念図の形でまとめたものです。企業の内部の構造にどこまで立ち入るかによって、分析の内容も大きく異なります。図の拡大部に書かれているように、企業の内部では実に多くの活動が行なわれています。その実態や経済的メカニズムについて明らかにすることは経済学の重要な課題です。

　しかし、経済全体について分析を行なう場合には、企業活動をできるだけ単純な形でとらえる必要があります。図の上のほうに描いたように、企業を単純にとらえれば、①資本や労働などの投入物（インプット）を用いて生産を行なう経済主体、②生産した商品（財やサービス）に価格をつけて販売する経済主体、と考えることができます。

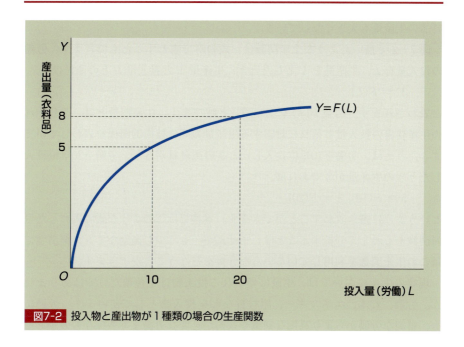

図7-2 投入物と産出物が1種類の場合の生産関数

　このように単純化しても、企業行動について分析することはそれほど簡単ではありません。また、企業がどれだけの生産を行なうのか、どのような生産要素をどれだけ使うのかといった問題は、経済全体の資源配分メカニズムについて分析するうえでも重要になります。

生産関数

　企業を製品を生産するユニットとして考えるとすれば、図7-1にあるように、資本、労働、原材料などの投入物を、製品につくりあげる工場のようなものと考えることができます。このような生産における投入物と生産物の関係を単純な形で表現したものが、生産関数です。

　図7-2は、生産関数のうちでももっとも簡単なケース（投入物も産出物も1種類のケース）を図で示したものです。この図の横軸には投入量が、縦軸には産出量がとられています。具体的なイメージを持ったほうが理解しやすいなら、投入物を労働、産出物を衣料品と考えればよいでしょう。

　生産関数とは、投入と産出の間の技術的関係を示したものであると解釈することができます。図7-2を見ればわかるように、労働の投入を増やすほど衣

料品の生産量も大きくなっています。

　図7-2で描いたような生産関数は、式の形で表わすこともできます。労働の投入量を L、生産量を Y としたとき、生産量 Y と投入量 L との関係は、

$$Y = F(L) \tag{7-1}$$

と表わされます。関数 $F(\cdot)$ を生産関数と呼びます。生産関数とは、それぞれの生産要素の投入量とそれに対応する生産量の間の技術的関係を表わしています。たとえば、労働を10単位投入したときの生産量が5で、労働を20単位投入したときの生産量が8であれば、

$$5 = F(10),\ 8 = F(20)$$

というように書き表わすことができます。本書ではこのような式で表わした生産関数をくわしく分析することはしませんが、もう少し高度なミクロ経済学ではこの生産関数を利用していろいろな分析を行なうことができます。

　現実の生産においては、生産に使われる投入物は1種類だけではありません。労働、資本、エネルギー、原材料などを投入物として使います。労働にも、単純な労働からより高度な知識や技術が必要な労働まで多様なものがあります。また、生産投入物は、資本や労働などの生産要素と、原料や燃料などの中間投入物に分けることができます。この両者の区別について簡単に説明しておきましょう。

　中間投入物とは、生産する過程で使ってしまうものです。原料や燃料（エネルギー）などは、中間投入物です。これに対して、土地、労働、資本などの生産要素は、それが提供する土地サービス、労働サービス、資本サービスを利用するのであり、それ自身を生産に利用するわけではありません。

　付加価値という概念があります。企業や産業が生産によって新たに生み出した価値のことです。これは、生産額から中間投入額を引いたものとして定義されます。図7-3は、付加価値の概念を説明したものです。ある企業（たとえばトヨタ自動車）の付加価値とは、トヨタ自動車の生産した自動車の総額から、その生産のために購入した部品や原料の費用を引いたものになります。

　生産とは、原材料を利用して、生産要素が行なうものです。原材料は外から購入してくるものですが、資本や労働などの生産要素は生産活動に参加しているものと考えます。図7-3に例示したように、付加価値として生産から生み出されたものは、最終的には資本や労働の所得である利潤、賃金などの形で分配されます。付加価値を、生産から生み出されるもの（生産価値として見た付

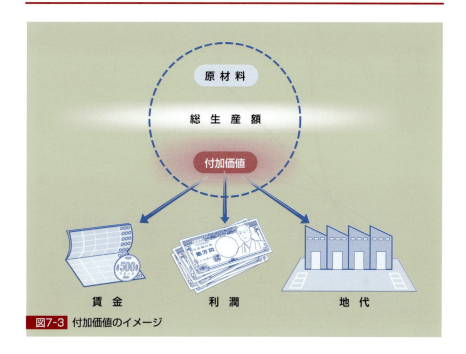

図7-3 付加価値のイメージ

加価値)、あるいはそれを分配した所得（分配から見た付加価値）として見ることは、たとえばマクロ経済学で国内総生産（GDP）の概念について考える場合にはきわめて重要になります。

　産出物のほうも、1種類でないことがほとんどです。鉄鋼メーカーは、さまざまな種類の鉄鋼製品を生産していますが、これらの製品は共通の設備を利用して生産されています。化学メーカーなどでも、一つの工場からたくさんの種類の製品が生み出されます。このように、複数の種類の製品が一つの生産工程から生み出されることを、結合生産と呼びます。経済学における結合生産の古典的な例は羊のケースです。羊を飼育すれば、羊毛、皮、肉と3種類の産出物が収穫されるからです。

　このように現実的に考えれば、生産投入物や産出物は複数であると考えたほうが自然でしょう。しかし、不必要な複雑化を避けるため、以下では投入物も産出物も単一であるケースを頻繁にとりあげます。そのような単純なケースを分析することによって得られた結果が、より一般的な複数の投入物や産出物のケースについても成り立つことが少なくないからです。

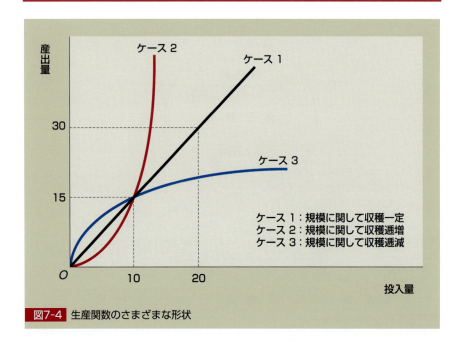

図7-4 生産関数のさまざまな形状

規模拡大と生産性

　図7-2で描いたような生産関数は、右上がりになっているはずです。常識的に考えれば、投入を増やせば生産も拡大するはずだからです。しかし、投入量を増やしていったとき、生産量がどのようなペースで拡大していくかは明らかではありません。これに関して、図7-4には三つの可能性が例示してあります。

　この図に描かれている三つのケースは、規模に関して収穫一定（ケース1）、規模に関して収穫逓増（ケース2）、規模に関して収穫逓減（ケース3）の三つです（ちなみに、図7-2は、規模に関して収穫逓減になっています）。投入量を増やしていったとき生産量も増えていきますが、その増え方は投入量の増え方に比例的になるとはかぎらないのです。

　規模に関して収穫逓減の場合には、労働の投入を増やしていったとき、生産の増え方は次第に小さくなっていきます。これに対して、規模に関して収穫逓増の場合には、労働の投入量を増やしていくと、生産量はそれ以上のペースで拡大していきます。規模に関して収穫逓増のケースは、規模の経済性が働くケースともいいます。

図7-4に示した三つのケースのなかでは、規模に関して収穫一定のケースがもっとも基本的な状況です。これはつぎのような理由によります。いま、労働10単位を投入することで15単位の衣料品を生産している企業があるとしましょう（ケース1を参照）。

　もしこの企業が、工場をもう一つつくり、そこでも労働10単位を投入すれば、同じ技術で生産するかぎり、やはり15単位の衣料品が生産されるはずです。この二つの工場を合わせると、労働投入が20単位になり、衣料品の生産量が30単位になります。つまり、労働投入の量を倍にすると、生産量も倍になるわけです。規模に関して収穫一定の状況とは、これまでと同じ規模の生産を別のところで行なえば同じような生産ができるという、きわめてあたりまえの状況を表わしています。

　しかし現実の経済を見ると、規模に関して収穫逓増や収穫逓減の状況になっている企業や産業が少なくありません。たとえば鉄鋼や石油化学のような大規模工場で生産が行なわれる産業においては、生産規模が拡大すれば生産量は逓増的に拡大していきます。これに対して農業のような産業では、労働投入を増大していっても、生産量は逓減的にしか増えていきません。このようなことにも理由があります。

　収穫逓増（規模の経済性）が生じるのは、規模が拡大していくことで、小規模生産では利用できなかった生産方法が利用可能となるからです。鉄鋼などの工場では、大規模工場であってはじめて利用可能な巨大設備があります。規模の小さな工場でこのような機械を半分だけ利用するというわけにはいきません。

　農業のような産業で規模に関して収穫逓減的であるのは、労働だけを増大していっても、土地が増えていないからです。もし土地も労働も投入量を2倍にするなら、生産量も2倍になっているはずです。このように、一部の投入物しか増大させなければ、生産量が逓減的にしか増大しないのは、ある意味ではあたりまえのことかもしれません。

　投入を増やすことができない生産投入物は、目につきにくい形のものであることが少なくありません。このような投入物の代表的な例として、経営者能力をあげることができます。通常の企業を考えたとき、企業全体の意思決定をする社長は一人しかいません。しかも、社長は企業の経営のうえで重要な役割を演じています。資本や労働など他の生産投入物の投入をいくら増やしても、社

長を増やすことはできないので、そこがボトルネックになり、生産量は逓減的にしか増えないかもしれないのです。企業の組織が肥大化していくと効率が下がるという問題（いわゆる大企業病）は、経営学では重要な研究課題です。

規模に関して収穫が逓増的であるのか逓減的であるのかは、個別の経済問題を考えるときに重要な意味をもちます。たとえば、規模に関して収穫逓増的であると、費用は逓減的になります。第12章の市場の失敗のところで説明しますが、この場合には最適な資源配分を実現しようとすると、採算が合わなくなり、なんらかの公的な介入が要請されます。

Ⅱ　生産要素間の代替と費用

生産投入物が複数あるケース

つぎに生産投入物（生産要素）が複数あるケースを考えましょう。理論的には生産要素はいくつあってもかまわないのですが、ここでは資本と労働という二つの生産要素を使って、1種類の生産物が生産される状況を考えます。

生産要素が二つあるときには、図7-2に描いたような単純な生産関数のグラフを描くことはできません。しかし、式では

$$Y = F(K, L) \tag{7-2}$$

というように表わすことができます。ただし、K は資本の投入量、L は労働の投入量、Y は生産量を表わしており、関数 $F(\cdot, \cdot)$ は生産関数です。この生産関数は、すでに説明した投入物が1種類の場合の生産関数（(7-1) 式）と同じように読むことができます。資本と労働の投入量と、それに対応する生産量の間の技術的関係を示しているのです。

生産要素が二つ以上あるときには、生産要素間の代替が問題になります。すなわち、資本を多く使って生産するのか、それとも労働を多く利用して生産するのかという問題です。この点を、たとえば農業の例を用いて考えてみましょう。

同じようにコメを生産するのであっても、日本のコメの生産方法とタイのコメのそれでは大きな違いがあります。日本の場合には、労働力を節約するためいろいろな機械が使われていますが、タイではもっぱら労働力に頼っています。つまり日本の農業は資本集約的であるのに対し、タイの農業は労働集約的であるのです。このような違いは、両国の賃金の違いなどからきます。賃金の

[Column] 現実の経済を見る眼
限界費用と平均費用：ジェネリック医薬品

　ジェネリック医薬品を知っていますか。医薬品は一定期間パテントで守られており、それを開発したメーカーが独占的な販売権を持っています。しかし、一定期間が過ぎるとパテントの保護が切れ、どのメーカーでも類似の医薬品を生産販売できます。パテントなどの制度によって医薬品の情報はすべて開示されているので、類似品を生産するのは難しいことではありません。この類似医薬品のことをジェネリック医薬品と呼びます。

　ジェネリック医薬品は、その内容についてはもともとの薬（新薬）とまったく同じものです。しかしその価格は半分から3分の1程度ですみます。だから多くの国では、医薬品のパテントが切れると、その大半がジェネリック医薬品に切り替わります。全体の8割から9割がジェネリック医薬品になります。それで国民の医療費負担も軽減されることになります。

　新薬の価格が高くてジェネリック医薬品の価格が安いのは、第3章で説明した平均費用と限界費用の差で説明することができます。新薬の価格が高いのは、薬の開発に膨大な費用がかかるからです。研究開発のための膨大な費用は、薬品の生産量と関係なくかかってくるものです。つまり、固定費用となります。この膨大な固定費用が、平均費用を引き上げています。一方、ジェネリック医薬品は研究開発費を負担していません。つまり、固定費用がかからないので、その費用は基本的に限界費用分だけです。だから値段も安くなるのです。

　すでに開発された薬をできるだけ安く利用したければ、パテントの権利を認めないで、すべてジェネリック医薬品にしてしまえばよいことになります。ただ、膨大な固定費（研究開発費）を出してまで新薬を開発しようとする企業はいなくなります。それでは医薬品の進歩が期待できないことになります。

　そこで現実の制度は、ある一定期間だけ開発者にパテントの権利を認め、その一定期間後はすべての企業がその医薬品のジェネリックを生産販売することが認められています。新薬開発が重要であると考える米国などは、このパテントの期間を長くしています。製薬メーカーの政治的な働きかけもあるでしょう。ただ、できるだけ安く既存の薬を利用したいと考えている途上国などでは、パテントの期間が短くなっています。

安いタイでは労働を多く利用しますが、賃金の高い日本では資本で代替できる部分については資本を利用しようとします。

生産要素や原材料の価格に応じて、安い生産要素を多く利用して生産しようとすることは、資源配分上重要な現象です。1970年代に起こった2度の石油ショックでエネルギー価格が上昇すると、どの企業でも省エネということで、できるだけエネルギーを使わない生産方法に切り替えようとしました。これなども、生産要素代替の典型的な例です（石油は中間投入物ですので厳密には生産要素ではありませんが、生産要素と同じように考えてもかまいません）。

生産要素間の代替

生産要素が複数あってその間の代替について考えるためには、とりあえず生産量については考えないほうがよいでしょう。図7-5は、あとで説明する等量曲線の考え方を単純な形で表現したものです。ここでは、10単位の生産を行なうと想定しています（もちろん、この生産量は何単位でもよいのですが）。五つの点が記入してありますが、いずれも、10単位の生産を生み出す生産方法を示しています。

点Aでは、資本の投入は10単位で、労働の投入は2単位です。きわめて資本集約的（労働節約的）な生産方法といえます。これに対して、点Dでは資本の投入は3単位ですが、労働は12単位投入しています。つまり、労働集約的あるいは資本節約的な生産方法です。

このように、同じ10単位の生産を行なうのでも、いろいろと異なった生産方法があることは、たとえば自動車生産などの例を考えてみれば明らかでしょう。日本の多くのメーカーのようにロボットなどの高度な資本設備をフルに利用した生産方法があるのと同時に、手作業に頼った生産方法もあるのです。

図7-5では、点A、B、C、Dの順に資本集約的であることがわかります。この図のなかで点Eだけは特異です。点Eで表わされるような生産方法は、効率的とはいえません。点Bに対応する生産方法のほうが、資本も労働も少ない投入量ですむからです。点Eで表わされる生産方法の具体的なイメージとしては、資本も労働もむだに使われている効率の悪い工場を考えればよいでしょう。

もし企業が費用をできるだけ少なくするために効率的な生産を行なおうとするなら、点Eのような生産方法は選択しないでしょう。しかし、A、B、C、

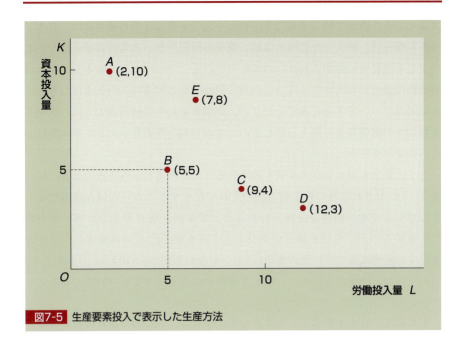

図7-5 生産要素投入で表示した生産方法

D の四つの点のどれを選ぶかは、この図だけからは決まりません。それは、資本と労働のコストに依存して決まるからです。

要素間の代替と費用

　図7-5を用いて、企業の生産要素の利用の仕方についてもう少しくわしく分析してみましょう。そのためには、資本と労働の費用を考えなければなりません。

　労働を利用するための費用は賃金です。ここでの賃金とは、1単位の労働（たとえば一人の労働者を1カ月雇用することを1単位の労働と考えてみましょう）を利用するための費用のことです。

　これに対して、資本設備を1単位使う費用のことを資本レンタル費と呼びましょう。もしここでの資本設備がコピー機やコンピュータのようにレンタル料を払って借りることができるものであれば、資本レンタル費の意味は明らかでしょう。機械1台を1カ月利用することを1単位の資本投入と呼ぶならば、1カ月のレンタル料金が資本のレンタル費となります。

　現実には、資本設備の多くは、企業の自己資金や、融資などの形で外部から

調達してきた資金で購入することが少なくありません。その場合には、資本レンタル費とは、購入した機械の価格、機械の耐用年数、市場の利子率などから決まる調達資金に対する利払いのことです。ここではくわしく資本レンタル費の計算にまで立ち入りません（この点に関心のある読者は、たとえばつぎのような問題について考えてみてください。耐用年数10年で価格1000万円の機械を金利10％の融資資金で購入したときの、１カ月当たりの資本のレンタル費はいくらになりますか）。

さて、賃金も資本レンタル費も10であるとしてみましょう。そのときには、図７-５に示された五つの生産方法のどれで生産するのがいちばん費用が安くすむでしょうか。簡単な計算でわかることですが、点Bで示される生産方法で生産するのがいちばん費用が少なくてすみます。点Bでは資本と労働を５単位ずつ利用するので、その費用は100（すなわち10×5＋10×5）となります。他の三つのどの生産方法も、これより費用が大きくなります（計算してみてください）。

もちろん、賃金や資本レンタル費が変化すれば、五つの生産点の費用も変わります。たとえば、資本レンタル費が相対的に安くなれば、資本を多く利用する生産方法である点Aの費用が相対的に安くなります。資本レンタル費が５で賃金が20であるなら、点Aがいちばん生産費用が安くなるということが確認できます。

等費用線と費用最小化

企業が利潤動機に基づいて行動するなら、費用をできるだけ低く抑えなくてはいけません。費用節約は利潤拡大のための必要条件であるからです。これは費用最小化行動として分析することができます。この考え方によれば、企業は生産方法を選択するにあたって、みずからの選択できる範囲内でもっとも費用が低い生産方法を利用しようとします。現実の企業がどこまで執拗に費用の節約を追求するのかについては議論の分かれるところでしょうが、とりあえずの第一次接近として、企業は費用のいちばん安い生産方法を利用すると考えてもよいでしょう。

費用最小化行動は、等費用線という概念を用いて分析することができます。いま資本レンタル費をr、賃金をw、資本の投入量をK、労働の投入量をLと表記すると、この企業の生産のための費用は、$rK+wL$と書き表わすことが

[*Column*] 現実の経済を見る眼
範囲の経済性

　生産規模が増えるほど単位あたりの費用が下がっていく現象を規模の経済性といいますが、それに対して生産される財やサービスの種類が増えるほど一つひとつの財・サービスの生産費用が下がっていく現象を範囲の経済性といいます。

　範囲の経済性の存在は、現実の産業のあり方を考えるうえで重要な問題です。たとえば、鉄道事業を考えてみましょう。JR のような鉄道は、駅の周辺にさまざまなビジネスを展開することができます。駅構内の店舗経営、駅周辺の不動産開発、カードビジネスの展開などです。民営化した後の JR はこうした関連ビジネスに積極的に進出しています。それは鉄道事業者としての立場が、こうした関連ビジネスを行なうことを有利にさせているからです。そしてこうした関連ビジネスが伸びることによって、本業の鉄道事業にも好影響が及ぶのです。ようするに、これらの事業の間には範囲の経済性が働いています。

　JR が行なっている不動産事業のなかで注目されているものの一つが百貨店経営です。JR 東日本の新宿駅の高島屋、JR 東海の名古屋駅の高島屋、JR 北海道の札幌駅の大丸、JR 西日本の京都駅の伊勢丹などは、鉄道会社が百貨店設立に積極的に関与した事例です。このなかには百貨店がテナントとして入っただけのケースから、百貨店と JR が共同事業で行なっているところまで、いろいろな形態があります。

　人口が頭打ちになり、新たな鉄道建設の案件も少ないなかで、鉄道会社にとって今後の事業を拡大していく鍵となるのは、いかに範囲の経済性を積極的に活用していくのかという点です。鉄道事業と関係のないビジネスを行なっていくのではなく、鉄道事業に関連しているからこそ補完性が活かせるような事業を選んでいくことが重要となります。

　考えてみれば、首都圏や関西の私鉄は、すでにこうした多角化経営を行なっていました。西武・近鉄・阪神のように鉄道沿線に野球球団を持ったり、阪急のように宝塚歌劇を創設した会社もあります。私鉄は鉄道事業の持つ範囲の経済性を十分に理解していたのでしょう。現在になって JR グループの多角化が目に付くようになったのは、国鉄民営化の成果がここにきて出てきたからだと考えることもできます。

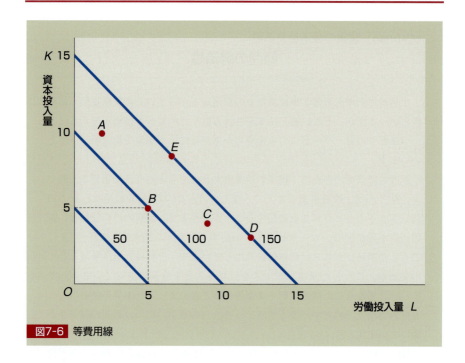

図7-6 等費用線

できます。

ここで、

$$100 = rK + wL \tag{7-3}$$

という式を考えてみましょう。これは、賃金が w で資本レンタル費が r のとき、費用額100で利用できる資本と労働の投入量の組み合わせを表わしています。これを、費用水準100に対応する等費用線といいます。

(7-3) 式を図示したのが、図7-6に100と表記した直線です。ここでは、図7-5に対応するように、A から E までの五つの生産点が示してあり、w も r も10であることを想定して等費用線が描いてあります。この直線上のどの点でも、そこでの資本と労働の組み合わせをとれば、費用はちょうど100となるのです。

等費用線は、それぞれの費用水準に対応して1本ずつ描かれます。図には50、100、150という三つの費用水準に対応した等費用線が描かれています。すべての等費用線は互いに平行であって、費用水準が高くなるほど、等費用線の位置も原点から遠いところになります。より多くの費用をかければ、より多く

の資本と労働を投入することが可能になるからです。

等費用線は、それぞれの費用のもとで投入可能な資本と労働の組み合わせを示しています。等費用線はグラフ上のそれぞれの点に対応する費用水準を示した等高線（地図の等高線と同じものです）であると考えることもできます。たとえば、図7-6では、点Bの生産方法の費用は100、点Eの生産方法の費用は150であると読み取ることができます。

図7-6から明らかなように、賃金も資本レンタル費も10であるときには、点Bがいちばん低い費用水準の等費用線上にのっていることがわかります。このように、等費用線を描くことによって、生産点の相対的な費用水準を比べることができるのです。等費用線は企業の生産活動を分析するにあたって、大きな威力を発揮します。この点はこの章をもう少し読み進んでもらえばわかると思います。

以上で説明したことを確認してもらうため、演習問題を一つ残しておきます。賃金が5で、資本レンタル費が20のときの等費用線を描いて、五つの生産点の相対的な費用の大きさを比べてみてください。

Ⅲ　費用最小化行動と費用曲線

等量曲線

これまでは、ある生産量（いままでの例では10単位の生産）を可能にする生産方法が数種類しかないケースを考えてきました。しかし、現実には資本と労働の代替の可能性はより連続的なものではないでしょうか。

図7-7に描いた曲線群は、等量曲線と呼ばれるものです。とりあえず、10と表記された曲線に注目してください。この曲線は10単位の生産を行なうために必要な資本と労働の組み合わせを示しています。この曲線上にA、B、C、Dという四つの点が示してありますが、これは図7-5上の四つの点と同じものであると考えてください。つまり個々の点は、それぞれ異なった生産方法を示しています。

図7-7の10と表記された曲線はこのような点の集まりと考えることができます（無限個の点があります）。つまり、等量曲線（10）の上のそれぞれの点が、すべて異なった生産方法を示した点となっています。無限の生産方法があると考えることに抵抗のある読者も少なくないと思います。しかし、図7-5

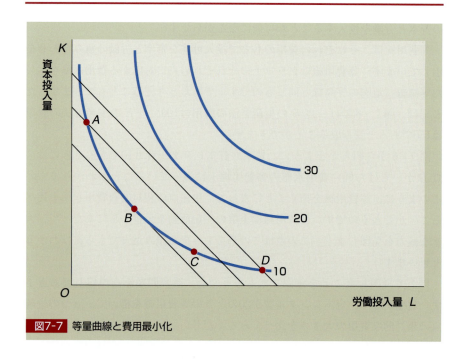

図7-7 等量曲線と費用最小化

のように五つしか生産方法がないというのも、現実的ではありません。現実はその中間なのでしょうが、図7-7のような等量曲線によって現実を近似的に描写していると考えることにします。

図には、20と30という生産量に対応する等量曲線も描いてあります。生産量が多いほど、等量曲線の位置は原点から遠くなります。ようするに、より多くの生産を行なうほど、それに必要な生産要素の投入量も多くなるということです。

等量曲線は、(7-2) 式のような生産関数を図示したものと考えることもできます。(7-2) 式をここでもう一度書くと

$$Y = F(K, L) \tag{7-2}$$

となります。すなわち、資本を K だけ投入し、労働を L だけ投入すれば、Y だけの生産が可能になるという関係です（ただし、K は資本の投入量、L は労働の投入量、Y は生産量を表わしています）。

ここには、K、L、Y の三つの変数があります。したがって、通常の形でグラフに描くことはできません。図7-8は、生産関数のグラフを立体イメージ

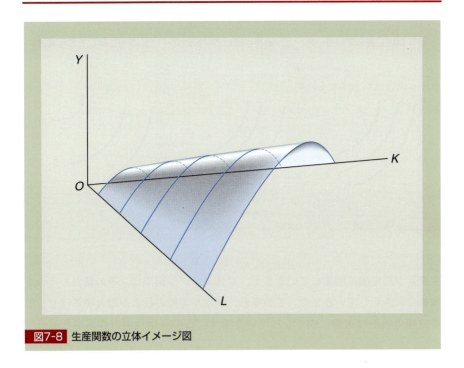

図7-8　生産関数の立体イメージ図

で表わしたものです。生産関数のグラフは、山の斜面のような形状になっています。KとLが大きくなるほど、斜面の高さも高くなっています。図7-7に示した等量曲線は、このような斜面の状況を等高線の形で表記したものと考えることができます。これは、第5章で説明した無差別曲線と同じ考え方です。

　等量曲線についてもう少し深く理解してもらうために、図7-9に、規模に関して収穫一定（図①）、規模に関して収穫逓増（図②）、規模に関して収穫逓減（図③）の三つのケースを描いてみました。これらの三つのケースは、基本的には図7-4で説明した状況と変わりません。ただ、生産要素が二つあるため、等量曲線で表示することになります。

　まず、規模に関して収穫一定の場合を見てみましょう。この場合には、等量曲線の間隔が一定になっています。つまり、図7-8のような立体イメージ図で描けば、斜面が一定の傾きになっています（これを図7-4と比べてください）。資本と労働の投入を2倍、3倍と増やしていくと、生産量も2倍、3倍と増えていきます。したがって、等量曲線は等間隔に並んでいます。

　規模に関して収穫逓増の場合には、資本や労働の投入の増加にしたがって、

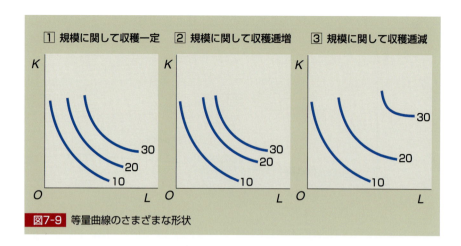

図7-9　等量曲線のさまざまな形状

生産量が逓増的に増加していきます。立体イメージ図では、その傾斜の度合を次第に大きくしていきます。この場合、資本や労働の投入が増大するほど、等量曲線の間隔は次第に狭くなっていきます。この点は地図の等高線と同じです。

規模に関して収穫逓減の場合には、資本や労働の投入の増加にしたがって、生産量は逓減的にしか増えていきません。したがって、立体イメージ図では、資本や労働の投入の増大に伴って、その傾斜は次第に小さくなっていきます。この場合、生産要素の投入量が増大するにしたがって、等量曲線の間隔は次第に広がっていきます。

等量曲線のもとでの費用最小化

　等量曲線のもとでも、企業の費用最小化行動はこれまでと同じように分析できます。10単位の生産を行なうという前提のもとで、どのような生産方法をとったら費用がいちばん安くてすむか考えてみましょう（もちろんここで生産量を10単位としたのはあくまで例示のためであり、以下の議論はどのような生産量についても成り立ちます）。

　賃金を w、資本レンタル費を r とすると、図7-7に描いたような等費用線が描けます。いま、10単位の生産を行なうとすると、10の生産量に対応する等量曲線上のどこかの点で生産を行なわなければなりません。つまり、この等量曲線上の点をとるということが、10単位の生産を行なうという制約に対応する

わけです。

すでに説明したように、等費用線はそれぞれの点における費用の水準を表わしています。費用を最小化するためには、等量曲線上でできるだけ左下の等費用線にのっている点を選べばよいことになります。明らかに、これは等費用線と等量曲線が接する点になっています。これは、図7-7では点Bによって表わされます。

このように、費用を最小化する生産方法は、等量曲線と等費用線の接点になりますが、この接点の性質についてもう少しくわしく検討してみましょう。ここで、等費用線の傾きが $-w/r$ になっているという点に注目してください。これは、等費用線の式が

　　　　費用水準 $= rK+wL$

になっていることから、計算上は容易に確認できます。

この点について経済的な意味を考えるため、つぎのような問題を考えてみてください。総費用を変化させないまま、労働をもう1単位余分に利用するためには、資本の利用をどれだけ減らさなければならないでしょうか。

資本を1単位使うためには、rだけの費用がかかります。これに対して、労働を1単位使うためには、wだけの費用がかかります。したがって、資本を w/r 単位だけ減らせば、労働が1単位余分に利用できます（この点を確認してください。なお w/r を要素価格比といいます）。要素価格比 w/r は、市場における資本と労働の交換比率（代替率）を表わしています。つまり、資本と労働がいくつ対いくつで交換できるかということを示しています。

これに対して、等量曲線の接線の傾きはつぎのような意味を持っています。点Bから等量曲線に沿って右下に少し動いてみてください。これは、10単位の生産を行なうという大前提は崩さず、労働の投入を少し増やし、資本の投入を減らすことにほかなりません。点Bにおける等量曲線の接線の傾きは、このような調整をごくわずかだけ行なったときの、資本と労働の代替率にほかなりません。

つまり、技術的に見たとき、資本の投入を少し減らすためには、労働の投入をどれだけ増やさなければいけないかということを示しています。このような等量曲線の接線の傾きによって表わされる技術的な資本と労働の代替率を、資本と労働の間の限界代替率と呼びます。

さて、費用最小点Bでは、等量曲線と等費用線が接しているので、技術的

な意味での資本と労働の代替率である限界代替率が、市場における資本と労働の代替率である要素価格比（w/r）に等しくなっています。この両者が等しくなることが、費用を最小化するうえで必要であるということを確認するためには、両者が等しくなっていないところでどのようなことが起こっているかを考えればわかると思います。

たとえば、図7-7の点Aのように、等量曲線の接線の傾き（限界代替率）のほうが等費用線の傾きより大きくなっている場合を考えてみましょう。ここでは、労働の投入をわずかだけ増やせば、資本の投入を相当減らしても生産量は変化しません（限界代替率が大きいということです）。したがって、市場での要素価格比（w/r）と比較して、もう少し資本の利用を減らして労働の利用を増やしたほうが、費用も低くなるのです。図の上ではこれは、等量曲線上をA点から右下の方向に動かすことに対応します。これによってより低い費用水準の等費用線上に移動していきます。つまり、費用が低くなっていくのです。その意味で、点Aは費用最小点にはなっていません。

逆に、点Dのように、等量曲線の接線の傾き（限界代替率）のほうが等費用線の傾きよりも小さくなっているところでは、資本の投入量をわずかに増やせば、労働の投入量を相当減らすことができます。すなわち、等量曲線上を点Dから左上の方向に移動していくこと、つまりより資本集約的な生産方法に移行していくことで、生産費用を下げることができます（これを図の等費用線の位置から確認してください）。この意味で、点Dも、費用最小点にはなりえません。結局、限界代替率と要素価格比が等しくなるところで、費用が最小化されることになります。

費用曲線の導出

上の議論は、特定の生産量のもとでの費用最小点についての分析でした。しかし、ここで説明したことはどのような生産量の場合にも成り立つことです。図7-10は、一つの図のなかに、いろいろな生産量における費用最小点をとってそれをつなげたものです。どの生産量においても、そこでの費用最小点は、等量曲線の接線の傾きと等費用線の傾きが等しくなっています。すなわち、限界代替率が要素価格比に等しくなっています。

このように費用最小点をつなげていくと、それぞれの生産量に対応する費用水準を読み取ることができます。それぞれの等量曲線に接する等費用線の費用

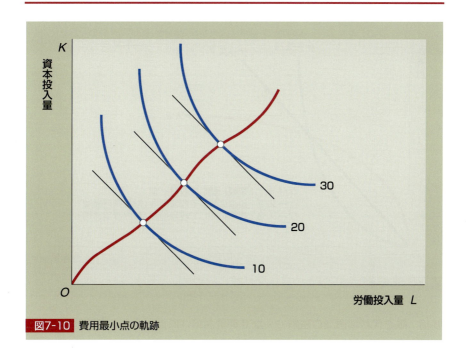

図7-10 費用最小点の軌跡

水準を読めばよいのです。ここから、図7-11に描いたような費用曲線（正確には総費用曲線）を導くことができます。

　総費用曲線とは、横軸に生産量、縦軸に総費用をとり、両者の間の関係を見たものです。生産量が大きくなるほど費用も高くなるはずですから、総費用曲線は通常右上がりになっています。図7-11には、規模に関して収穫一定（ケース1）、規模に関して収穫逓増（ケース2）、規模に関して収穫逓減（ケース3）の三つの場合の総費用曲線が描かれています（もちろん、総費用の形はこの三つに限定されるわけではありません。たとえば第3章で説明したように、固定費用があると、総費用曲線は縦軸上に正の切片を持ちます）。

　多くのミクロ経済分析において、図7-11に示したような総費用曲線、あるいはそこから導かれる限界費用曲線や平均費用曲線をあらかじめ想定して分析が行なわれます。しかし、そこでは、これまで説明してきたような費用最小化のための最適な生産要素の配分が行なわれているのです。その意味で、費用曲線の背後には、企業による費用最小化という「血と汗と涙」の努力が隠されています。

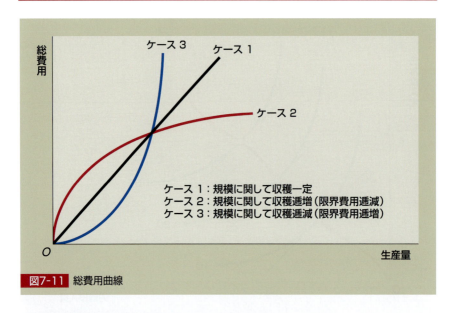

図7-11 総費用曲線

補論：限界代替率逓減の法則――なぜ等量曲線は原点に向かって凸となるか

　等量曲線は、通常、原点に対して凸の（でっぱった）形をしています。これは、限界代替率逓減の法則と呼ばれる現象に対応しています。等量曲線に沿って左上から右下に移動していくと、資本集約的な生産方法から労働集約的な生産方法に移行していきます。等量曲線が原点に対して凸であるということは、このような変化のなかで、等量曲線の接線の傾き（の絶対値）である限界代替率が次第に小さくなっていくことにほかなりません。

　限界代替率とは、労働の投入を少し増やすことでどれだけの資本が節約できるかを示したものです。これは、資本を比較基準として示した労働の生産性のようなものです。限界代替率とは、労働が生産に貢献する程度を、それによって節約できる資本の量で測っているのです。

　さて、限界代替率逓減の法則とは、より労働集約的な生産方法になるほど、つまりより労働を多く使うほど、限界代替率で表わした労働の生産に対する貢献度が次第に小さくなってくるということにほかなりません。逆に、資本の生産に対する貢献度が上がっています。

　これは、きわめて自然な現象です。資本の投入量が減少して、労働の投入量が増えれば、資本がより貴重になり労働は余ってきます。したがって、限界代替率も低下していくのです。

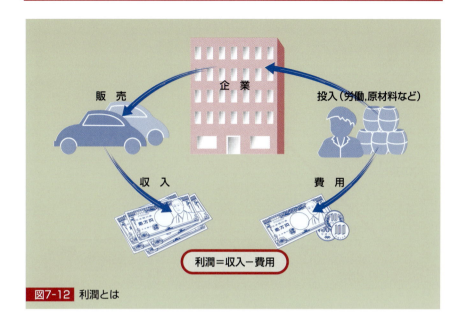

図7-12 利潤とは

Ⅳ 利潤最大化行動

利潤とは

　伝統的な経済理論では、企業は利潤を最大化するように行動すると考えます。このような利潤最大化原理は、ミクロ経済学だけでなく経済学全体で基本的な考え方になっています。

　利潤とは、企業が生産・販売活動から獲得した収入から、そのために使った費用を引いたものです。図7-12は、図7-1で用いた企業の概念図の上に利潤、収入、費用などを記入したものです。図7-1で説明したように、企業はさまざまな原材料や、労働、資本、土地などの生産要素を利用して、商品を生産し販売しています。原材料の購入や生産要素の利用のために企業が支出した金額の総額を、総費用（total cost）と呼びます。総費用曲線とは、この総費用と供給量との関係を示したものです。供給量が大きくなれば、総費用もそれだけ大きくなるはずです。

　企業が商品を販売することによって獲得する収入のことを、総収入（total revenue）といいます。より多くの商品を販売すれば、それだけ総収入の金額

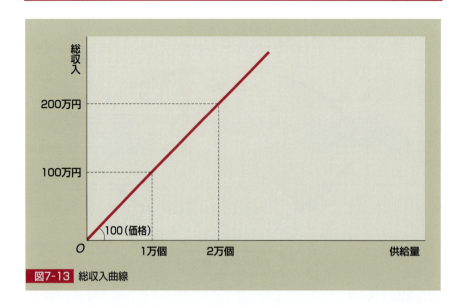

図7-13 総収入曲線

も大きくなるはずです。

利潤（profit）は、総収入から総費用を引いたものです。つまり、生産・販売活動によって企業が獲得する利益にほかなりません。企業は、利潤をできるだけ大きくするように生産・販売活動を行なうというのが、利潤最大化原理ないし利潤最大化行動仮説の考え方です。

総収入と総費用

利潤最大化行動について理解するための鍵となるのが、総費用と総収入の概念です。総費用については、これまでにも何度か説明しましたので、ここでは総収入についてだけ説明します。図7-13は、典型的な総収入曲線を描いたものです。この図の横軸には供給量（企業が生産・販売した商品の量）が、縦軸には総収入の金額がとられています。

総収入とは、商品の供給によって企業に入ってくる金額のことですので、

　　　総収入 ＝ 価格×供給量　　　　　　　　　　　　　　　　　　(7-4)

と表わされます。この総収入は、供給量とともにどのように変化するのでしょうか。

もっとも単純かつ標準的なケースは、この企業の供給量によって価格が変化しない場合です。第3章で述べたように、完全競争の場合には、個々の企業

（供給者）にとって価格は市場から与えられたものとなっています。つまり、この企業が商品をどれだけ供給しようとも、市場の価格は変化しないのです。

　同じような商品を供給している企業が多くある場合には、個々の企業が多少供給量を変化させたとしても、経済全体の供給量には大きな影響を及ぼしません。たとえば、ある農家が大根の供給を増やしたからといって、市場での大根の価格は変わらないでしょう。完全競争とはこのような状況を描写したものであり、その場合には供給者はプライス・テイカーとして行動します。プライス・テイカーとは、市場で決まっている価格をそのまま受け入れて、その価格で販売するというような意味です（プライス・テイカーについては、第3章の議論を参考にしてください）。

　かりにこの企業の供給している商品の価格が100円であるとしたら、この企業の直面する総収入曲線は、図7-13に描いたような傾き100の直線になるはずです。供給量が1万個ならば総収入は100万円に、供給量が2万個であれば、総収入は200万円となります。総収入は供給量に比例して増大していくので、供給量と総収入の間の関係を示した総収入曲線は、図7-13に描いたような傾き100（商品の価格）の右上がりの直線になります（なお、企業が独占的な地位にある場合などには、総収入曲線の形状は違ったものとなります。これについては第9章で考察します）。

利潤最大化行動

　つぎに、総収入曲線と総費用曲線を用いて、利潤最大化行動について説明しましょう。図7-14は、総収入曲線と総費用曲線を重ねて描いたものです（総費用曲線は費用逓増的であるケースを描いてあります）。利潤は、総収入と総費用の差ですので、この二つの曲線の縦方向の差が利潤となります。

　図から読み取れるように、供給量が増大するにしたがって、総収入も総費用も増大しています。しかし、両者の差である利潤は、はじめは供給量の増大とともに増加していきますが、供給量 X^* のところで最大値をとり、その後は供給量の増加にともない次第に減少していきます。供給量が X_1 を超えると、利潤はマイナスになってしまいます（つまり総費用のほうが総収入よりも大きくなってしまいます）。企業は利潤を最大にするような供給量を選択すると考えるなら、X^* がこの企業の供給量となります。

　図7-14に示されたような利潤最大化行動は、限界収入と限界費用という概

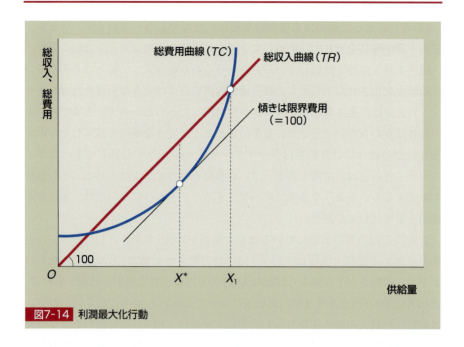

図7-14 利潤最大化行動

念を用いて分析することもできます。限界収入とは、この企業が供給量を追加的に1単位増加させたとき、どれだけ収入が増大するかを表わしたものです。限界費用とは、供給量を追加的に1単位増加させたときに、どれだけ費用が増大するかを表わしたものです。

限界収入は、総収入曲線の傾き（商品の価格である100円）によって表わされます。この企業はプライス・テイカーですので、100円という価格でいくらでも商品を売ることができます。したがって、供給量を1単位増加させれば、収入は100円増加します。限界費用は、総費用曲線の接線の傾きによって表わされます。この点は、限界収入の場合と同じように考えればよいので、説明するまでもないでしょう。

図7-14を見ると、利潤が最大になっている点（供給量 X^*）では、総収入曲線の傾きは、総費用曲線の接線の傾きに等しくなっていることがわかります。つまり、利潤最大点においては、限界費用と限界収入が等しくなっているのです。図7-15は、図7-14に対応させた形で、限界収入曲線と限界費用曲線を描いたものですが、利潤を最大化する供給量 X^* のところで、二つの曲線が交わっています。つまり限界収入と限界費用が等しくなっているのです。

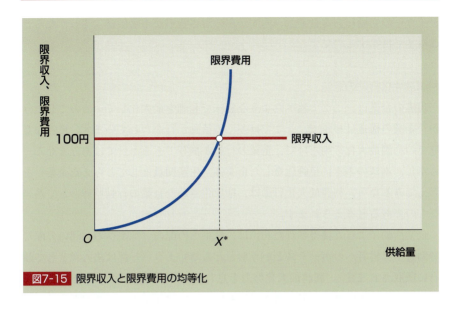

図7-15 限界収入と限界費用の均等化

　以上グラフで説明したことをまとめるとつぎのようになります。企業は、利潤を最大にするように行動しています。そのために、供給のための費用をできるだけ小さくするように努めています。そのような費用最小化の結果、図7-11に描いたような総費用曲線が導かれます（つまり費用曲線は企業による費用節約の結果なのです）。以上のようなお膳立てのうえでつぎに決めるのが供給量です。供給量が大きすぎても小さすぎても、利潤を最大化することができません。限界収入と限界費用が等しくなるようなところに供給量を設定することで、利潤を最大化することができます。

　もし限界収入が限界費用よりも大きいなら、供給量を増やすことによる収入の増加の程度のほうが、費用の増加よりも大きくなります（この場合には総収入曲線の傾きが総費用曲線の接線の傾きより大きくなっています）。つまり、供給量の拡大によって利潤が増加します。図7-14と図7-15の X^* よりも左側のところではそのようになっています（図で確認してください）。

　逆に、限界費用のほうが限界収入よりも大きいなら（つまり総費用曲線の接線の傾きのほうが総収入曲線の傾きよりも大きいなら）、供給量を拡大していくほど利潤は低下していきます。したがって、供給量を下げることで利潤を増加させることができることになります。このことも図で確認できるはずです。結局、両者が一致する X^* のところで利潤が最大化されます。プライス・

テイカーの立場にある企業は、みずからの限界費用が市場価格に等しくなるところまで供給するのです。

利潤最大化行動の意味

現実の企業は、ここで述べたような意味で利潤を最大化しているのでしょうか。企業の構造は複雑で、そこでは多くの活動が行なわれています。単純な意味での利潤最大化行動だけで、企業の行動が描写できるわけではありません。しかし、本章のように単純化をした企業像（生産関数としてとらえた企業）を考えてみるなら、利潤最大化行動は、抽象化された企業の行動原理として適当なものであると考えられます。

企業活動によって獲得された利潤は、株主への配当（株主への利潤の分配）、労働者や経営者へのボーナスという形をとるでしょう（一部は法人税として政府に徴収されます）。利潤最大化努力を怠れば、配当やボーナスがそれだけ少なくなってしまいます。経営者や労働者にとって給与やボーナスが増えるに越したことはありませんから、利潤最大化に努める誘因を強く持ちます。

株主に対する配当を高めるという圧力も、利潤最大化への誘因として働きます。企業の経営者は、株主にできるだけ高い利益を与えるという義務を持っています。そのためには利潤をあげなければなりません。利潤があって、はじめてその企業の株価は高くなりますし、配当を出すことも可能だからです。このような努力を怠るような経営者は、株主の利益に反した行為をとっていることになります。場合によっては、そのような経営者は解任されることもあります。

株主総会による経営者の解任というような荒っぽい手段以外にも、株主の利益を経営に反映させる手段はあります。企業買収もその一例でしょう。ある企業の経営状況が悪くて利潤機会を逃していれば、その企業は買収の格好の標的となります。業績が低迷している分だけ、そのような企業の株価は低くなっています。その企業を買収し経営陣の首をすげ替えて業績を向上させれば、それによって株価も高くなり、買収の利益をあげることができるのです。

経営者としては、そのような買収を起こさないためにも、利潤最大化に努め、その企業の株価を下げないように努力しなければなりません。したがって、企業買収ということが現実に起こらなくても、買収が起こるという可能性だけで、経営者に利潤最大化行動をとらせる強い誘因が働いているのです。

[*Column*] ステップアップ経済学
企業と市場

　企業の姿は市場との関係のなかで形成されていきます。市場とは北極の海のような存在であり、企業はそのなかに浮かぶ氷塊であるといわれます。氷塊は市場のなかで大きくなったり小さくなったりします。同じように、企業と市場の境界もいろいろな条件によって決まるものであり、これを分析することが企業の姿を理解するうえで重要なことなのです。ノーベル経済学賞を受賞したシカゴ大学のロナルド・コース教授はこの点を指摘し、その後の研究に大きな影響を及ぼしました。

　たとえば、自動車産業を例にこの問題を考えてみましょう。トヨタ自動車をはじめとする日本の多くの企業は、部品の生産の多くを外の会社に発注しています。トヨタの名前が入った自動車の総生産価値のなかでトヨタ自動車内部で生産される部分（これを内製率といいます）は 3 割程度で、部品や原料など 7 割の部分は外の企業が生産するのです。「下請け制度」と呼ばれる仕組みもこれに対応するものです。一方で、アメリカの自動車メーカーの GM（ゼネラル・モーターズ）は、部品の多くを自社内で生産します。内製率が高いのです。

　なぜ、日本とアメリカの企業で内製率が大きく違うのかという点を研究することで、自動車メーカーの組織構造についていろいろなことがわかります。内製率の問題は自動車産業だけの問題ではなく、多くの産業に関係した重要な問題なのです。

　企業はときとして、みずから積極的に外にゆだねている活動を自社内に取り込むことがあります。たとえば、自動車メーカーが部品メーカーやディーラーを買収することがあれば、そういった行為を垂直統合と呼びます。外にゆだねていた垂直的関係にあった企業を統合してしまうからです。

　垂直統合は多くの分野で見られます。ソニーはかつて映画会社や音楽会社を買収しましたが、これはソニーにとってソフトという分野を吸収する垂直統合にほかなりません。百貨店が物流会社を買収したり、コンピュータメーカーがソフトウェア会社を買収するのも垂直統合です。垂直統合は企業活動を考えるうえで重要な現象ですが、こうした点からも市場と企業の境界は不安定なものであり、それがどう決まるかということ自体重要な経済問題であることがわかると思います。

もちろん、利潤最大化とは矛盾するように思われる行動が観察されることは少なくありません。たとえば、日本の企業行動が世界中の多くの研究者によって注目されてきましたが、それは日本の企業の行動原理が単純な利潤最大化行動では説明できないように見えたからでしょう。

　しかし、案外多くの現象が利潤最大化原理から説明できるものです。たとえば、「シェア獲得競争」、「成長率最大化原理」といった企業行動仮説を考えてみましょう。これらは、利潤最大化原理に代わる原理としてしばしばとりあげられるものです。

　たとえばシェア獲得競争ですが、日本の企業はしばしば利潤を度外視して、きびしいシェア獲得競争をすることがあるといわれます。ライバル企業との競争のなかで自分のシェアを高めるために、利潤を度外視したような低価格を設定することがあります。かりに日本の企業がこのようなシェア獲得競争に走っているとして、それは利潤最大化原理に反することなのでしょうか。

　ここで重要なのは、どの時点での利潤を最大化しているのかということです。かりに企業が近視眼的に行動しており、今日の利潤だけを最大化しようとするのであれば、シェア拡大競争は利潤最大化とは矛盾します。しかし、企業が最大化しようとしている利潤は、通常は長期的な利潤のはずです。そうであるなら、産業のなかでの自社の地位を確立するために、短期的な利潤損失に目をつむってシェア獲得競争に走ることが、結局は長期的な利潤最大化にかなっていることもあるのです。このように考えれば、シェア獲得競争という現象でさえも、(長期的な) 利潤最大化行動によって分析することができるわけです。

【演習問題】
1. 以下の設問に答えなさい。
   (1) 規模に関して収穫一定、規模に関して収穫逓増、規模に関して収穫逓減とは、それぞれどのような現象であるのか。簡単に説明し、これらの概念と限界代替率逓減との違いについても説明しなさい。また、これらの概念 (限界代替率逓減も含む) を2生産要素の等量曲線の上で描くとどのような形状となるだろうか。
   (2) 等費用線の傾きは要素価格の比率になるが、これはどうしてであろうか。
   (3) 費用最小化のためには、限界代替率が要素価格の比に等しくなっている必要があるといわれる。その理由を説明しなさい。また、これはグラフの上ではどのように表現されるのであろうか。
   (4) 利潤最大化のためには限界収入と限界費用が等しくなくてはいけないといわ

れるが、これはどのような理由によるのであろうか。

2．資本と労働の二つの生産要素を用いて財を生産している企業の等費用線について、つぎの設問に答えなさい。
(1)資本の要素価格が20で労働の要素価格（賃金）が10であるときの等費用線をグラフに描きなさい。
(2)上で描いた等費用線のうちの1本をとってきたとき、その等費用線に対応する費用の水準はどのように読み取ることができるか。
(3)要素価格が両方とも倍になったとき、等費用線はどのように変化するか。
(4)賃金が30に上がったときには、等費用線はどのように変化するか。

3．ある財の価格が10であり、この財をプライス・テイカーとして供給している（つまり完全競争的に供給している）企業がある。
(1)この企業にとっての限界収入線、平均収入線、総収入線のグラフを描きなさい。
(2)この企業の限界費用が
$$MC = 2X$$
と表わされるとする。ただし、MC は限界費用であり、X は供給量である。この企業は利潤最大化のためにはどれだけ供給したらよいだろうか。
(3)かりに限界費用が $MC = 5$ と一定であるとしたら、(2)はどのように修正されるであろうか。またその理由を述べなさい。

8

一般均衡と資源配分

リカード（David Ricardo：1772-1823） この章でも取り上げているように、リカードが明らかにした比較優位分析は自由貿易論の理論的な基礎をなすものであるだけではなく、経済理論のなかでももっとも本質的で影響力の大きな理論であろう。

いよいよパート2の最後の章になりましたね。パート2のキーワードである「資源配分」という言葉が章のタイトルにも入っています。

そのとおりですね。実は、資源配分はこのパート2だけでなく、本書全体、もっといえば経済学全体の議論のなかでも、もっとも重要な考え方であるといってよいと思います。

もう一度確認します。資源配分とは何ですか。

経済にある資源には限りがあります。資本や労働などの生産要素、人々の時間、石油や鉄鉱石などの資源。こうした限られた資源をいかに有効活用して、社会を豊かにしていくのかということが経済学の大問題となります。効率的な資源配分を目指すことが、経済学の重要な課題なのです。

資源を有効に活用して社会を豊かにするということは、より多くの生産をするということでしょうか。

必ずしもそうではありません。自然環境を劣化させてはいけませんし、人々が過剰な労働で疲弊してしまっても豊かな社会とはいえないからです。そうしたより広義の豊かさをしっかり考えたうえでの資源配分の効率性を考えなくてはいけません。

そういう意味では格差や貧困の問題もありますね。社会全体がいくら豊かになっても、一部の人の生活が貧困などで破壊されては意味がありませんから。

そのとおりです。貧困や格差の問題は、経済学ではより広くは、所得分配の問題として議論されます。生産活動などで生み出された所得や富を、国民の間でどのように分配するのかという意味です。ただ、この所得分配の問題と資源配分の問題は、区別して考える必要があります。

え、区別するとはどういうことですか。

分配の問題は重要ですが、それは資源配分の問題と分けて考えることができるし、そうした視点が重要であるということです。分配の問題をあまりにも前面に出したために、かえって生産などの非効率、つまり資源配分の非効率が生まれて社会が機能しなかったのが、かつての社会主義国です。一方では所得分配の問題の重要性を認識して、より公正な分配を実現する政策や制度を構築する必要がありますが、それと資源配分の問題を分けて考えたほうが

よいことも多いのです。

 資源配分の問題を分けて考えるとはどういうことですか。

経済学の基本原理のなかでもっとも重要なものは、「市場の自由な取引に任せておけば、多くの場合に最適な資源配分が実現する」というものです。つまり、不要な規制や公的介入をしないで、企業や消費者の自由な行動に任せることで、好ましい資源配分が実現するというのです。それを確認することが、この章のもっとも重要な目的かもしれません。

この章では、これまでの章で用いてきた2財モデルを利用して、市場での取引と資源配分のメカニズムについて説明します。市場では需要と供給が遭遇し、それをバランスさせるように価格が形成されます。これが価格メカニズムですが、この章ではこの価格メカニズムについて交換経済という単純な状況からまず説明し、そこにこれまでの章で説明してきた消費や生産がどのようにかかわってくるのか見ていきます。この章の重要な帰結は、複数の財にまたがって価格メカニズムが機能するということです。また、章の後半では価格メカニズムの一つの例として比較優位の考え方についても簡単に触れたいと思います。

I　交換の利益

物々交換のもたらす経済的利益

経済のなかでは、さまざまな活動が営まれています。これまで説明してきた消費活動、生産活動、そして財・サービスの取引です。市場経済における資源配分のあり方について考察するにあたっては、これらの活動について一つひとつ検討していかなければなりませんが、ここではまず、もっとも単純な形で問題の分析をはじめるために、交換ということについて考えてみたいと思います。

交換という現象をできるだけ簡単にとらえるため、つぎのような例を考えてみましょう。いま、リンゴを10個持った人（太郎と呼びます）とミカンを20個持った人（花子）が山のなかで出会ったとしましょう。このとき、2人の間で

物々交換が成立するのはどのような場合でしょうか。直感的に考えれば、太郎にとってのリンゴ（ミカン）の価値のほうが、花子にとってのリンゴ（ミカン）の価値よりも低い（高い）とき、2人の間に交換が成立します。

この点をもう少し正確に表現するためには、第5章で説明した消費における限界代替率の概念を使う必要があります。もし太郎にとってのリンゴのミカンに対する限界代替率が花子のそれよりも小さければ、太郎と花子の間でリンゴとミカンの交換を行なうことで2人とも利益を得ることができます。

たとえば、太郎の限界代替率が1で、花子のそれが3であるとしてみましょう。太郎が花子にリンゴを一つ渡すとしたとき、花子は太郎にミカンを何個あげたらよいでしょうか。限界代替率が1である太郎にとってみれば、ミカンを1個以上もらえればよいことになります。一方、限界代替率が3である花子は、リンゴ1個に対してミカンを3個まで与えることができます。したがって、太郎が花子にリンゴを1個渡し、花子が太郎にミカンを1個から3個の間のなにがしかの数量（たとえば2個）を渡せば、2人とも利益を得ることになります。

交換前に太郎の限界代替率が花子のそれよりも小さいということは、太郎より花子のほうが（ミカンを基準としてみたとき）リンゴを高く評価しているということになります。したがって、物々交換の利益も生まれるわけです。では、太郎の限界代替率は花子のそれよりも小さいのでしょうか。リンゴをたくさん持っていてミカンをまったく持っていない太郎は、花子より強くミカンを欲すると考えれば、太郎のほうが限界代替率が小さくなっているのは自然なことと考えられます。

多様な交換の例

太郎と花子の例でとりあげた交換という現象は、現実の世界ではいろいろな形で見られます。たとえば、太郎と花子を日本とアメリカ、リンゴとミカンを半導体と牛肉に置き換えて考えてみてください。すると、交換ということが、日本とアメリカの間の貿易に置き換わることがわかると思います。太郎と花子の間で交換が行なわれれば、2人とも得をするように、日本とアメリカの間で貿易が行なわれれば、両国とも利益を得ることができるはずです。これが貿易の利益です。

われわれ個人の生活を見ても、日常生活のなかでさまざまな交換をしていま

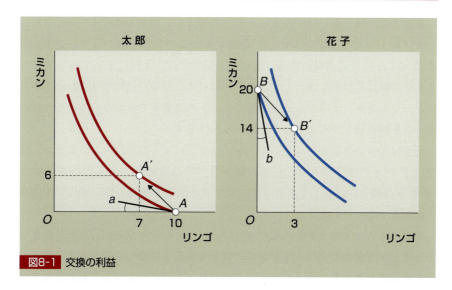

図8-1 交換の利益

す。交換という用語に惑わされては困りますが、ここで太郎と花子の例でとりあげた物々交換の話は、より現実的な貨幣を使った物の売買に当てはめることができます。サラリーマンは会社で働く（つまり労働力を売る）ことで得たお金を使って、いろいろな物（たとえば食料や衣料）を購入します。この場合にはお金という取引手段——1 を間に挟んでいますが、結局は労働と食料や衣料とを交換しているにすぎません。また、農家の人は、市場にコメや野菜を売って、それで衣料品などを購入します。

このように消費者は売買活動に参加することで、いろいろな形の交換を行なっていることになります。そしてそのような交換活動からいろいろな形で経済的利益を獲得しているのです。

無差別曲線上で見た交換の利益

交換の利益についてもう少し突っ込んで考えるために、上でとりあげたリンゴとミカンの交換の例を、無差別曲線を使って分析してみましょう。図8−1は、太郎と花子の無差別曲線を描いたものです。この無差別曲線には、太郎と花子の当初のリンゴとミカンの保有状況も記してあります。

1——貨幣の取引媒介機能については、本書の姉妹書である『入門｜経済学』第4版、日本評論社、2015年、第11章を参照してください。

まず太郎のほうから見てみましょう。太郎はリンゴを10個持っていますが、ミカンは1つも持っていません。図の点 A がこの状態を表わしています。点 A における無差別曲線の傾き（直線 a の傾き）は、太郎にとってのリンゴとミカンの限界代替率を表わしています。図ではこの限界代替率はきわめて小さくなっています。ようするに、太郎はミカンの消費ができるならかなりの量のリンゴを犠牲にしてもよいと考えているわけです。

花子はミカンを20個持っていますが、リンゴはまったく持っていません。図では B がそのような点で、花子の限界代替率はこの点の無差別曲線の傾き（直線 b の傾き）に等しくなります。リンゴを渇望する花子の限界代替率は非常に大きくなっています。

さて、ここで太郎と花子の間でリンゴとミカンの物々交換が行なわれたとしてみましょう。たとえば、太郎がリンゴを3個花子に渡し、花子が太郎にミカンを6個渡したとしてみましょう。この結果、太郎はリンゴを7個とミカンを6個食べることになります。花子は、リンゴを3個とミカンを14個食べることになります。

図8−1には、このような交換の結果、太郎の消費点が点 A から点 A' に、花子の消費点が点 B から点 B' に移ることが示されています。このような交換により、明らかに2人とも交換前よりも高い効用を実現することができます。

消費者行動と資源配分

以上で説明したような交換の利益は、第5章で説明した消費者行動の理論を使って説明することもできます。実は、これは第4章で説明した価格によって導かれた資源配分メカニズムと同じものでもあります。この点について、リンゴとミカンの例を使って説明してみましょう。

現実の世界では、人々はリンゴとミカンを物々交換するのではなく、店で購入します。リンゴの価格を p_1、ミカンの価格を p_2 としてみましょう。消費者が予算制約のもとで効用を最大にするように消費量を決めているかぎり、この二つの価格比 p_1/p_2 は、消費者の無差別曲線の接線の傾きである限界代替率に等しくなっているはずです。ところが、第4章で説明した一物一価の法則によって、どの消費者も同じ価格に直面しています。したがって、どの消費者も最適な消費行動の結果、互いにリンゴとミカンの限界代替率が等しくなっています。このように消費者の間で限界代替率が等しくなっているということは、資

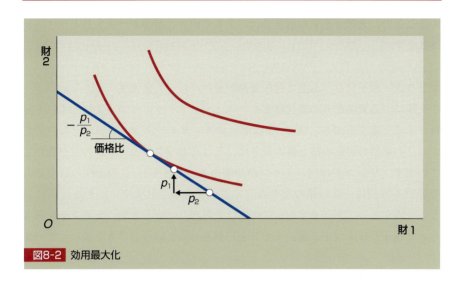

図8-2 効用最大化

源配分という点からはたいへん重要な意味を持っています。

この点についてもう少しくわしく見るために、第5章の議論を思い出しながら、一般的な形の2財モデルを考えてみましょう。いま財1の価格が p_1、財2の価格が p_2、所得が Y、財1の消費量が C_1、財2の消費量が C_2 であるなら、消費者は予算制約

$$p_1 C_1 + p_2 C_2 \leq Y$$

という制約のもとで効用を最大化します。図8-2は、このような効用最大化の状態を無差別曲線と予算制約線の上で図に描いたものです。消費点は予算制約線と無差別曲線の接点によって与えられます。もちろん、消費点において無差別曲線の接線の傾きである限界代替率は、価格比 p_1/p_2 に等しくなっています。

さて、消費者によって無差別曲線の形は違うかもしれませんが、予算制約線の傾きは必ず p_1/p_2 となっています。すべての消費者は同じ価格に直面しているからです。したがって、すべての消費者は消費点において、同じ限界代替率になっています。

図8-1をもう一度見てください。当初の点（太郎はリンゴ10個、ミカン0個の点 A、花子はリンゴ0個、ミカン20個の点 B）では、2人の限界代替率は一致していません。このように2人の限界代替率が一致していないところでは、最適な資源配分が実現しているとはいえません。しかし、同じ価格に直面

することで、太郎と花子の消費量は、2人の限界代替率が一致するように調整されます。

ボックス・ダイアグラム上で見た資源配分とパレート最適性

　交換による資源配分の変化はボックス・ダイアグラムという手法を用いて分析することもできます。図8-3はボックス・ダイアグラムを描いたものですが、この箱型の図形の横と縦の長さは、それぞれリンゴとミカンの量を表わしています（リンゴが10個、ミカンが20個あるとします）。この二つの財を2人で分ける方法は、この箱のなかの点によって表わされます。たとえば図に A という点がとってありますが、この点は太郎がリンゴを3個、ミカンを5個もらい、花子がリンゴを7個、ミカンを15個もらうという分け方を表わしています。

　一般的に、どのような分け方も箱のなかの点によって表わすことができます。箱の左下の点（O_1）は太郎にとっての原点を表わしており、太郎の取り分はこの点から右上の方向に測られます。右上の点（O_2）は花子の原点で、花子の取り分はこの点から左下の方向に測られます。

　2人の間の消費配分とは、ようするに、リンゴとミカンを2人でどのように分けるかということです。つまり、ボックス・ダイアグラム上のどの点を選ぶかということになります。もちろん配分の仕方によっては資源をむだにすることにもなりかねませんが、これについては以下で説明します。

　図8-4は、2人の間の配分の効率性を評価するために、2人の無差別曲線をボックス・ダイアグラム上に描いたものです。この場合、花子の消費量（つまり二つの財の取り分）は O_2 から左下の方向にとられているので、無差別曲線の形も逆になります。

　ボックス・ダイアグラム上において、点 A や点 B では資源配分は効率的になっていますが、点 C や点 D では資源配分が効率的に行なわれているとはいえません。

　点 A と点 B では、2人の無差別曲線が接しています。つまり、2人の限界代替率（無差別曲線の接線の傾きの絶対値）は等しくなっています。この場合、点 A からどのように消費配分を変えても（つまりボックス・ダイアグラム上で点 A からどのような方向に動いても）、必ずどちらかの消費者の効用が下がります（グラフで確認してください）。

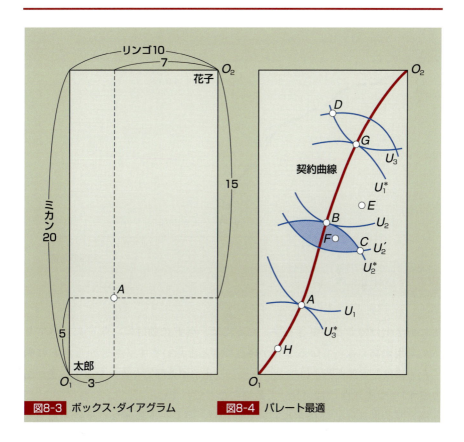

図8-3　ボックス・ダイアグラム　　図8-4　パレート最適

　資源配分がこのような状態にあるとき、パレート最適であるといいます。パレート最適な資源配分とは、資源配分をどのように変えても、だれかの効用を下げることなしには他の人の効用を上げることができない状態をいいます。そのような意味で、効率的な資源配分がなされているわけです。

　点CやDのように、2人の無差別曲線が交わっているところ、つまり限界代替率が一致していないところでは、資源配分は効率的に行なわれているとはいえません。つまりパレート最適ではないのです。これについて、たとえば点Cをとって説明してみましょう。

　点Cのように2人の消費者の無差別曲線が交わるところでは、その点を通る2人の無差別曲線（点Cでいえば、太郎の無差別曲線U_2'と花子の無差別曲線U_2^*）によって凸レンズが描けます（図では青色で示してあります）。この凸レンズの内側に動くように2人の消費の配分を変更すれば、2人の効用をと

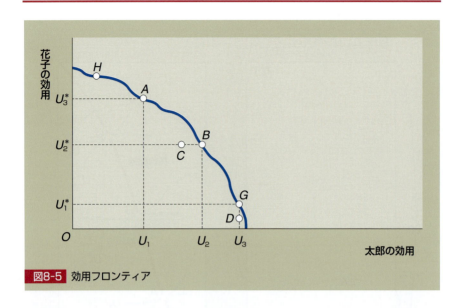

図8-5 効用フロンティア

もに引き上げることができます。たとえば、点 F に動けば、点 C に比べて2人の効用が高くなっていることが確認できると思います（点 C から点 F に動くためには、太郎が花子にリンゴを渡し、花子が太郎にミカンを渡す必要があります）。つまり点 C はパレート最適になっていません。

　図に契約曲線として描かれている曲線は、パレート最適な点を結んだ曲線で、この曲線上の点では、2人の無差別曲線の接線の傾きは等しくなっています。この曲線以外のところでは、パレート最適にはなっていません。図8-5に描いた効用フロンティアという曲線は、図8-4の契約曲線上を動いたときの2人の効用の動きをとったものです。効用フロンティアは、ボックス・ダイアグラム上で2人の間で財を配分したときに実現できる2人の効用の組み合わせを表わしています。

　契約曲線上の点はすべてパレート最適になっていますので、一方の効用が高くなれば、もう一方の効用は必ず低下します。したがって、効用フロンティアは右下がりになっています。——2 図8-5の上の各点は、図8-4のボックス・ダイアグラム上の各点に対応して描かれています。たとえば、図8-5の点 A

2——効用フロンティアがわざと、デコボコの形に描いてあるのは、効用の絶対的な大きさそのものに意味がないこと（効用の序数性）を強調するためです。

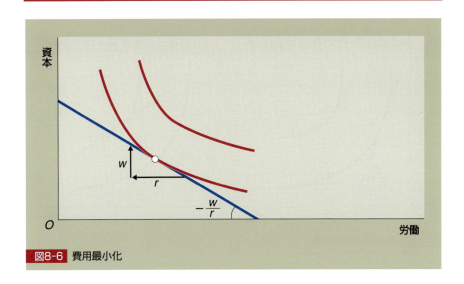

図8-6 費用最小化

は、図8-4の点Aに対応しているという具合です。この図にもあるように、ボックス・ダイアグラムで契約曲線上にない点の効用水準は、効用フロンティアの内側にきます。つまり、2人の効用をともに増加させる余地があるのです。

ところで効用フロンティアを見れば明らかなように、資源配分の効率性は分配の公平性と相容れないこともあります。図8-5の点GやHではパレート最適になっていますが、とても分配の公平性が実現しているとはいえません。

II 生産活動における資源配分

費用最小化行動と資源配分

以上で消費の配分について説明したことは、生産要素の配分についても成立しています。資本、労働、土地などの生産要素も、かぎられた量しかありませんので、これらの生産要素をどのように産業間に配分するのかということが重要な経済問題となります。実は消費の場合と同じように、生産要素の場合にも、企業の費用最小化行動によって、資源配分の最適性が保証されるのです。

図8-6は、第7章で説明した費用最小化行動を再現したものです。かりに二つの生産要素を資本と労働と呼ぶなら、費用最小化のためには、資本と労働の間の限界代替率（等量曲線の接線の傾き）は、資本と労働の価格比（w/r）

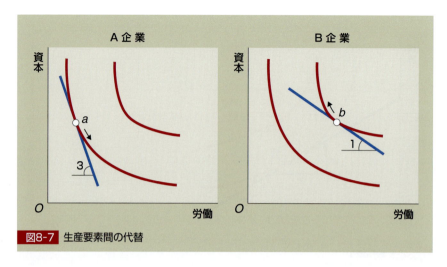

図8-7 生産要素間の代替

に等しくなっていなくてはなりません。図にはこのような状況が示してあります。

　さて、図に描いたような状況は、完全競争の前提のもとでは、どのような企業についても成立しているはずです。しかもすべての企業は資本や労働の要素価格（資本のレンタル費や賃金率）に関して、同じ価格に直面しているはずです（生産要素に関する一物一価の法則）。ということは、すべての企業の生産要素間の限界代替率は一致していることになります。

　これは、第4章で説明した価格メカニズムと本質的に同じものです。すべての企業が同じ要素価格に直面しているため、そしてすべての企業がその要素価格と生産要素間の限界代替率を等しくするように行動しているため、すべての企業の間で限界代替率が等しくなります。

　このように生産者の間で生産要素間の限界代替率が等しくなっているということは、生産要素が生産者間で効率的に配分されるために必要なことです。これも消費の配分の場合と同じです。これを図8-7を用いて説明しましょう。

　この図には二つの企業の等量曲線が描いてあります。いまA企業は点aで生産を行なっており、B企業は点bで生産をしているとしましょう。ここでは点aと点bにおける限界代替率は違っています。かりに点aにおける労働と資本の間の限界代替率は3、点bにおけるそれは1であるとします。

　このような状態は最適な生産要素の配分になっているとはいえません。なぜならA企業は労働をもう少し多く使って生産し（つまり点aよりも右下のほ

うの点で生産し)、B企業は資本をもう少し多く使って生産する（つまり点 b よりも左上のほうの点で生産する）ことで、より少ない生産要素ですますことができるからです。このような調整は図上の矢印で示してあります。

　具体的な数値を使って説明するなら、たとえばA企業は労働の投入を少し増やせば、その3倍の資本を節約できます（限界代替率が3だから）。これに対して、B企業は労働を少し減らしても、それと同量の資本を増やせば生産を維持できます（限界代替率が1だから）。したがって、この点で両者間の生産要素の配分が効率的に行なわれているとはいえません。

　以上で説明したように、各企業において限界代替率が一致しているということが生産要素の効率的な配分のうえで必要なことですが、完全競争のもとではこれが価格メカニズムによって自動的に達成されるのです。

生産要素の配分と生産フロンティア

　生産要素の配分に関しても、第I節で説明した消費の配分と同じような議論が展開できます。これを図8-8のような生産要素のボックス・ダイアグラムを用いて説明してみましょう。

　いま生産要素は資本と労働の2種類であり、この二つの生産要素を用いて財1と財2が生産されているとします。ボックス・ダイアグラムの大きさは、生産に利用可能な資本と労働の量を表わしています。箱の横の長さが労働の量、縦の長さが資本の量です。

　消費の場合と同じように、このボックス・ダイアグラム上の点によって、二つの産業の間の生産要素の配分を表わすことができます。産業1に配分される資本と労働の量は図の左の点 O_1 から、産業2に配分される資本と労働の量は右上の点 O_2 から測られています。したがって、たとえば図の点 A が生産要素の配分として選ばれれば、それぞれの産業に配分される資本と労働の量は図に描いたようになるわけです。

　さて、消費の場合と同じように、生産要素の配分の場合にも、二つの産業の等量曲線が接する点があります。図では点 A、B、C のような点です。消費の配分のケースと同じように、このような点を結んだ曲線を契約曲線と呼びます。契約曲線にのっている点では、二つの産業の資本と労働の間の限界代替率（等量曲線の接線の傾き）は等しくなっています。

　基本的な議論は消費の場合と同じですので、くわしい説明はしませんが、こ

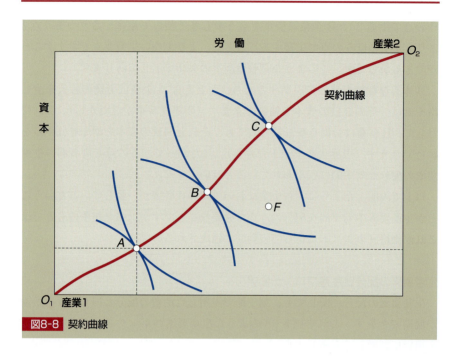

図8-8 契約曲線

のような契約曲線上の点のように生産要素の配分を行なったとき、生産要素の配分は効率的に行なわれているといえます。それ以外の点では生産要素の配分は効率的とはいえないのです。

消費の場合に説明した効用のフロンティアと同じような図を、生産の場合に関しても描くことができます。図8-9がそれです。この図の横軸には財1の生産量 X_1（つまり産業1の生産量）、縦軸には財2の生産量 X_2 がとられています。青色で示した領域は、資本と労働を二つの産業間に配分することによって実現可能な二つの財の生産量を表わしています。このような図形のことを、生産可能性領域と呼びます。

生産可能性領域のなかでもとくに、その境界にある曲線のことを生産フロンティアと呼びます。図8-9では曲線 O_1ABCO_2 が生産フロンティアになっています。生産フロンティア上の各点は、図8-8のボックス・ダイアグラムの契約曲線上の各点に対応しています。図8-8で契約曲線上を O_1 から O_2 の方向へ動いていくということは、生産要素をそれだけ産業1に多く配分していくということです。したがって、このような生産要素の配分の変化に対応して、生産点は、図8-9の生産フロンティア上を左上の O_1 から右下の O_2 へ向かっ

[Column] ステップアップ経済学
数理経済学による一般均衡分析

　本書は入門書ですので、難しい数式はいっさい使用していません。しかし、本章で展開した一般均衡理論では、高度な数学を利用した精緻な理論が確立しています。とくに1950年代から60年代にかけて多くの重要な研究が出てきました。ミクロ経済学でももう少し上級の教科書であれば、こうした理論について学ぶ機会もあると思います。

　一般均衡理論がやっかいなことは、多くの財・サービスの需要と供給の均衡が同時に達成されることです。これらの均衡方程式を同時に解くという問題が生じます。さらにそれぞれの需要や供給の背後には、多くの消費者と生産者の最適化行動が隠れています。需要は消費者による効用最大化行動の結果として出てくるものであり、供給は生産者の利潤最大化行動の結果出てくるものだからです。

　数理経済学の手法ではこれらの最大化行動を定式化し、それが需要や供給に反映されるような分析が行なわれます。そして、そうした需要と供給が均衡するような価格が模索されるのです。

　図式的に書けば、

　　　価格→消費行動と供給行動→需要と供給の導出→
　　　　需要と供給を均衡化させる価格の調整→消費行動と供給行動→
　　　　需要と供給の導出→価格調整

というステップを数式上で繰り返していき、最終的な均衡点を求めるのです。

　こうした数理的な手法は、たんに学問の抽象化だけのためのものではありません。こうした手法を応用して現実の経済運営に活用することも可能です。たとえば、すでに市販されているコンピュータ・プログラムで、「計算可能な一般均衡モデル」というものがあります。このプログラムのなかにはいろいろな市場のモデルが数式で入っており、そこに数値を入れることによって価格や需要・供給が求められるようになっています。

　たとえば、日本と韓国が自由貿易協定を結んだとき、いろいろな産業の価格や需要・供給がどのように変化するのかは、このモデルをコンピュータ上で動かすことによって求めることができます。こうした結果は現実の政策の場でも少しずつ利用されるようになってきています。

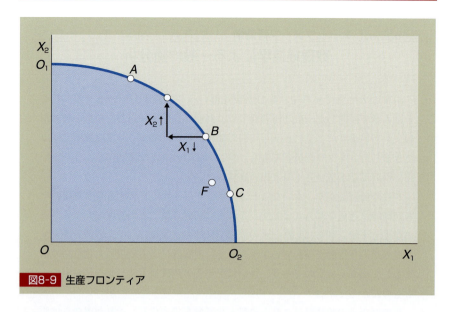

図8-9 生産フロンティア

て動いていきます。

　契約曲線からはずれた点で生産要素の配分が行なわれているときには、生産は効率的に行なわれているとはいえません。そのときは、生産点は生産可能性領域の内側にきます。図8-8と図8-9の点F（二つの点は対応しています）はそのような非効率な生産要素の配分にもとづいた生産状況を表わしています。

　図8-9からも明らかなように、点Fよりも右上の点が生産可能性領域のなかにあるということは、点Fよりも両方の財を多く生産することが可能であるということです。

　これに対して、生産フロンティア上の点よりも外側の点は、いずれも生産可能性領域に入っていません。すなわち生産フロンティア上の点から生産要素の配分を変えて一方の財の生産を増やそうとすると、必ずもう一方の財の生産が減少してしまうのです。このような性質は、効用フロンティアの性質ときわめて似ています。

生産と消費の配分

　多くの経済分析で用いる生産フロンティアは、通常図8-9に描いたような外に向かって凸の形状をしています。この生産フロンティア上の各点の傾き

を、通常、限界変形率と呼びます。限界変形率はつぎのような意味を持っています。たとえば図の点 B における生産フロンティアの傾きは、点 B から少しだけ生産要素を産業1から産業2に移動させたときの財1の生産の変化と財2の生産の変化の比率を表わしています。もう少し乱暴な言い方をするなら、財1の生産を1単位増やすように生産要素を産業2から産業1へ動かしたとき、財2の生産がどれだけ減るかを表わしたのが、限界変形率ということになります。

きちんと説明すると複雑になりますのでくわしい説明はしませんが、完全競争の場合には、限界変形率は二つの財の価格比（p_1/p_2）になることが知られています（ただし p_1 は財1の価格、p_2 は財2の価格です）。すなわち、財1の価格が相対的に高いとき（すなわち p_1/p_2 が高いとき）、この経済は生産フロンティア上でより限界変形率の高いところ、つまり図8-9の右下のほうで生産します。要するに財1の価格が高いほど、より多くの生産要素が産業1に配分され、財1の生産量も多くなるというわけです。

このように、経済全体で二つの産業の間に生産要素がどのように配分されるかは、二つの財の相対価格がどうなっているかによって決められます。価格の相対的に高い財を生産している産業に、より多くの生産要素が集まるのです。

各消費者は、二つの財の消費の限界代替率が価格比に等しくなるようにして効用最大化をはかっています。一方で、生産における限界変形率も価格比に等しくなっています。したがって、価格を通じて、生産における2財の限界変形率は、消費における2財の限界代替率に等しくなっていることになります。このように限界変形率と限界代替率が等しくなることは、資源配分が効率的に行なわれるうえで必要なことなのです。

この点について直感的な説明をするなら、つぎのようになります。限界代替率、限界変形率、価格比は、それぞれ違った意味での二つの財の間の代替率（交換比率）を表わしています。図8-10はこれを整理したものです。すなわち、限界代替率は消費者が、二つの財をこの比率であれば交換してもかまわないということを表わしており、限界変形率は生産要素を二つの産業の間で動かすことで、二つの財の生産をどのような比率で替えることができるかを表わしており、価格比は市場で二つの商品を購入したり販売したりするとき、その間の交換比率を表わしています。

効率的な資源配分のもとでは、この三つが等しくなっていなければならない

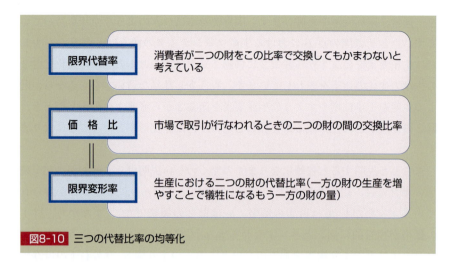

図8-10 三つの代替比率の均等化

わけです。

Ⅲ　比較優位の理論

アインシュタインの比較優位

　本論に入る前に、つぎのような例について考えてみてください。いま、アインシュタインが彼の弟子といっしょに仕事をしていたとします。仕事は2種類の作業に分けることができ、一つは理論的な構造について考える創造的作業、もう一つは実験や数値計算をするような補助的作業であるとします。この二つのどちらの作業も、研究上欠かせないものとします。

　いま、アインシュタインは、どちらの作業に関しても弟子よりも有能であったとします。たとえば、能力を仕事のスピードで測ると、アインシュタインは創造的作業に関して弟子の5倍、補助的作業に関しては弟子の2倍のスピードで仕事を完了することができるとしましょう。この場合、アインシュタインは、作業を全部自分でやってしまって、弟子には何もまかせないほうがよいのでしょうか。また、弟子はこんなに優秀なアインシュタインといっしょに作業するのでは、アインシュタインに搾取されるばかりなので、一人で別に研究をしたほうがよいのでしょうか。

　もちろん、答えは否です。アインシュタインも弟子も1日24時間という時間的制約に縛られています。したがって、この時間的制約のもとで最大限の成果

[Column] 現実の経済を見る眼
分配の問題

　市場経済は資源配分の効率を実現するためには非常に有効な手法ですが、社会の安定や健全性にとって不都合な面も多々あります。第12章でとりあげる市場の失敗はその典型です。地球気候変動の問題などは、人類の存続にもかかわる深刻な市場の失敗を引き起こしています。

　もう一つの市場メカニズムの大きな問題は、所得分配や資産分配で起きる格差や不平等の問題です。市場での自由な取引にゆだねると、一部の人には膨大な所得機会が提供されますが、多くの人は貧しい状況のままでいるのです。

　所得や資産の格差の存在はさまざまな問題を引き起こします。そもそも大きな所得格差の存在そのものが認めがたい存在なのです。一方で贅沢な生活をする一部の金持ちと、その日の生活にも苦しみ、貧困に苦しむ人が多くいることは、健全な社会の姿ではありません。

　日本は世界のなかでは貧困者への対策が比較的に手厚い国です。フィリピンやインドなどの国では、エリートが働く繁栄した街のすぐ近くにも、多くの貧困層がすむスラムがあります。そうした光景を見て胸が痛まない人はいないでしょう。もっとも、日本の国内でも格差問題が深刻さを増しています。日本の子どもの6人に1人が貧困家庭にあるといわれます。貧困状態の定義は、家計の平均的な所得の半分しかない家計のことを指します。貧困状態ではまともな教育を受けることもむずかしいでしょう。十分な教育を受ける機会がなければ、その子どもが将来十分な就職機会を得ることも困難になります。貧困家庭から育った子どもたちが、そしてその孫が貧困状態を続けること、つまり貧困の連鎖が起きることを断ち切らなくてはいけません。

　この本ではくわしい説明はしていませんが、貧困や格差にどのように対応するのかというのは、経済政策や制度設計の重要な問題です。経済学の研究や調査でも、貧困の状態をどう計測するのか、どのような政策が有効であるのかという点について、さまざまな議論が行なわれています。現実の政策運営においても、諸々の生活支援策のあるべき姿、税金を利用した裕福な国民から貧しい国民への所得分配策の可能性、貧困の連鎖を断つための教育の無償化をどこまで進めていくべきなのか、などについて、さまざまな政策が行なわれ、制度の整備の努力が続けられています。

表8-1 日本とアメリカの比較優位構造

	必要労働係数	
	機械	農産物
日　本	2	4
アメリカ	6	6

をあげようと思ったら、両者が協力して分業したほうがよいのです。この場合、アインシュタインに創造的な仕事をさせれば、補助的な仕事の2.5倍の仕事をするのですから、アインシュタインは創造的な仕事に特化し、それを補うため弟子が補助的な仕事を行なえばよいのです。

このような状況のとき、アインシュタインは創造的仕事に比較優位があり、弟子は補助的な仕事に比較優位があるといいます。国際貿易における比較優位とは、ここでの2人を国に置き換え、二つの作業を産業に置き換えることでそのままあてはまります。

比較優位と国際貿易

表8-1に示されているような状況を考えてみてください。国は日本とアメリカの2国、財は機械と農産物の2種類しかなく、2財とも労働だけを用いて生産されるものとします。表に書かれている数字は、両国でそれぞれの財を1単位生産するためには何単位の労働が必要かというものです。たとえば、日本で機械を1台生産するためには労働が2単位必要であると読み取ることができます。

この表に示されたような技術状況のもとで、日本とアメリカの間で貿易は成立するでしょうか。また、もし貿易が成立するのであれば、それによって両国は利益を得るのでしょうか。この表を見るかぎりでは、どちらの財についてもアメリカの労働生産性は日本より低くなっていますが、これは上の設問の解答に影響を及ぼすのでしょうか。

まず、両国間で貿易が行なわれていないケースを想定してみてください。二つの財とも消費に必要な財なら、貿易が行なわれていなければ、それぞれの国で両方の財が生産されるでしょう。この状態から出発して、日本で機械の生産を1単位増やし、アメリカで機械の生産を1単位減らしてみてください。

[Column] 現実の経済を見る眼
空洞化か比較優位か

　近隣の中国が急速に工業化するなかで、日本の産業の空洞化への懸念の声が大きくなっています。繊維製品や低価格の電気製品などが中国から大量に輸入されており、これらの国内生産は大きく落ち込んでいるのです。「中国の経済発展で日本の産業は空洞化してしまう」という悲鳴が産地から聞こえてきます。

　しかし、本当にそうなのでしょうか。これから高齢化に向かい若い労働力が不足すると予想される日本で、これまでと同じように若い労働を大量に投入して繊維製品などを生産することが経済合理性にあっているとも思えません。中国人の何十倍の所得を稼ぐ日本の労働者が、労働集約的な産業で中国に対して優位性を持つとも思えないのです。

　それよりは、日本は得意な産業に生産を集中させ、中国にまかせたほうがいい分野については製品を中国から輸入したほうがよいのではないでしょうか。これこそが本章で説明した比較優位の考え方なのです。

　日本の国内であらゆる産業を抱えるというのは、本来、経済合理性にかなっていないのです。日本国内にあるかぎられた資源（労働・資本・土地など）はできるだけ日本が得意とする分野に集中させ、それ以外の商品については海外から輸入すればよいのです。

　中国のような近隣の国がかつてのように貧しいときと、現在のように急激に工業化したときと、日本にとってはどちらのほうがよいでしょうか。近隣諸国が豊かになったほうが日本にとっても有利であることはいうまでもないでしょう。ただ、そうした中国の経済発展から日本が恩恵を受けるためには、日本自身が変化し続ける比較優位構造にあわせて産業構造を変えていかなくてはいけないのです。

　日本はかつて、繊維産業に比較優位を持っていました。しかし現在は、一部の高級品などを除いては繊維産業に比較優位を持っていないのです。「空洞化」というと非常に悪いことのように響きますが、よく考えてみると「空洞化」するということはすべての産業が日本国内から消えるわけではなく、得意な分野に資源を集中させるために不得意な分野が「空洞化」するだけなのです。空洞化と比較優位とは同じ現象なのです。

日本では機械を1単位追加生産するために、2単位の労働を農産物を生産しているところから持ってこなくてはなりません。その結果、日本の農産物の生産は $\frac{1}{2}$ 単位減少します。アメリカでは、機械の生産を1単位減らすことで6単位の労働が節約できますので、これを農産物の生産にまわせば農産物の生産量を1単位増加させることができます。

　このような生産の変更によって、両国合わせた機械の生産台数は変化しないにもかかわらず、農産物の生産量は $\frac{1}{2}$ 単位増加します。したがって、もし貿易によってこの農産物を両国の間にうまく分配することができるのであれば、両国は以前よりも経済的により豊かになります。

　両国の生産を上に述べたように変更したら、なぜ農産物の総生産量が増加するのでしょうか。この点について理解するためには、それぞれの国における生産を通じての2財の間の代替関係（機械と農産物の間の限界変形率）について説明する必要があります。

　日本では、1単位の機械を生産する労働で $\frac{1}{2}$ 単位の農産物を生産することができます。つまり、二つの産業間で労働を動かすことで、1単位の機械を $\frac{1}{2}$ 単位の農産物に変えること（代替あるいは変形）ができます。これはすでに説明した限界変形率（Marginal Rate of Transformation：MRT）にほかなりません。この場合、限界変形率は $\frac{1}{2}$ になっています。同じようにして、アメリカにおいては1単位の機械が1単位の農産物に変換できるので、限界変形率は1となります。

　二つの国の限界変形率が異なっているとき、それぞれの国で両方の財が生産されているということは明らかに非効率的なことです。上の例では、日本でより多くの機械を生産し、アメリカでより多くの農産物を生産することで、両国合わせた2財の総生産量を増大することができます。したがって、日本が機械の生産に特化し、アメリカが農産物の生産に特化することで、はじめて効率的な生産が行なわれたことになります。このとき、それぞれの国はみずからが生産しないものを他国から輸入しなくてはなりませんから、そこに貿易が生じます。

　この例の場合、日本は機械に比較優位を持ち、アメリカは農産物に比較優位を持つといいます。この場合の「比較」とは、日本とアメリカとを比べるというよりも、機械と農産物を比べるという意味です。機械の生産に関してどちらかの国がより適しているかということを評価するために、「機械の生産を1単

表8-2 機械の価格と両国の生産パターン

	生産パターン		
	$\frac{1}{2}$ 以 下	$\frac{1}{2}$ 以上1以下	1 以 上
日　　　本	農 産 物	機　　　械	機　　　械
アメリカ	農 産 物	農 産 物	機　　　械

位追加するために農産物の生産をどれだけ犠牲にしなくてはならないか」という点について両国を比べているのです。表8-1では、日本では$\frac{1}{2}$、アメリカでは1ですので、日本のほうが（農産物を基準として見たときの）機械の生産について比較優位を持っています。同じようにして、アメリカが農産物に関して比較優位を持っていることが容易に確認できます。この点は演習問題として残しておきます。

さて、非常に興味深いことに、もし両国が自由貿易を行なえば、それだけで両国は自動的にそれぞれが比較優位を持つ財の生産に特化します。その結果、自由貿易のもとで実現する資源配分は最適なものとなります。この点は重要ですので、簡単に説明してみましょう。

表8-2は、農産物の価格を1としたとき、機械の価格と両国の生産パターンの間に成立する関係を示したものです。農産物の価格を1としたのは、つぎのような理由によります。市場取引や資源配分を決定するうえで重要なのは、それぞれの財の絶対価格ではなく、二つの財の価格比（相対価格）です。たとえば、機械が20円で農産物が10円の状態と、機械が2000円で農産物が1000円の状態は、この二つ以外に財がないかぎり同じことを意味します。ここで問題なのは、二つの財の相対価格が2（つまり機械の価格が農産物の価格の2倍）であるということであり、各財の絶対価格はそれほど重要な意味を持っていません。このような理由によって、以下では農産物の価格を基準にとり、それを1とします。

日本で二つの財がともに生産されるためには、機械の価格は$\frac{1}{2}$でなければなりません。表8-1に示されているように、機械を1単位生産するためには農産物を1単位生産するのに必要な労働の半分が必要だからです。もし機械の価格が$\frac{1}{2}$以下であったら、すべての生産者は農産物を生産しようとするでしょう。そのほうが利益が大きいからです。逆に、もし機械の価格が$\frac{1}{2}$以上で

あったら、すべての生産者は機械だけ生産しようとするでしょう。アメリカにおいては、生産のパターンは機械の価格が1のところで転換します。以上の点は表8-2から容易に読み取れるでしょう。

さて、もし日本とアメリカ以外に貿易をしている国がないとしたら、自由貿易のもとでの価格はどのような水準になるのでしょうか。（農産物の価格が1であるとすると）機械の価格が$\frac{1}{2}$以下のときには、日本でもアメリカでも農産物しか生産されません。機械に対する需要があれば、このような状態は均衡になりえません。機械の不足（この場合には機械の生産台数はゼロ）を反映して、機械の価格は上昇するでしょう。

逆に、機械の価格が1以上になってしまうと、両国の生産者は機械だけを生産しようとするでしょう。このときは農産物が不足し、農産物の機械に対する相対価格が上昇します。ここでは、農産物の価格を1に固定していますので、機械の価格が下がることになります。

結局、機械の価格が$\frac{1}{2}$と1の間にあるときのみ、両方の財が生産されます。日本は機械の生産に特化し、アメリカは農産物の生産に特化します。このときの両国の特化のパターンは、比較優位に基づいた正しいものとなっており、効率的な資源配分が行なわれています。つまり、自由貿易のもとでは、自動的に最適な資源配分が成立するのです。もし関税などの貿易制限的な措置が政府によってとられるならば、それによって資源配分は歪められます。自由貿易を行なうことの意味は、ここにあります。

【演習問題】
1. 以下の点について答えなさい。
　(1)異なった消費者の間で限界代替率が等しくなることは、効率的な資源配分を達成するために必要なことであるが、これはどのような理由によるか。
　(2)異なった生産者の間で、生産要素の間の限界代替率が等しくなることは、効率的な資源配分を達成するために必要なことであるが、これはどのような理由によるだろうか。
　(3)ボックス・ダイアグラムのなかのそれぞれの点は何を表わしているのであろうか。
　(4)二つの財と二つの国で考えたとき、それぞれの国は必ずどちらかの財に比較優位を持つといわれる。これはどうしてか。
　(5)生産フロンティアは外側に向かって凸の形状をしているが、これはどのよう

なことを表わしているのか。
2. 2人の消費者が2財を交換する状況をボックス・ダイアグラムを用いて考察し、以下の設問に答えなさい。
(1) ボックス・ダイアグラムの縦と横の長さは何を表わしているだろうか。
(2) 2人の当初の財の所有量はボックス・ダイアグラムの上ではどのように表わされるのか。
(3) ボックス・ダイアグラムの上に契約曲線を描き、それがどのような点の集まりであるか説明しなさい。とくに、パレート最適性との関係について説明しなさい。
(4)*この2人が交換を行なった結果、2人の間での財の配分はどのようになるだろうか。ボックス・ダイアグラムの上で分析しなさい。
3. 2国（A国とB国）、2財（財1と財2）の世界を考える。両国の生産技術水準は表に示したようになっている。ただし、各欄のなかの数値は、それぞれの国でその財を1単位生産するために必要な生産要素の量を表わしたものである（生産要素は1種類であり、それを労働と呼んでもよい）。たとえば、A国で財1を1単位生産するためには、生産要素が3単位必要である。以下の設問に答えなさい。

国＼財	財1	財2
A国	3	6
B国	10	10

(1) ここでは両国のどちらの産業も規模に関して収穫一定であると考える。これはどのようなことであるか、簡単に説明しなさい。
(2) A国はどちらの財に比較優位を持っているのか。B国はどちらの財に比較優位を持っているのか。これらの解答に関して簡単な説明をつけなさい。
(3) A国が財2を生産し、同時にB国が財1を生産することは、世界全体の効率的な資源配分から見て望ましいことではない。この点について簡単に説明しなさい。
(4) 両国の間で自由な貿易を行なえば、効率的な資源配分が自然に達成できるといわれる。この点について簡単に説明しなさい。

Part 3
ミクロ経済学の展開

　Part 3 では、これまで説明してきたミクロ経済学の基本的な考え方を、いろいろな問題に応用するとともに、さらに発展した問題や新しいトピックスについてとりあげます。これまでの Part では、市場取引によって効率的な資源配分が実現することをいろいろな角度から説明してきました。しかし、現実の経済ではそうした価格メカニズムがうまく機能しない状況が多くあります。

　第9章でとりあげる独占や寡占などのように少数の企業が産業や市場を支配する場合には、資源配分の歪みがもたらされることになります。だからこそ、独占や寡占のもとにある企業の行動を監視し規制する公正取引委員会があり、そのために独占禁止法があるのです。

　資源配分に歪みが生じるのは、独占や寡占の場合だけではありません。第12章でくわしく説明するように、資源配分に歪みが生じる現象を一般的に「市場の失敗」と呼びますが、こうした市場の失敗を起こす要因は多数あるのです。公害や自然環境の破壊などは、市場の失敗のもっとも典型的な例となります。また、道路や港湾のような公共財も、市場メカニズムだけに頼るわけにはいかない理由があります。

　Part 1 と Part 2 で説明してきた内容は、ミクロ経済学のなかでは古典的な理論といってよいでしょう。その内容の大まかな骨格は50年以上前に確立しています。それに対して Part 3 では、この30年ほどの間の新しいトピックスについても、ごく簡単に導入的な説明を行ない

ます。

　この30年ほどの間でもっとも大きな進展があったのがゲーム理論でしょう。社会に存在する相互依存関係とそのもとでの行動原理について分析するうえで、ゲーム理論は革命的影響を経済学にもたらしたといっても過言ではないでしょう。残念ながらゲーム理論はきわめてテクニカルな分析を前提としています。それは、この入門書の範囲をはるかに超えるものですので、ここでは応用例を用いながらゲーム理論の基本的な考え方を説明することにします（第10章と第11章）。

　この30年の間に大きく進展したもう一つの分野が、第14章でとりあげる不完全情報の経済学です。現実の経済では、金融市場でも労働市場でも、そして通常の財やサービスの市場でも、売り手や買い手が取引相手の特性や商品・サービスの品質に関する情報をすべて把握しているわけではありません。社会に見られるさまざまな仕組みや制度は、情報の不完全性を補完するものとして理解することもできます。この章ではこういった問題をとりあげます。

　第13章では不確実性あるいはリスクが存在する場合の市場取引について、そして第15章では多時点にわたる取引に関して説明します。これらの分析は基本的なミクロ経済分析の応用問題として取り扱うことができますが、現実の経済問題に幅広く適用可能です。保険、貯蓄、利子など、現実経済で重要な役割を演じる現象を、これらの章で考えてみたいと思います。

9

独占の理論

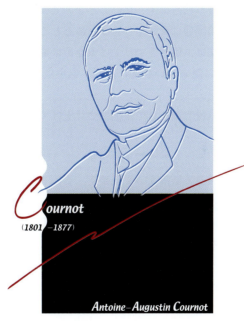

Antoine-Augustin Cournot

クールノー（Antoine-Augustin Cournot：1801-1877）
数理経済学者として19世紀のフランスを代表する経済学者であるが、とくに独占や寡占市場の研究ではその後の発展に大きく貢献する研究成果を残している。

この章では、独占について学ぶそうですが、独占とはある商品を1社が一手に生産しているような場合を指すのですか。

そうです。巨大企業が生産を支配している産業が多くあります。そうした巨大企業が価格をどう決めるのか知っておく必要があります。

生産を独占してしまうのは悪いことなのではないですか？

「悪」と決めつけることはできません。半導体、航空機、金融ビジネスなど、ある程度のスケールがないと効率的な生産やサービスの提供が成り立たない産業では、企業の数はどうしても少なくなります。ただ、少数の企業の間でも競争は存在します。しかし、競争相手が少なくなると一般的には、どうしても独占的な行動をとる企業が出てくることになります。

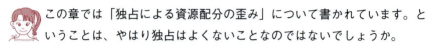この章では「独占による資源配分の歪み」について書かれています。ということは、やはり独占はよくないことなのではないでしょうか。

たしかに、独占の問題は資源配分をゆがめるところにあります。独占的な行動をとる企業は、価格をつり上げるために供給量を抑えようとします。その結果、社会的に望ましい状況に比べ、過小供給になってしまうのです。

ようするに、売り惜しみをして価格をつり上げているのですね。

そのとおりです。そうした問題が起きないように、政府も公正取引委員会という組織を通じて監視をしています。そのもっとも典型的な例が談合の摘発です。

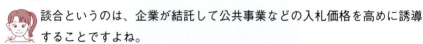談合というのは、企業が結託して公共事業などの入札価格を高めに誘導することですよね。

そうです。ところで、この章では後半で「競争」について、完全競争と独占的競争という二つのケースをとりあげています。

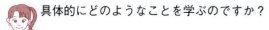具体的にどのようなことを学ぶのですか？

競争の概念についてくわしく説明するのが、この章の一つのねらいです。具体的にいうと、「参入」という現象に焦点を当てて競争原理について考えます。利益のある分野には多くの企業が参入してきます。つまり競争が激化するわけです。

そうした競争が激化することは、社会全体にとっては好ましいことなのでしょうね。

だいぶ経済学の考え方が身についてきましたね。競争を通じて費用を下げていく努力が見られるということを学んでほしいのです。

ところで、独占的競争というのはどういうことですか。独占があれば競争が起こらないのではありませんか。

現実の世界では、同じ産業内に多数の企業がひしめきあって競争している場合もあれば、そうではない形で競争をしているケースも少なからず存在するのです。企業はつねに、自社の製品にちがいを出そうと工夫をします。競合他社と同じような製品を売ったのでは、価格競争に巻き込まれて高い利益を上げられないからです。

そういえば、ビールなんか、ブラインド・テスト（目隠しテスト）で銘柄を隠して飲んだらどのメーカーの商品かわからない場合が多いのに、各社、つぎつぎに新しい製品を出しては、コマーシャルを打っていますね。

そうしたブランド戦略も現実の競争を考えるうえで重要です。独占的競争の概念は、商品にユニークさを加えることによって製品差別化し、競争に勝ち抜こうとする企業の戦略を考えるうえで有益な見方を提供します。

　私たちのまわりを見回してみると、いろいろな産業で独占的あるいは寡占的行為が目につきます。OPEC（石油輸出国機構）諸国は原油供給量を減らすことで価格をつり上げようという行動をとってきました。コンピュータ産業の巨人マイクロソフトや世界的な自動車メーカーであるトヨタやゼネラル・モーターズ（GM）の動向は、毎日の新聞紙上をにぎわせています。労働組合の活動にしても、労働条件の改善のためにストライキなどの手段でのぞむことの背景には、その企業や産業に独占的に労働を供給しているということに依存している部分が大きいと思われます。

　そもそも独占的行動とは、経済学的にはどのようなものでしょうか。また、「独占は悪である」という通説は、どのような意味で正しいのでしょうか。独占的行為に対しては、どのような政策が行なわれるのが望ましいのでしょうか。この章では、このような問題について、できるだけ現実的な例を織り交ぜながら議論したいと思います。

Ⅰ 供給独占の理論

独占とは

　OPECが原油の供給量を減らす行動をとるのは、それによって世界の原油市場の需給を逼迫させ価格をつり上げるためです。図9-1の曲線Dのように世界全体の原油に対する需要曲線が右下がりになっていれば、供給量が少ないほど原油の価格は高くなります。このような需要曲線の形を前提にしたとき、OPEC諸国の結束が非常に固くて、独占的利潤を最大にするように価格を設定するなら、つまりOPEC諸国があたかも単一の供給独占体のように行動したら、どのような価格がつくのでしょうか。

　供給量を大幅に削減すれば、価格も非常に高くなります。ただし、あまり供給を制限してしまうと売る原油がないわけですから、利潤はそれほど大きくないでしょう。逆に、供給量をあまり多くしても、価格が下がってしまいます。たとえば、図9-1の横軸上のX_1まで供給すれば、価格が原油生産コストに等しくなってしまいますので、利潤はまったく消えてしまうことになります。

　結局、ほどほどに高い価格、あるいはほどほどに制限した供給量というものがあって、そこで利潤がもっとも大きくなるはずです。この点を、第7章で説明した限界収入曲線の考え方を使って、もう少しくわしく分析してみましょう。

需要曲線と総収入曲線

　図9-2は、独占的企業が直面する需要曲線と、それに対応する総収入曲線を描いたものです。独占的企業がプライス・テイカーではないということは、この需要曲線が右下がりになっていることによって表わされています。つまり、たくさん供給しようとすると価格を下げなければいけないわけです。

　この需要曲線は二つの読み方ができます。一つの読み方は文字どおり需要曲線としての読み方であり、縦軸にとられた商品の価格に応じて需要量が決まるというものです。この場合には、縦軸から横軸方向に読みます。

　ここでは、もう一つの読み方が重要になります。横軸から縦軸に読む平均収入曲線としての読み方です。この曲線を、横軸にとられた企業の供給量とそれに対応する（つまりその供給量を市場で売り切るための）価格の関係ととらえ

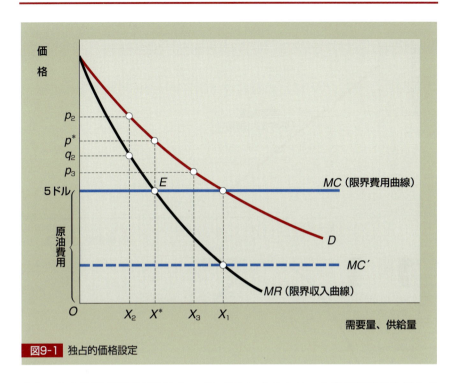

図9-1　独占的価格設定

ます。この曲線が右下がりになっているということは、企業が供給量を増やすためには、価格を下げていかなければならないということです。ようするに、安くしなくてはたくさん売ることはできないわけです。

　平均収入とは総収入を供給量で割ったもの、つまり単位供給当たりの収入のことです。これが価格に等しいことは説明するまでもないでしょう。すべての商品は同じ価格で売られるわけですから、単位当たりの収入は商品の価格になるはずです。

　さて、つぎにこの平均収入曲線（需要曲線）と総収入曲線の関係について考えてみましょう。図9-2には、平均収入（需要）曲線と総収入曲線が対応するように描かれています。総収入は、平均収入である価格に供給量を掛けたものです。たとえば、供給量が X_1 のところで見ると、価格は p_1 になっていますので、総収入は両者の積 $p_1 X_1$ となります。これは需要曲線上で価格 p_1 と供給量 X_1 で決まる長方形の面積に等しくなっています。同様にして、X_2 の供給量のところでの総収入は $p_2 X_2$ となり、価格 p_2 と供給量 X_2 によって決まる長方形の面積になっています。

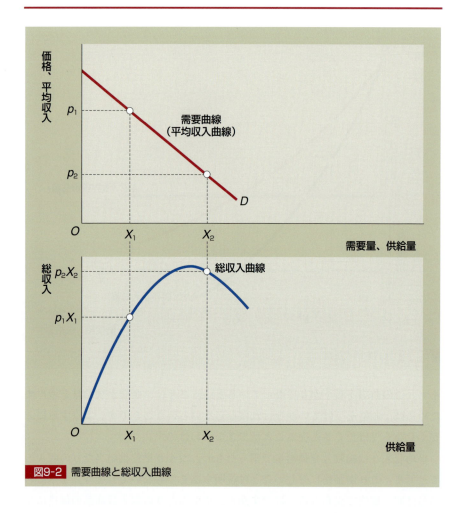

図9-2 需要曲線と総収入曲線

　図9-2の下の図は、このようにして求めた総収入と供給量の関係を表わしたものです。ここでは総収入曲線がおわんをふせたような形になっています。供給量を増やすことによる収入の変化は二つに分解することができます。一つは、供給量を増やすことで収入が増えるという動き（ようするにたくさん売ればそれだけ収入も入ってくるということ）、もう一つは供給量を増やすために価格を下げなければならないために収入が減少するという動きです。この二つの効果が反対方向に働くため、供給量の増加によって収入が増えるかどうかはいちがいにはいえません。この図では、供給量が少ないときには供給量とともに収入も拡大しますが、あるところを超えて供給量が増えると収入はかえって

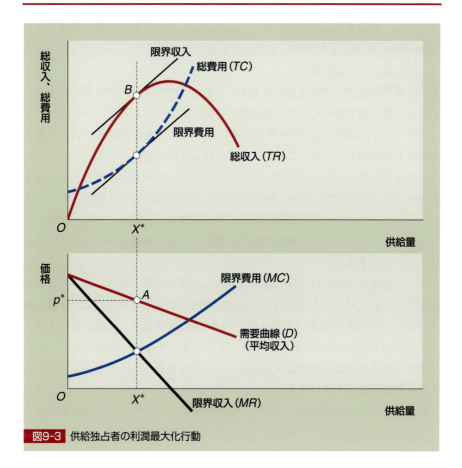

図9-3 供給独占者の利潤最大化行動

減少するようになっています。

独占的供給者の利潤最大化行動

つぎに、先に求めた総収入曲線を用いて、供給独占者の利潤最大化行動について考えてみましょう。図9-3の上の図は総収入曲線と総費用曲線を描いたもので、下の図は限界収入曲線、平均収入曲線（需要曲線）、そして限界費用曲線を描いたものです。

まず、上の図（総収入と総費用）を用いて、利潤最大化行動について考えてみましょう。第7章で説明したように、利潤とは総収入と総費用の差のことです。これは図9-3では、総収入曲線と総費用曲線の縦軸方向の差として表わされています。これがいちばん大きくなるのは、供給量がX^*のところです。

そこでは、総収入曲線の接線の傾き（限界収入）と、総費用曲線の接線の傾き（限界費用）が等しくなっています。つまり

　　　限界収入＝限界費用

という条件が成立しているところです。これは、プライス・テイカーのケースについて第7章で説明したのと基本的には同じことです。

図9-3の下の図には、限界費用曲線と限界収入曲線が描かれていますが、利潤最大点であるX^*のところでは、限界収入と限界費用が一致しています。

プライス・テイカーと独占的企業の違いは、前者では限界収入と平均収入（価格）が一致するのに対し、後者のケースでは限界収入が平均収入よりも小さくなるということです。独占の場合には、限界収入曲線は平均収入曲線よりも下にあります。これは、独占の場合の総収入曲線の形状を調べることで確認することができます。

すでに説明したように、限界収入は総収入曲線の接線の傾きによって表わされます。これに対して、平均収入は総収入曲線上の点と原点を結んだ直線の傾きによって表わされます。たとえば、図9-3の供給量X^*の場合でいえば、平均収入は点Bと原点を結んだ直線（図には描いてない）の傾きに等しくなります（このことは、平均収入は総収入を供給量で割ったものであるということから確認できると思います）。

図9-3のような形状をした総収入曲線の場合には、すべての供給量のところで、平均収入（価格）は限界収入よりも大きくなっています。そのため、図9-3の下の図のように、平均収入曲線の位置は限界収入曲線の位置より上にあるのです。

独占的企業の場合には、より多くの商品を売るためには価格を下げなければなりません。一定の価格でいくらでも売ることができるプライス・テイカーの立場にある企業とは違います。追加供給による収入の変化に価格低下の影響が加わるため、限界収入は平均収入より小さくなります（この点については第3章の補論も参照してください）。

さて、図9-3の下の図を用いて、独占企業の価格設定行動について説明しましょう。独占企業はX^*に供給量を設定することによって、利潤を最大化することができます。X^*より少ない供給量では、限界収入は限界費用より高くなっています（これは図では、X^*よりも左では限界収入曲線の高さが限界費用よりも高くなっていることで表わされています）。このときには、供給量を

追加することによる収入の増加分（限界収入）のほうが、費用の増加分（限界費用）よりも大きいので、供給量を拡大することで利潤を増やすことができます。

これに対して、X^* よりも供給量が多いときには、限界収入は限界費用より低くなっています（図で確認してください）。したがって、ここでは供給を増加することによる収入の増大より費用の増加分のほうが大きくなっており、供給量を増加するほど利潤は低くなります。結局、限界収入と限界費用が等しくなる X^* を供給することで利潤が最大化されることがわかりました。このときつけられる価格は、図の縦軸上にとられた p^* となります。

利潤を最大化するような X^* という生産量では、限界費用と限界収入は等しくなっていますが、価格（平均収入）はこれらよりも高くなっています。つまり、独占的企業は限界費用よりも高い価格を設定するわけです。この点は、限界費用に等しい価格をつけるプライス・テイカーの行動とは異なります。

独占企業は価格をつり上げるために、供給量を制限します。その結果、限界費用よりも高い価格がつけられることになります。このような価格つり上げによって発生した利潤が、独占利潤となるわけです。

独占価格とマークアップ

以上で説明した独占価格は、需要の価格弾力性を用いて式の形で表わすことができます。細かい点についてはこの節の補論で説明しますが、独占価格はつぎのように表わされることが知られています。

$$p = (1+m)MC \tag{9-1}$$

ただし、p は独占価格、MC は限界費用であり、m は以下で説明する独占マージン率（マークアップ率）と呼ばれるものです。

マークアップとは、独占企業が限界費用に対して価格を何パーセント上積みするかを表わした指標です。たとえば m が0.5であれば、独占マージン率は百分率で表わせば50％ということになります。このときには、価格は限界費用より50％高くなるというわけです。かりに限界費用が500円であれば、価格は750円となります。

補論で示すように、独占マージン率の大きさは、需要の価格弾力性（これを ε で表わすとします）によってつぎのように書くことができます。

表9-1 弾力性とマージン率

弾力性	ε	2	3	5	11
マージン率(%)	$m=\dfrac{1}{\varepsilon-1}$	100%	50%	25%	10%

$$m = \frac{1}{\varepsilon - 1} \tag{9-2}$$

表9-1は、(9-2) 式で表わされた独占マージン率と需要の価格弾力性の関係を数値で示したものです。—1 需要の価格弾力性が小さくなるほど、独占マージン率は大きくなります（つまり、それだけ独占企業は高い価格を設定するわけです）。

これはつぎのような理由によります。需要の価格弾力性が小さければ、価格を少しぐらい操作しても需要は大きく変化しません。つまり価格を多少引き上げても、需要はそれほど減少しないわけです。それだけ、独占企業にとって独占マージン率を高くする余地があるわけです。これに対して、需要の価格弾力性が高いときには、少しでも価格を上げると需要が大幅に減少してしまうので、価格を高くする余地はあまり大きくないのです。

独占価格設定に関する数値例

つぎに、以上の議論を確認するため、数値例を用いて独占的供給者の価格設定行動について考察しましょう。いま、ある独占者の供給する財に対する市場の需要曲線が

$$D = 100 - p \tag{9-3}$$

1——表9-1を見て、需要の価格弾力性が1より大きくなっていることに気づいた読者もいると思います。実は、需要の価格弾力性が1より小さいところというのは、独占価格を考察するときには排除されます。この点は説明が複雑になりますので、本論では説明を避けたのですが、ここで簡単にその理由に触れておきます。補論の議論 (p.278〜279) からわかるように、需要の価格弾力性が1よりも小さいときには、限界収入がマイナスになります。つまり、そのようなところでは、供給量を増やすと収入が減少するのです。これはまた、供給量を減らすと収入が増加することでもあります。弾力性が1より小さいときには、供給を減らすと、供給の減少を補ってあまりあるほど価格が上昇するからです。独占企業にとって、弾力性が1より小さいところで供給することは合理的ではありません。もっと供給量を制限して価格を引き上げたほうがいいからです。したがって、供給独占の問題を考えるとき、需要の価格弾力性が1よりも小さいところは無視してさしつかえないのです。

という形をしているとします。ただし、D は需要、p は価格を表わしています。独占企業のこの財を供給するための費用は、

$$C = 2X + 10 \tag{9-4}$$

となっているとします。ただし、C は総費用、X は供給量です。

独占企業が X だけ供給すると、それを全部売りきるためには、

$$p = 100 - X \tag{9-5}$$

という価格をつけなくてはなりません。ただし、(9-5) 式は、需要関数 (9-3) 式の需要量 D に供給量 X を代入して求めたものです。

独占企業の総収入は、価格に供給量を掛けたものですので、

$$R = pX = (100 - X)X \tag{9-6}$$

となります。総収入曲線はこれを図で表わしたものです。ただし、R は総収入を表わしています。利潤 (Π) は、収入から費用を引いたものですので、

$$\begin{aligned}\Pi = R - C &= (100 - X)X - (2X + 10) \\ &= -X^2 + 98X - 10\end{aligned} \tag{9-7}$$

となります。

この利潤を最大化する供給量 X は、(9-7) 式を X で微分してゼロとおいて、

$$\frac{d\Pi}{dX} = -2X + 98 = 0$$

すなわち

$$X = 49$$

を求めることができます。49という供給量を実現するための価格は、49を需要関数 (9-5) 式に代入して、

$$p = 51$$

と求めることができます。

つぎに、以上の点を限界収入＝限界費用の条件を使って確認してみましょう。この企業の総収入 R ((9-6) 式) を供給量 X で微分して限界収入を求めると、

$$MR = \frac{dR}{dX} = -2X + 100$$

となります。ただし、MR は限界収入のことです。これに対して、(9-4) 式から、この企業の限界費用は2であることがわかります。したがって、

$$MR = 2$$
より、
$$X = 49$$
を求めることができます。

補論：需要の価格弾力性と独占価格

独占企業の利潤を式で表わすと、
$$\Pi = pX - TC$$
と表わされます。ただし、p は価格で、X は供給量であり、TC は総費用を表わしています。pX は価格に供給量を掛けたもので、総収入を表わしています。限界収入と限界費用を等しくするような点で供給すべきであるという独占価格の条件は、この式を微分して
$$MR - MC = 0、あるいは MR = MC$$
として求めることができます。

さて、限界収入 MR は総収入 pX を X で微分して求めることができますので、
$$MR = \frac{d(pX)}{dX} = p + \frac{dp}{dX} X$$
となります。これを整理すると、
$$MR = p\left(1 + \frac{dp}{dX} \cdot \frac{X}{p}\right)$$
$$= p\left(1 - \frac{1}{\varepsilon}\right)$$
となります。ただし
$$\varepsilon = -\frac{dX}{dp} \cdot \frac{p}{X}$$
は需要の価格弾力性です。つまり、限界収入は需要の価格弾力性と価格の関数として表わすことができるのです。

さて、これを使って独占価格の式を表わすと、
$$MR = p\left(1 - \frac{1}{\varepsilon}\right) = MC$$
となります。これを展開すると、

$$p = \frac{\varepsilon}{\varepsilon - 1} \cdot MC$$
$$= (1+m)MC$$

となります。ただし、

$$m = \frac{1}{\varepsilon - 1}$$

は、独占マージン率（マークアップ率）を表わしています。

Ⅱ 独占理論の展開

独占的価格設定と資源配分

　図9-1に示されたような独占的行動のもとでは、供給者の設定する価格は限界費用よりも高くなっています。すでに第4章で説明したように、このような状態は理想的な状態に比べて過小生産になっています。つまり資源配分に歪みが生じています。この点はつぎのように確認できます。

　独占的供給量 X^* よりも追加的にもう1単位余分に供給されたとしてみましょう。この追加的供給のための費用は限界費用です。一方、この追加的に生産された財はだれかが消費するわけですが、その追加的な消費に対する評価は X^* のもとで成立している市場価格である p^* となります（第4章で説明したように、市場で成立している価格は、その財に対する限界的（金銭）評価となっています）。

　独占的供給者は必ず限界費用よりも高い価格をつけるので、需要者の評価は限界費用よりも高くなっています。したがって、生産を増加することで費用以上の（消費からの）便益を得ることができます。つまり、独占のもとでの供給量は社会的に見て過小となっているのです。ちなみに、図9-1の場合には需要曲線 D が限界費用曲線 MC と交わる X_1 が社会的に最適な生産量となります。

　独占的供給者はみずからの供給量を制限することで価格をつり上げて、それによって利潤を獲得します。この独占的行為による利潤増大は、価格つり上げによる需要者の犠牲によっていますが、このような独占的供給行動の結果、需要者の失う余剰は独占的供給者の獲得する利潤より大きくなっています。独占的行為が社会的総余剰の減少をもたらすのは、このような過小生産による資源

配分の歪みにもとづくものです。

　一般的には、独占的供給者は需要者を搾取するものであり、それが独占的行為が悪である理由と理解されています。これは、それで十分に説得的な反独占の根拠となりえますが、以上で議論した独占的行為による資源配分の歪みとはまったくかかわりがありません。需要者を搾取するという意味での独占的弊害と、（過小生産という形で）資源配分を歪める独占的行為は、区別する必要があります。

　搾取するという点について、もう一言コメントしておきましょう。かりにある自動車メーカーが高級スポーツカーに独占的価格を設定していたと考えてみましょう。スポーツカーを購入した人は高い価格を支払わされていますので、その意味では企業に独占利潤を搾取されています。しかし、そのような利潤は自動車工の賃金になったり、法人税として徴収され公共事業の費用や生活保障の資金として使われたりするかもしれません。高級スポーツカーを買うことができるのは経済的に恵まれている人たちですので、そのような人から搾取することは、社会的にあまり問題ではないのかもしれません。

　この例は、独占企業による利潤の搾取を正当化するために出したわけではありません。社会的に見て問題であるような独占利潤の事例もあるかもしれません。ただ強調したい点は、独占の弊害として利潤の搾取の問題と資源配分への歪みの問題を区別しなくてはいけないということです。

「静かな生活」は好ましいか

　独占についてのコメントで秀逸なのは、ノーベル経済学賞を受賞したイギリスの故ジョン・R・ヒックス教授の「独占のよいところは、平和なことである」というものです。独占が維持されていれば、その企業の経営は安定しているし、倒産や賃金カットもない。失業者が出ることもない。企業の収益が高ければいろいろな寄付をすることもできるでしょう。ようするに、独占に目くじらを立てる必要はないように見えるということです。

　もちろん、ヒックスは独占状態に対する皮肉を込めてこうしたコメントをしているわけです。この章で説明したように、独占状態が続くことで、消費者は必要以上に高い価格を払わされることとなります。もっと問題なのは、必要以上に高い価格が設定されることで、資源配分の歪みが生ずることになります。ようするに、独占の弊害は一見しただけでは目につきにくいということです。

[*Column*] 現実の経済を見る眼
重要性を増す競争政策

　独占禁止法に基づいて企業の独占的行動を監視し、是正を求める政策を、最近は競争政策と呼ぶこともあります。競争条件を確保することが、より好ましい資源配分を実現するために必要であるからです。

　競争政策は企業行動や産業の構造にも大きな影響を及ぼすことになります。たとえば、企業同士が合併しようとするとき、それが競争を阻害しないかどうかのチェックがかかります。日本の企業がかかわる合併でも、日本国内だけでなく、海外でビジネスを行なっていれば、主要国で競争政策の観点からチェックがかかります。そして問題があれば是正を求められます。

　日本国内でも、たとえば地方銀行が生き残りをかけて合併を行なおうとしても、それが地域での独占度を容認できないまでに高める可能性があるとして、競争政策を司る公正取引委員会から止められるケースもあります。これは地方銀行の金融再編の是非にもかかわることなので、金融業界からは公正取引委員会に批判的な声が出されることもあります。

　企業や産業の活動の変化に応じて、競争政策の範囲も広がっていきます。たとえば、グーグルなどの企業行動は、欧州の競争政策当局から厳しい監視が及ぶことになります。グローバルなレベルで圧倒的な独占的地位を確保したグーグルの行為が、競争政策からみて適切であるかどうかが、欧州などで審査されることになります。結果的に企業が巨額の罰金を払うこともあります。タレントと芸能事務所の間の契約にも競争政策の監視が及びます。芸能事務所が優先的な地位を利用して、タレントに不当な条件を押し付けることがあれば、競争政策の立場から是正を求められることもありえます。

　グーグルやタレントの話は興味深いので話題にはなりますが、競争政策でもっとも重要な監視の対象は、公共調達などでの談合や、企業が結託して価格を引き上げるカルテル行為です。また、企業が合併するに際して、競争政策的観点から問題がないかどうかを審査されることも、企業にとっては大きな影響が及ぶものです。競争政策の条件をクリアするため、合併に際して、一部の事業分野を他の企業に譲ることで合併を実現することも少なくありません。公正取引委員会は、カルテルの摘発を有効に進めるため、他企業に先んじてカルテル行為を申告した企業には罰則を減ずる、という措置もとっています。

ただ、ヒックス教授が「平和な生活」と皮肉ったことには、さらに重要な指摘があります。ある産業が独占状態にあり、その企業が大きな利益を稼いでいれば、通常はそこに参入しようとする企業が出てきます。新規参入企業が出てくると利益が減るので、独占企業はいろいろな方法で参入を阻止しようとするでしょう。

　しかし、社会や消費者にとっては、競争相手が参入して競争が激しくなったほうが好ましいはずです。それによってより適正な価格になり、商品の品質やサービスも向上すると期待できるからです。独占による「平和な生活」とは、独占企業やその従業員にとっての「平和」であり、社会の多くの人にとっては非競争的な停滞した状況です。

　競争相手が参入してきて競争が激化することは、価格や品質が向上するという成果だけにとどまりません。もっと重要なことは、競争によって技術革新や生産革新が進むことです。経済成長を促し、社会を変化させる原動力となるのは、企業による技術革新なのです。競争があるからこそ、企業も技術革新への誘因を強く持つのです。

　「平和な生活」に関連して、独占の持つもう一つの弊害にも触れたいと思います。X非効率と呼ばれるものです。企業活動はつねに効率的に行なわれているとは限りません。労働者が期待通りに働くのか、効率的な設備の利用がされているのかなど、企業内の資源配分の効率性の問題です。

　他の企業との競争があるときには、非効率な運営をしている企業は競争に敗れることになります。つまり、競争は企業内の効率性を促す効果を持っているのです。これに対して企業が独占的で競争がないときには、企業内の資源配分が非効率であっても、企業の経営にはまったく問題がないことになります。競争がない、つまり「平和」なので、無駄が積み上がっても独占企業は存続できることになります。

　こうした、競争の欠如によって生まれる非効率性のことをX非効率と呼びます。この非効率性が社会にもたらすコストは非常に大きいものとなります。独占を排除すれば、競争が促進され、より品質の高い商品やサービスが効率的に提供されることにもなるのです。

買い手独占

　独占的行為とは、供給側だけではなく、需要側によって行なわれることもあ

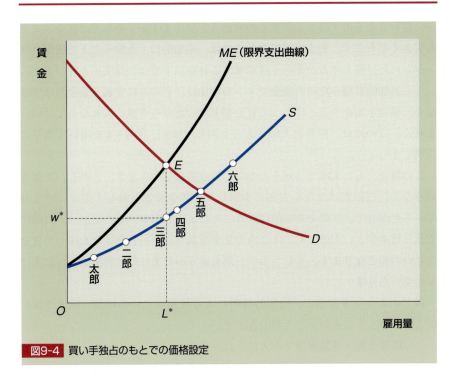

図9-4 買い手独占のもとでの価格設定

ります。図9-4を用いて、買い手独占（需要側の独占的行為）について分析してみましょう。

　いまある小さな村に工場が一つできたとしてみましょう。この工場はこの村でただ一つの工場であり、この村の人々は農作業をするかこの工場で働くかの選択しかないものとします。図の右下がりのD曲線はこの工場による労働の評価を表わしています（労働の需要を表わしている曲線と考えてよいでしょう）。この図の縦軸には労働の評価や賃金が、横軸には雇用量がとられています。労働の評価を表わす曲線が右下がりになっているのは、より多くの雇用をするほど、追加的な労働の評価が低くなるからです。

　右上がりのS曲線は、この村の労働の供給曲線を表わしています。この曲線が右上がりになっているのは、賃金が高いほどより多くの人がこの工場で働こうとするからです。供給曲線の上に太郎、二郎、三郎……と記してありますが、これは太郎がもっとも安い賃金でも働こうとし、つぎに二郎が安い賃金でも働く意思があるということを表わしています。

　さて、この企業はどのような賃金でどれだけの人を雇ったらよいのでしょう

か。高い賃金を出すほどより多くの労働者を雇えますが、それだけ賃金コストも大きくなります。そこで問題になるのは、追加的に1人雇うことで賃金コストがどれだけ増大するかという点です（これを以下では限界支出と呼びます）。

1人追加的に雇うための賃金コストの増加は、その人に支払う賃金だけではなく、雇用を増やすことによって賃金が上がった分も考慮に入れなくてはいけません。この点は、限界収入の考え方と同じですが、図9-4を用いて簡単に説明しましょう。

この場合、もし太郎だけ雇うのなら、低い賃金ですみます。しかし、二郎も雇うなら、二郎だけでなく太郎にも同じ高い賃金を支払わなくてはいけません。したがって、二郎を追加的に雇うことによる賃金コストの増加は、二郎に支払う賃金分と、太郎にも二郎なみの賃金を払うため引き上げた太郎への賃金支払いの和となります。もしさらに三郎も雇うのであれば、賃金をさらに上げる必要があります。

以上のように考えると、追加的雇用による賃金支払いの増加（限界支出）は、つぎのように表わすことができます。

　　　　限界支出＝追加雇用する人に支払う賃金
　　　　　　　　＋(追加雇用により必要となる賃金引上げ×雇用量)

この式をすでに説明した限界収入の式と比べると、両者が基本的には同じものであることがわかると思います。

図9-4に描かれた限界支出曲線は、各雇用量のところでの限界支出（追加的な雇用にともなう賃金支払いの増加額）を示しています。これが労働の供給曲線よりも上にあるのは、限界支出のほうが賃金よりも高いからです。このことは、上で示した式で右辺の第二項が正であることからも容易に確認できることと思います。

この工場の利潤を最大にするような雇用量は、限界支出が労働の限界評価（曲線 D）に等しくなるところで求められます。図では、これは二つの曲線の交点 E で決まる L^* で表わされます。L^* だけの労働者を w^* の賃金で雇うとき、この工場の利潤は最大となっています。L^* より多く雇うなら、追加的な労働者のこの工場にとっての価値は、追加的雇用による賃金コスト増加額よりも低くなっています。そのような状況で雇用を増やすことは、この工場にとって意味のないことです。

買い手独占は、売り手独占とちょうど逆の状況になっています。売り手独占

の場合には、供給量を制限することで価格をつり上げていますが、買い手独占の場合には、需要量を制限することで価格を引き下げています。

　買い手独占のケースには、いろいろな例があります。大手の製造メーカーが、部品を下請や中小の部品メーカーから購入するときには、買い手としての独占力を行使することができます。また、デパートや大手スーパーなどは、商品を仕入れるさい、独占力を行使することがあります。

Ⅲ　独占的競争

製品差別化と独占力

　完全競争的な市場においては、個々の企業は価格支配力を持っていません。同じような財を供給している企業が多数存在しているときには、他の企業よりも高い価格を設定したのではその財をまったく売ることができません。このため、他の企業と同じ価格をつけざるをえないわけです。

　現実の経済を見ると、多数の供給者が存在する場合でも、個々の供給者が価格支配力を持っているケースは少なくありません。供給される商品がまったく同質であるならば個々の供給者は価格支配力を持ちません。しかし現実には、それぞれの財は、他の財と微妙に品質が異なります。供給者が多数存在していても個々の供給者が価格支配力を持つのは、このような理由によります。

　具体的な例をいくつかあげてみましょう。インスタントラーメンや菓子類に関しては、非常に多くの種類の商品が存在しますが、個々の商品は少しずつ異なります。あるブランドの供給者がその価格を上げたからといって、その財に対する需要がまったくなくなるわけではありません。このため、供給者が直面する需要曲線は右下がりになります。つまり、競争者が多数いるにもかかわらず、個々の供給者はある意味で独占的な供給者と同じような状況に直面することになるわけです。

　また、同様の財が多数の人によって供給される場合でも、供給される地域に広がりがあれば、個々の供給者の直面する需要曲線は右下がりになります。例として、大根を売っている八百屋のケースを考えてみましょう。いま、Aという町とBという町に八百屋が1軒ずつあるとします。どちらの八百屋で売っている大根も、その品質はまったく同じものであると考えます。この場合でも、A町からB町までわざわざ大根を買いに行くのは手間がかかりますので、A町

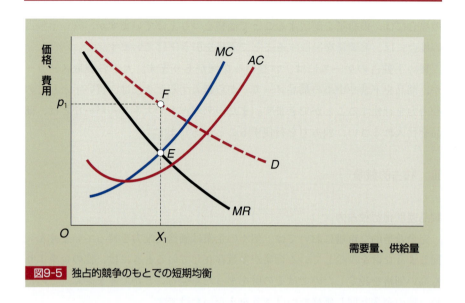

図9-5 独占的競争のもとでの短期均衡

の八百屋が大根の価格を多少上げたからといって、A町の客をすべて失うわけではありません。つまり、八百屋の距離が離れていることが、それぞれの八百屋にその地域での独占力を与えてくれる結果になります。このような状況を地域独占と呼びます。

ブランドイメージなども、個々の供給者に独占力を提供します。ビールなどでは、その味について区別することがむずかしいにもかかわらず、ブランドが細かく分かれていて、商品が区別されています。したがって、たとえばアサヒのビールが他のメーカーのビールよりも多少高くなったとしても、アサヒに対する需要がまったくなくなるということはまずないでしょう。ブランドイメージを高めることは、個々のメーカーに独占力を与えるものですので、個々のメーカーはブランドイメージを高めるために広告をします。この意味で広告活動も、個々の企業にとっては非常に重要なものです。

独占的競争のもとでの参入

図9-5は、このような独占力をもった企業の供給行動を表わしたものです。この図からも明らかなように、独占力を持った企業の価格設定行動は、第Ⅰ節で分析した独占の場合と同じになります。したがって、くわしい説明は省略しますが、その概要は以下のとおりです。

[Column] ステップアップ経済学
新しい産業組織論

　経済学には産業組織論という応用分野があります。産業の特性を研究するとともに、独占禁止法による規制のあり方などについても分析しています。この章で説明した独占などについての分析をさらに進めるとともに、産業に見られる諸々の興味深い現象——たとえば技術投資、参入阻止行動、流通チャネルなど——について取り扱います。

　産業組織論は、もともと非常に制度的研究の色彩の強い分野でした。一つひとつの産業の実態を丁寧に調べていくというものです。個々の産業でどのような現象が観察されるのか、独占禁止法などの規制上そういった現象はどのように評価されるのか、などを考察してきたのです。こういった制度的な分析は非常に重要ではありますが、確固たる理論的基礎が脆弱であったことも事実です。

　しかし、ここ30年ほどの間に、理論的研究においても実証分析においても新しい研究成果が多く出されて、産業組織論もすっかり新しい形に変化しようとしています。理論的な分野に関しては、ゲーム理論や不完全情報の経済学の進展があり、こうした手法を利用した研究が多く出されています。実証研究についても新しい計量経済学の手法を積極的に取り入れた研究が行なわれています。

　理論や実証の研究が進むことは、産業組織論の研究成果を他の分野の研究成果と比較することを可能にしています。金融論や公共経済学などでもゲーム理論や情報の経済学の利用が進んでいますが、このような同じ理論的なフレームワークの上にのることで、産業の分野で観察される現象について金融など他の分野で観察される現象とその類似性が論じられるのです。

　本書でも後の章で出てくるゲーム理論のさまざまな考え方や、不完全情報の経済学におけるモラルハザードや逆選択などの概念は、新しい産業組織論にも大きな影響を及ぼしています。技術革新にかかわる行為や流通戦略など産業の問題を語るのに欠かせない事象には、ミクロ経済理論的に見て興味のある動きが潜んでいるのです。読者の皆さんもぜひ産業組織の教科書を紐解いてください。

図の曲線 D は、この企業が直面している需要曲線です。この需要曲線が右下がりになっているのは、この企業が価格支配力を持っているからです。独占の場合と異なり、この場合はライバル企業が多数存在するわけですが、この企業が供給する財が他の企業の供給する財とまったく同じではないので、需要曲線は右下がりになります。この企業が価格を上げれば需要の一部は他の企業の財に移り、この財に対する需要は減少します。この企業が価格を下げれば、他の企業からこの企業へ需要が移ってきますので、需要は増加します。需要曲線が右下がりになっているのは、このような状況を表わしていると考えることができます。

　曲線 MR は、需要曲線から導かれる限界収入曲線です。限界収入曲線が需要曲線よりも下方にあることは、すでに第Ⅰ節で説明しました。曲線 MC は限界費用を、曲線 AC は平均費用を表わしています。この企業が設定する価格は、限界費用 MC と限界収入 MR が交わる点 E によって決まります。すなわち、点 E に対応する供給量 X_1 が決まり、価格は p_1 となります。

　ここで考えているケースが、第Ⅰ節で考察した独占のケースと違うのは、供給者が利潤をあげている場合には、新たな参入が起こることにあります。潜在的な参入者が多数あり、利潤があるところには新たな参入者が入ってくるという点は、完全競争の状態に類似しているといえます。

　図9-5に示されたような状況では、この企業は正の利潤をあげています。この点は、供給量 X_1 のところにおいて、価格のほうが平均費用よりも高くなっている点からも確認できます。このような場合には、類似の商品を供給する参入者が現われます。この結果、顧客の一部が類似の商品のほうに逃げてしまい、需要曲線は次第に左方にシフトしていきます。そのため、参入によって、既存の供給者の利潤も減少していきます。

　図9-6は、このような市場における長期的な均衡を表わしたものです。供給者が正の利潤をあげているかぎり、つぎつぎに新しい参入が起こります。その結果、すべての企業の利潤がゼロになるところまで、参入がつづきます。この図は、すべての企業の利潤がちょうどゼロになるような状態を表わしています（利潤がゼロとは、各企業が正常利潤をあげていることを意味します）。

　この図の曲線 D は個々の企業に対する需要を表わしたものです。この需要曲線の右上方に薄い赤色の曲線が示してありますが、これは図9-5に描いた需要曲線の位置を表わしています。すなわち、新たな参入によって、この企業

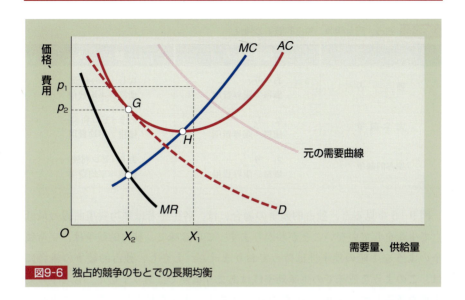

図9-6 独占的競争のもとでの長期均衡

の需要が薄い赤線の位置から左方の需要曲線 D の位置までシフトしたことになります。

　図の曲線 AC と曲線 MC は、それぞれ平均費用曲線と限界費用曲線を表わしています。これは、図9-5と同じものです。MR は需要曲線 D から導出された限界収入曲線を表わしています。この場合にも、この企業の供給量は、限界収入 MR と限界費用 MC の交点で決まる X_2 となります。そしてそのときの価格は、図の p_2 の水準になります。図9-6が図9-5と異なるのは、企業が設定する価格 p_2 が平均費用に等しくなっている点にあります。つまり、この企業は利潤をまったくあげていないのです。

他のケースとの比較

　ここで考えてきたようなケースは、独占的競争と呼ばれます。すなわち、個々の供給者が直面する需要曲線が右下がりになっており、個々の供給者が価格支配力を持っているという意味では、独占の状態に近いのですが、超過利潤がある産業にはつねに新たな参入があるという意味では、完全競争に近いわけです。表9-2は、独占、完全競争、独占的競争の三つのケースについて、それぞれの特徴を示したものです。この表からも明らかなように、独占的競争は独占と完全競争の性格を一部ずつ備えていることがわかります。

表9-2　独占、完全競争、独占的競争の特性

	価格支配力	参　　入
独　　占	あり 価格＞限界費用	なし（正の利潤） 価格＞平均費用
完全競争	なし 価格＝限界費用	あり（ゼロ利潤） 価格＝平均費用
独占的競争	あり 価格＞限界費用	あり（ゼロ利潤） 価格＝平均費用

　図9-6を見ると、独占的競争の場合には、各生産者は平均費用曲線の最低点で生産をしていないことがわかります。この意味で、独占的競争は、完全競争のような生産の効率性は持っておりません。しかし、独占的競争の場合には、このような意味での生産効率性はあまり重要ではありません。もし生産効率性を重視して、図9-6の点 H のところまで生産を拡大しようとするなら、それだけ市場に財を供給している企業の数は減ることになります。なぜなら、個々の企業の生産量が拡大すれば、全体の企業数（製品数）が減らないかぎり、需要と供給が一致しないからです。

　しかし、独占的競争の場合には、何種類の財が市場に供給されているかということが、重要な意味を持ちます。個々の商品がそれぞれ微妙に違うのですから、より多種の財が供給されているということは、それだけ製品の多様化が進んでいるということにほかなりません。したがって、経済でより多様な財が供給されるためには、個々の企業の生産量が図9-6の点 G のように過少供給のところであったとしてもそれは仕方のないことです。

　以上の問題は、製品の多様化と生産コストの効率性の間のトレードオフとしてとらえることができます。もし個々の製品の製造コストを最低にするということを目的とするのであれば、個々の企業が生産量を H まで拡大することが望ましいことになります。これに対し、経済にできるだけ多様な財を供給することを目的とするならば、個々の企業の生産量が多少少なくなることはやむをえないでしょう。

　比喩的にいえば、衣料の生産コストをできるだけ低くするためには、国民全体が人民服を着ることがもっとも望ましいことになります。これに対し、ファッションや衣料の多様性を重んじるのならば、それによって衣料の生産コスト

が多少高くなることは、避けられないことだと考えられます。

【演習問題】
1．以下の記述の真偽について検討しなさい。
(1)資源配分上は、独占的供給者には補助金を出すべきである。
(2)需要が価格弾力的である（需要が価格に敏感に反応する）ほど、独占的供給者のつける価格は高くなる。
(3)限界収入は、必ず価格より低くなる。
(4)買い手独占者にとっての限界支出は、価格よりかならず高くなる。
(5)需要が価格弾力的であるほど、独占的供給行動による総余剰の損失は小さくなる。

2．つぎの問題に答えなさい。ただし、(1)は微分の知識を必要とするので、微分の知識のない読者は、(1)を前提にして(2)以降の問いに答えなさい。
(1)独占企業の直面する需要（D）が
$$D = 100 - p$$
であるなら（p は価格）、限界収入（MR）は
$$MR = 100 - 2X$$
となる。ただし、X は供給である。この点を確認しなさい。
(2)この独占企業の限界費用が10であるとき、この企業の設定する価格はいかほどか。また、そのときの供給量を求めなさい。
(3)社会的に最適な（総余剰を最大化する）供給量はどの水準か。これに比べて、独占的行為によって、どれだけの余剰の損失があるか。

3．つぎの問題に答えなさい。ただし、(1)は微分の知識を必要とするので、微分の知識のない読者は、(1)を前提にして、(2)以降の質問に答えなさい。
(1)買い手独占者の直面する供給曲線が
$$S = 2p$$
であるなら、それに対応する限界支出は、
$$ME = D$$
となる。ただし、S は供給量、p は価格、ME は限界支出、D は需要である。この点を確認しなさい。
(2)買い手独占者の需要曲線が
$$D = 100 - p$$
であるとき、買い手独占者のつける価格とそのときの需要量を求めなさい。
(3)総余剰を最大化する需要量の水準はいかほどか。また、買い手独占によって、どれだけの総余剰が失われているといえるか。

4＊．第2章で説明した価格差別の理論（p.57〜59）を、限界収入の概念を用いて分析しなさい。

5．寡占市場に関して以下の設問に答えなさい。
  (1) カルテルは社会的に望ましくないといわれるが、それはなぜか。
  (2)* 寡占市場では、企業数が増大するほど競争的になるといわれるが、これはどうしてか。
6*． $D = -p + 100$
  という需要曲線を持つ市場において、二つの企業が供給しているとする。この二つの企業とも、その限界費用は10であるとする。もし、この二つの企業がカルテルを組むとしたら、どのような価格を設定するであろうか。また、このカルテルのケースを独占のケースと比較しなさい。

10

ゲームの理論

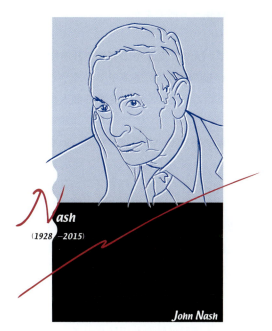

ナッシュ(John Forbes Nash：1928-2015) ゲーム理論にナッシュ均衡という概念を導入して、その後のゲーム理論の発展の基礎を築いた天才的数学者。若くして精神的な病に陥り何十年も苦しんだ後、病を克服し、ノーベル経済学賞を受けた。彼の半生を描いた『ビューティフル・マインド』は映画化され、アカデミー賞を受賞するなど、大きな話題となった。

👧 最近、書店の店頭などでもゲームの理論に関する本がたくさん並んでいますね。

👨 そうですね。いまや、ゲーム理論は経済学に限らず、いろいろな学問分野で使われるようになっています。10年後には、世界の主要な大学では、すべての学問分野の基礎としてゲーム理論が教えられるようになる、と書いている著名な学者もいるほどです。

👧 そういえば先日、書店で『ゲーム理論で勝つ経営』というタイトルの本を見つけました。ビジネスの世界などでもゲーム理論を使うのでしょうか。

👨 米国のビジネススクールなどでも、ゲーム理論的な考え方をきちんと教えて、それをビジネスの問題などにも応用しているようです。

👧 そもそもゲーム理論って何ですか。

👨 経済学との関係でいえば、企業や消費者や政府などが、相互依存関係のなかで活動しているのが経済の基本です。そうした相互依存関係によって経済がどう動いていくのか、そのなかで企業や個人がどう行動するのか考えるための理論体系です。

👧 もう少し具体的に説明していただけないでしょうか。

👨 たとえば、トヨタとダイムラー、パナソニックとサムスンのように、グローバル市場で競争している企業の場合、相手がどのような手を打ってくるのか見ながら、あるいは予想しながら、自分の戦略を決めていきます。これなどまさにゲーム理論による分析が威力を発揮する分野です。

👧 ゲーム理論ってむずかしそうですが、私たちはどう学べばよいのでしょうか。

👨 この章に、ゲーム理論を分析するためのいくつかの重要な手法が出てきます。また、ゲーム理論に特有な用語が出てきます。それらに慣れることがまず必要でしょう。これから、いろいろなところでゲーム理論を使った分析にふれる機会があると思いますので、そうしたものを理解できるようなトレーニングと考えてください。

👧 具体的にどのような用語があるのでしょうか。

そうですね、プレイヤー、戦略、利得などのゲーム理論の用語だけでなく、関連した概念として、コミットメントや空脅（からおど）しなど、なかなか意味の深い言葉が出てきます。プレイヤーや戦略という用語は、ゲーム理論がもともと、トランプなどのゲームの用語を借りて理論構築したことからきます。

もう一つ、ゲーム理論を分析するための手法とおっしゃったのですが、これはどのようなものでしょうか。

パート1では、需要曲線・供給曲線という手法を学んでもらいました。同じように、ここでは戦略の表やゲームの樹と呼ばれる分析手法を使って戦略について分析することを学んでもらいます。

なんだかむずかしそうですね。

そんなことはありません。この章では、ゲーム理論が持っている幅広い応用範囲を理解してもらうため、企業の競争だけでなく、マクロ経済政策から北朝鮮のミサイル戦略まで、幅広い例を使って直感的に理解できるように説明していますので、ご安心ください。

　この章と次の章では、近年発展の著しいゲーム理論について、簡単な事例を使いながらその考え方を紹介します。この章で明らかにするように、ゲーム理論の応用例は多岐に渡ります。市場で激しい競争を演じている企業行動、民間の反応を考慮に入れて政策決定を行なう政府や中央銀行の行動、次の章でとりあげる取引所でのオークション（競売）のメカニズム、労働組合と経営者の間の労使交渉などなど、すべてゲーム理論を利用して分析することが可能です。この章と次の章の目的は、初学者の方々にゲーム理論とはどのようなものであるのか、そしてそれを利用して経済問題をどのように分析できるのか、ごく初歩的な説明をするところにあります。

I　囚人のディレンマ

ゲームの理論とは

　経済は、多数の経済主体（企業、消費者、政府など）が相互に依存しながら動いています。したがって、いかなる経済主体であっても、自分の意思だけで

すべてのことを決めることはできません。他の経済主体がどのような行動をとるのか、それが自分の経済利益にどのような影響を及ぼすのか、また自分のとった行動が他の経済主体にどのような影響を及ぼすのか、その影響が自分にどのようにはね返ってくるのかといったことが、重要な関心事項となります。ゲーム理論は、このような経済主体間の相互依存関係にかかわる問題を考えるのに有益な分析手法です。

本書のこれまでの解説からわかるかもしれませんが、伝統的な経済理論は完全競争という枠組みを中心に考えることで、ゲーム理論的な世界にあまり大きな関心を示してきませんでした。多くの企業や消費者が参加する競争的な市場では、市場で成立している価格に注目して生産や消費の行動が決められます。個々の消費者や企業の行動に各自が配慮する必要はないのです。

しかし、現実の経済現象には、こうした完全競争的な世界だけでは描写しきれない多くの問題があります。たとえば、寡占的な産業を分析する場合には、個々の企業の行動の相互依存関係が非常に重要な問題として浮かび上がってきます。

具体的な例として、自動車産業について考えてみましょう。トヨタ自動車が、新製品の開発、その製品の価格づけ、そしてそのための販売戦略などを策定するとき、どのようなことを考えるのでしょうか。当然、トヨタのとった行動が、ライバル企業の行動にどのような影響を与えるのかといったことが、重要なポイントとなるはずです。

トヨタが新しいタイプの自動車を発表すれば、ライバルのメーカーはそれに対抗する手を打ってくるでしょう。同種のタイプの車を開発してくるかもしれませんし、既存の車の価格を下げてくるかもしれません。あるいは、別のタイプの新車をぶつけてくるかもしれません。このようなライバルの行動は、当然、トヨタの売上げに影響を及ぼすでしょう。したがって、そのようなライバルの行動に対して、トヨタは新たな対応を迫られるでしょう。トヨタは、新製品を開発する時点で、このようなライバルの反応を織り込んで、行動計画を策定しているはずです。このように、寡占的な産業においては、ライバルの行動を読む、そしてそれを織り込んだ形で行動を決定していくということが日常的に行なわれています。

ゲーム理論では、戦略的行動（strategic behavior）という考え方が頻繁に出てきます。戦略的行動とは、自分の行動が相手にどのような影響を及ぼすの

[*Column*] ステップアップ経済学
社会科学の共通言語となりつつあるゲーム理論

　本章の説明からもわかるように、ゲーム理論は経済学のみならず、経営学、政治学、社会学、法律学など、社会科学の広範な分野の基礎的な言語となりつつあります。社会科学の分野だけにとどまらず、生物学などの分野でもゲーム理論的な考え方が積極的に取り入れられています。

　近い将来は、大学やひょっとしたら高校で、他の数学分野を学ぶのと同じようにゲーム理論が基礎的な科目として教えられるようになるかもしれません。方程式やベクトルなどの知識があると物理学などの自然科学の分析が可能になるように、ゲーム理論を使えると経済・社会・政治・法律などの議論が深まってくるはずです。

　すでに政治学の世界では、早い段階からゲーム理論が利用されてきました。本章のもう一つのコラムでとりあげた事例からもわかるように、外交や安全保障問題はゲーム理論的な色彩を強く持っています。国際紛争や交渉など国益をかけた問題で、どのような外交戦略や交渉戦略をとったらよいのかゲーム理論的な発想が必要になります。

　経営学の世界でも、ゲーム理論が浸透しています。企業が日々行なう行動は、技術開発や生産計画、マーケティング活動、部品の調達にいたるまで、非常に戦略的な性格を持っています。企業活動は競争相手や取引相手あってのものですので、ゲーム理論的な状況にあるのです。

　法律の世界にもゲーム理論が使われはじめているといったら意外に思われるでしょうか。法律の経済分析という分野がアメリカを中心に拡大しています。法律の体系やその執行のプロセスはどのようにあるべきなのかということを経済学的な論理体系を利用して考えるのです。

　たとえば、企業の製品事故で消費者がケガをしたとき、その損害賠償の審査をどのように進めるべきか、賠償額をどのように決定すべきか、訴訟費用はだれが負担するのかなどは、「製造物責任」の問題として重要な法律問題です。これらの法律制度や法律執行のあり方を考えるとき、その制度のもとで企業と消費者がどのような行動——生産活動、消費者の危険回避行為、訴訟、法廷での審議など——をとるのかが大きなポイントとなります。ゲーム理論はこうした問題を考察するうえでも有効なのです。

かということを読みながら、自分の行動を決めることです。上でとりあげたトヨタの例は、戦略的な行動をとることが企業に要請される典型的なケースです。

ゲーム理論は、寡占市場の分析をはじめとして、経済学のあらゆる分野で利用されています。以下の説明のなかでいくつかの代表的な例をとりあげますが、ここであらかじめ、ゲーム理論が利用されている例について簡単に触れておきましょう。

貿易摩擦問題に典型的に現われるように、通商政策やマクロ経済政策は、国内問題の枠を超えて、海外の企業や政府と深いかかわりを持つようになっています。いまや、海外の政府の反応や海外経済への影響を考慮することなく、いかなる政策も決定することはできません。このような政策決定の問題は、たとえば、日米両政府間のゲームとして分析することができます。

伝統的な経済学の分析対象であったマクロ経済政策（財政・金融政策）や産業政策の分野においても、ゲーム理論が有益であることが知られています。たとえば中央銀行が金融政策を運営する場合、金融政策に対して民間経済がどのように反応するかということを読み込んだうえで、政策決定を行なっていかなければなりません。民間のほうも、金融当局の政策決定パターンについて考えながら、行動をとっていきます。このような政策当局と民間企業の間の相互依存関係についても、ゲーム理論を用いることによって、これまでは示されなかったような有益な視点が提示されます。

ゲーム理論が利用されるようになったのは、長い経済学の歴史のなかでは、比較的最近のことです。20世紀を代表する数学者であるフォン・ノイマンと、経済学者のモルゲンシュテルンという2人のヨーロッパ出身の研究者が、アメリカのプリンストン大学をベースに行なった研究成果が、1944年に出版された『ゲームの理論と経済行動』という書籍にまとめられました。これがその後のゲーム理論の発展のエポックとなりました。そして、そのプリンストン大学のジョン・ナッシュがナッシュ均衡という考え方を提起したことが、ゲーム理論の発展に大きく貢献したのです。ナッシュについては『ビューティフル・マインド』という半生記（映画化もされました）で紹介されましたので、読んだり、映画をご覧になった読者もいるのではないでしょうか。

もちろん、これ以前にも、ゲーム理論的な考え方はいろいろな形で見られました。19世紀のフランスの経済学者クールノーなどによって確立された寡占理

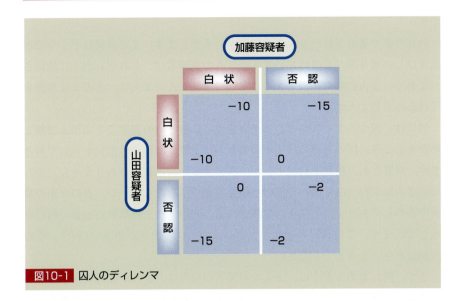

図10-1 囚人のディレンマ

論には、すでにゲーム理論的な考え方の萌芽が見られます。政治学の世界においても、国家間の対立と協調を分析するための考え方として、ゲーム理論的な概念の利用がいたるところに見られます。

ゲーム理論は、このように経済や政治のなかに見られる戦略的行動や相互依存関係を、数学という手法によって整理し発展させたものであると考えることができます。1970年代以降の経済学におけるゲーム理論の発展には目ざましいものがあり、現在多くの分野の先端的な研究は、ゲーム理論を抜きにして語ることができません。

ゲーム理論は、きわめて抽象的な思考を要求する分野で、本書のような入門レベルの議論で取り扱うことは容易ではありません。しかし、経済学におけるゲーム理論的な考え方の重要性を考えると、この分野をまったく無視するわけにはいきません。本章では、詳細な理論的問題にはできるだけ踏み込まないで、ゲーム理論的な考え方を説明するとともに、ゲーム理論を用いた経済分析の例をいくつかとりあげます。

囚人のディレンマ

図10-1は、ゲームの理論でもっともよく使われる囚人のディレンマと呼ばれる例です。この例で表現される状況は、経済現象のなかに広く見られるもの

です。

　共犯の罪で逮捕された2人の犯罪者がいるとします。まだ証拠は不十分で現在きびしい取り調べを受けています。2人の犯罪者は、それぞれ別々に拘留されており、2人の間で相談をすることはできません。2人は、どのような罰を受けるのでしょうか。

　図には、四つのケースが示してあります。この2人の犯罪者を山田と加藤と呼びましょう。図の左側には山田の選択が、上側には加藤の選択が示してあります。両者とも、犯罪を白状するか、否認するかの選択しかありません。そして、2人の利得（取り調べや罰の負担を数値で示したもの）が、表のなかの数値で表わしてあります。左下の数値が山田の利得、右上の数値が加藤の利得を示しています。この利得の数値が大きいほど（マイナスが小さいほど）、その負担は小さいと考えてください。

　さて、図にもあるように、2人の犯罪者の利得は、2人がどのような態度で取り調べに応じるかによって違ってきます。それも自分の態度だけでなく、共犯者の態度にも依存するところが、ゲーム理論的現象の重要な特徴です。

　2人の態度によって、四つの状況が出てきます。

①もし2人とも罪を否認すれば、証拠不十分で無罪になります。しかし、その場合にはかなり長期間拘留されて、きびしい取り調べを受けます。図の右下の欄は、この状況を表わしています。2人とも、利得は−2です。

②もし2人とも白状すれば、2人は有罪となります。有罪になればきびしい罰を受けるので、2人の利得は、ともに−10になります（−10という数値そのものはとくに意味がありませんが、①のケースに比べて2人の利得が小さいことが重要です）。図では、左上の欄がこの状況を表わしています。

③もし山田が否認を続けているのに、加藤が白状してしまったら、白状した加藤は罪を許してもらえますが、否認した山田は②のケースより重い罰を受けるとします。したがってたとえば、山田の利得は−15、加藤の利得はゼロであるとします。図の左下の欄がこの状況に対応します。現代の社会において白状すれば無罪になるということはありませんが、ここではこの例のようであると考えてください。

④上のケースとは逆に、加藤が否認し、山田が白状すれば、状況はちょうど逆転します。図の右上の欄がこのケースに対応します。

　さて、この取り調べの顛末はどうなるでしょうか。2人の容疑者は、それぞ

れ別々に拘留されていますので、共犯者がどのような行動に出るか考えながら自分の行動を選択するでしょう。山田の立場に立って考えてみましょう。

　山田には、加藤が白状するかどうかわかりません。したがって、加藤が白状したらどうなるか、加藤が否認し続けたらどうなるか、と両方のケースを考えるでしょう。

　もし加藤が白状したとしたら、山田にとって否認を続けることは意味がありません。山田が否認し続ければ、彼の利得は -15 ですが、白状すれば -10 になるからです。図では、これは左側の二つの欄の山田の利得の比較の問題になります。山田にとっては上のほうの利得が高いので、白状することを考えます。

　では、加藤が否認を続けるとしたら、山田はどうすべきでしょうか。実はこの場合にも、山田にとってみると、白状したほうが利得が高くなります。山田が白状すれば彼の利得はゼロ、否認を続ければ利得は -2 となるからです。図では、これは右側の二つの欄の比較になります。

　さて、このケースは、山田にとって決断の比較的容易な状況となっています。加藤が白状する場合でも、否認を続ける場合でも、山田にとっては白状するほうが利得は高くなります。山田は、加藤がどういう行為に出るかわかりませんが、どちらにころんでも、白状したほうがよいと計算します。その結果、白状するという選択をするでしょう。

　加藤の立場も、山田と同じです。加藤にとって、山田が白状するか否認を続けるかはわかりませんが、どちらの場合にも、加藤にとっては白状するほうが利得が高くなります（この点を山田のケースにならって、図で確認してください）。

　結局、このゲームでは、加藤も山田も白状してしまいます。その結果、2人の利得は -10 になります。

囚人のディレンマの解釈

　以上で説明したことを念頭において、図をもう一度眺めると、つぎのようなことに気づいた読者が少なくないと思います。もし2人とも否認を続ければ -2 の利得が得られるのに、なぜ2人とも白状してしまうのでしょうか。この点が、囚人のディレンマのディレンマたるゆえんです。

　2人で十分に話し合って、お互いを信頼して行動できるのであれば、2人と

			保護貿易 軍備拡張 価格競争	自由貿易 軍縮 価格協調
保護貿易	軍備拡張	価格競争	2 2	0 10
自由貿易	軍縮	価格協調	10 0	7 7

図10-2 囚人のディレンマの類似例

も否認を続けるべきでしょう。しかし、別のところに拘留されて取り調べを受けるのでは、それぞれ利己的に行動せざるをえません。

　山田も加藤も、自分の利益のことは考えますが、相手への影響については考えません。その結果、2人の選択は自分にとって都合がよいと見えても、相手に対してそれ以上に悪い影響を及ぼしているのです。たとえば、山田が白状すれば、それは山田にとって少し利得を上げますが、それ以上の大きさで加藤の利得を下げてしまうのです。加藤の白状も、山田に同じような悪影響を及ぼすわけですから、結局、2人とも大きな利得の損失を被ることになります。

　ここで囚人のディレンマとしてとりあげた例と同じような状況は、ほかにもいろいろ考えることができます。「囚人のディレンマ」という呼称は、囚人のゲームだけでなく、図10-2のような類似のケースすべてに使われます。

　図10-2は、囚人のディレンマの例を三つまとめて示したものです。この図の各欄の数字は図10-1とは違うものですが、その性質は基本的には図10-1と変わりません。これは以下の説明で明らかになるでしょう（ここでの利得の数字の絶対値はそれほど大きな意味を持ちません。図10-2の2を200に、7を700に、そして10を1000に読み換えても、以下の議論に変更はありません）。

　第一の例は、きびしい価格競争をしている二つの企業のケースです。一つの

産業のなかに少数の企業しか存在しておらず、お互いの行動を読みながら競争を行なっている状況を寡占と呼びます。市場に1社しか供給者がいない独占と、多数の供給者がいる完全競争の中間的な状況です。競争関係にある二つの自動車メーカーを念頭に置いて議論してみましょう。二つの企業には、それぞれ価格を下げてきびしい価格競争を行なうということと、価格を高めに設定して価格協調をねらうということの、二つの選択があるとします。

もし二つの企業がともに価格を低く設定したら、どちらの企業も低い利益しか得られません。図の左上の欄の2という利得は、このときの企業のそれぞれの利益を表わしています（商品が低価格になるので、消費者の利益は大きくなります）。これに対して、もし両方とも価格を高めに設定すれば、どちらの企業の利益も大きくなります。右下の欄の7という利得は、このときの両企業の利益を表わしています。

もし一方の企業が価格を高めに設定しているとき、他方の企業が低い価格を設定したら、需要のかなりの部分が低い価格を設定した企業に向かうので、高い価格を設定した企業の利得はゼロという低い水準に、低い価格を設定した企業の利得は10という高いものになります。図の左下と右上の欄の利得は、この状況を表わしています。

この図を図10-1と比べてみると、両者は基本的にはほとんど同じ構造であることがわかると思います。囚人のケースの「白状」という行為が、ここでの「価格競争」に対応し、「否認」という行為が「価格協調」に対応します。くわしい検討は読者にまかせたいと思いますが、囚人のケースと同じように、二つの企業は価格競争に走ることになります。価格協調をしたほうが両企業の利益が高くなるのですが、そのような協調は容易ではありません。このように寡占的な産業のなかで企業が結託して価格の引上げを狙う行為をカルテルと呼びます。この点については、後で議論します。

二つ目の例は、軍備拡張レースです。冷戦時代のアメリカとソ連を考えてください。両国にとって、軍備拡大をするか、軍縮をするかの選択があるとします。両国が軍備拡大をすれば、両国の相対的軍事優位性は変わりませんが、軍備の経済的負担のため、利得は2という低い水準となります。これに対し、もし両国とも軍縮をすれば、相対的な軍事優位性は変わりませんが、軍備のための経済的負担が低下しますので、利得は7と高い水準になります。

もし一方が軍備縮小をしたとき、相手が軍備拡張すれば、軍備バランスが崩

れます。そのときは、軍縮をした国は軍事優位性を失うために、利得がゼロという非常に低い水準になりますが、軍備拡大したほうは、利得を10まで高めることができます。この例を図10-1に対応させるなら、「軍拡」が「白状」に対応し、「軍縮」が「否認」に対応することは明らかでしょう。

さて、軍縮レースにおいても、他の例と同じように、ゲームの結果、各国は軍備拡張に走ることになります。ほんとうは、両国が同時に軍縮を行なえればよいわけですが、なかなかうまくいきません。ここでも囚人のディレンマが起こっています。

最後の例は、二つの国（たとえば日本とアメリカ）の貿易政策に関するゲームの例です。くわしい説明はしませんが、他のケースと同じですので、図10-2を見ながら、みなさんでストーリーを考えてください。

II　協調のメカニズム

囚人のディレンマと協調行為

現実の世界では、囚人のディレンマの問題が回避されていることが少なくありません。共犯者は、つねに犯罪を白状するわけではなく、示し合わせて否認を続けることも少なくありません。競争関係にある企業でも、しばしばカルテルを結び、社会的批判を浴びています。軍備拡張を続けてきた二つの国家も、軍縮に向けて歩み寄りをはじめることもあります。

図10-1や図10-2から明らかなように、囚人のディレンマに陥っている企業や経済主体は、なんとかそこから抜け出し、協調を実現しようとする誘因を強く持っています。囚人の例であれば、お互いにあらかじめ打ち合わせをして、否認を続けるように示し合わせようとするでしょう。競争関係にある企業であれば、ひそかに会合を重ねて、カルテルを維持し、価格引下げ競争を回避しようとするでしょう。アメリカとソ連（現ロシアなど）は、軍縮を実現するために、政府の首脳間で頻繁に会合を重ねてきました。

囚人のディレンマの重要な特徴は、お互いに意思の疎通をはからなければ、協調を実現することがむずかしいということにあります。したがって、意思の疎通をはかることで互いを信じて行動することができるような状況にあるほど、囚人のディレンマを脱して、協調が実現されることになります。

協調はどのようなメカニズムで生み出され維持されるのかという問題は、経

[*Column*] 現実の経済を見る眼
瀬戸際戦略：キューバ危機と北朝鮮

　北朝鮮（朝鮮民主主義人民共和国）の核開発やミサイル実験などは、北東アジア全体の安全保障問題に大きな脅威となっています。これは今後大きく展開する可能性がある問題ですので、本書のような教科書で分析するのに適当なテーマではありません。ただ、一連の報道のなかで北朝鮮の行為としてしばしば言及される瀬戸際戦略（brinkmanship）という用語は国際関係問題のみならず、経済現象でもときどき話題になる考え方です。

　瀬戸際政策、あるいは瀬戸際外交というのは、みずからの危険も顧みず状況を危機的な水準まで持ち込むことによって相手の譲歩を引き出そうとする政策です。ゲーム理論の教科書でしばしば瀬戸際政策の事例として引用されるのは、1960年代はじめのキューバ危機です。

　当時、キューバにミサイル基地をつくろうしていたソビエト連邦の行為を抑えるため、アメリカのケネディ大統領は最悪の場合には両国間の核戦争にまで発展しかねないような危険があるにもかかわらず、非常に強行な態度に出ました。結果的にはソビエト連邦が譲歩したので事態は収まりましたが、たしかに一時的に世界は危機に直面していたといってよいでしょう。

　北朝鮮の事例に戻りますが、瀬戸際外交を行なうことは、ゲーム理論的な表現を使えば、危機をあおるような行為にコミットすることで、相手側に譲歩せざるをえないような状況をつくっているのです。日米韓が譲歩しなければこの地域でたいへんなことが起こるという脅しで、北朝鮮は相手の譲歩を求めているのです。

　ただ、こうした瀬戸際政策がつねにうまくいくとはかぎりません。とくに、危機的な状況にまで持っていくことは、為政者の意思とは別のところで起きた突発事故的な動きで破滅的な状況にまでいくこともあるからです。北朝鮮の為政者があくまでも脅しで核実験やミサイル実験を行なっていたとしても、国境などに駐留する兵士の間の突発的な戦闘行為によって戦争が止められない事態にまで発展することだってありえます。また、脅しのつもりで行なっていたことが、結果的に相手側の非常に過激な行為を誘発することだってありえます。国際紛争問題がすべて合理的な行動のなかでコントロールされているわけではありませんので、瀬戸際外交は非常に危険な行為なのです。

済学にとっては、きわめて重要なものです。寡占的な産業で企業が結託をして価格の引上げを狙う行為をカルテルといいますが、このカルテルの発生やその維持のメカニズムを明らかにすることは、独占禁止法にかかわる政策を行なううえで必須のものであると考えられます。ゲームの理論は、協調の発生メカニズムを説明するうえで、きわめて有益な考え方を提示しています。以下で説明する継続的なゲームの考え方です。

継続的なゲームと協調の発生

　ここでは、図10-2に示した、競合関係にある二つの企業の価格競争の例を用いて説明します（他のケースでも同じ議論ができることはいうまでもありません）。現実の経済では、企業間の競争は、1回だけ行なわれるわけではありません。企業は倒産するまで活動を続けるので、企業間の価格競争も、繰り返し行なわれることになります。ゲーム理論では、これは繰り返しゲームとして分析されます。図10-2にあるようなゲームを何度も繰り返し行なうと考えればよいわけです。

　ゲームが1回だけ行なわれるのと、繰り返し行なわれるのでは、大きな違いがあります。繰り返しゲームが行なわれる場合には、相手がいうことをきかなかったら、それに対して後で仕返しするということが可能となります。また、そのような仕返しを恐れて、各経済主体は協調を維持する誘因を持つわけです。

　図10-3は、図10-2の価格競争のゲームにおける協調のメカニズムを説明するためのものです。相手が裏切ったら必ず仕返しをするという態度は、「目には目を、歯には歯を」という言葉で連想されるような行動で表わすことができます。ここでは、この行動はつぎのようにまとめることができます。

　この立場をとる企業は、まず協調的な行動に出ます。ここでの例でいえば、価格競争を避けて高い価格を設定します。そして相手が同じように高い価格をつけている（つまり協調的な行動をとっている）かぎりは、自分も価格を引き下げるようなことはしません。しかし、いったん相手が裏切って価格を下げてきたら、自分もそれに対する報復として価格を下げ、二度と協調的な行動はとらないとします。つまり、ずっと低い価格をつけ続けるのです。

　図10-3は、相手の企業がこのような「目には目を、歯には歯を」という態度をとっているとき、もう一つの企業が協調行動をとる場合と、相手を裏切っ

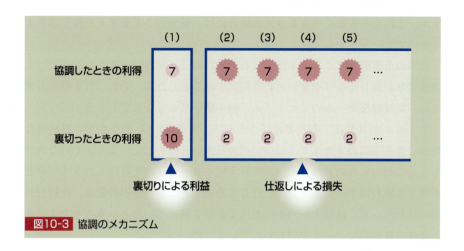

図10-3 協調のメカニズム

て低い価格をつける場合の、利得の動きを比べたものです。もしこの企業が高い価格をつけるという協調的な態度をとり続けるなら、相手からの仕返しもないわけですので、7という高い利益をずっと享受できます。上のケースはこれを示したものです。

これに対し、もしいったん裏切って低価格をつければ、そのときは相手を出し抜くことができます。つまり、10という高い利得を獲得できるのです。しかし、それ以降は相手の仕返しにあって、2という利得しか獲得できません。下のケースはこれを示しています。

この企業は、協調を続けるでしょうか。それとも、あえて相手を裏切るような行為に出るのでしょうか。一般的なことは何もいえませんが、図10-3を見るかぎり、将来の協調のメリットを失ってまで、一度の利益のために裏切りを働くことはないという見方ができるのではないでしょうか。継続的なゲーム（繰り返しゲーム）で協調が発生しやすいというのも、このようなメカニズムが働くからです。

現実の世界の協調

いま抽象的な形で示された協調のメカニズムは、現実の世界で見られる協調という現象の本質的な点をついています。日常の生活体験から、私たちはみな、つきあいが長くなるほど協調関係を結びやすくなるということを感じているはずです。1回きりのつきあいの人には将来のことをあまり考えずに接しま

すが、これからも長くつきあう人の場合には、将来のことを考えた接し方をするものです。

　日本の企業間ではカルテルが結ばれやすいのに、海外の企業とはどうしても価格競争が激しくなりやすいという傾向があるとしたら、それは日本企業の間では、継続的なゲームのメカニズムが強く働いているからでしょう。

　アクセルロッドは、その著書『つきあい方の科学』——1 のなかで、継続的な関係に伴う協調のメカニズムについて興味深い分析をしています。そのなかでもとくにおもしろいのは、第一次世界大戦中ヨーロッパで対峙したドイツ軍とイギリス軍の兵士の日記を分析したところです。この戦争の特徴は、比較的長期間にわたって、敵同士が向かいあって戦争を続けていたということです。その意味で継続的なゲームが行なわれていました。

　敵同士ですから、互いに相手への同情など持つはずがありません。しかし、戦場のあちこちで協調とも思われるような現象が見られたようです。ある兵士は日記に、「自分たちが攻撃してドイツ兵士を5人殺せば、ドイツ軍も攻撃をしかけてきてこちらも5人殺されるであろう。そのような報復を考えたら、積極的に攻撃する気にはなれない」と書いています。ここで述べられていることは、まさにいま説明した継続的なゲームでの協調のメカニズムにほかなりません。

　アクセルロッドの分析にかぎらず、継続的な関係があるところに協調が生まれやすいということは、いろいろな例をあげて示すことができます。そのような例の一つとして、日本的取引慣行と呼ばれる事例があげられます。

　日本的取引慣行と呼ばれるものには、いろいろなものがあります。労働市場での終身雇用制、金融市場でのメインバンク制、自動車や家電などで見られる下請制度、流通市場に見られる小売・卸とメーカーの取引関係などが、代表的な例としてあげられます。これらは、それぞれその内容も違いますし、日本的慣行は幻想であるという見方もあります。ここでは個々の問題の詳細に立ち入ることはできませんが、一般論として、これらのどのケースにおいても、その取引関係が長期継続的なものであるということを指摘することができます。

　たとえば、終身雇用制であれば、一生その会社に勤めるわけですので、労働

1——アクセルロッド『つきあい方の科学』（原題：*The Evolution of Cooperation*）、ミネルヴァ書房、1998年。

者と会社の間の関係は長期継続的になります。そのような雇用関係のもとでは、労働者の会社への忠誠度は高くなるだろうと考えられます。いつでも会社をやめて他へ転職することができるなら、あるいはそのような予定があるなら、会社から無理な仕事を押しつけられたり、非人間的な転勤の命令を受ければ、さっさとその会社をやめるでしょう。しかし、もし他の会社に転職することがむずかしく、その会社で勤めあげるしかなければ、多少の不満はあっても会社の方針に忠実に従おうとするでしょう。これは、先に説明したゲームの例でいうと、後からの報復を恐れて協調行動をとる企業の立場と非常によく似ています。

　メインバンク制における銀行と企業の関係、流通市場におけるメーカーと流通業者（小売業者、卸売業者）との関係なども、長期的になる傾向があります。その結果、取引関係はより協調的になると考えられます。

　もっとも、バブルが崩壊し、不良債権処理問題が深刻化し、雇用の流動化が進んで失業率が上がっていくなかで、こうした日本的な取引慣行と呼ばれるものが崩壊ともいえるような大きな変化を示しています。いったん継続的な関係が崩れれば、旧来の日本的な慣行を維持することも困難になってくるのです。

Ⅲ　経済政策とゲームの理論：ルールか裁定か

金融政策のあり方に関する論争

　1970年代の前半、日本経済はきわめてきびしいインフレに襲われました。このインフレの原因として、いろいろな要因があげられています。田中内閣の日本列島改造論に典型的に現われている日本全国の公共投資ブームと、それを受けた土地転がしや土地投機ブーム、中東危機に端を発した第一次石油ショック、ブレトンウッズ体制の崩壊による変動為替相場制への移行の過程での金融の混乱などがその代表的なものとしてあげられます。

　このようななかで、一部の経済学者によって、この時期のインフレの責任は、日本銀行の金融政策にあるという主張がなされました。その議論をここで正確に再現することは容易ではありませんが、ようするに、石油ショックなどに先だって物価が上昇しはじめており、さらにその前から日本のマネーサプライ（貨幣供給量）が相当拡大していたということです。マネーサプライが拡大すれば物価が上昇するのは当然で、物価の番人たる日本銀行は、なぜマネーサ

プライの拡大を防がなかったのかという議論です。

これに対して、当時の日本銀行の一部のエコノミストは、つぎのような反論をしました。当時、公共投資ブームなどによって金融機関の融資は相当拡大しており、それを反映して、銀行の中央銀行信用への需要も膨れ上がっていました。そのような状況下で中央銀行信用を拡大しなかったら、資金需給が逼迫して金融が大混乱をきたしたに違いありません。したがって、マネーサプライの増加は当時の経済の状況のなかから生み出されたものであり、日銀信用の拡大は金融市場の混乱を避けるためにはやむをえない措置であったということです。マネーサプライを政策的にコントロールすることができると考えるのは、学者が現実を知らないからだ、というような強硬な意見もあったように記憶しています。

念のために強調しておきますが、ここでまとめたような内容が実際の論争を正確に描写しているかどうかは自信がありません。ここでは、その点はあまり重要なことではありません。以下で述べるように、ここでとりあげた問題は、いろいろな経済政策や政府規制にからんで、きわめてよく見られる現象なのです。

ゲームの樹による表現

上で述べたことは、図10-4にまとめることができます。このような図はゲームの樹と呼ばれるもので、図10-1と同じく、ゲーム理論の分析を行なうにあたって有益な分析手法です。

この図の左端の点に市中銀行とあり、そこから過剰融資と慎重な融資という線が出ています。これは、市中銀行のとりうる行動として、この二つがあるということです（話を単純化するために、市中銀行がとりうる行動は2種類しかないとします）。

さて市中銀行が行動すると、その後に日銀の行動の順番になります。たとえば、市中銀行が無謀な融資（土地融資など利潤動機に基づいた貸出し拡大）をしたとき、日銀のとる選択は二つあるとします。一つは、そのような融資拡大によって増加する日銀信用への需要拡大に応えて、日銀信用を拡大するという行動であり、もう一つは民間の融資の増大にもかかわらず、日銀信用を拡大しないという立場です。図では、上方にある日銀という点からの2本の線によって示されています。

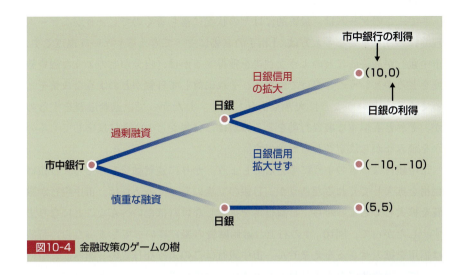

図10-4 金融政策のゲームの樹

　図の下方にあるもう一つの日銀という点は、市中銀行が慎重な融資態度をとったときの日銀の行動で、この場合には日銀は特別なことをする理由はないので、記述の入っていない線を描いてあります。

　図の右に記してある数値が、市中銀行の利得（左側の数値）と、日銀の利得（右側の数値）です。市中銀行の利得とは、利益を表わしたものと考えればよいでしょう。これに対し、日本銀行の利得は、日本全体の経済厚生の水準を反映したものであると考えてください。日本銀行は公的な機関ですので、その利得は日本全体の利益を反映したものと考えるわけです。

　市中銀行が過剰融資をし、それに対して日銀が信用拡大をすれば、市中銀行の利益はきわめて大きくなるでしょう。それが10という利得に反映されています。この状況では、国内にインフレが発生しますので、日銀の利得はゼロとなっています。

　市中銀行が過剰融資をしたとき、日銀が日銀信用を拡大しないと、金融に混乱が起こります。このときには、市中銀行の利得も日銀の利得も、−10という非常に低い水準になります。市中銀行は利益を減らすでしょうし、日銀も金融市場の混乱は好ましいと考えていないからです。

　市中銀行が慎重な融資態度をとっているときには、市中銀行の利得は5という中間の値になります。日銀にとってはこれがいちばんよい状態であるので、利得は5となっています。

さて、このゲームは、最終的にはどの状況に落ち着くのでしょうか。ゲーム理論における重要な考え方は、「相手の立場に立って考える」という視点です。市中銀行が最終的にどのような利得を獲得するかは、自分がどのような融資態度をとるかということだけではなく、それに対して日銀がどのような政策をとってくるかということに大きく依存します。したがって、過剰融資をするのか、それとも慎重な融資行動をとるのかは、日銀がどのように反応してくるのかを読みながら決定されるわけです。

　市中銀行はつぎのように考えるでしょう。かりに過剰融資をしたら、日銀は信用を拡大してくれるだろうか。日銀の立場に立って考えれば、市中銀行が融資を拡大してしまったら、日銀信用を拡大しなければたいへんなことになります。したがって、図10-4の右上（過剰融資の線）にいってしまったら、日銀は信用を拡大せざるをえません。市中銀行はこのような日銀の「弱み」につけ込んで、過剰融資をする結果となります。その結果、過剰融資とそれに伴うインフレとなってしまうのです。

　日銀のエコノミストが、当時、過剰融資のもとで日銀がマネーサプライを管理することなど不可能であるといったことの含意を、このような形で単純化して議論することができるかもしれません。たしかに、この図で見るかぎり、市中銀行の過剰融資を前提にすれば、日銀としては信用を拡大するしか方法がありません。

ルールか裁量か：経済政策の機能とは

　しかし、以上で議論したことを、図10-5のように、状況をもう少し広い視野から見ると、その意味するところも相当違ってきます。図10-5を図10-4と比べるとわかるように、図10-5の赤色で囲った部分が、図10-4に対応しています。

　図10-5が明らかにしていることは、日本銀行が、民間の融資行動に先だってできることがあるということです。ここでは議論の単純化のために、二つの選択が示してあります。一つがケインジアンと記した線、もう一つがマネタリストと記した線であり、それぞれいちばん左の点から出ています。これは、日銀としてあらかじめ政策のスタンスを決めることができるということです。

　ここでケインジアンと記したのは（これをケインジアンと呼ぶことに関しては異論のある経済学者が多いと思います）、政策の目的が裁量政策ないしファ

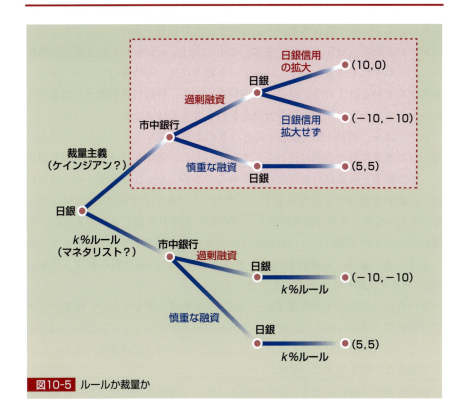

図10-5 ルールか裁量か

イン・チューニングにあるという立場です。すなわち、金融政策の目的は、その場その場の経済の状況に応じて、もっとも望ましいと考えられる方向に経済を引っ張っていくことだとする立場です。

　これに対し、k％ルールないしマネタリストと記したのは、ルール主義という金融政策に対する考え方です。マネタリストであるフリードマンは、望ましい金融政策とはマネーサプライを安定化することに努めることであり、経済の状況に応じて金融を緩めたり引き締めたりしてはならないと主張しています。そのための方法として、経済の実質的な成長率に等しい率でマネーサプライを成長させる（これがk％であるとします）ことが望ましいという提言をしています。多少極端な言い方をすれば、実体経済のマネーサプライがつねにモニターされていて、それがk％の成長率からはずれるようであったら、それを機械的に修正するというメカニズムを考えればよいでしょう。

　図10-5に示したことは、中央銀行がどちらの立場をとるかによって、金融

政策の意味が大きく異なるということです。もし裁量主義の立場をとるなら、図10-4で説明した状況に戻ります。これに対し、k%ルールを宣言し、何が起こってもそれを守るという立場をとった場合には、市中銀行の行動パターンも大きく変わるはずです。過剰融資を行なっても、日銀信用を拡大してもらえないわけですから、慎重な融資行動をとろうとするはずです。

　以上の点を、図10-5で確認するとつぎのようになります。もし、日銀が左端の点で裁量主義の方向の選択をしてしまったら、市中銀行は過剰融資を選択し、その結果、日銀は日銀信用を拡大をせざるをえなくなります。その場合には、日銀の利得はゼロとなります（右端のいちばん上のケース）。これに対して、もしk%ルールの立場を宣言し、市中銀行もそれを信じるのであれば、左端の点から下の方向に行き、市中銀行は慎重な融資態度をとらざるをえなくなります。その結果、日銀の利得は5となります。この場合明らかに、日銀はk%ルールをとるべきであることになります。

　念のために注意しておきますが、図10-5は単純な例ですので、現実のマクロ経済政策の運営に関して、マネタリストのほうがケインジアンよりつねに正しいといっているわけではありません。ただ、この例は経済政策の考え方について重要な示唆を与えています。

　裁量主義の立場によると、現実の動きに応じて経済をより望ましい方向にもっていこうというのが経済政策の主要な機能であることになります。マクロ経済政策の例でいえば、景気などに対して手を打っていくことがその主要な課題となるわけです。

　これに対してルール主義の立場によれば、政府がどのようなスタンスで政策を運営するかということそのものが、民間経済主体の行動のあり方に大きな影響を及ぼすことになります。したがって、経済政策のもっとも重要な課題は、民間の行動パターンをより望ましい方向にもっていくように政策ルールを策定するということになるわけです。

　ここの例でいえば、マネーサプライを調整することで景気や金融を安定化させようとするのが裁量主義の立場であり、何が何でもマネーサプライを安定化することがk%ルールの立場ということになります。それによって、市中銀行としても過剰な融資に走りにくいことになるだろうと考えるわけです。

　ところで、図10-5を少し読み換えれば、経済産業省による中小企業保護政策のケースにも当てはめることができます。この図の日銀を経済産業省に、市

中銀行を中小企業に置き換えてください。また、中小企業の行動を、目先の利益に走った無謀な投資（これが「過剰融資」に対応します）と、長期的な視点からの慎重な投資（これが「慎重な融資」に対応します）とし、経済産業省の行動として、中小企業が危機に陥ったときに助けるという立場と、絶対に助けないという立場にします。すると、ここで金融政策に関して行なった議論とほぼ同様の議論を、中小企業保護政策に関して行なうことができます。

【演習問題】
1. 以下の点について答えなさい。
   (1)囚人のディレンマとはどのような現象か。具体的な例をあげながら説明しなさい。
   (2)寡占的な産業では、企業が競争によってお互いの利益を下げることのないようにさまざまな手段によってカルテルを維持しようとすることがある。具体的にはどのような方法でカルテルの維持をはかろうとしているのか。ゲーム理論的な考え方を用いて説明しなさい。
   (3)マクロ経済政策における裁量主義的な政策とは、どのようなものであるのか。またそのような政策運営のあり方にはどのような問題があると考えられるのか。
   (4)現実の世界の現象で、ゲーム理論を用いて分析できると考えられるものにどのようなものがあるか。いくつか例をあげなさい。
2. つぎのようなゲームについて考えてみなさい。いまAとBの二人のプレイヤーがいて、Aはaとbという戦略、Bはcとdという戦略がとれるものとする。そのときの利得は表に示したようであるとする。ただし、各欄の左側の数値がAの利得であり、右側の数値がBの利得である。このようなゲームにおいて、

A \ B	c	d
a	1, 1	100, 0
b	0, 100	5, 5

Aはどのような戦略をとるであろうか。またその理由についても説明しなさい。Bはどのような戦略をとるであろうか。その結果、ゲームの均衡はどのような状態になるだろうか。これについても簡単に説明しなさい。

3．高速道路の混雑現象は、本文で説明した囚人のディレンマと似た性格を持っている。この点について簡単に説明しなさい。

11
ゲームの理論の応用

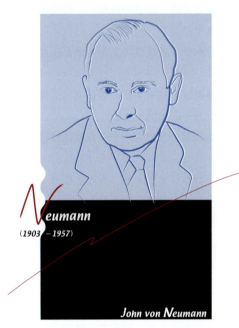

フォン・ノイマン（John von Neumann：1903-1957）
20世紀最大の数学者・科学者の一人。現在のコンピュータの基礎となっている「ノイマン型コンピュータ」の生みの親でもある。モルゲンシュテルンとともに『ゲームの理論と経済行動』の書で経済学にゲーム理論を持ち込んだことでも有名である。

この章は応用とありますが、前の章で勉強したゲーム理論の応用の仕方について説明されるのでしょうか。

ゲーム理論は実に多くの問題に応用できます。前の章でも、企業の価格競争、軍事拡張競争、金融政策の運営など、さまざまな応用事例を紹介しました。応用事例にいろいろ接することで、ゲーム理論的な考え方がより身につくはずです。

 この章ではどのような応用問題が出てくるのでしょうか。

まずは、企業の競争の事例をもう少し説明します。現実の経済の世界でゲーム理論的な戦略の話が一番多く出てくるのが、企業の戦略の事例だからです。競争相手の出方や反応をあらかじめ読みながらみずからの行動を決める。これが戦略の基本ですが、ここではゲーム理論的な考え方で、こうした点を説明したいと思います。

 企業以外の問題でもゲーム理論の応用事例が出てくるのでしょうか。

いろいろな応用事例がありますが、ここではスポーツの例を紹介したいと思います。サッカーの事例です。

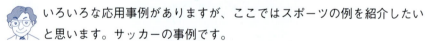 サッカーのようなスポーツでも、ゲーム理論は役に立つのでしょうか。

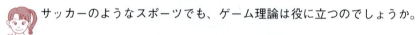 役に立つかどうかわかりませんが、たとえばサッカーのゴールキックの場面などでは、キッカーとゴールキーパーは相手の手の内を読みながら行動していることがわかります。これをゲーム理論的に分析するとどうなるのか紹介します。また、この事例で、ナッシュ均衡という考え方について説明ができればと考えています。

 ゲーム理論がスポーツにも応用可能とは驚きました。

ゲーム理論ではありませんが、現実の世界で、経済学で使うような統計理論で弱小球団を優勝に導いた人がいました。ブラッドピットが主演をした『マネーボール』という映画の原作となった本があります。この本は世界的にベストセラーになりました。映画を観た人もいるかもしれませんね。

ゲーム理論はまさにそうですが、現実の現象を丁寧に合理的に見ると、より深いことがわかるということですね。

> そのとおりです。なおこの章では、オークションやバーゲニング（交渉）というような、現実の世界で起きていることについてもゲーム理論的な立場から解説したいと考えています。

　この章では、第10章で説明したゲーム理論的な考え方を、さらにいろいろな問題に応用してみたいと考えています。ゲーム理論は厳密な形で理解しようとすると、数理的に複雑な思考を要求されます。読者の皆さんには、是非そうしたレベルまで将来は学習してほしいと願っていますが、この入門書でそうした説明をすることはできません。
　そこで、できるだけいろいろな事例に触れてもらうことで、ゲーム理論についての理解を深めてもらいたいと思います。前の章でも述べたことですが、ゲーム理論は実に多様な問題への応用が可能です。企業のビジネス戦略はもちろん、生物の行動パターンの分析、スポーツでの戦略、交渉の行動原理などが、すぐに頭に浮かぶ応用事例です。この章でもそうしたテーマをあげながら、ゲーム理論の理解を深めてもらおうと考えています。

I　企業の経営戦略

競争相手との関係を考える

　ビジネススクールでは、経営戦略論が重要な科目として教えられています。経営戦略を学ぶため、さまざまな企業の事例が教室で議論されています。「田舎から出てきた大型小売業のウォルマートは、なぜ全米一の小売業になれたのか」、「ヤマト運輸が宅配業界のリーダーとなったのはなぜか」、「セブン－イレブンの成功の秘訣は」。こういった事例を教室で議論するのは結構楽しいものです。また、そのような議論によっていろいろなことを学ぶことができます。
　そうした企業戦略の議論には、いろいろな要素が含まれていますが、そのなかでもゲーム理論的な思考が有効であることが少なくありません。そもそも、企業の経営戦略とは何でしょうか。正確に定義するのはむずかしそうですが、競争相手との関係が重要な意味を持つことは間違いありません。
　そもそも、ライバル企業は何を仕掛けてくるのでしょうか。それを予想するためには、ライバル企業が何を考えているのかを考える必要があります。こち

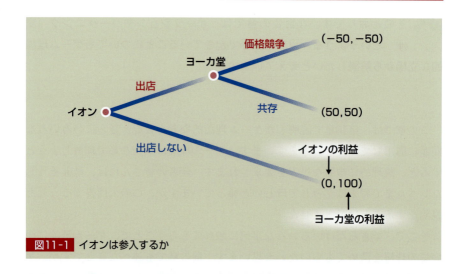

図11-1　イオンは参入するか

　らが何かを仕掛けていったとき、ライバル企業がどう反応するのか。これも経営戦略上で重要となりますが、そこでもライバル企業が何を考えているのか考える必要があります。

　相手がどう考えるのか、そしてどう行動するのか。こうしたことを考えながらみずからの行動を決めていくのは、ゲーム理論的な思考が得意とする分野です。こうしたゲーム理論的な思考で企業の経営戦略について考えてみたいと思います。

　以下で説明するゲームの構造は、基本的に前の章で説明した金融政策の議論のそれと同じです。同じような構造のゲームでいろいろな現象を扱うことができるのです。このゲームの特徴は、相手より先手をとって既成事実を作ることで、全体のゲームを自分にとって有利にしようという点にあります。企業の戦略的な行動にはこのような現象が少なくありません。以下で示す事例もそのような例です。

空脅しは通用しない

　第10章で説明したゲームの樹による戦略的行動は、寡占的産業における戦略的行動としてしばしば問題になる参入阻止行動の分析にも応用できます。図10－4の名称と利得だけを置き換えた図11－1を利用して参入阻止行動について考えてみましょう。

図10-4と図11-1を比べるとわかるように、先の例で「市中銀行」とあったのが「イオン」にかわり、先の例で「日銀」とあったのが「イトーヨーカ堂」となっています。それぞれの行動についても、新しい図では修正がなされています。ここで実在する企業名を使うのはあくまでも話をわかりやすくするための論法であり、現実の小売業の競争がこんなに単純でないことはいうまでもありません。

　図11-1はつぎのような状況を表わしていると考えてください。いま、ある街にイトーヨーカ堂が出店しているとします。その街には他に大きなスーパーがないので、独占的な利益をあげており、この利益をここでは100という利得で表わすとします（この100の利得を図の上でどのように読み取るのかということについてはすぐ後で説明します）。

　この街に、新たにイオンが出店を考えているとします。イオンにとっての戦略は、「出店する」か「出店しない」かのどちらかを選択することです。これは図の左端のイオンと記した点に表記されています。かりにイオンが出店してこなければ、イトーヨーカ堂にとってはこれまでと状況は変わりません。その状況を示したのが図のいちばん右下にある両企業の利得です。参入してこなかったイオンのこの街からの利得は0、そして独占的地位を維持することができたイトーヨーカ堂の利得は100となっています。

　もしイオンがこの街に出店してきたらどうなるでしょうか。その場合には、イトーヨーカ堂にとって二つの対応があると、この例では想定しています。これは図の上ではイトーヨーカ堂と記した点に記されています。一つは、イトーヨーカ堂がイオンに対して価格戦争をしかけるケースで、この場合には両者の利得は非常に少なくなります。ここではイオンもイトーヨーカ堂も－50の利得になると想定しています。イトーヨーカ堂のとりうるもう一つの対応は、価格競争を避けてイオンとの共存をはかることです。この場合には二つの店で市場を分け合うことになります。その場合の両者の利得はそれぞれ50になると想定しています。

　さて、以上のような状況でイオンはこの街に新しい店をつくって参入してくるでしょうか。もちろん、イトーヨーカ堂としてはイオンに出店してほしくないので、「もしイオンが参入してくるようなら徹底して価格戦争をしかける」と脅しをかけるかもしれません。しかし、合理的な判断に基づいて行動すると想定するゲーム理論の世界では、このような脅しは「空脅し」で効果はありま

せん。

　イオンは新規出店するかどうかを決めるため、イトーヨーカ堂の反応を読もうとします。もしイオンが実際に出店したとき、イトーヨーカ堂は価格競争をしかけてくるでしょうか。答えは明らかにノーです。イオンが出店してしまったら、イトーヨーカ堂にとって価格戦争をしかけることは合理的ではありません。価格競争になればみずからの利得は-50になってしまいますが、共存を図れば50の利得を確保できるからです。このようにイトーヨーカ堂の反応を読み切ったイオンは、確信を持ってこの街に新しい店を出すことになるのです。

　英語の表現に「相手の靴を履いてみる」(in one's shoes) という表現があります。この場合、イオンはイトーヨーカ堂の靴を履いてみる、つまりイトーヨーカ堂の立場に立って考えてみるのです。もしイオンが参入してきたとき、合理的に考えればイトーヨーカ堂は価格戦争をしかけてこないだろう。それがイオンの参入の決め手になります。

参入阻止行動

　では、イトーヨーカ堂は、イオンの新規出店を防ぐことはできないのでしょうか。現実の世界では、ライバル企業の参入を防ぐため、既存企業はさまざまな方策をとろうとします。ここであげた小売業の事例では、競合店が出てくる前に、既存店が店舗拡張を行なって競合店が参入する余地を小さくすればよいのです。この点をゲーム理論の枠組みで説明しようとしたのが、図11-2です。これは図10-5と似た性格を持っていることが、以下の説明からわかると思います。

　イオンが参入してくる前に、イトーヨーカ堂にはあらかじめ手を打っておく余地があると考えます。それは店舗を拡張するという行動です。図11-2は図11-1を膨らませたものですが、新たにいちばん左側にイトーヨーカ堂の行動が加えられています。イオンが参入してくる前に、イトーヨーカ堂は店舗拡張をするか否かの選択があると考えます。

　もしイトーヨーカ堂が店舗拡張をせず現状の店舗規模のままでいるとすれば、状況は先の図11-1で考察したのと同じになります。読者のみなさんは図11-2の右上の部分が図11-1と同じであることを確認できると思います。この場合には、イオンは新規出店をしてきます。そしてイトーヨーカ堂は価格戦争をしかけることができず、イオンとイトーヨーカ堂で50ずつの利益を分け合

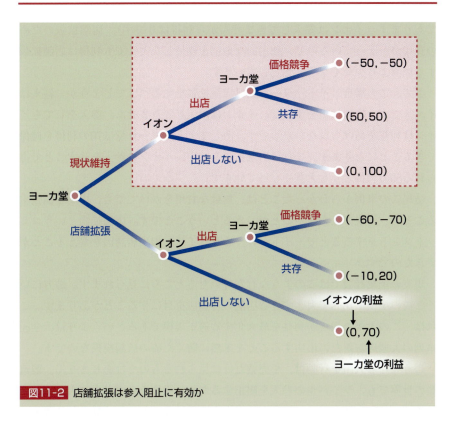

図11-2　店舗拡張は参入阻止に有効か

うことになります。

　これに対してもし、イトーヨーカ堂が店舗拡張をしたらどうなるでしょうか。この場合には、イオンが出店してきても、イトーヨーカ堂のほうが競争上有利になります。この図の事例では、もしイトーヨーカ堂が価格戦争をしかければ、上のケースと同じようにイオンもイトーヨーカ堂もマイナスの利得しか得られません（イオンは−60、イトーヨーカ堂は−70となっています。イオンの損失が大きいのは前の事例に比べてイトーヨーカ堂の店舗が大きいからであり、イトーヨーカ堂の損失が大きいのは店舗拡張コストがかかっているからです）。また、かりにイトーヨーカ堂が価格競争をしかけてこなくても、イオンは利益をあげられません（イオンの利得は−10）。店舗拡張によってイトーヨーカ堂のこの街での競争力が強くなっているからです。

　もしイオンが参入してこなければどうでしょう。この場合にはイトーヨーカ堂はこの街で独占的な地位を維持できます。そこで70の利得を確保できるとし

てあります（イオンは参入してきませんから利得は0です）。店舗拡張のための費用がかかっているので、独占的な地位を維持したとしても利得は店舗拡張する以前より少なくなると想定しています。

　さて、この場合、イトーヨーカ堂は店舗拡張をするべきでしょうか。答えはイエスです。店舗拡張をすれば、イオンは参入してきません。参入をしてもイオンは利益をあげられないからです。そしてイトーヨーカ堂は70の利得を確保できることになります。これは店舗拡張をせず、イオンの参入を許すことで得られる50の利得よりも大きくなっています。

　結局この事例からわかったことは、無駄な費用をかけてでも、店舗を拡張することで、新規参入を防ぐことができるということです。店舗拡張というコミットメントをすることで、イトーヨーカ堂はイオンの出店誘因を変えることができたのです。

　現実の企業社会ではこのような行為はいたるところに見られます。地方にいくと街の規模に比べて大きすぎる店舗の百貨店を目にすることがあります。これは、この大きな規模が利益を最大化する適正規模であるというよりは、全国系列の大型店が新たに出店することを未然に防ぐための店舗規模なのです。

　こうした参入阻止行動は、小売業だけに見られるものではありません。製造業の世界でも、ライバルの参入を阻止するため、設備を必要以上に大きくしたり、ブランドや研究開発に過大な投資をするということはよく見られる現象です。相手がしかけるまえに相手の出鼻をくじくためにあらかじめ行動を起こす。これがコミットメントと呼ばれる戦略的行動の姿なのです。

　コミットメントという現象は、寡占市場にかぎらず経済や社会のいたるところに見られる現象です。あらかじめ自分が行動を起こすことで、自分や相手の利害関係を変えてしまい、それで結果を自分に有利にもっていこうとすること、それがコミットメントなのです（後でバーゲニングの説明のところでコミットメントの例を一つあげておきます）。

後追いが有利な面もある

　企業の戦略的な行動では、相手よりも先手をとったほうがよいケースが多いと思います。上で説明したような、ライバルの参入意欲をくじくような投資行動はその典型です。ライバルが動く前に大きな店を作ってしまい、ライバルが参入しても利益をあげられない環境を作ればよいのです。

ただ、現実の企業行動では、先手をとるよりも、相手の行動を見て後から動いたほうが有利な場合もあります。じゃんけんなどはその典型で、相手よりも後出しができるなら、かならず勝つことができます。じゃんけんでは後出しは認められませんが、企業行動の場合にはそれが許される場合もあるのです。

こうしたゲームの構造を理解してもらうため、DixitとNalebuffによる *The Art of Strategy: A Game Theorist's Guide to Success in Business and Life* のなかでとりあげられている事例を紹介しましょう。なお、この本はビジネスでゲーム理論がどう利用可能かを理解するうえで大変優れた本ですので、ぜひ一読をお薦めします。

ヨットの競争をイメージしてください。アメリカチームが先頭で、それをオーストラリアチームが追いかけています。このままいけば、アメリカチームの勝ちです。そこでオーストラリアチームは一か八かの賭けに出て、コースを大きく右に振りました。これを見ても、アメリカチームはコースを変えませんでした。大きく右に振るよりも、いまのコースを維持したほうが早くゴールに到達すると判断したのです。

ところが、そのとき風向きが大きく変わりました。誰も予想しなかったまさかの風の変化です。これがオーストラリアチームに有利に働き、結果的にオーストラリアチームが優勝してしまったのです。

アメリカチームは反省会を開きました。そして、オーストラリアチームにあわせてコースを変えなかったのは間違いだったことに気づきました。オーストラリアチームがコースを右に振ったとき、もしアメリカチームもコースを右に触れば、風向きが変わってもオーストラリアチームに抜かれることはなかったのです。

この競争はいかに早くゴールに到着するのかを競っているのではなく、だれが最初にゴールに到達するのかを競ったものです。アメリカチームにとって重要なのは、オーストラリアチームよりも少しでも早くゴールに到達することです。オーストラリアチームがコースを変えたときに、アメリカチームも同じようにコースを変えれば、その時点で先を行っているアメリカチームのほうが有利なのです。

相手の出方を見てから自分の動きを決める。この後出しジャンケンのようなやり方は、ヨットレースだけでなく、ビジネスの世界でも多く観察される現象です。この点について、日本を代表するメーカーであるパナソニックやトヨタ

を例にあげて考えてみましょう。

　パナソニックはかつて松下電器産業（以下では松下と略す）という会社名でした。松下幸之助が設立した企業であるためそのような社名でしたが、人々には「マツシタ」という名称で呼ばれていました。そのマツシタをもじって、マネシタ産業と呼ぶ人がいました。ほかの会社が出した商品と同じような商品をより性能よく、かつ魅力的な価格で提供するのが得意なので、こうした名前がついたのかもしれません。

　この呼称が松下の行動を正しく言い当てているのかどうかは別として、企業の特徴を考えれば不思議な話ではありません。当時の松下は、家電産業では圧倒的な強さを持っていました。ほかの企業よりも優れた生産能力を持ち、それを販売するうえでの営業力や販売チャネルの管理でも非常に強い競争力を持っていました。

　家電の世界では、つぎつぎにいろいろな新しいアイデアの商品が出てきます。そうした新商品の開発に人材や資金を投じることは重要ですが、闇雲に資金を投じても無駄に終わることにもなりかねません。そこで各社とも他社の動向を見ながら、新製品の開発を行なっています。

　仮にある企業が開発した商品が成功しそうになったとき、ほかの企業はどう動くのでしょうか。後から追いかけて同じような商品を出そうとするでしょう。ただ、製品開発競争では、最初に開発した企業が圧倒的に有利です。ただ、松下は違ったようです。ほかの企業を後から追いかけていっても、大きなシェアを奪いとるぐらいよい商品を短期間で開発し、それを販売する技術力と販売力を持っていたのです。

　結果的に後追い戦略で何度も成功することで、マネシタ産業と揶揄されることになりましたが、実は松下の技術力は非常に優れていて、他社に先駆けて斬新な商品もたくさん開発しています。ただ、後追い戦略があまりにも見事なので、マネシタという呼称が広がったのだと思います。

　トヨタ自動車が同じような戦略をとっているかどうかはわかりません。ただ、自動車の世界では、ほかの企業が開拓した新しいタイプの自動車を追いかける傾向があります。大型のSUVで日産のエルグランドが成功しましたが、トヨタもアルファードを出しています。ホンダのオデッセイはSUVと乗用車の中間的な自動車で新しい市場を開拓したのですが、トヨタも似たような自動車を出しています。

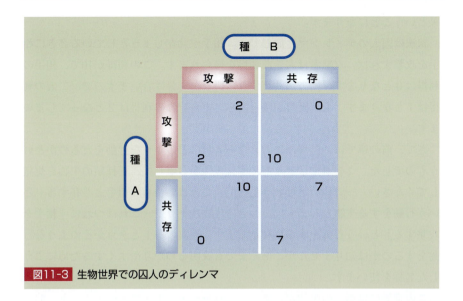

図11-3 生物世界での囚人のディレンマ

　家電における松下と同じように自動車でのトヨタは、圧倒的な生産能力と販売能力を持っています。他社が切り拓いた市場に後から入っていって、スピーディーに商品を開発して販売する能力を持っているのです。

Ⅱ　生物だってゲームをしている

種の保存の法則？

　これまではゲーム理論の枠組みを使って、人々や企業がいかに合理的な行動を戦略的に行なっているのかということを考察してきました。ただ、ゲーム理論の考え方は、そうした合理性を超えて、より広い分野に応用することが可能です。ようするに、人々の間の相互作用によって結果が決まる、という理解によって、社会や生物界に対する理解が深まるのです。単純な合理性を超えて、ゲーム理論は重要な分析手法なのです。

　生物学的なゲーム理論の考え方に触れるために、前の章で説明した囚人のディレンマの例を使って仮想の生物の世界を考えてみます。図11-3は前章で説明した囚人のディレンマの表をそのまま踏襲したものです。ここでは行動として、「相手を攻撃する」と「相手と共存する」の二つのパターンがあるとします。表のなかの数字はその結果としてのペイオフで、数字が大きいほどよい結

果ということになります。

　状況は囚人のディレンマと同じです。相手が共存しようとしているときに相手を攻撃すれば、攻撃者は大きな利得を得られます。この利得が10で、相手の利得は0となります。両方が共存すれば餌などを分け合いますので、二人の利得は7となります。もし両者が争ったら、それぞれの利得は2となってしまいます。

　さて、前の章では、合理的に考えたら各自はどのような行動をとるのかというものでした。この章ではとりあえず合理性から離れて、三種類の生物を想定してください。一つはハトという生物で、これはいつも「相手と共存する」という行動をする生物とします。二つ目の生物はタカで、これはつねに「相手を攻撃する」という行動をする生物とします。現実のハトとタカがそのような行動をするのかは知りませんが、あくまでも説明をわかりやすくするためにこうした名称を使います。

　この世界には第三の生物がいます。これをティット・フォー・タット、略してティットと呼びます。この生物はまずはハトと同じように共存しようとしますが、相手が攻撃してきたら、つぎから攻撃をする生物です。相手が共存しようとしたら自分たちも共存を続けます。実はティット・フォー・タットとは、「目には目を、歯には歯を」というような意味です。それでティットという名称にしました。

　さて、ある野原にこの三つの生物がつぎつぎに現われるとします。最終的には、どの生物が多く繁栄するのでしょうか。ハトしかいない世界では、ハトは共存しますので、7という利得を分け合って繁栄することができます。ところがそこにタカが入ってくると、攻撃する術を知らないハトは全滅するかもしれません。タカの前ではハトは生存できないのです。

　ではタカはどうでしょうか。ハトの前ではタカは繁栄するでしょう。ただ、タカが増えるとタカ同士がお互いに戦い、2という低い利得しか得られません。つまり、タカだけの世界でもタカは繁栄できないのです。

　ではティットはどうでしょうか。ハトとティットはお互いに共存できます。戦いが起こらないからです。ティット同士でも同じです。まずはお互いに仲良くし、それでその後も仲良くし続けるからです。では、ティットとタカが遭遇したらどうでしょうか。ティットはタカに攻撃されるでしょう。ただ、つぎからはティットもタカに攻撃を仕掛けるので、ハトのようにやられっぱなしとい

うわけではありません。

　野原にこの三つの生物がいろいろな形で遭遇するとき、どの生物がもっとも繁殖する可能性があるのか。以上の説明から想像できるように、それはハトでもタカでもなく、ティットである可能性が高いのです。ハトもタカもティットも、一生懸命生存のための方法を考えているわけではありません。体に染み付いた行動原理で頑なに行動しているだけです。ただ、結果的にティットの行動原理がもっとも生存に向いた形になっているということです。

　多くの生物は、複雑な方程式を解いた合理的な行動をしているわけではありません。ただ、どのような行動パターンをとる生物が生き残る確率が高いかという関係を推測することはできます。この世界で生存している生物は、過去の長い生存競争に生き残ってきたもので、その意味で生存に向いた行動原理をとっていると考えることができます。強いものだけが生き残っているわけではありません。それなら、ライオンやトラが絶滅危惧種になることもないはずだからです。

　どこかの経営者がいっていました。強いものが生き残るわけではない。賢いものが生き残るとも限らない。環境にうまく対応できるものが生き残るのだ、と。このメッセージは何となくわかる気がします。

なぜ英語が世界の共通語になるのか

　ある決まったパターンで行動するというのは、動物だけではありません。人間だって、過去の習慣や惰性で決まった行動パターンをとることが少なくありません。たとえば皆さんが話す言葉は、これまでの人生で習得したものです。地域によって少しずつ違った方言が話されていますが、日本で育った人なら自然に日本語を話すでしょう。

　そうしたなかで、なぜ英語は世界の標準語となったのでしょうか。結論からいえば、多くの人が英語を多少なりとも話せるので、英語を話せたほうが世界のより多くの人とコミュニケーションができるからです。ビジネスでも文化でも、英語の読み書きの能力があるのとないのとでは、大きな違いがあります。

　では、なぜ世界の多くの人が英語を話すようになったのでしょうか。それは米国がそれだけ大きな影響力のある国であるからかもしれません。あるいはそれ以前に、英国が世界に多くの植民地を持った大国であったからかもしれません。でも、それはいつ頃からなのでしょうか。英国の海外進出と英語の海外へ

の普及は連動して起きた現象と見るべきでしょう。ただ、海外へ積極的に展開したという意味では、英国よりも前にスペインやポルトガルの存在があります。いまでも南米の多くの国ではスペイン語が話されています。そうした意味でも、スペイン語にも国際語としての性格はあります。それでも英語に比べてその地域ははるかに少ないのです。

結局、ここにも生物学的な成長や淘汰のゲーム的なメカニズムが機能していることがわかります。だれか一人の意思で英語が国際語として発展してきたのではありません。どのような言語を海外で使うのかという選択のなかで、結果的に英語がその地位を確保してきたということです。そして現在のような状態になれば、この先、英語以外の言語が英語の地位を脅かすことはむずかしいと思われます。その意味で、国際語としての英語の地位は安定しているのです。

Ⅲ　スポーツの世界でのゲーム

キッカーとゴールキーパーのゲーム

相手の出方を読みながら戦略を立てていくということでいえば、スポーツの世界でもゲーム理論的な現象が多く見られます。ゲーム理論は、もともとポーカーやチェスのようなゲームを分析するという意味から生まれたものです。野球やサッカーでもゲームが繰り広げられています。その意味では、スポーツの現場をゲーム理論的に分析することも意味があることなのです。

ここでは、サッカーのゴールキックを非常に単純化した状況で考えてみます。サッカーにくわしい読者にとってはあまりに単純な設定で不満もあるでしょうが、それでも以下の分析は結構複雑になります。

ゴールを守るゴールキーパーと、ゴールキックをするキッカーがゴールポストの前で対峙しています。キッカーはゴールの右端をねらうのか、左端をねらうのかの二つの選択があるとします。真ん中をねらう、上をねらうのか下をねらうのかなど、より複雑な選択はここでは考えません。ゴールキーパーのほうも、右に跳ぶか左に跳ぶかの二つの選択があります。ゴールキーパーにとって右に跳ぶということは、キッカーから見れば左のコーナーにキーパーが跳ぶことになります。キッカーとキーパーの右左が逆になることに気をつけてください。

いま、このキッカーは左のコーナーをねらうほうが、右のコーナーをねらう

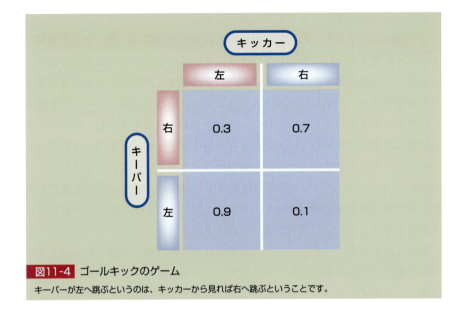

図11-4 ゴールキックのゲーム
キーパーが左へ跳ぶというのは、キッカーから見れば右へ跳ぶということです。

より得意なプレイヤーであるとします。本人はもちろん、ゴールキーパーもこのことを知っています。キッカーは左のコーナーをねらったほうがキックの成功する確率は高くなるかもしれませんが、キーパーもこれがわかって右に跳ぶかもしれません。それではせっかく左側にキックしたのに、ブロックされる可能性が高くなります。そこで、相手の裏をかいて、キッカーはあえて右に蹴ることも考えられます。キーパーは裏をかかれて右に跳ぶのか、それとも裏の裏をかいてあえて左に跳ぶということも考えられます。

　このキッカーとキーパーの置かれた状況が、図11-4にゲームの図として描かれています。この表のなかの数字は、ゴールキックが成功する確率です。キーパーから見れば、この数字がキックを阻止するのに失敗する確率となります。このゲームでは、キッカーの勝利はキーパーの敗北ですので、二人の利得（ペイオフ）を足すとゼロとなります。このようなゲームをゼロサムゲームと呼びます。

　以下の議論は数字をきちんと追っていくと、なかなか複雑な話になるかもしれません。それでも、自分の数字を使う能力を試したい人はぜひ丁寧に読んでください。ただ、多くの読者は、数字を丁寧に追うというよりも、議論の流れだけを追っていただければ十分です。それによって、ゲームのなかでの確率的

な戦略の意味が理解してもらえると思います。

　この図の数字をみてください。対角線上に並んだ数字は、キックした方向にキーパーが跳んだケースを示しています。キッカーとキーパーは向かい合っているので、方向が逆になっていることに気をつけてください。左上には、キッカーが左のコーナーをねらってキックし、キーパーが右に跳んだケースを示しています。右下にはキッカーが右のコーナーをねらってキックし、キーパーが左に跳んだケースを示しています。どちらもキーパーの読みが当たったケースですので、キックがブロックされる確率は高くなります。この図では左キック（右跳び）のケースでキックの成功確率は0.3（30％）、右キック（左跳び）のケースでキックの成功確率は0.1（10％）となっています。キッカーが左のほうが得意なのでこうした数字になっています。

　右上と左下の欄は、キーパーの読みが外れて、キッカーの蹴った方向とキーパーの跳んだ方向が逆になるケースです。この場合にはキックが成功する確率は高くなります。キッカーが左にキックし、キーパーが左に跳んだ場合は、キックの成功確率は0.9（90％）となります。キッカーは左が得意だからです。一方、キッカーが右にキックし、キーパーが右に跳んだ場合は、キックの成功確率は0.7（70％）になるとしています。

キッカーは確率的行動をとるべき

　さて、キッカーはどちらにキックすればよいのでしょうか。また、キーパーはどちらに跳んだらよいのでしょうか。これはなかなかむずかしい問題です。キッカーにとって左にキックするのがよいとも限りません。そういった行動をとり続けていれば、キーパーも右に跳んできます。だからといって逆をついて右にキックすればよいとも限りません。相手も裏の裏をかいて左に跳んでくるかもしれません。

　以下で説明するように、この問題には確率がかかわってきます。現実のスポーツの世界、たとえば野球では、キャッチャーが乱数表を見ながら、ピッチャーに指示する球種やコーナーを決めることがよく話題になります。相手に自分の手の打ちを見せないためにも、乱数表を見てランダムな行動をとることが必要となります。この点について、もう少しくわしく分析してみましょう。

　いま、キッカーがpの確率で左にキックし、$1-p$の確率で右にキックするとしましょう。pは０と１の間の数字で、pが大きいほど左にキックする確率

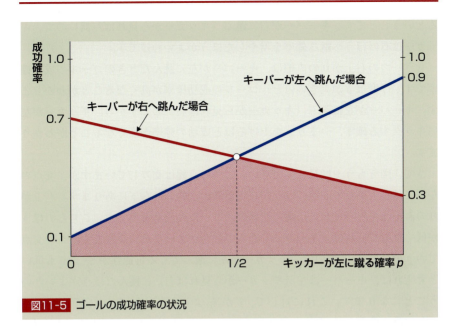

図11-5 ゴールの成功確率の状況

が高くなります。このような確率的な状況でキーパーが右へ跳んだとき、キックが成功する確率はどのくらいになるでしょうか。p の確率で左へキックするので、キーパーの行動が正しい結果になる確率が p で、そのときのキックの成功確率は0.3です。一方で右にキックされる確率は $1-p$ ですが、その場合にはキーパーの動きは失敗で、そのときのキックの成功確率は0.7です。結局、キーパーが右に跳んだときのキックの成功確率は両方を足して、$0.3p + 0.7(1-p)$ となることがわかるはずです。

同じような方法で、キーパーが左に跳んだときの利得を計算してみます。キッカーは p の確率で左にキックし、その場合のゴールの確率は0.9となります。キッカーが右に蹴り込む確率は $1-p$ で、そのときのゴールの確率は0.1となります。結局、キーパーが左に跳んだときには、ゴールの成功確率は $0.9p + 0.1(1-p)$ となります。

図11-5には、以上の計算の結果出てきた、ゴールの成功確率の状況が描かれています。右下がりのグラフは、キーパーが右に跳んだときのゴールの成功確率を示しています。上の計算で $0.3p + 0.7(1-p)$ がこれに対応します。キッカーが左にキックする確率が p ですので、このグラフが表わしているのは、キッカーが右にキックする確率を高くするほど、ゴールが成功する確率は高くな

るということです。キーパーが右に跳ぶ（キッカーから見れば左側）ので、キッカーは右のほうへ蹴る確率を増やしたほうがよいわけです。

もう一つの右上がりの直線は、キーパーが左に跳んだときのゴールの成功確率です。今度はpが大きいほど、ゴールの成功確率が高くなることがわかります。キーパーが左に跳ぶ（キッカーから見れば右）のですから、キッカーが左にキックする確率、つまりpを上げるほど成功の確率が高くなることがわかります。

さて、図をもう一度見てください。二つの直線は交差していますが、交点の左側では右上がりの直線のほうが右下がりの直線よりも下にあります。右上がりの直線はキーパーが左に跳んだ場合のゴールの成功確率です。こちらのほうが低くなっていれば、キーパーにとって都合がよいことになります。この交点でのpの値は$\frac{1}{2}$ですので、キッカーが左に蹴ってくる可能性が$\frac{1}{2}$よりも低いと考えれば、キーパーは左（キッカーから見れば右）に跳んだほうがよいということになります。これに対して、pが$\frac{1}{2}$よりも高ければ、つまりキッカーが左に蹴る確率が$\frac{1}{2}$よりも高ければ、キーパーは右（キッカーから見たら左）に跳んだほうが、ゴールが成功する確率が低くなることがわかります。

この図が意味することは簡単なことです。キッカーが左に蹴ってくる可能性が少ないときには、キーパーは左に跳ぶのが好ましく、キッカーが左に蹴ってくる可能性が大きいときには、キーパーは右に跳んだほうがよいのです。どちらに跳ぶかの見極めは、左に蹴る確率が$\frac{1}{2}$のときです。これよりもpが大きいか小さいかで、キーパーは右に跳ぶのか、左に跳ぶのかを決めることになります。

では、キッカーはどの確率で左に蹴ってくるでしょうか。これが、ここでのpという確率のポイントです。キッカーはどの確率で左へ蹴るのかを決めることができます。ここで注目して欲しいのは、キッカーの蹴る戦略が、右へ、あるいは左へという単純なものではなく、何パーセントの確率で左へ、そして何パーセントの確率で右へと、確率的な選択になることです。

キッカーが確実に左に蹴るとわかれば、キーパーも右に跳んできます。つまりキッカーのねらいが読まれてしまっているのです。キッカーが過去の試合でどちらに蹴ったのか、相手のチームやキーパーは情報を持っています。それを分析してどの程度の確率で左に蹴ってくるのか予想しているのです。キーパーを何度かだますことはできても、ずっとだまし続けることはむずかしいので

す。

　そこでキッカーとしては、キーパーの動きを読んだうえで、ゴールの可能性を最も高くする p を選ぶことになります。予想できると思いますが、二つの直線の交点である $p^* = \frac{1}{2}$ の確率で左に蹴り、残りの確率 $\frac{1}{2}$ で右に蹴るのがベストとなります。つまり、2回のうち1回だけ左にキックするという結果になります。

　その理由は、簡単にいえばつぎのようになります。キーパーが合理的に対応してくると想定すれば、p が $\frac{1}{2}$ より小さいときは左へ、p が $\frac{1}{2}$ より大きいときには右に跳んでくると想定できます。その結果、図で赤く塗った部分が、それぞれの p に対応するゴールが成功する確率となります。この成功確率を最大にするのは、二つの直線の交点である p が $\frac{1}{2}$ のところであることが確認できます。

ナッシュ均衡という考え方

　以上長々と説明しましたが、このサッカーのゴールキックのゲームでは、キッカーは $\frac{1}{2}$ の確率で左へ蹴り、残りの $\frac{1}{2}$ の確率で右へ蹴ることが正しい選択であるとわかります。そうした確率的な選択になるように、乱数表なりコンピュータを使えばよいのです。そしてキッカーがそうした行動をとるときには、キーパーは右へ跳んでも、左へ跳んでも、結果は同じようなものになります。

　もっともキーパーのほうも、右のほうばかり跳ぶというわけにはいきません。今度はそれをキッカーに見透かされるからです。そこで、ランダムに右や左へ跳ぶ必要があります。最終的にはキーパーがある確率で右へ跳び、残りの確率で左へ跳べば、キッカーにとっても $p = \frac{1}{2}$ の確率で蹴るのがベストという結果が出てきます。その計算の説明はしませんが、これまでのやり方と同じような方法で求めることができます。ちなみに、答えは、キーパーは $\frac{2}{3}$ の確率で右へ跳び、残りの確率で左へ跳ぶのが好ましくなります。キッカーが左へキックするのが得意なので、キーパーとしても右へ跳ぶ確率を上げることになります。

　さて、以上で説明したことは、ゲーム理論でナッシュ均衡と呼ばれるものを具体的な例を用いて説明したことになります。キッカーもキーパーも、相手がどのような行動に出るのかを読みながら自分の行動を決めます。また、そのとき、自分の行動も相手に読まれているということを前提に検討します。何度も

試合を経験しているプレイヤーの行動パターンは、相手チームに読まれているからです。

　そうしたうえでの最適行動はどうしてもランダムな動き、つまり確率的に決めた行動にならざるを得ません。実際のスポーツで、乱数表などが使われることは決しておかしなことではないのです。より広く、企業のビジネス戦略や個人の戦略的な行動においても、確率的な行動というのは十分にありうることです。

　さて、ここでのキーパーの行動とキッカーの行動の重要な点は、そこが両者にとってベスト（最適）な戦略ということです。相手の行動を前提とすると、自分もその戦略を維持するのがもっとも好ましいのです。お互いに最適な点にいるので、そこから動く理由もありません。ナッシュ均衡が均衡たる所以です。

　第10章の扉にジョン・ナッシュの紹介があります。ナッシュ均衡という考え方を提起したことで、ゲーム理論は大きな進化を遂げることになります。ゲーム理論の先端の議論は初学者にとってはむずかしいものかもしれませんが、ここで紹介したサッカーの例を参考に、ナッシュ均衡のイメージを持ってもらえれば幸いです。

Ⅳ　幅広いゲーム理論の応用

オークション

　ゲーム理論は非常に幅広い分野に利用することが可能です。第10章でも、寡占的な産業の企業間競争や経済政策の運営などの例をとりあげましたが、以下ではこれ以外のいくつかの例をあげてみたいと思います。

　オークション（せり）という取引は、いたるところで見られます。築地市場に代表されるような生鮮食品の市場では、毎日、せりによって鮮魚や青果が競り落とされています。公共事業の工事発注も業者の入札によって価格と発注先が決められます。インターネットの普及でネット上でもさまざまなネットオークションが行なわれています。

　オークションは公共政策の世界でも利用されるようになっています。第10章の冒頭で紹介したナッシュの半生を描いた『ビューティフル・マインド』のなかには、つぎのようなくだりがあります。ナッシュがノーベル賞の受賞式に向

かう車中にいるとき、ワシントンでは携帯電話の電波帯のオークションが行なわれていました。「70億ドルの値が付き、アメリカ史上最大の額の公的資産売却となった。そしてこれは経済理論が公共政策に利用されたもっとも大きな成功例の一つであった」。

オークションに参加する人たちは、つねに他の人たちの競り値を想定しながら自分の競り値をつけます。お互いの競り値のつけ方によってだれがどのような競り値で勝つのか決まるという意味で、ゲームが行なわれているのです。ゲーム理論を利用することで、こうした人々の行動を分析して、オークションで財やサービスを競売する人にもっとも都合のよい結果を生み出すようなオークションのルールをつくりあげることも可能になってきているのです。現実に、優れたゲーム理論の研究者が、政府が行なうオークション（たとえばいま触れた電波の利用権のオークションなど）のルール設定に参加しているのです。

ごく簡単な例を用いて、オークションのルールの違いによって人々の行動が変わりうることを見ましょう。1枚の絵がオークションにかけられ、それをオークションに参加した数十人が競るという状況を想定してください。オークションの参加者はそれぞれその絵に自分なりの価値（これは金額で表わされます）をつけています。この価値以下の値段であれば競り落としたいと考えていますが、もし安い価格で競り落とせればそのほうがさらにいいと考えています。

二つのルールを考えてみましょう。いずれのルールでも、参加者に紙が配られ、そこに参加者が競り値を書きます（もちろん記名です）。この紙が集められて、いちばん高い競り値を出した人にその商品が渡されます。ただ、二つのルールの違いは、競り落とした人が払わなくてはいけない金額です。第一のルールでは、紙に書いた金額が支払われなくてはいけないとします。第二のルールでは、競りに買った人（つまりいちばん高い価格を書いた人）が2番目に高い価格を支払うというルールです。

この二つのルールでは、人々が紙に書く価格は同じになるでしょうか。答えはノーです。厳密に考えるとむずかしいかもしれませんが、この点について簡単に説明してみましょう。

まず第一のルール、すなわち勝者は自分が紙に書いた価格を支払う場合には、合理的な参加者は自分の評価額よりも少し低い価格をつけるはずです。なぜなら、せっかくオークションに勝っても、自分の評価どおりの価格を支払わ

なくてはいけないのでは、オークションに参加することの利益はまったくなくなってしまうからです。オークションに負ける確率が少し上がったとしても、自分の評価よりは少し低い価格をつけるはずです。

　これに対して第二のルール、すなわち勝者は自分がつけた価格のつぎに高い価格を支払えばよいという場合には、自分の評価を正直につける行動に出ることになります。自分がどんな価格をつけても、競り勝ったときに支払う価格は自分のつけた価格のつぎに高い価格です（自分のつけた価格とは関係ありません）。この場合、自分の評価よりも低い価格をつける理由はありません。そんなことをすればオークションに負けてしまうからです。ただ、自分の評価よりも高い価格をつけることもしないでしょう。せっかく競り勝っても自分の評価よりも高い価格で支払わされたのでは意味がないからです。結局、正しい評価をつけることになります。──1

　以上でとりあげた二つのルールは、現実の競りのルールとも対応しています。ヤフーオークションなどでは、次第に価格を上げていく競りが行なわれます。買い手は自分の評価のほうが競り値よりも高いかぎりは競り値を上げていきますが、競り値が上がっていくと競りに残っている人は次第に少なくなっていきます。最後は二人の勝負になるのでしょうが、そのうちの一人が脱落した価格が残った最後の勝者が支払う価格になります。これは2番目のルールで勝負することと同じような状況です。ちなみに、このように競り値を上げていくオークションを**イングリッシュ・オークション**といいます。

　これに対して、値を下げていくオークションもあります。競りを仕切る人が価格を次第に下げてきて、だれかが最初に手を挙げたら、それが競り値となって、手を挙げた人がその価格を支払ってその商品を手にするのです。この場合には、価格が次第に下がってきても、自分の評価のところで手を挙げては損です。できるだけ価格が下がるところまで待ったほうが支払う価格を低くすることができるからです。ただ、あまり待ちすぎると他の人に競り落とされることになります。そこで、自分の評価よりもどれだけ安いところで手を挙げるのかということが、オークションの参加者にとって大きな問題となります。このように値を下げていくオークションを**ダッチ・オークション**といいます。

1──なぜ2番目のルールのもとでは自分の評価を正直に書くのかというのは初学者にはわかりにくいかもしれません。とりあえずはあまり気にしないで先に進んでください。

[*Column*] 現実の経済を見る眼
オークションの政策への活用：電波と空港

　オークション理論は、現実の政策においても重要な役割を果たしています。そもそも、公共工事はすべて入札（オークション）で行なわれています。できるだけ安いコストでより品質の高い公共工事が行なわれるという期待があるからです。国や地域が保有している貴重な資源をできるだけ有効に活用するとともに、その資源からの収益を国や地域の財源にするという意味でも、オークションのメカニズムを活用することが考えられます。その典型的な例が、電波の周波数の割り当てです。携帯電話やさまざまな無線通信には電波帯が利用されます。電波帯は重要なリソースですが、その利用範囲には限界があります。何らかの目的によってある周波数の電波帯が利用されれば、他の目的への利用が制限されることになります。たとえば、携帯電話の利用が増えて機能が拡張すれば、より多くの電波帯が利用されることになり、その電波帯をどの事業者に振り分けるのかということが重要な問題となるのです。

　日本をはじめ多くの国では、この電波帯の振り分けは政治的なプロセスのなかで行なわれてきました。過去からの利用の経緯や事業者からの申請を見ながら、公平で公正な利用を進めようとしてきたのです。ただ、政治や行政の決定プロセスだけで、本当に社会にとって好ましい電波帯の配分が行なわれる保証はありません。既得権益を持った業者が優遇されるからです。

　そこで、経済的なメカニズムで電波帯の配分を決めようというのが、電波帯のオークションです。ルールを決めて事業者に電波帯の利用について入札してもらう。それによってどの事業者にどれだけの電波を振り分けるのかが決まる。入札による収入は、国や自治体の収入として公共的な目的に利用することも可能です。米国などでは携帯電話の周波数の割り当てでこの方式がとられました。

　空港ゲートの割り当てをオークションで決めるという考え方もあります。ゲートの発着の回数には制限があります。その権利をどの航空会社がどれだけ持つのかということは、航空会社にとって利益に直結する大問題となります。スロットの割り当ては大きな政治問題になります。その結果が社会全体の利益になるという保証もありません。そこで、どの会社がどれだけスロットを利用できるのかをオークションで決めたらよい、という考え方が出てくるのです。

ここでは単純なオークションの例をとりあげましたが、現実にはもっと複雑なオークションを考案することもできます。そしてそうした複雑なオークションを考案してそのメカニズムを分析するうえで、ゲーム理論が利用されることになります。

バーゲニング（交渉）

経済には、ごく少数の人の間で交渉が行なわれるという事例が少なくありません。たとえば、ある自動車メーカーがボディに利用する鋼板を特定の鉄鋼メーカーから購入する状況を考えてみましょう。自動車メーカーとしてはできるだけ安く鋼板を購入したいと考えるでしょうが、鉄鋼メーカーとしてはできるだけ高く鋼板を売りたいと考えるでしょう。すなわち、両者の間には完全に利害の衝突があります。

賃金交渉に入っている労働組合と企業の経営陣の間にも似たような問題が生じます。賃金を低くするほど企業の利益は上がります。しかし、労働組合としてはできるだけ高い賃金を確保しようとするでしょう。賃金をどのレベルに設定するのかということは、労使交渉のもっとも重要なテーマなのです。

このように、少数の経済主体が取引条件について交渉を行なうことを一般的にバーゲニングといいます。これまで本書では多数の買い手と多数の売り手が取引を行なう完全競争や、少数の売り手が多数の買い手を相手にする独占や寡占の状況については議論してきましたが、少数の売り手と買い手がきびしい交渉を行なうバーゲニングの状況はこれまで扱ってきませんでした。バーゲニングの状況を経済学的にきちんと分析することは簡単なことではないからです。しかし、現実の世界においては、バーゲニング的な現象がいたるところで見られます。バーゲニングを分析する経済理論が必要であり、ゲーム理論はそうした分析のための理論的なよりどころを提供してくれます。

入門書レベルでは、ゲーム理論を利用したバーゲニングの分析についてその内容に立ち入ることはできません。ただ、バーゲニングがゲーム理論的考え方で分析することができることは想像がつくと思います。鋼板の取引価格をめぐっての鉄鋼メーカーと自動車メーカーの交渉の例を用いて、この点について考えてみましょう。

鉄鋼メーカーと自動車メーカーの両方にとって取引が成立したほうがよいことは明らかです。図11-6はこの状況を図で示したものです。鉄鋼メーカーに

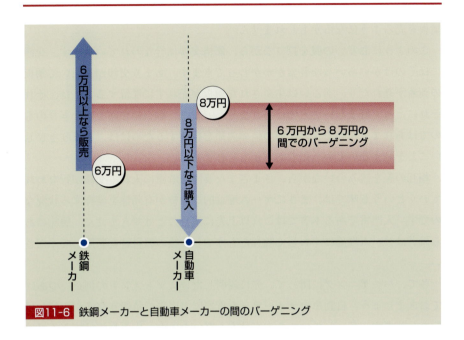

図11-6 鉄鋼メーカーと自動車メーカーの間のバーゲニング

とっては1トン6万円以上であれば、自動車メーカーに鋼板を販売することで利益をあげられるとします。一方の自動車メーカーにとっては、1トン8万円以下で購入できるのであれば、この鉄鋼メーカーから鋼板を購入することにメリットがあります。鉄鋼メーカーにとっての最低価格（6万円）が自動車メーカーにとっての最高価格（8万円）を下回っているかぎり、この取引は両者にとってメリットがあります。ただ、鉄鋼メーカーにとっては価格が高いほど、そして自動車メーカーにとっては価格が安いほどいいという意味で利害の衝突があります。そこで両者は取引交渉が破談になるというリスクを考慮に入れながら、できるだけきびしい条件を相手に突きつけようとするはずです。

　交渉の結果、価格がどちらに有利な形で決着するのかは、いろいろな要因に影響を受けるでしょう。たとえば、この自動車メーカーに鋼板を供給できる鉄鋼メーカーはほかにもあるかもしれません。この別の鉄鋼メーカーの鋼板の品質や価格条件は、交渉相手の鉄鋼メーカーにとっては大きな脅威となります。あまり高い価格を要求すると、自動車メーカーが他の鉄鋼メーカーと取引をしてしまうかもしれません。自動車メーカーにとっても同じようなことがあります。あまりきびしい価格を要求すれば、鉄鋼メーカーは他の自動車メーカーに

鋼板を売るようになるかもしれません。

　このようにお互いの腹を探りながら、価格交渉は行なわれていきます。交渉にはそのほかいろいろな要素がかかわってきます。あまり交渉が長引いて鋼板の到着が遅れたり、あるいは生産された鋼板が売れずに滞留することは、それぞれにとって好ましいことではありません。また、取引は今回1回かぎりのものではありませんので、お互いの信頼関係を維持するためには、あまりきびしいことをいえないという面もあるかもしれません。

　相互の腹を読み合いながら、さまざまな要因を考慮に入れて交渉が行なわれていくという意味では、まさにゲーム理論的な分析が有効性を発揮する状況なのです。入門書である本書ではこれ以上先に進むことはできません。興味のある読者はゲーム理論にくわしく触れたもう少し上級の教科書を参照してください。──**2**

　さて、バーゲニングに関して、先に説明したコミットメントの例を一つあげておきましょう。自動車のディーラーや電器屋の店先で値切り交渉がしばしば行なわれます。客としてはできるだけ安く買いたいが、店としてはできるだけ高く売りたい。ただ、取引が決裂してしまったのでは両者にとって何にもならないので、取引が決裂しない程度に「きびしい」交渉を行ないます。

　この場合もし、売り手側の担当者に決裁権があれば、結果的に売り手側は譲歩を迫られて安い価格で売ることになってしまうかもしれません。たとえば店長がじきじきに買い手と交渉すれば、「この客を逃すよりは多少安くしても売りたい」という気持ちが出て、買い手に譲歩することになるかもしれません。

　こうしたバーゲニングにおける譲歩を避けるための一つの方法は、客との交渉に当たらせる担当者に判断の余地を与えないことです。この商品については定価の何パーセント以内までは割り引いてもよいが、それ以上は割り引いてはいけないと指示するのです。こうした指示を受けた店員は、それ以上の割引をすることが許されていないのですから、客に譲歩して大きな割引をすることはなくなるのです。もちろん、あまり割引幅を低くすると客を逃がすことにもなりかねませんので、どこまで譲歩するのかを決めるのが大問題なのですが、いずれにしろ、あらかじめ担当者に価格譲歩の幅を指示してしまうことが、コミ

2──たとえば、梶井厚志・松井彰彦著『ミクロ経済学──戦略的アプローチ』日本評論社、2000年。

[*Column*] 現実の経済を見る眼
だれと競争するのか

　本文中では、企業間の競争についてゲーム理論を用いて説明しました。競争関係を分析し、企業の戦略をより深く理解するために、ゲーム理論は非常に有効です。ただ、企業が競争しているのは競合企業だけではありません。企業の戦略を理解するためには、競争相手が実はより広範にわたることを認識する必要があります。では、直接の競争相手以外で、企業が競争しているのはだれなのか。それは企業の取引相手であり、そのうちの一つは顧客です。顧客が企業にとって競争相手というのはおかしな気がしますが、企業がより高い価格で売れば、それだけ企業の利益は増えるけれど、顧客の利益は縮小します。つまり、価格に関して企業と顧客は競合関係にあるのです。たとえば、自動車メーカーは鉄鋼メーカーにとって重要な顧客ですが、鋼板の価格について両者の間できびしい交渉が行なわれます。本文のなかで説明したバーゲニングが行なわれることになります。重要な顧客ではあるがきびしいバーゲニングの相手とどう渡り合うのか。これを分析するうえで、ゲーム理論は有効なのです。

　企業にとって競合関係にあるもう一つの重要な取引相手は、企業が原料や部品を調達する相手です。スーパーにとっての食品メーカー、あるいは自動車メーカーにとっての部品メーカーなどがそれにあたります。ここでも、できるだけ安い価格で売ってもらったほうがスーパーや自動車メーカーにとってはありがたいが、それでは食品メーカーや部品メーカーの利益は減少してしまいます。そこでバーゲニングの問題となります。ここでも、両者は緊密で大切な取引先であると同時に、利益の分配で競合する関係となり、ゲーム理論による分析が有効となります。なお、企業と労働者の関係も、企業とそこに納入する部品メーカーの関係に似ています。労働者の利益は労働組合によって集約され、労働組合が企業と、賃金や労働条件についての交渉を行ないます。これもバーゲニングの典型的な事例です。

　このように、企業にとって直接の競争相手だけでなく、顧客、仕入先、労働組合など、多面的に競争的かつ協調的な関係を考慮に入れる必要があります。これらの関係の全体像を把握することが、優れた経営戦略に求められることですが、それはなかなかむずかしい問題です。多くの場合、こうした経営戦略の形成は経営者の経験と直感に委ねられることになりますが、そこにゲーム理論的な思考が求められることは明らかです。

ットメントにあたるのです。そうした指示を出してしまえば、「賽は投げられた」状況になり、それを前提に購買者との交渉になるので、交渉結果を有利にもっていくことができるだろうという狙いなのです。

　ある自動車メーカーは、店頭での価格交渉が商品の価格に対する信頼をなくすと考え、いっさい値引きをしないという価格戦略をとろうとしました。ワンプライス戦略と呼ばれるものですが、メーカーがあらかじめ価格を設定してその価格で販売しようというのです。この戦略のもっとも大きな狙いは、消費者にこの商品については値引き交渉をしてもむだであるということをあらかじめ知らせるということです。もちろんこうした戦略が販売上も有効であるためには、値引きをいっさいしないと宣言した価格そのものがすでにたいへんに安くなっているか、あるいは商品そのものが魅力的なものでなくてはいけません。

　一般的に、交渉に望むときには、間に交渉代理人を立てることが少なくありません。大リーグの野球選手が移籍などの交渉をするときには、代理人が交渉を行ないます。自動車の事故で加害者と被害者が交渉する場合でも、保険会社を間に入れて交渉を行なう場合が多いはずです。こうした代理人を入れることで、交渉を有利に導こうというのも、コミットメントという現象で説明できるかもしれません。

【演習問題】
1．以下の(1)と(2)について、本文中で説明したゲームの樹を描いて説明しなさい。
(1)競争相手の企業の参入を阻止するため、「参入してきたら相手の企業が利益が出ないくらいに安い価格で競争する」と脅かしても空脅しにおわり、競争相手の参入を阻止できない結果になることが少なくない。
(2)上の状況で競争相手の参入を阻止するためには、企業みずからが設備の拡張投資などを行なうことが有効である場合がある。このとき、設備拡張をする前に比べて利益は減少するが、競争相手の参入を阻止することができる。
2．1でとりあげた過剰投資による参入阻止のキーワードはコミットメントである。参入阻止の例を使いながら、コミットメントについて説明しなさい。
3．各主体が効用最大化や利潤最大化などの合理的な行動をしていても、それが結果的にはその人にとって必ずしももっとも好ましい結果にならないことを、ゲーム理論の例を用いて説明しなさい。そのうえで、各主体がそうした最大化の判断をしていなくても、結果的に合理性を持ったような行動になりうる場合があることを説明しなさい。

4．スポーツの例を使って、合理的な行動はしばしば確率的な行動になることを説明しなさい。
5．各自に入札価格を書いてもらい、一番高い値をつけた人が購入できる。ただし、支払う価格は二番目に高い価格となる。こうしたオークションをセカンド・ビット・オークションと呼ぶ。このオークションは、ある種の競りでつく価格と同じになるはずだ。それを説明しなさい。
6．労働組合と企業の間で賃金交渉が行なわれている。組合は5000円の賃上げを認めてもらえなければ長期ストに入らざるをえないと考えている。一方の企業は8000円の賃上げまでは認めてもよいと考えているが、それ以上はむずかしいので、その場合には工場を閉じるブロックアウトを想定している。相互がこのような互いの立場を理解しているとき、賃金交渉はどのような賃上げになるだろうか。それを決定するうえで重要となる要因にどのようなものが考えられるだろうか。

12

市場の失敗

ロナルド・コース（Ronald H. Coase：1910-2013）
企業の理論や外部性の取引に関するコースの定理でノーベル賞を受賞。これら二つの研究はその後の多くの研究の先駆けとなり、組織や契約の理論、法の経済分析、独占禁止法の分析などに多大な影響を及ぼした。

これまでの章では、市場は優れた資源配分機能を持っていることを説明してきました。これは、強調しすぎてもしすぎることのないほど重要な市場の機能なのですが、いくつかの点で、市場には大きな欠陥があります。こうした市場の失敗について学ぶのがこの章の目的です。

市場の失敗の重要な例をあげてください。

いま世界で大きな問題となっている市場の失敗は、地球温暖化問題でしょう。

石油などの利用によって大気中に二酸化炭素などが蓄積される問題ですね。

そうです。大気中に蓄積した二酸化炭素などの温暖化ガスには、地球上に熱をためる効果があって、そのために気温が少しずつ上がっていく傾向があります。これは、南極などの氷山を溶かすことで海水面を上げてしまいます。それだけでなく、台風や干ばつなどの被害が大きくなり、世界全体の食料生産を減少させ、このまま放置していたら多くの人間の生存さえむずかしくなる事態も想定されています。

それがどうして市場の失敗なのでしょうか。

人々の経済活動は、さまざまな形で石油や石炭などの炭素燃料のお世話になっています。ただ、そうした炭素燃料を利用することで大気中に温暖化ガスが排出され、自分たちの環境を破壊していることまでは意識していません。つまり、環境破壊は市場取引の外で起きている現象で、そこでは市場の持つ資源配分機能がうまく働きません。これを経済学では「外部効果（外部性）」と呼びます。

外部効果とは耳慣れない言葉ですね。

この章の目的の半分以上は、この外部効果についての理解を深めてもらうことにあります。地球環境に限らず、技術の波及から混雑現象まで、経済活動がプラスマイナスいろいろな面で副次的な影響を社会に及ぼすことが少なくありません。こうした現象を総称して外部効果と呼びます。つまり、財・サービスを生産・消費するという経済活動から生じるさまざまな副次的な影響のことを、外部効果と呼ぶと考えればよいと思います。

外部効果があるときには市場の持つ資源配分機能がうまく働かないとおっしゃいましたが、どうすればよいのでしょうか。

政府が直接規制によって市場に介入するのが一つの方法です。また、税金や補助金の導入によって、市場機能を最大限に活かしながら、外部性を補正していくという方法も重要です。たとえば、地球温暖化問題に対応するため、ガソリンなどの税金を上げて石油利用を抑える手法を炭素税と呼びます。炭素燃料の利用に税金をかけるのでこう呼ばれます。日本は炭素燃料の大半を海外から輸入しているので、こうした税を課すのは理論的には容易なことです。そうした制度を導入するかどうかは大きな政治的論争点になるでしょうが、この手法は税による補正を加えたうえで、市場メカニズムを最大限に活用しようという考え方です。

外部効果以外に市場の失敗の例はあるのですか。

この章では外部効果以外に、「公共財」と「費用逓減産業」という二つのタイプの市場の失敗について説明します。また、これ以外にも市場が失敗するケースはいろいろあります。第14章で情報の不完全性について学びますが、これなども市場の失敗を起こすケースとなります。

　価格メカニズムはつねに適切に機能するとはかぎりません。公害や地球環境問題が起きるのは、市場が適切な機能を果たしていないからです。市場メカニズムがうまく働かないような状況を、市場の失敗といいます。この章では、さまざまな形の市場の失敗について説明するとともに、その解決法についても議論します。公害や環境問題は外部効果と呼ばれる現象の例です。外部効果が生じるときには市場メカニズムが適切に機能しないことが少なくありません。また、鉄道や港湾など公共的な大型設備の資源配分も市場メカニズムにすべてをゆだねることはできません。このような問題は公共財の問題、あるいは費用逓減産業の問題として、この章でとりあげられます。

I　外部効果

市場の失敗

　これまで説明してきたように、市場における自由な取引のなかには、資源配分を最適な状態に導くメカニズムがいろいろと組み込まれています。市場で成立した価格に基づいて、消費者（需要者）は自分の限界的な評価（満足度）が価格に等しくなるところまで需要し、生産者は限界費用が価格に等しくなるところまで生産します。

　このような生産者（供給者）と消費者（需要者）の自発的な行為の結果、各財についてすべての消費者の限界的評価は一致し、しかもそれはすべての生産者の限界費用にも一致しています。これが価格メカニズムです。また、市場で行なわれるさまざまな形の競争も、最適な資源配分を実現するうえで大きな役割を演じています。

　しかし、このような自由な経済活動によって、つねに最適な資源配分が達成されるわけではありません。公害を発生する産業、鉄道やその他の公共事業のように固定費用が大きく採算のとりにくい産業、自動車や鉄鋼などのように関連分野への影響の大きな産業などでは、民間経済主体の自由な行動にまかせておいたのでは、望ましい結果が得られないことがあります。このように、市場での自由な取引だけでは望ましい資源配分が実現できない状況を、市場の失敗（market failure）と呼びます。

　市場の失敗を明らかにすることは、市場経済の限界について理解するという意味で重要なことです。また、いろいろな分野における経済政策のあり方に関していろいろな示唆が得られます。この章でも、市場の失敗に関する理論的な議論だけでなく、環境問題における規制のあり方、産業政策の効果、公共事業のあり方などの例を用いて、市場の失敗にかかわる分析が経済政策に関してどのような見方を提供できるかという点についても、明らかにしていきたいと思います。

地球環境問題

　最近、地球レベルでの環境問題が注目されています。フロンガスの使用は地球を覆うオゾン層を破壊しています。南極の上空のオゾン層には、すでに大き

な穴（オゾンホール）ができているそうです。オゾン層の破壊によって、地上に到達する紫外線の量が増え、皮膚ガンの発生率が上昇するということです。

　地球の温暖化現象も深刻な問題となっています。工業化によって石油や石炭などの鉱物性エネルギーの利用が増え、これが大気中の二酸化炭素の量を増やし、地球全体に温暖化現象を引き起こしています。この温暖化によって北極などの氷が溶けていけば、海面が高くなり、オランダやバングラデシュなど低地の国は、その国土の相当部分が水面下に消えてしまうというのも、まんざらSFの世界だけの話ではないようです。

　「地球号」という狭い宇宙船にこれだけ多くの人類が乗り込んで経済活動を営んでいるわけですから、資源の枯渇、環境の破壊などの問題が起こらないはずはありません。しかも、これらの問題は人類の経済活動と密接な関係にあります。環境問題は、市場経済の直面するもっとも大きな課題といってもよいでしょう。

　環境問題は、ミクロ経済学では外部効果（external effect）の問題として取り扱われます。企業や消費者の経済活動が、他の経済主体に直接、間接に影響を及ぼすことを、外部効果あるいは外部性と呼びます。外部効果が強く働く場合には、企業や消費者の自由な活動にまかせておいたのでは、いろいろと都合の悪いことが起こります。

　個々の企業が生産活動を営むさいには、フロンガスの使用がオゾン層に及ぼす影響について考えることは稀でしょう。しかし世界中の企業や消費者がオゾン層への影響を考えないでフロンガスを使用し続ければ、オゾン層は破壊され、その影響は人類全体に及ぶものになります。そうならないためには、企業や消費者の自由にまかせないで、何らかの規制が必要になってきます。

　フロンガスの場合には、フロンガスの利用を禁止し、それに替わるものを開発するということである程度の解決がつくのかもしれません。しかし、すべての問題が規制によってかたづくわけではありません。たとえば地球の温暖化現象の場合には、二酸化炭素の量が問題であるとわかっていても、その原因である自動車の利用、工場での生産活動、火力発電などを止めてしまうわけにはいきません。それではすべての経済活動が停止してしまうからです。したがって、生産活動が温暖化に及ぼす影響の大きさを考慮したうえで、きめ細かな対応が必要になります。そのためには、規制だけでなく、税制や補助金などを利用した対応が必要になります。

また、二酸化炭素のかなりの部分は先進工業国から出ています。地球の温暖化現象は、北と南の間の問題でもあります。かりにアジアの多くの国が順調に経済発展を遂げて現在の日本やアメリカなみの二酸化炭素の発生率に達すれば、地球環境への影響はきわめて大きなものとなるでしょう。しかし、北の側から、そのような経済発展による地球環境の悪化は望ましくないといいきることもできません。

外部効果と市場メカニズム：自動車による大気汚染の例

地球環境問題は、外部効果の問題の本質を理解するための格好の例です。その問題の深刻さ、問題の本質がどこにあるのかという点について、あらためて説明するまでもないでしょう。しかし、外部効果による市場の失敗という現象は、地球環境のような大きな問題だけではありません。外部効果は、いたるところに見られる現象なのです。外部効果による市場の失敗のメカニズムと、それに対する政策的な対応のあり方について考えるため、自動車の利用による大気汚染の例を用いて考えてみましょう。図12-1はここでの議論を概念図にまとめたものです。

自動車の価格が基準となって、生産者の側は自動車の供給のための限界費用が価格に等しくなるところまで生産を行なっています。また消費者（利用者）の側も、自動車の利用による（限界的）便益が価格に等しくなるところまで、自動車を購入したり利用したりしています。第4章で説明したように、もし自動車の生産や利用が他にまったく影響を及ぼさないものであるなら、これで最適な資源配分が実現したことになります。生産者間で限界費用は一致しているわけですし、消費者の評価もその限界費用に一致しているわけですから。

しかし、自動車の場合には、大気汚染という影響が残ります。これは、外部効果にほかなりません。自動車が利用されれば大気は汚染されます。大気汚染の被害者には、自動車の利用者も自動車を利用しない人も含まれています。自動車の生産台数については需要と供給という市場メカニズムが働きますが、外部効果である大気汚染については、汚染物質が排気されるばかりで、市場メカニズムがまったく働きません。そこに問題があるのです。

この点は、図12-1でも確認できます。自動車の利用そのものに関する便益と費用に関しては、自動車市場での需要と供給のメカニズムでうまく処理されています。しかし、自動車が引き起こす大気汚染の問題（社会的費用）の影響

[Column] 現実の経済を見る眼
地球温暖化問題

　気候変動、あるいは地球温暖化と呼ばれる現象は、現在考えうるもっとも大規模かつ深刻な外部不経済です。人々の生活や企業活動で炭素燃料などが使われることで、膨大な炭素ガスが地球上に蓄積し、それが太陽光の熱を貯めることで、地表の温度が上昇するというのです。人々の行為が地球全体に影響を及ぼすという意味で、外部効果（外部不経済）が起きています。

　地表の温度が上がれば、気温が上昇します。北極などの氷が溶けて海面が上昇し、海に沈む陸地も多くありそうです。水中の温度が上がることで珊瑚礁が死滅して白くなったり、これまで温帯地方になかったマラリアなどの病害が広がったりすることもあります。また、南の海水の温度が上がることで、これまでには考えられなかったような強力な台風が発生することもあります。地球の色々なところに変化が及ぶのです。

　温暖化の問題を解決することは容易ではありません。世界全体が一致協力してこの問題に対応する必要があるからです。ここまで温暖化ガスを排出したのは先進国であり、これから経済発展しようという途上国に温暖化ガス排出の抑制をしろというのはフェアでない、と途上国は主張します。米国の政治家のなかには、化石燃料を利用するから温暖化するという学説そのものが疑わしいと主張する人もいます。そうした影響もあってか、トランプ政権は温暖化ガス削減の世界的な合意であったパリ協定からの脱退を表明しています。

　気候変動の問題がさらにむずかしいのは、その影響が遠い将来にまで及ぶことです。現在の人々が排出した温暖化ガスは、2050年あるいは3000年の地球に大きな影響を残します。温暖化ガスの蓄積がある規模を越えれば、2050年以降の世界では多くの死亡者が出るかもしれません。これは深刻な問題ですが、遠い将来の予想に対して、いまの段階で膨大なコストがかかる省エネや代替エネルギーへの転換が進むとも限りません。

　温暖化ガスの排出を抑制する政策手段にはさまざまなものが考えられます。規制によって自動車の排出量を抑えたり、建物の断熱を高めたりすることが可能でしょう。政府と産業界が協力して、それぞれの産業で温暖化ガス削減の目標をたてることも有効でしょう。そして本文で説明したピグー税に対応する、炭素燃料の利用に税金を課す炭素税（カーボンタックス）の導入という方法も考えられます。

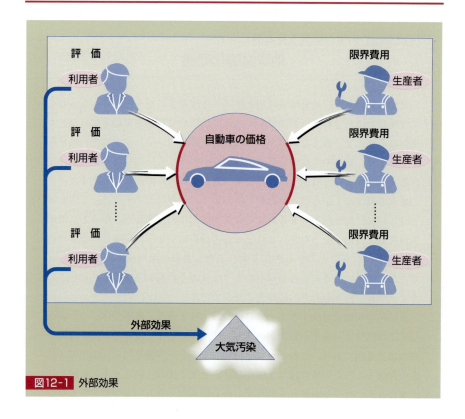

図12-1　外部効果

まで考えたら、自動車は明らかに過剰生産です。

　自動車の利用者は、自動車を利用することの便益と価格を比べて自動車の需要を決定します。そこには大気汚染への配慮はまったくありません。企業のほうも、自動車の生産のための費用と価格を比べて供給計画を立てますが、ここにも大気汚染への配慮はありません。したがって、大気汚染を除いて考えたら理想的な資源配分が実現していても、大気汚染を考慮に入れて考えれば、明らかに自動車の過剰生産・過剰利用となっているのです。

　では、大気汚染も考慮に入れたうえで、最適な資源配分を実現するにはどうしたらよいのでしょうか。自動車の利用者に、大気汚染の費用を負担してもらわなければなりません。これは自動車の利用に対して税金を課すことで可能になります。自動車によって大気中に排出される汚染物質が及ぼす影響を金銭価値で評価できるなら、その分を自動車保有税として課税すればよいのです（ガソリンに税を課すという方法もあります）。

このような税が課されたら、自動車の利用者は自動車の価格と税金を足した金額と、自分が自動車を利用することによる便益を比較して、行動することになります。この場合にも、利用者は大気汚染のことを考えているわけではないのですが、自動車保有税という形で間接的に大気汚染への影響が考慮されていることになっているのです。このように外部効果による資源配分の歪みを是正する目的で導入された税を、ピグー税と呼びます。

ピグー税が課されれば、それだけ自動車の需要は低下するでしょう。自動車の大気汚染への影響を考えたら、このような需要低下は社会的には望ましいことです。もちろん、ここで税金の水準が問題になることはいうまでもありません。税金が高すぎれば、自動車の需要は必要以上に低下してしまいます。これでは大気汚染問題に過度に対応しすぎたことになります。逆に税金が低すぎれば、大気汚染問題が十分に考慮されていない結果になります。

もっとも、現実に税率を決めるのは容易なことではありません。人によって大気汚染の評価が違うからです。大気の汚染を極端に嫌う人は、自動車への税を非常に重いものにしようと主張するでしょう。逆に、自動車の利用の便利さを高く評価する人は、多少の大気汚染はやむをえないということで、あまり高い税を課すことには反対するでしょう。

これは大気汚染をどの程度深刻な問題であると考えるかという「価値判断」の問題にかかわります。経済学の立場から、具体的な税の水準に関する示唆を与えることはできません。大気汚染への影響の金銭的評価に等しい税を課すべきであるという示唆はできますが、では大気汚染の問題を金銭的にどの程度に評価すべきであるかということについては価値判断が入るということです。

私的限界費用と社会的限界費用

上で説明したことは、図12-2の需要・供給曲線を用いて分析することができます。また、それによって私的限界費用と社会的限界費用という考え方について説明したいと思います。

図の曲線Dは、公害を発生する財（上の例でいえば自動車）に対する需要曲線を表わしています。これはまた、消費者の自動車に対する限界的評価でもあります。曲線Sは自動車の供給曲線で、生産者による限界費用を表わしています。以下で説明する社会的限界費用と対比するために、このように生産者に直接的にかかる限界費用を私的限界費用と呼びます。

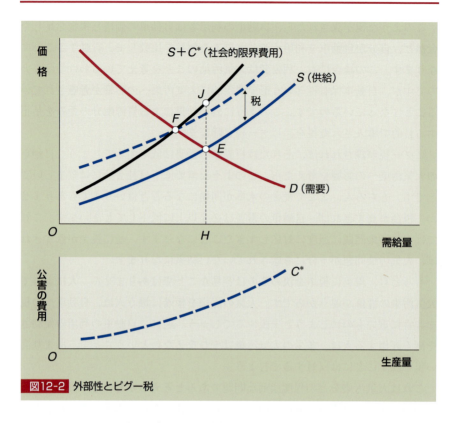

図12-2 外部性とピグー税

　図12-2の下のほうに描かれた曲線 C^* は、自動車の利用によって生じる大気汚染の評価を示したものです。自動車の供給が増大するとそれによって大気汚染もひどくなりますが、その大気汚染の程度の悪化が社会的にどれだけの費用であると評価されるべきかを示したのがこの曲線です。公害の評価には主観的な価値基準が入ってくることはいうまでもありません。

　図の $S+C^*$ 曲線は、この財の供給曲線 S（生産のための私的限界費用）とその財の供給により生ずる公害の費用 C^* を足し合わせたものです。したがって、これは公害の費用も含めた、この財を供給するための<u>社会的限界費用</u>を示しています。

　もし何ら規制がないときには、均衡点は需要と供給の交点である E になります。しかしこの点では、この財の限界的便益（EH）より社会的限界費用（JH）のほうが大きくなっています。つまり、生産過大となっています。社会的に最適である点は、限界評価と社会的限界費用が一致する F となります。

点 F を実現するためには、ピグー税を導入して生産を抑制しなくてはいけません。図の点線は、この財の生産に課税されたときの供給曲線を示しています。第4章で説明したように、この点線と S 曲線の垂直方向の差が税額を表わしています。このような税のもとでは、社会的に最適な点 F が実現されます。

外部効果の諸形態

　大気汚染や環境破壊などの問題は、外部効果のほんの一例にすぎません。経済現象のなかには、実に多くの種類の外部効果が働いており、この外部効果の多様性について理解することも重要なことです。個別のケースについて議論する前に、まず外部効果の代表的な例を列挙してみましょう。

　外部効果には、他の経済主体に利益を及ぼすような正の外部効果と、悪い影響が及ぶ負の外部効果の両方があります。あるいはどちらとも区別しにくいような外部効果もあります。

　すでにとりあげたような生産や消費活動による汚染物質や騒音などの発生は、負の外部効果ということになります。公害問題は、一般的にすべて、負の外部効果にかかわる問題です。しかし、負の外部効果の例は、環境にかかわる問題だけではありません。あとで議論する高速道路の混雑現象も負の外部効果として論じることができます。

　企業間の競争関係について考える場合にも外部効果が重要になることが少なくありません。たとえば、ライバル関係にある二つの企業があるとき、一方の企業による広告は、もう一方の企業の製品の売上げを低下させるかもしれません。この場合、一方の企業の広告活動は、ライバル企業の売上げに外部効果を及ぼしていることになります。

　漁業資源や石油資源など、資源にかかわる経済問題を考えるにあたっても、外部効果が重要な意味を持ちます。たとえば漁業資源を例にとって考えてみれば、ある国が魚をとりすぎると、まわりの国の漁獲高が落ちてしまいます。漁業資源の枯渇ということさえ起こりかねません。これも、特定の人の漁業活動が他の人に影響を及ぼすという意味で、外部効果の一形態となっています。

　つぎに、正の外部効果の例をいくつかあげてみましょう。正の外部効果の代表的な例は、花畑と蜜蜂の関係です。養蜂業者にとって、蜜をとるためには花畑が必要となります。また、花畑を管理する者にとっても蜜蜂に花粉をつけて

もらわなければなりません。このように、両者の間では外部効果が相互に及んでいるわけです。同様の関係は、鉄道と沿線の住宅の間にも見られます。鉄道があるから、沿線の住宅の価値が上がるわけですし、沿線で住宅の建設が増えれば、鉄道の利用客が増えます。したがって、両者にも外部効果が働いています。この例についてはあとでもう一度とりあげます。

外部効果として見た混雑現象：高速道路料金はどうあるべきか

だいぶ前になりますが、首都高速の料金値上げに対して、「混雑のためまともな高速道路として機能しないし、十分に採算が合っているのに、料金を上げるとは論外である」という批判がマスコミで大きくとりあげられていました。実は、高速道路などの混雑現象は、経済学的には大気汚染と本質的には変わらない現象なのです。外部効果という視点から、高速道路の料金問題について考えてみましょう。

高速道路の混雑問題の特徴は、被害者と加害者が同一であるということにあります。道路の利用者が増えるから混雑が生じるわけですし、その混雑の迷惑を受けるのも利用者なのです。つまり、道路の利用者による自分自身に対する外部効果なのです。先にとりあげた自動車による大気汚染の場合には被害者は国民全体でしたが、道路の混雑の場合には被害者は道路利用者だけです。この違いはありますが、どちらのケースも非常に似た形の外部効果です。

外部効果が働くときには、税や補助金などで調整をしないかぎり、資源配分の最適性は実現できません。首都高速の例でいえば、混雑分を加味した高い料金を設定して、混雑を解消することが必要となります。およそ高速道路として機能するためには混雑があってはいけないし、その混雑を解消するための高い高速道路料金なのです。

高速道路の料金は、道路運営の費用を賄うためだけのものではありません。もしそれだけの目的であれば、運営費用だけを徴収すればよいことになります。しかし、高速道路として機能するためには、道路の混雑度が大きな問題となりますし、その混雑度を調整するために料金を利用しない理由はないのです。

このような議論に対しては、いくつかの反論が考えられます。そもそも高速道路が不足しているからこのような問題が発生するのであり、それを棚にあげて料金だけ高くするのはおかしいという批判が考えられます。その批判に対し

ては、すでにある高速道路の料金制度と、これからどれだけ高速道路を増やしていくかは別問題であると指摘しておきます。

少なくとも高速道路の増設がすぐには望めないようなら、高速道路を増設するか否かとは関係なく、混雑税としての高い料金を課すべきです。そして、その収入は何に使ってもかまわないのです。ただし、高速道路の増設の可能性も考慮に入れることができるような長期的な観点に立てば、負担者がその便益を受けるべきだということも考えられます。すなわち、混雑税としての高い料金からの収入を高速道路増設のための費用にあてるのです。

また、首都高速の料金を上げると、車が一般道路にまわるので、一般道路が混雑してしまうという議論があります。この論点に対しては、東京がまともに機能する高速道路を必要としているかどうかという問題がからんできます。もしそのような道路は必要ないのなら、首都高速もただにして一般道路の混雑解消をはかるべきでしょう。逆に、高速道路が必要であるというならば、料金を上げて高速道路の混雑を解消すべきです。

外部効果の内部化

外部効果がある場合、一般的には、最適な資源配分は実現できません。しかし、企業の工夫（対応）によっては、外部効果から生じる問題を回避することもできます。その典型的な例が、外部効果の内部化と呼ばれる現象です。以下で説明するように、外部効果の内部化という現象は、企業の合併や吸収、垂直統合、合弁事業といった形をとります（垂直統合とは、メーカーが販売会社などを設立して川下に業務を展開していったり、逆にメーカーや小売業が川上の生産部門や原材料部門に業務を拡大していく現象のことです）。

外部効果の内部化の典型的な例として、まず、鉄道と沿線の不動産業の関係について考えてみましょう。鉄道のサービスがよくなれば、沿線の不動産の価値も高くなるという意味で、外部効果が働いています。しかし、もし鉄道と沿線の不動産業者がそれぞれまったく独立に行動していたら、社会的に最適な状態は実現しないでしょう。

鉄道のサービスの水準を考えるとき、社会的には鉄道輸送そのものの便益の増加だけでなく、沿線の地価の上昇などで表わされる沿線宅地の便益増加も考慮に入れる必要があります。しかし鉄道会社が沿線の不動産を保有していなければ、鉄道収入だけしか考慮に入れないので、鉄道サービスは過小にしか提供

されないことになります。このような状態は、明らかに望ましいものではありません。

日本の多くの鉄道では、以上のような資源配分のロスが存在するように思われます。しかし、首都圏の一部の私鉄の場合には、沿線の不動産業も大々的に行なっており、鉄道サービスの質と沿線の不動産業がうまくマッチしています。もし鉄道と沿線の不動産業を同じ企業グループが経営すれば、両部門間の相互依存関係を十分に考慮に入れた経営をするでしょう。すなわちこの場合には、外部効果が内部化されており、もはや外部効果ではなくなっているのです。

このように二つの異なった活動（上の例では鉄道と不動産業）の間で外部効果が存在するときには、その外部効果を考慮に入れないでそれぞれの活動が営まれるのは社会的に望ましくないだけではなく、当事者である企業の利益にもなりません。もし可能であるならば、外部効果を内部化しようとする力が働くはずです。鉄道と不動産業の例でいえば、鉄道会社が周囲の不動産業を吸収したり、あるいは周囲の不動産業と共同で不動産業を営むことになります。

産業の育成と産業政策

外部効果は、産業発展における政府の役割に関する議論にも顔を出します。戦後の日本の高度経済成長について語るとき、政府の行なってきたいろいろな形の産業政策が話題になることが少なくありません。自動車産業などで典型的に見られるように、戦後長い期間、政府は海外からの自動車の輸入や海外企業の日本への投資を制限することによって、日本の産業を保護育成してきました。このような産業育成政策は、社会的に意味のあることなのでしょうか。

かぎられたスペースのなかで産業育成政策について評価をすることは不可能ですが、産業育成の問題に外部効果という現象が大きなかかわりを持っていることは明らかです。たとえば自動車産業の場合でいえば、自動車の生産が拡大すれば、自動車産業に部品や原料を供給する鉄鋼、ゴム、ガラス、電気機器、自動車部品などの生産も拡大します。自動車産業から周辺の関連産業に強い外部効果が働いているのです。関連産業が育つことは、自動車メーカーにとっても重要なことです。日本の自動車メーカーは自分の工場では商品価値の3割程度しか生産しておらず、残りの7割は部品や原材料のメーカーに依存しているといわれます（これを内製率が3割であるといいます）。

[Column] ステップアップ経済学
コースの定理

　本章中で説明したように、公害などの外部効果が市場の失敗を起こす原因となるのは、外部効果が市場取引の対象とならないからです。しかし、すべての外部効果が市場取引の対象とならないわけではありません。法律的な責任の所在さえ明らかにしてあげれば、当事者間の交渉によって外部効果の問題を決着させることができるからです。これはコースの定理と呼ばれるものです。

　簡単な事例を使って説明しましょう。いま、ある地域で鉄道の騒音に住民が文句をいっているとします。この問題にどのような決着がつけられるのでしょうか。おそらく最終的には裁判所で決着がつくはずです。

　裁判官は騒音の状況などを判断して結論を下すでしょう。二つのタイプの結論が考えられます。一つは住民の主張を認めて鉄道に対処を求める結論、そしてもう一つは騒音が深刻ではないということで住民の主張を却下するという結論です。

　もし住民の主張が認められれば、鉄道会社は騒音壁を作るのか、あるいは深夜の運行を減らすなどして騒音を減らそうとするでしょう。どうしても騒音を減らせない分については住民に補償金を払うかもしれません。これによって鉄道会社の利益は減りますが、外部効果の問題は解決されます。

　もし、住民側の主張が却下されればどうなるでしょうか。その場合、騒音の程度が小さければ住民は仕方ないと我慢してあきらめます。しかし、我慢できないほど騒音が大きければ、住民はそれぞれの家を改造して音が通りにくい二重窓にするかもしれません。なかには騒音が耐えられなくて、転居する人も出るかもしれません。この場合には、住民側の負担が増えますが、外部効果の問題への対応は行なわれます。

　結局、裁判所の決断がどちらに転がるかで、当事者の利益は大きな影響を受けますが、どちらに転んでも、結果的にどちらかの当事者の対応によって外部効果を軽減する措置がとられることになります。外部効果にかかわる人が少ない場合には、当事者がその気になれば外部効果の問題を解消することができる場合が少なくありません。その場合重要なことは、誰がそうした対応への責任があるのかを裁判所で明らかにすることなのです。

もし政府の保護政策がなかったとしたら、日本の自動車産業はこのような外部効果を活かしながら発展することができたでしょうか。1950年代から60年代にかけての産業の急拡大の時期、日本の自動車産業はまだ欧米のメーカーに比べて競争力が非常に弱かったといわれます。その時期に輸入を自由化すれば、欧米から輸入された自動車で、日本の市場は席巻されてしまったことでしょう。それでも日本のメーカーが損失覚悟で生産を続ければ、その過程で周辺の関連産業も育ってゆき、日本の自動車メーカーの競争力がついてくるでしょうが、民間企業ベースでそこまでやることはむずかしかったと思われます。結局、政府の保護のもとで自動車産業と周辺産業の間で外部効果が働き、現在のように競争力のある自動車産業が育ったわけです。

　このように競争力のない産業を保護育成していく政策を幼稚産業保護政策と呼びます。日本は戦後いろいろな産業で、幼稚産業保護を行なってきました。このような政策が日本の高度成長にどれだけ寄与したかという点については評価の分かれるところですが、工業化をさらに進めていこうというアジア諸国などは日本の産業政策に強い関心を示しています。

ネットワークの外部性

　最後に、もう一つだけ重要な外部効果の例をあげておきましょう。ネットワークの外部性と呼ばれる現象です。ネットワークの外部性とは、その製品やシステムを利用する人が増えてネットワークが拡大するほど、その商品やシステムの価値が高まってくるという現象です。具体的な例としては、パソコン市場、電話サービスやインターネットのプロバイダーなどの通信産業、クレジットカード、自動車のサービス網などをあげることができます。

　パソコンのOS（オペレーティング・システム）の例で考えてみましょう。日本でもマイクロソフトのWindowsは圧倒的なシェアを持っているようです。多くの人がWindowsを導入するので、ソフトウェアもWindows用のものがいちばん多く販売されていて、それがまたWindowsの価値を高めているからです。このような現象も、外部効果の一形態です。すでに議論した高速道路の混雑現象と同じように、利用者が利用者自身に及ぼす外部効果です。高速道路の場合にはそれは負の外部効果でしたが、Windowsの場合には正の外部効果です。ようするに、仲間が増えるほどその商品の価値は高くなるのです。

　同様の現象は、少し前のビデオ機器や最近のDVDレコーダーでも見られま

す。ビデオはたまたま VHS のほうが普及したために、ソフトもその多くは VHS 用であり、ベータ方式のソフトは非常に少なかったことは周知のことでしょう。もしベータの利用者のほうが多ければ、状況は逆転していたはずです。また、DVD についても録画方式が複数あり、自社が採用している方式を普及させるため、メーカーはしのぎを削っています。

クレジットカードにおいても、ネットワークの外部性が働いていることは明らかです。よく普及しているカードのメンバーになれば、それだけそのカードを利用することのできる店も多くなります。JCB のような日本のカードは、日本国内では便利であっても、海外ではあまり利用価値はありません。もっとも、日本の旅行者がよく行く観光地では JCB カードで十分通用します。

自動車のような商品でもネットワークの外部性が働いています。より普及しているメーカーの自動車ほど修理網も発達していて、修理のための部品の調達が容易になります。日本であまり普及していない外国車を買うと、修理するにあたっていろいろ不便を感じるはずです。

このようにネットワークの外部性があるときには、資源配分上、いろいろとやっかいなことが起こります。市場の自由な取引にまかせておいたら、ネットワークの外部性を十分に活かしきれないという問題があります。ふるくはビデオの VHS とベータの例、またその後の記憶操置のコンパクトフラッシュとメモリースティックに見られるように、規格が統一されていないために、シェアの小さいタイプの機械を購入した人は、十分なソフトが供給されないので多くの不満を持ちます。

ネットワークの外部性の観点からは、できるだけネットワークに入る人が多いほどその価値は高くなるのですから、規格の統一が行なわれ、より大きなネットワークが形成されることが望ましいと考えられます。ここに政府や業界の主導による規格の統一の根拠があります。これはパソコンの場合も同じです。共通のソフトが利用できる規格の統一があれば便利でしょう。

もっとも、規格を統一することが、必ずしも望ましいことではないという考え方もあります。いろいろな規格が自由に競争するから、より技術水準の高い規格が生まれてくるのであって、最初から政府の規制によって規格を統一してしまうと、技術的に劣る規格に統一されてしまって、その後の技術的な発展を阻害することになりかねないという考え方です。

II　費用逓減産業

費用逓減とは

　生産規模が拡大するほど、単位生産当たりの生産費用が次第に低下していく産業を費用逓減産業と呼びます。鉄道のように巨大な投資をしてレール、駅舎、電車などをそろえる必要がある産業では、利用者が増えるほど客1人当たり、あるいは一定の距離当たりの費用は小さくなるはずです。鉄鋼や石油化学のように巨大な設備を要する産業においても、費用は逓減的になっているはずです。つまり、生産量が大きくなるほど、巨大な設備の利点を活かして費用が低くなるのです。

　図12-3は、費用逓減の典型的な状況を、費用曲線（総費用曲線と平均費用曲線）を用いて描いたものです。左の図は、総費用曲線を表わしており、縦軸にはこの工場で生産のためにかかる費用の総和（総費用）、横軸には生産量がとられています。右の図は、左の総費用曲線に対応した平均費用曲線を表わしています。この図の縦軸には平均費用が、横軸には生産量がとられています。平均費用とは、単位生産当たりの費用のことであり、総費用を生産量で割ることにより求められます。

　ここに描かれた費用構造の重要な特徴は、大きな規模の固定費用がかかっているということです。固定費用は総費用曲線の縦軸の切片の長さによって示されています。固定費用は、生産量とはかかわりなくかかってくる費用です。鉄道にとっての駅舎や鉄鋼メーカーにとっての巨大設備は、固定費用としての性格を強く持っています。鉄道業務を行なうかぎりは駅は必要ですし、鉄鋼を生産するためには設備が必要となります。これらは生産量とはかかわりなくかかってくる費用です。

　固定費用に対応する費用の概念として、可変費用があります。可変費用とは生産量に応じてかかってくる費用のことで、鉄道でいえば電車を動かすためのエネルギー費、鉄鋼でいえば鉄鉱石やコークスの費用などをその例としてあげることができます。図12-3には、生産量がX_1のときの費用構造が図示してあります。この図で固定費用、可変費用、総費用の関係を確かめてください。

　さて、固定費用の大きな産業においては、右の図に示したように、平均費用が逓減的になります。生産量が小さいときには、個々の生産当たりの固定費用

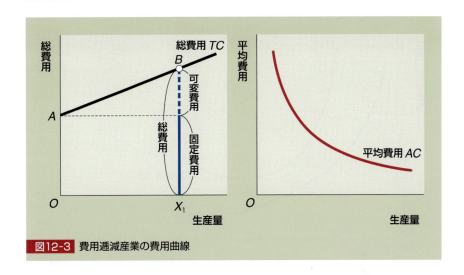

図12-3 費用逓減産業の費用曲線

負担が大きくなり、平均費用もそれだけ大きくなります。しかし、生産量が大きくなるにつれて、単位生産当たりの固定費用負担は小さくなるので、平均費用は逓減していきます。このため、平均費用曲線は図のように右下がりになります。

以下では、ここで述べたような固定費用の大きな産業を念頭において議論をすすめていきます。

私的採算性と社会的最適性

図12-4は、費用逓減産業の抱える問題をもっとも極端な形で示したものです。この図で曲線 AC は平均費用曲線、曲線 D は需要曲線を表わしています。需要曲線が平均費用曲線よりも下にあることに注目してください。このような状況では、どのような供給量においても、平均費用を超える価格をつけることはできません。

たとえば、図の X_1 のような供給量が選択されたら、平均費用（単位生産当たりの費用）は、縦軸にとられた q_1 になります。これに対して、X_1 だけの供給量を需要で吸収するためには、p_1 という価格をつけなければなりません。つまり、平均費用以下の価格をつけないと、供給したものがさばけないことになります。ようするに、採算が合わないのです。この点は、横軸上のどの供給量でも同じです。平均費用曲線が需要曲線よりも上にあるかぎり、ふつうのや

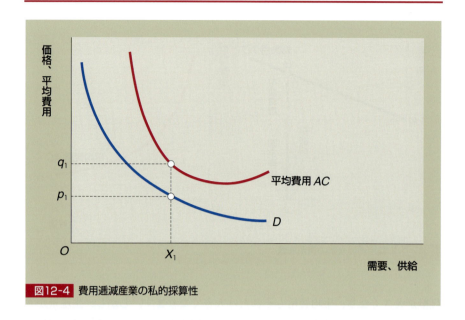

図12-4 費用逓減産業の私的採算性

り方では採算が合わないのです。

では、図12-4に描いたような状況にある財やサービスは、それが供給されることに社会的意味がないのでしょうか。かならずしもそうではありません。それを明らかにするため、図12-4をもう少し特定化した図12-5で考えてみましょう。

図12-5では、需要曲線が階段状になっていて、それぞれの箇所に人の名前が入っています。かりに、これをある地域のバス輸送への需要を表わしているとしてみましょう。話を簡単にするため、それぞれの人はこのバスを毎日利用するか、あるいはまったく利用しないかのどちらかであるとします(つまり、何回乗るかというようなことは無視します)。

各自の需要曲線の数字は、需要価格を表わしています。太郎については、1万円が需要価格になっています。すなわち、太郎は1万円以下であれば、このバスを利用したいと考えています。1万円は、太郎が1カ月バスを利用することに対する太郎の評価になります。次郎の評価は8000円、三郎の評価は7000円と続きます。

さて、平均費用曲線がACのように需要曲線の上方にあるとき、この地域ではバス輸送をすることに意味があるでしょうか。かりにバス料金(1カ月の

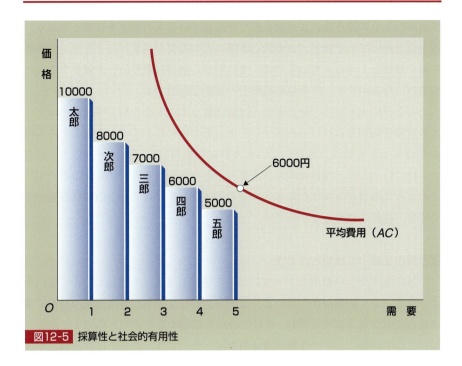

図12-5　採算性と社会的有用性

利用代金）を5000円としてみましょう。すると、五郎までがバスを利用することになります。この5人以外の需要価格は5000円未満であるので、だれもバスを利用しません。そのときの平均費用は6000円ですから、採算も合わないことになります。

ところが、ここで重要なことは、価格は5000円であっても、太郎や次郎の評価は5000円以上であるということです。実際、太郎から五郎までのバスサービスへの需要価格を足すと、3万6000円になっています。これに対して、この5人へバスサービスを提供するための総費用は、平均費用である6000円に5をかけた3万円になっています。便益が費用を上回っているのですから、バスサービスが提供されることは、社会的に望ましいことなのです。ここではあくまでも例示のため図12-5のような単純なケースを用いましたが、同様のことは図12-4のような一般的なケースについてもいえます。

では、なぜ採算が合わないのでしょうか。問題の根本には、すべての購入者が同じ価格を支払うという大前提があります。需要曲線が右下がりになっているということは、この財に対する評価が人によって異なるということです。需

要曲線の左上のほうは、この財を高く評価している人の需要を反映しており、右下に下がっていくほど、より低い評価の人の需要が含まれてきます。この財を高く評価している人もいるのに、支払われる価格は限界的な評価をする人に横並びになるのです。これは市場取引の重要な特徴です。

　このように人々のこの財に対する評価は異なるにもかかわらず、価格はすべての需要者に同じにつけられます。しかもその価格は、この財を購入する人のなかのもっとも低い評価をしている人の需要価格です。高い評価をしている人々は自分の評価と価格の差だけ消費者余剰を獲得することができるのです。このように消費者余剰は生産者への収入とはなりません。社会的には評価が高くても、採算にはのらないのです。

限界費用価格形成原理と採算性

　つぎにもう少し一般的なケースについて議論しましょう。図12-4に描いたようなまったく採算が合わないようなケースでなくても、費用逓減の状況では市場の失敗が起きます。図12-6はこの点を説明するためのものです。曲線Dは、ここで問題にしている費用逓減的な財・サービス（たとえば鉄道輸送サービス）に対する需要曲線を表わしています。

　曲線ACは、この財を供給するための平均費用曲線を表わしています。平均費用曲線が右下がりになっている部分で、費用逓減の状態になっています。その原因として大きな額の固定費用の存在をあげることができることはいうまでもありません。曲線MCは、この財を供給するための限界費用曲線です。

　この財を供給するための固定費用が大きいため、複数の企業がこの財を供給することはなく、単独の企業が供給するものと仮定しましょう。もし複数の企業が供給すれば、固定費用がだぶって支払われることになります。

　さて、図12-6のような状況で、社会的に最適な供給量はどこでしょうか。それは、需要曲線Dと限界費用曲線MCの交点によって与えられるX^*となります。需要曲線はこの財に対する消費者の限界的評価を表わしており、限界費用曲線はこの財を供給するための限界的な費用を表わしています。もしこの財が供給されるのであれば、両者が一致するところまで供給するのが社会的に見てももっとも望ましいはずです。

　この点をもう少し正確に理解するために、たとえばX^*よりも少ない供給量でどうなっているか考えてみましょう。そこでは、需要者の限界的評価（需要

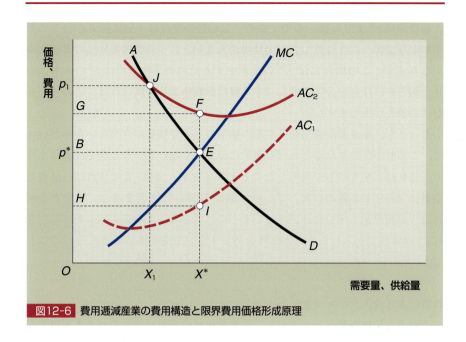

図12-6 費用逓減産業の費用構造と限界費用価格形成原理

曲線の高さ）のほうが、限界費用より高くなっています。これは過小供給ということを意味します。なぜなら、供給を増やすことによって得られる便益のほうが、費用よりも大きいからです。同様にして、X^*よりも多い供給量では、限界的な評価は限界費用よりも低くなっています。つまり過大供給となっています。このようにして、需要曲線と限界費用曲線の交点に対応する供給量であるX^*が、資源配分上最適な供給量であることがわかると思います。

　X^*だけの量を需要ですべて吸収するためには、価格は縦軸上のp^*に設定されなくてはなりません。つまり、価格は限界費用に等しくなくてはいけないのです。このような価格設定のルールを、限界費用価格形成原理と呼びます。問題は、このような価格設定をして採算が合うかどうかということです。

　採算性の問題を考えるとき重要となるのは、固定費用がどの程度の大きさであるかということです。図12-6には、固定費用の小さい場合の平均費用曲線（AC_1）と固定費用の大きい場合の平均費用曲線（AC_2）が描いてあります。前者では採算性の問題は生じませんが、後者では採算が合わなくなります。

　固定費用が小さければ、それだけ平均費用も低くなります。AC_1の場合には、X^*の生産をするための平均費用は縦軸のHの高さで表わされています。

これは価格 p^* よりも低いのですから、この財の生産は十分に採算が合うことがわかります。これに対して固定費用が大きいと、平均費用も AC_2 のように高くなります。この場合には X^* の生産をするための平均費用は G の水準になり、明らかに採算が合いません（平均費用が価格よりも高ければ、その差額分だけの損失が生じます）。

もっとも、限界費用価格形成原理の適用のもとで採算が合わないからといって、この財が供給されることが社会的に望ましくないということではありません。これは、すでに上で説明したことと同じです。図12-6で見れば、消費者余剰は AEB であるのに対して、損失額は $BEFG$ にすぎません。消費者余剰のほうが損失額を十分に上回っているということは、この財が X^* だけ供給され p^* の価格で売られることが、社会的に十分に意味のあることだということです。

政府による介入と公共料金体系

このように固定費用が大きいと、限界費用価格形成原理をそのまま適用したのでは採算が合わなくなります。したがって採算を合わせるためには、もっと高い価格をつけるか、それとも政府が損失を補助するかしなくてはなりません。

高い価格をつければ、採算の問題はなくなるかもしれません。たとえば、平均費用が図12-6の AC_2 の場合には、図の縦軸にとった p_1 の価格をつければ、価格と平均費用が等しくなるので、利潤はゼロとなります（この点を図で確認してください）。しかし、そのような価格をつければ、この財の需要量は X_1 にまで減少してしまいます。これは明らかに過小消費です（なぜなら、X_1 では限界評価のほうが限界費用よりも高くなっており、消費を増やすことで総余剰が増加するからです）。

したがって、望ましい配分を実現するためには、高い価格をつけるのではなく、政府が補助を出しても、限界費用価格を維持する必要があります。鉄道や大学などにおいて政府が巨額の補助をしていることに正当性があるとしたら、一つにはこのような事情があると考えられます。しかし、補助金に問題がないわけではありません。政府からの資金援助が期待できる場合には、往々にして経営努力が足りなくなるからです。

補助金にかわるものとしては、第2章で説明した二部料金制を利用すること

も考えられます。すなわち、まず固定額を請求し、そのあと需要に応じて限界費用分だけ徴収するという方法です。この場合、もし消費者余剰が固定支払い額を超過していれば、消費者は固定額を支払ってもこの財を需要しようとするでしょう。そして、この固定支払い額が、生産のための固定費用をカバーするのです。

このような二部料金制に基づいた公共料金制度を実行することは、それほど困難ではありません。電話でいえば、加入料金がここでの固定支払い額にあたります。電気や水道でも基本料金があります。公共料金以外にも、ゴルフ場やスポーツクラブのように固定費用が大きいところでは、二部料金制をとっています。

III 公共財

公共財とは

公園やテレビ放送といったものは、通常の財・サービス(私的財)とは性質が異なります。通常の財ではだれか一人が消費したら、ほかの人がそれを消費することができません。具体的な例で言えば、太郎が食べたラーメンを花子が食べることはできないはずです。しかし、公園やテレビ放送では、多くの人が同時にそれを楽しむことができます。

公園やテレビ放送などの財・サービスは、公共財と呼ばれます。公共財には、通常の私的財にはない二つの性質があります。一つは消費における非競合性という性質で、その財をほかの人が消費したからといってその価値が失われるものではないこと、つまり多くの人が同時に消費できるという性質です。もう一つの性質は排除不可能性というもので、ある特定の財・サービスを、それに対する対価を払っていないからといってその消費から排除することがむずかしいということです。もちろん、非競合性と非排除性には公共財によって程度の差があります。公園もあまりに多くの人が利用すれば混雑しますので、非競合性は完全に成り立っているわけではありません。テレビ放送も特殊な受像器を購入しないと観られないようにすれば、排除性が出てきます。ただこうした細かい点にはこだわらないで、以下でも非競合性と非排除性を持った財・サービスとして公共財をとりあげます。

公共財の性格を備えたものは多数あります。公園や道路などの公共施設だけ

でなく、軍備なども公共財です。軍備を評価するかどうかは人によって意見が異なるでしょうが、軍備の恩恵（人によっては被害）はすべての人にかかってきます。自然環境や教育水準、あるいは法制度なども公共財的性格を強く持っています。

公共財の最適配分

　公共財と通常の財の違いは、図12-7によって説明することができます。図12-7には、太郎と次郎の公園に対する需要曲線がとってあります。横軸には公園の規模、縦軸には規模の増加に対してそれぞれが支払ってもよいと思う金額がとられています。第2章で説明したように、縦軸は各人のその財に対する限界的評価でもあります。

　公共財の場合には、市場全体の評価は、各人の需要曲線を縦方向に足し合わせることで求められます（これに対して、通常の財の場合には、各消費者の需要を水平方向に足し合わせることで市場全体の需要を求めました。これについては図12-8を参照してください）。縦方向に足し合わせるのは、太郎が消費する公園は次郎も消費できるという消費の非排除性によります。

　この経済に太郎と次郎の2人しかいないとすれば、経済全体としての需要は、図に示したように2人の需要を縦方向に足し合わせたものになります。公園を供給するための限界費用がMCであるなら、社会的に最適な点は点Eであり、X^*だけの規模の公園がつくられることが望ましいことになります。問題は、市場の自由な取引では、このような最適な規模の公園の供給が実現できないことにあります。

　通常の財の場合には、みずからの選好を正直に表明しないかぎり、その財を消費することができません。市場でのその財の価格より自分の評価のほうが高ければ、消費者はその財を買うでしょうし、それによって消費者の選好を表明したことになります。その財を買いたいのに、「自分はそれがほしくない」といつわっても、何の利益もありません。このように各消費者がみずからの選好を正直に表明することが、市場取引によって最適な配分を実現できることの背景にあります。図12-8に、このような私的財の需要と費用の関係が示してありますが、図12-7と比べると公共財と私的財の違いがわかると思います。

　公共財の場合には私的財に当てはまる条件が成り立ちません。他人に支払わせておいて、自分はそれに「ただのり」することができるからです。このよう

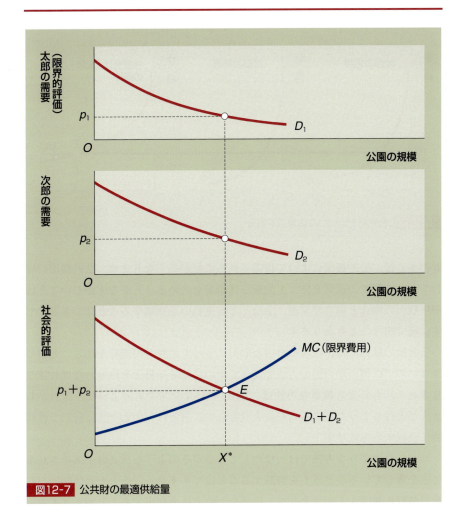

図12-7 公共財の最適供給量

な行為をする人のことを**フリーライダー**といいます。たとえば、ほんとうはNHKの番組を楽しんでいるのに、自分は観ていないといって受信料を払おうとしない人は、フリーライダーということになります。

公共財の供給決定メカニズム

このような「ただのり」行為のため、公共財の供給を市場取引で実現することはたいへん困難です。消費者が正確に自分の選好を表明しないし、財を供給する主体が消費者の選好を正確に知ることも困難だからです。この結果、公共

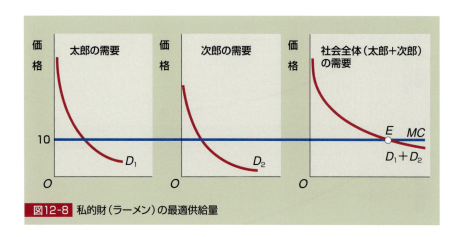

図12-8 私的財（ラーメン）の最適供給量

　財の多くは、公的機関によって供給されることが多くなります。公的機関の場合でも、消費者の選好を知って的確な供給量を決めることがむずかしいことは市場取引の場合と同じですが、少なくとも支払いを強制することはできるのです（税で賄うこともあります）。

　公共財の場合には、市場の自由な取引によって消費者の選好を知ることができないので、何らかの別の方法を使ってその供給量や料金を決定しなければなりません。もっとも簡単な方法は、NHKの料金システムのように、採算がちょうどとれるようなところに料金を設定して、あとは利用者全員に対して強制的に徴収する方法です。

　しかしこのような方法では、はたして社会がそのような公共財が供給されることを欲しているかどうかを判断することはできません。そのため強制的な料金の徴収を補完する方法として、投票などの方法を利用することがあります。たとえば、ある都市で地下鉄を新設する計画があるとき、それを実行するかどうか決定する方法として、住民投票で決めるという方法が考えられます。昔あるアメリカの大都市で、地下鉄建設をやめるか、それとも建設を実行するかわりに住民税が多少高くなることを受け入れるかということについて投票を行なったというのを聞いたことがありますが、これなどは投票という決定方法に市場のかわりをまかせた例です。

　もっとも、公共財だからといって、それがつねに公的機関によって提供されるというわけではありません。民間テレビ局のテレビ放送は、公共財が私的企業によって供給される代表的な例です。民放の場合には、広告料金で採算をと

ることができますが、通常の意味での価格メカニズムが働いていないので、第4章で説明した資源配分の最適性が実現しているという保証はありません。

【演習問題】
1．以下の設問に答えなさい。
　(1)費用逓減的な産業で、限界費用価格形成原理に基づいて価格設定をしようとすると必ず損失が生じる。これはどのような理由によるだろうか。
　(2)外部効果は内部化することによって資源配分の最適化を実現することができるといわれる。これはどのようなことか。
　(3)公共財に関して市場では最適な資源配分を実現できないのはなぜか。
　(4)高速道路の混雑現象は外部効果の一つの例であるといわれるが、これと似かよった現象の例をいくつかあげなさい。
　(5)私的限界費用と社会的限界費用の違いについて説明せよ。
　(6)ネットワークの外部性の例をいくつかあげよ。
　(7)費用逓減産業において、平均費用価格形成原理を採用したときの問題点について説明しなさい。
　(8)公共財とはどのような性質を持った財なのか。私的財と違う点はどこにあるのか。
2．需要曲線が
$$D = 100 - p$$
である財を考えよう。この財を供給するための限界費用は10であるとする。以下の設問に答えなさい。
　(1)社会的に最適な生産量の水準を求めなさい。
　(2)この財の生産に固定費用がかかるとしよう。限界費用価格形成原理に基づくと損失が出るのは、固定費用がどのような水準にあるときか。
　(3)この財の生産を補助することが経済的に正当化できるのは、固定費用の水準がどの範囲にあるときか。
3．公害を出す産業に対して生産税という形でピグー税を課せば、最適な資源配分が実現できるという点について本文中で説明した。公害を出す財（たとえばスパイクタイヤや自動車）を消費している消費者に消費税を課すことで、これと同じ効果が得られるといわれる。この点について説明しなさい。また、生産者が生産を減らすことに対して補助金を出しても同じ結果が得られるといわれるが、この点についても検討しなさい。
4＊．保険におけるモラルハザードという現象がある。たとえば医療保険の例でいうと、医療保険でカバーされているため、ささいな病気でも病院にいってたくさんの薬をもらってきて、結果的に保険の費用がかさみ、各人の保険負担が増

えるという現象である。これも市場の失敗の一つの例であるが、これを外部性の観点から説明しなさい。
5. 公害を発生するある財に対する需要曲線は $D = 100 - p$ である。ただし、D は需要量、p は価格である。この財を生産するための単位費用（限界費用かつ平均費用）は10であり、競争的に供給されているとする。またこの財が需要されることで、$10D$ だけの費用に対応する公害が発生するものとする（公害の限界的な費用は10である）。
(1) いまこの財の需要や供給にいっさいの規制がないとすると、何単位の財が供給されるか。そのときの、社会的な総余剰を計算しなさい。
(2) 社会的な総余剰を最大化するような需要量はどの水準か。またそのときの総余剰を計算しなさい。
(3) 社会的に最適な(2)のような状態を実現するためには、どのような税金を導入することが考えられるか。消費税の場合と生産税の場合の両方について答えなさい。

13 不確実性とリスク

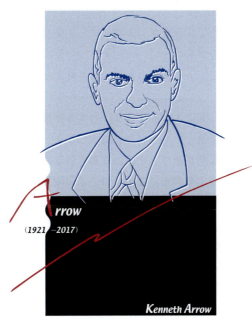

アロー(Kenneth Joseph Arrow:1921-2017) 数理経済学において多くの貢献をした。社会的選択に関するアローの不可能性定理が有名であるが、そのほかにも一般均衡体系の存在や安定性の証明、不確実性の経済学など多くの分野で大きな貢献をしてノーベル賞を受賞した。

不確実性やリスクというと、むずかしそうなテーマですね。

　私たちの周りには、将来に関して予想できないことがたくさんあります。火事が起きるのか、株価や為替はどう動くのか、重い病気にかかるのかなど、人生には将来の動きについて読めないことがたくさんあります。確実ではない、つまり不確実ということです。

　それはわかりますが、それと経済学と関係があるのでしょうか。

　経済の仕組みのなかには、こうした不確実性に対応するための仕組みがいろいろあります。その典型が保険です。火災保険や交通事故保険に加入することで、私たちは万が一の火災や事故に備えようとするのです。

　火災保険に入っても、火事そのものを防げるわけではありませんよね。

　火事そのものは防げませんが、火事によって失う資産や所得をカバーすることができるのです。

　すべての人が保険に入っているわけではありませんが。

　そのとおりです。人によってリスクに対する態度が違うのは当然です。この章では危険回避という考え方を説明します。多くの人は、リスクを軽減することを求める傾向があります。これが経済学的にどのような意味があるのか、保険とどう関係するのか、などについて説明します。

　危険回避とは、またむずかしそうな用語が出てきましたね。

　そうですね。この本は入門書ですので、危険回避についてくわしい説明にまでは踏み込みませんが、この危険回避の考え方は、保険理論や株式分析などでは重要な役割を果たします。

　そういえば、株式、不動産、為替レート、金利など、金融市場ではリスクが重要な意味を持つのでしたね。

　そのとおりです。まずどのようなリスクが存在するのか、それに対してどのような対応をとることができるのか、こうしたことを分析するのが金融市場では重要になります。そこで中心的な役割を果たすのがリスクや不確実性、そして危険回避という行動原理なのです。

何だかますますむずかしそうになってきました。

この章はあくまでも入門的な説明をしますので、こうしたリスクや不確実性の考え方に触れてもらい、基本的なことを理解してもらえれば結構です。

　現実の経済には、さまざまなリスクが存在します。こうしたリスクに直面して、人々はそれを回避するため保険に加入したり、リスク回避のための施策を講じることになります。リスクの問題は、株や債券などの金融資産の市場を考察するうえでも重要な要因です。この章では、こうした不確実性のもとでのリスクの存在や、そのもとでの人々のリスク回避行動について考察します。

I　不確実性と経済現象

経済問題に潜んでいるリスク

　現実の経済問題を考えるとき、不確実性やリスク（危険）が重要な意味を持っていることが少なくありません。たとえば、株式市場では株価が日々大きく変動するため、株式に投資した人は大きな損失を被るリスクを考えておかなければなりません。海外に巨額の輸出を行なっている企業は、為替レートの変化により輸出収益が大きく変動するリスクに直面しています。石油会社のようにほとんどを海外からの輸入に頼っている企業も、為替レートの変化によってその収益が大きく変化します。

　労働市場にもさまざまなリスクが潜んでいます。これから就職先を選択しようとしている大学生にとって、個々の業種や企業の直面するさまざまなリスクは重要な関心事でしょう。その業種に将来性があるのかどうか、その企業の賃金は安定的であるかどうかなどといったことです。

　新しいプロジェクトに対して投資を行なおうとする企業も、大きなリスクに直面しています。たとえば半導体のように巨額の投資が必要な分野でも、その投資が必ず収益をあげるという保証はありません。半導体の市場規模がどの程度大きくなるのか、ライバル企業がどの程度の投資を行なうのか、日米貿易摩擦はどうなるのか、また投資がどの程度の技術的成果をあげることができるの

かといったことに対して、あまりにも不確定な要素が多いからです。

　このような不確実性やリスクの問題に対処するため、経済のなかにはさまざまな仕組みが存在します。そもそも保険（生命保険、損害保険、預金保険など）は、リスクへの対処の手段として生まれたものです。株式市場や外国為替市場などにおいても、株価変動や為替変動のリスクに対処するためにさまざまなことが行なわれています。いろいろな株式に分散して投資する投資信託、為替レートの変動リスクを回避するための為替の先物取引などはその代表的な例です。

　個々の消費者や企業の行動のなかにも、リスク回避やリスク分散を目的とした行動が見られます。企業と労働者の間の賃金契約を見ると、労働者側にリスク負担をかけず企業側がリスクを負担するような形になっていることが少なくありません。家計の貯蓄や資産運用の行動でも、リスク回避という要因が大きく働いていることは明らかです。

大数の法則と危険分散

　「卵は一つのバスケットに入れて運ぶよりも、分けて運んだほうがよい」といわれます。これは危険分散のことを指しています。一つのバスケットに入れて運ぶと、バスケットを落としたとき、卵が全部だめになってしまいます。分けて運べば、全部の卵が壊れることはありません。このような危険分散のメカニズムは、経済のなかでいろいろな形で利用されています。

　保険は危険分散を利用した商品の代表的な例です。火災保険を考えてみましょう。もし火災保険に入っていなければ、火事が起きたときの被害はたいへんなものです。その意味で、各経済主体は大きなリスクに直面しています。火災保険とは基本的には、多くの人が資金を出し合って、その資金で実際に火災にあった人を補償しようという制度です。

　保険への加入者が多いほど、火災発生に関して大数の法則が働きます。つまり、保険加入者のだれかのところでは火災が起こるでしょうが、その頻度に関してはかなり正確に予想できるのです。そのため、そのような火災の発生確率をもとにして保険料率が計算でき、その保険料金で火災の被害に対する補償額をカバーできるのです。

　企業の多角経営も、危険分散という視点から説明することが可能です。企業が行なっている事業は、不確定要因を多く抱えています。たとえばテレビやク

[Column] ステップアップ経済学
金融工学

　この章で説明する不確実性の経済学は、高度な確率理論を利用することで金融市場の分析に発展させることができます。株式市場や債券市場などの動きを分析するため、高度な確率論を利用した金融理論が急速な発展を遂げており、これを金融工学と呼ぶことがあります。

　株式の価格やその背後にある企業の業績は、不確定な動きをします。企業はさまざまなリスクに直面しており、株価や債券価格などを決める市場にも多様な不確定要因があるからです。こういったリスクを確率変数として取り扱うことで、株価や債券価格がどのような動きをするのかを理論的に分析することが可能です。

　こうした考え方に基づいて株価などの動きを分析する金融工学の理論は、大学で学問として教えられるだけでなく、金融機関などの現場でも積極的に取り入れられるようになっています。ファンドや企業が金融資産に投資するさいにも、金融工学の理論が利用されるようになっています。

　金融工学の存在を一気に有名にしたのは、LTCMというヘッジファンド（巨額の資金を集めて金融資産などに大胆な投資をするファンド）が大きな損失を出すという事件でした。LTCMにはロバート・マートンやマイロン・ショールズのような金融工学でノーベル経済学賞を受賞した学者も経営に参加し、それまで非常に高い収益をあげていたことで知られていたからです。このファンドが巨額の損失を出したことは世の中にショックを与えました。

　最先端の理論であっても、金融市場で大きな損失をあげる可能性があることがわかりましたが、この事件にもかかわらず金融工学の理論は金融市場の現場であいかわらず広く利用されています。金融関係の情報が簡単に集まるようになり、コンピュータの利用によって複雑な計算が瞬時にできるようになることで、金融工学を利用する条件整備が進んでいるからです。

　かつてのように、紙と鉛筆だけを利用した直感に基づく投資ではなく、論理的な思考と正確な情報収集に基づいた投資、それが金融工学を利用した投資ということになります。読者の皆さんも上級の金融理論を学ぶ機会があれば、金融工学に接することになるでしょう。

ーラーなどの家庭電気製品を生産している企業にとって、このような製品が将来も大きな利潤を生んでくれるかどうかたしかではありません。したがって、特定の製品に集中しすぎると、経営上のリスクは拡大してしまいます。もしこの企業が半導体、通信機器、コンピュータ関連製品などに多角化していけば、それによってリスクは軽減されることになります。家電部門が不振になっても、他の部門がそれをカバーしてくれるかもしれないからです。

保険の限界：モラルハザード

　リスクを軽減するうえで、保険の存在はきわめて重要です。世の中には実にさまざまな保険が存在します。あるサッカー選手が自分の足に巨額の保険をかけて、黄金の足といわれたことがあります。紛争の多い中東に出かけていくタンカーにも、ちゃんと保険がかかっています。アメリカン・エクスプレスでは、カードで購入した商品が壊れたらそれを補償すると宣伝をしていますが、これも一種の保険であることは明らかです。

　アメリカではPL保険（製造物責任保険）が発達しています。企業の生産した商品によって事故が起こった場合（たとえばコーラの瓶が破裂したとか、自動車が火を吹いたといったような事故）、企業は被害者から賠償を要求され法廷に訴えられます。そのような賠償は巨額になることが多いので、企業もそれに備えてPL保険に入っておいて、いざとなれば保険会社に賠償金を支払ってもらうのです。最近では訴訟が増えて、このPL保険が高くなりすぎているということが社会問題になっています。

　このようにさまざまな保険があるにもかかわらず、現実に存在する多くの重要なリスクに対しては、それをカバーする保険がないことも事実です。たとえば、企業の業績が不確定であるなら、なぜ企業に一定の利潤を補償するような保険はできないのでしょうか。あるいは、これから就職しようとする学生が、就職先の企業の業績にいまひとつ不安があるのなら、なぜ学生に対して就職保険（就職先がつぶれたり業績不振に陥ったら、一定の所得を補償するような保険）というものができないのでしょうか。

　どんなリスクに対しても保険が設定することができるわけではないのは、保険の世界でモラルハザードと呼ばれる現象があるからです。モラルハザードとは、保険契約に入ったため、被保険者の行動が変化して保険が成り立たなくなったり、余分な負担が被保険者にかかることです。

[*Column*] 現実の経済を見る眼
職業保険の可能性

　現実の世界では、リスクに対応するためにさまざまな形の保険が用意されています。医療保険、火災保険、盗難保険、自動車保険、学資保険など、実に多様な保険があります。こういった保険に加入することによって、人生のなかで直面するさまざまなリスクを軽減することができます。

　しかし、あらゆるリスクに対して保険があるわけではありません。たとえば、大学を卒業した若者が就職したとき、その会社の今後の業績によっては所得が減ったり、最悪の場合には職を失ったりします。しかし、そういった職について保険があるわけではありません。

　このような保険がないのには理由があります。かりに仕事がうまくいかなくても保険で所得が補償されるなら、がんばって働こうとしなくなるかもしれません。こういった現象をモラルハザードといいます（モラルハザードについては第14章参照）。モラルハザードの存在のために、保険が成立しないケースは少なくありません。

　しかし、今後は、経済学的な技術の進歩によってこれまでは導入が困難であった分野に保険の適用が可能となるかもしれません。上記の職業保険についてはつぎのような保険が考えられます。保険会社が職業をくわしく分類し、それぞれの職業について経済全体で収入の動きがどのようになるかデータをとっていきます。個々人の収入は彼の属する職業の平均的な収入と一致するとはかぎりませんが、両者は密接な相関を示すはずです。

　各自が保険に加入する段階では、それぞれの職業ごとの所得の動きはまったく不確定ですし、特定の人の行為によって職業全体の収入が変化するわけでもありませんので、モラルハザードが深刻な形で起こるわけでもありません。

　もしこういった保険があれば、若者は自分の専門や職業を選ぶとき、リスクの存在に縛られにくくなります。専門性の強い職業――たとえば先端分野の技術者など――はリスクが大きいのでどうしても優秀な若者を集めにくい傾向がありますが、もし保険で少しでも補償されれば優秀な若者がそういった分野に集まるかもしれません。情報技術の発達と経済指標の精緻化によって、ここで例にあげた職業保険をはじめとしてさまざまな保険が考案されるものと予想されます。それは社会全体にとって好ましいことなのです。

たとえば、企業に一定の利潤を補償するような保険ができたら、企業の経営者は、景気の悪いときには、無理に努力してまで利潤を獲得しようとはしないでしょう。どうせ保険金が支払われるからです。しかしそれでは、保険会社の負担が高くなってしまいます。保険会社があらかじめそのような事態を予想していれば、保険料率を高くするでしょうから、企業も保険に入らないでしょう。つまり、保険が成立しなくなるのです。

　現実に存在する保険でも、モラルハザードの現象は見られます。そして、それが保険の健全な機能を阻害しています。たとえば、医療保険（健康保険）の例を考えてみましょう。保険に入っていれば、病気にかかったときの診察費や薬代が安くなります。したがって、病気になったとき、実際の医療費用（その大半は保険会社が病院に払う）のことを意識せずに、治療を受けます。その結果、医師は必要以上に薬を出しますし、患者も必要以上に病院に行くようになります。

　個々人の立場から見れば、「どうせ保険に入っているのだから」ということになりますが、このような医療費が結局は保険会社の支払いを増加させ、保険料の引上げにつながるのです。つまり、個々人の行動が、個々人の保険負担を引き上げているのです。

　モラルハザードのために、多くのリスクは保険でカバーすることができません。そのため、保険に替わるようなリスク分散のメカニズムが必要となります。株式市場や証券市場、賃金契約やフランチャイズ契約などの契約のあり方は、そのようなリスク分散という機能を持っています。

株式市場と危険分散

　株式市場においても、危険分散のメカニズムが働いています。株主は企業に資金を提供しているわけですが、資金提供への見返りは企業の利益が出たとき支払われる配当という形をとります（あるいは将来の配当の予想をもとにした株価の値上がりという形もとります）。企業の利益は、景気の状態やライバル企業との競争などで大きく変動しますので、株主はつねに配当をもらえるわけではありません。利益が出たときのみ、配当を支払ってもらえるのです。

　この意味で、株主は企業の抱えるリスクの一部を負担しているといえます。企業の業績が悪いときでも、企業から銀行への利子支払い、労働者への賃金支払いなどは継続されます。企業収益が下がった分は、株主への配当が減らされ

たり、一時中止されることで調整されます。そのかわり、企業の業績がいいときには、配当の額も上積みされます。

株主にとって、このような形で企業収益の変動リスクを負担させられることは、それほどたいへんなことではありません。なぜなら、多くの種類の株に分散投資することで、個々の企業のリスクを軽減することができるからです。つまり、株主にとって分散投資することが危険分散になっています。生命保険会社などのような大きな機関投資家は資金量が大きいので、分散投資をすることに何ら問題はありません。しかし、資金量の小さな個人の投資家でも、投資信託のように最初から多数の株式を組み合わせた資産を購入することで、分散投資をすることができます。

株式の利用によって企業の抱えているリスクを多くの株主に分散することは、現代社会の大規模な企業活動を支えるうえで欠かすことのできない条件です。株式市場の存在があってはじめて、個々の企業は巨額の資金を集めて、多くのリスクを伴うプロジェクトを行なうことができます。

株式市場と同じように、他の資産市場もリスク分散という機能を持っています。たとえば、最近注目を浴びている不動産の証券化も、そのような側面を持っています。超高層ビルを建ててオフィススペースとして賃貸することには、かなりのリスクが伴います。建設コストから管理コストまで、すべて単独の企業が負担するとしたら、そのリスクは相当なものになるでしょう。このような場合、その高層ビルの所有権を証券化し、多くの投資家に分けて販売するという方法が考えられます。

証券を販売することで、ビルの建設コストや管理コストのための資金を調達するわけです。ビルの所有権は証券を持っている投資家たちに帰属しますので、オフィススペースの賃貸などで入ってきた収入は、配当ないしは利子という形で、証券の所有者に分配されます。以上は、不動産の証券化をごく単純な形で述べたものですが、これだけでもビル建設のリスクが多くの投資家に分散できることがわかると思います。

危険分散と契約形態

危険分散のための工夫は、労働契約やフランチャイズ契約などにも見られます。たとえば、労働契約の例を考えてみましょう。景気の波やライバルとの競争にさらされ、企業の収益は大きく変動します。そのような収益変動はだれに

表13-1 コンビニエンス・ストアの三つの契約形態

賃金契約	店の従業員を本部が雇用し，一定の賃金を支払い，働いてもらうシステム（本部直営店のケース）
利益分割方式	店の収益の一定割合をフランチャイズ料として本部に支払うシステム
定額フランチャイズ方式	店の収益とは関係なく，毎月一定の金額がフランチャイズ料として，店から本部に支払われるシステム

よってカバーされているのでしょうか。一般論として考えれば、収益の変化に応じて賃金も調整されてよいわけです。現実にも、証券会社のボーナスなどは、会社の業績によって大きく増減するようです。

しかし、ほとんどの企業においては、業績の変動の多くは、株主への配当の増減や企業の内部留保の取り崩しなどによって調整され、労働者の賃金はあまり大きく変動しないようです。マクロの指標で見ても、GDPに占める労働所得の割合は、景気のよいときには低下し、景気の悪いときには上昇する傾向があります。つまり、景気の変動は、賃金ではなく利潤の変化で調整されているのです。

このような現象は、労働者が所得の変動リスクに対して弱い存在であるということから説明することができます。景気の状態にかかわらず一定の賃金を労働者に保証することは、実は企業側がたんに労働者を雇用しているだけでなく、労働者に対して賃金保証という保険を提供していることにほかなりません。

同様の現象は、経済のいたるところで見られます。たとえば、セブン－イレブンやローソンなどのコンビニエンス・ストアの契約形態も、同様の側面を持っています。これらの店は、フランチャイズ契約ということで、もともとは酒屋や乾物屋などをやっていた地元の商店が、セブン－イレブン本部と契約を結びます。ノウハウの提供や仕入れの補助などのサービスのかわりに、フランチャイズ料を本部に支払うというシステムです。

表13－1にあるように、コンビニエンス・ストアの本部と個々の店の間には、いろいろな形態の契約が考えられます。表には代表的な例として、賃金契約、シェア方式（利益分割方式）、リース契約（定額フランチャイズ方式）が

記されています。このうち賃金契約は、本部の直営店（本部が情報収集などのために人を雇って直接経営している店）のケースですので、後の二つを比較してみましょう。

　コンビニエンス・ストアの経営には、リスクが伴います。たまたま店を開いた場所が、コンビニエンス・ストアに向いているかどうかは、しばらくやってみなければわかりません。このようなリスクを考えると、利益分割方式は店の店主にとってはありがたいシステムです。収益のリスクの一部を、本部が負担してくれる形になっているからです。利益があがればそれに応じて本部への支払いも増えますが、儲らないときには本部への支払いの金額も少なくてすみます。これに対して定額フランチャイズ契約のように、店の売上げとは関係なく一定額のフランチャイズ料をとられるようなシステムは、店主の立場からはリスクが大きすぎます。

　現実のコンビニエンス・ストアの契約を見ると、利益分割方式が広く普及しているようです。店主のリスクを大手企業であるコンビニエンス・ストアの本部がリスク分担するシステムが、経済合理的であるからでしょう。

　リスクの分散機能を持つ利益分割方式は、フランチャイズ契約以外にも、いろいろなところで見られます。駅ビルやショッピングセンターにテナントとして入っている店の家賃は定額ではなく、その店の売上げの何パーセントという形をとります。テナントとなっている店のリスクの一部を、駅ビルの管理者側が負担しているわけです。フィリピンなどの農業における地主と小作の契約関係を見ても、地代は定額ではなく、収穫の一定割合を支払う（これを刈分け小作と呼びます）という形態をとっていることが少なくありません。

II　期待効用最大化仮説

セントペテルスブルクの逆説

　これまで説明してきたように、リスクや不確実性が重要な意味を持っている経済現象は少なくありません。以下では、このような不確実性の問題を分析するための手法として、期待効用最大化仮説について説明します。そのためにまず、セントペテルスブルクの逆説と呼ばれるつぎのようなゲームについて考えてみてください。

　いま私が胴元となって、読者のみなさんのだれかとつぎのようなゲームをす

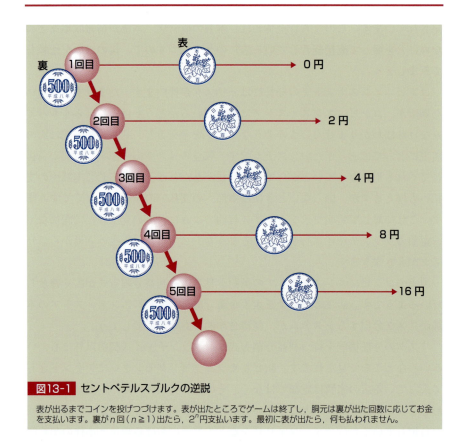

図13-1 セントペテルスブルクの逆説

表が出るまでコインを投げつづけます。表が出たところでゲームは終了し，胴元は裏が出た回数に応じてお金を支払います。裏が n 回（$n \geq 1$）出たら，2^n 円支払います。最初に表が出たら，何も払われません。

るとしましょう。まず、ゲームに入るために、読者のみなさんが私に1000円払うとします（これがこのゲームの参加料です）。つぎに、私がコインを投げます（もちろん不正はありません）。もし表が出たら、それでゲームは終わりで、1000円は私がもらいます。もし裏が出たら、コインをもう1度投げます。裏が出るかぎりコインを投げ続け、表が出たところでゲームは終了です。その結果、裏が1回出たら2円、2回なら4円、3回なら8円、4回なら16円というように、2倍ずつ賞金が増えていきます。図13-1は、このゲームを図解したものです。

さて、読者のみなさんは、このようなゲームに参加したいと考えるでしょうか。おそらくほとんどの人は、1000円払うだけの価値はないと考えるのではないでしょうか。私も同感です。しかし、このゲームをよく眺めてください。

あなたがこのゲームに参加することで、どれだけの利益を期待できるのでし

ょうか。最初に支払う1000円は横におき、コインの結果によって支払われる金額について考えてみます。

期待できる利益を数学的に表わすとすれば、もっとも自然な表現方法は期待利益（あるいは利益の期待値）という考え方です。期待値についてくわしい説明はしませんが、ようするにそれぞれのケースの確率にそこでの利益を掛けて足し合わせたものです。つまり、確率をウェイトとした利益の平均値のことです。

ここでの例では、最初に表が出る確率は2分の1で、そこでの利益は0円です。最初に裏が出て、つぎに表が出る確率は4分の1で、利益は2円です。同じようにして、裏・裏・表となる確率は8分の1で利益は4円、裏・裏・裏・表の確率は16分の1で利益は8円となります。このように、それぞれのケースの確率に金額を掛けて足すことで、このゲームの期待利益が出ます。

すなわち、

$$\frac{1}{2} \times 0 + \frac{1}{4} \times 2 + \frac{1}{8} \times 4 + \frac{1}{16} \times 8 + \cdots\cdots$$

となり、これを計算すると無限大になることがわかります。つまり、あなたがこのゲームに参加すれば、その利益の期待値は無限大となるのです。どうですか、ゲームに参加する気になりましたか。

このような数学的な事実にもかかわらず、ほとんどの人はこのゲームに参加しようとしないでしょう。それは、利益の期待値という数値にそれほど大きな意味を見出していないからです。不確実性の経済学は、ここから出発します。期待利益や期待所得のような金額の期待値ではなく、期待効用という考え方を用いるべきであるというのが、期待効用最大化仮説の考え方です。

ギャンブラーと堅実主義者

図13-2を見てください。二つのタイプの人の効用関数が図示してあります。どちらのグラフも、横軸にはその人の年収（年間の所得）、縦軸にはその所得に対する彼の評価（これを効用と呼びます）をとってあります。

ギャンブラーは、1000万円以下の所得をたいして評価していません。200万だろうが、700万だろうが、1000万円以下の所得は、彼にとってはそんなに違いはありません。しかし、1000万円を超える所得は高く評価し、金額が高いほど、その評価も高くなっていきます。

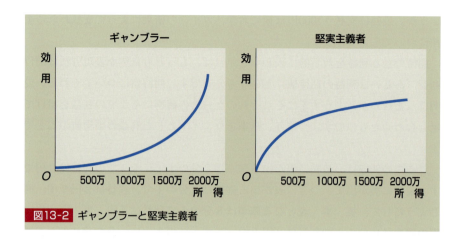

図13-2 ギャンブラーと堅実主義者

　これに対して堅実主義者のほうは、1000万円以上の所得については所得の増加をあまり評価しません。ようするに普通の生活ができればよいわけで、そんなにたくさん所得があっても使いようがないという考え方です。

　さて、このような二つのタイプの人を比べると、その人生観の違いが、彼らの行動に出てくるはずです。両者の職業選択を比べれば、ギャンブラーは一発当ててやるというような職業選択をするでしょう。自分でビジネスをはじめるかもしれませんし、それこそギャンブルに興じる毎日をおくるのかもしれません。堅実主義者は、それほど高い所得でなくてもよいから、安定した職業を選ぼうとするでしょう。火災保険などの保険への加入については、ギャンブラーよりは堅実主義者のほうが積極的でしょう。逆に宝くじや競輪競馬のようなギャンブルは、ギャンブラーのほうが積極的になるでしょう。

　このように、所得に対する効用を描いた曲線の形状は、危険回避行動を考察するうえで重要な意味を持っています。危険回避的な行動を分析するためには、図13-2の堅実主義者のような効用関数を前提にして議論しなくてはなりません。

限界効用逓減と危険回避行動

　図13-2で説明したことをもう少し厳密に分析するために、図13-3を用いて説明を続けましょう。図13-3には、図13-2と同じように、横軸に所得、縦軸にその効用がとられています。図13-3に描かれた効用関数は、上方に凸

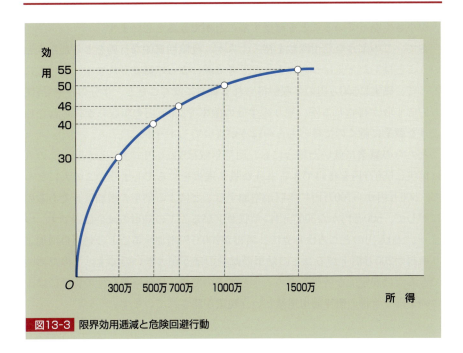

図13-3 限界効用逓減と危険回避行動

の形をしています。このような形をしているとき、所得の限界効用は逓減的であるといいます。これはどういうことなのでしょうか。

　図の縦軸の数値を見ればわかると思いますが、この人の所得に対する効用の増加の程度は次第に小さく（逓減的）なっています。年収500万円の状態を40と評価したのに対し、1000万円の評価は50、1500万円の評価は55と、その増加の程度は次第に小さくなっていることが確認できると思います。

　所得が増加したとき、それによって効用がどの程度増加するかということを数値で示したものが、所得の限界効用です。たとえば、この図で所得が300万円から500万円まで増加したことで、効用は10増加していますので、所得1万円当たりの増加分（限界効用）は200分の10（0.05）です。これに対して、500万円から700万円までの所得増加に対する効用の増加は6ですので、1万円当たりの増加は200分の6（0.03）となります。その増加の程度は下がっています。

　所得の限界効用についてもう少し厳密な定義をするなら、所得が微小に増加したとき、効用はどの程度増加するかを示したもので、図では効用関数の接線の傾きが限界効用になっています。所得が増大するほど、効用関数の接線の傾

きが小さくなっていることを確認することができると思います。

さて、このような効用関数を持った人が、危険回避的な行動をとるだろうということは、たとえばつぎのような思考実験によって確認されます。この人にとって、確実に500万円の年収が得られる職業に就くことと、半分の確率で700万円の年収が得られるが、残りの半分の確率で300万円の年収しか得られないような職業に就くのではどちらのほうがよいでしょうか。

どちらの職業に就いた場合にも、期待年収は500万円です。しかし、この人は確実に500万円を獲得できるような職業選択をするでしょう。この人にとって、500万円から700万円に年収が増加することによる効用の増加は6であるのに対して、500万円から300万円に年収が下がることの効用の減少は10です。つまり、500万円のところから見て、所得が200万円増加することの効用の増加より所得が200万円下がることの効用の減少のほうが大きいのです。このため、できるだけ安定的な所得を求めようとするのです。危険回避行動の背景には、このような所得の限界効用逓減という現象が隠されています。

保険の機能

以上で説明したことを別の角度から見るため、火災保険の問題を考えてみましょう。いま1000万円の年収の人がいるとします。この人が生涯のうちに火事にあう確率が4分の1であるとしましょう（火事の確率が高すぎますが、図を描く都合上このような数値例を用います）。もし火事が起こると、この人は資産の多くを失い、年収換算すると400万円の年収になったと同じことになるとします。つまり、火事による資産の被害や近所への賠償などを差し引いたとき、自分の生活のために使える所得が400万円しか残らないということです。

このような状況を、図13-4で考えてみましょう。図13-4は、図13-2や図13-3と同じように、横軸に所得、縦軸に効用をとったものです。もしこの人が火災保険に入っていないとするなら、火事が起こらなかったときには1000万円の年収が確保され、火事が起こってしまったら400万円の年収しか残らないことになります。つまり、4分の3の確率で1000万円、4分の1の確率で400万円の所得ということになります。

この火事というリスクに直面した人の期待効用はどのようになるでしょうか。図にあるように、1000万円の所得が確保できれば、そのときの効用は140です。これに対して、火事が起こってしまって所得が400万円になったときの

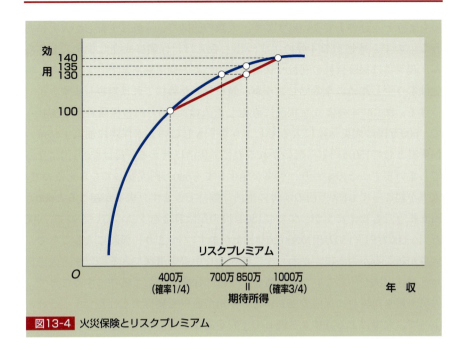

図13-4 火災保険とリスクプレミアム

効用は100です。期待効用とは、起こりうるいろいろな状況のもとでの効用に、その状況の確率を掛けることによって求めた、効用の期待値（確率をウェイトとしてとった平均値）のことです。この場合には、火事が起こらず効用140を獲得する確率が4分の3で、火事が起こって効用が100になる確率が4分の1ですので、期待効用は

$$\frac{3}{4} \times 140 + \frac{1}{4} \times 100 = 130$$

となることがわかります。

　では、この人が火災保険に加入したら、状況はどのように変化するのでしょうか。火災保険とは、あらかじめ一定の金額を払っておいて（あるいは払い続けて）、もし火事が起こったら契約した金額を支払ってもらうような契約です。いま、たとえば火事の損害額（年収ベースで600万円）を支払ってもらうような保険の料金は、150万円であるとしてみましょう。

　実は、この保険料金は、火事の確率をベースに求めたものです。保険に加入している人がたくさんいて、それぞれの人が4分の1の確率で火災にあうと考えられているとします。その場合、火災保険の料金は、被害時に払われる金額

のちょうど4分の1でよいはずです。大数の法則で、4軒に1軒しか火災にあわないので、被害額の4分の1ずつ出し合えば、保険は成立します。もちろん、現実には保険会社の利益や保険業務のための費用もあるでしょうから、料金はもう少し高めになるでしょうが、簡単化のためにこれは無視します。

さて、図13-4のような状況に直面した人は、150万円の保険料金を支払って、600万円の火災保険に入るでしょうか。もしこの人が保険に加入すれば、保険料として150万円もっていかれるので、生活に使える所得は850万円になってしまいます。そのかわり、火事が発生しても600万円支払ってもらえるので、火事が起こっても850万円の所得の生活は維持できます（火事が起こると600万円支払ってもらえますが、すでに150万円の保険料金を支払っているので、400万円＋600万円－150万円で850万円となります）。つまり、保険に入ることで、火事が起こるか否かにかかわらず、確定的な所得を確保できるのです。火災保険とは、火災が生じないときの所得の一部を保険料として犠牲にすることで、火災が起きた場合に保険金支払いという形で所得を獲得する行為です。それによって、火事によるリスクを消して、安定的な所得が確保できることになります。

図では、保険に加入したことによって、850万円の所得が確保できますので、そこでの効用は135となり、保険に入る前に比べて、より高い効用になっていることがわかります。このように、危険回避的な人にとって、保険は有益なものです。

ところで、図13-4の場合には、火事の危険にさらされて所得が不確定である場合の期待効用130は、700万円の所得のもとでの効用に対応しています。つまり、期待所得で見て150万円低下しても、確定的な所得を確保することは望ましいことになります（保険に入っていない場合の期待所得は850万円であることを確認してください）。このような場合、150万円をこの火事のリスクに対するリスクプレミアムと呼びます。

リスクプレミアムとは、火事のようなリスクに直面する不効用を、金銭価値で表わしたものです。リスクに直面している人が、そのリスクを消すために所得をどれだけ犠牲にしてもよいかを数値で示したものがリスクプレミアムです。一般的に危険回避的な人ほど、リスクプレミアムは大きくなります。

最後に、演習問題を一つ残しておきます。図13-4で、ギャンブルはどのように図示できるのでしょうか。宝くじを購入したり、馬券を購入する行動がこ

[*Column*] 現実の経済を見る眼
ブラック・スワン：リスクと不確実性

　本文中では、リスクと不確実性という用語をあまり区別しないで議論しました。初学者にはそれでよいと思います。ただ、リスクや不確実性の問題をより深く掘り下げていくと、両者の間には決定的な違いがあり、その違いを認識することが重要な経済問題の理解につながります。20世紀前半に活躍した経済学者フランク・ナイトは、この問題について深い考察をしています。

　ナイトは、確率で分析できるような現象をリスクと呼びます。本文中でリスクをどのように評価するのか学んだように、確率が重要な役割を果たします。つまり、確率という数字で表現できるのがリスクです。これに対して現実の世界では、何が起きるのかわからないということが少なくありません。起きる可能性が認識できても、その確率を知ることがむずかしいのです。たとえば、金融危機などその典型です。それがいつかどこかで起きることは想像できても、いつどの程度の確率で起きるのかは、起きるまではわかりません。地震にも似たようなところがあります。地震学者はいつ頃までにこれだけの確率で地震が起きると発表しますが、多くの人の地震に対する行動は、確率を考慮したリスクではなく、確率まではわからない不確実性への対応となっています。

　世界的なベストセラーとなった『ブラック・スワン』で、著者のナシーム・タレブは、彼がブラック・スワンと呼ぶ現象の重要性を強調します。ブラック・スワンとは豪州などに生息する黒鳥のことです。それを見るまで、ヨーロッパの人たちにとって、スワンとは白鳥であるというのが常識でした。しかし、一羽の黒鳥を見ることで、人々の認識は大きく変わり、スワンには白だけでなく黒もあるという認識が広がりました。ブラック・スワン現象とは、何か起きるまでその確率を認識することがむずかしいだけでなく、起きる前と起きた後では世の中の見方も大きく変わるということです。金融や財政の危機が起きる前と起きた後では、経済に対する見方が大きく変わります。それを想定して、あらかじめリスクとして分析することはむずかしいことです。経済以外にもブラック・スワンは多くあります。たとえば、2001年9月11日までは、だれもよもやニューヨークの高層ビルにテロリストにハイジャックされた飛行機がぶつけられることがあるとは想像もしなかった。しかし、この9.11後の世界は、それ以前の世界とは大きく異なったものとなりました。

の図上でどのように表わすことができ、それはこの人の効用にどのような影響を及ぼすかを考えてみてください。

補論：基数的効用について

本文の議論のなかでは、所得の効用を考え、それを足したり引いたりしました。第5章で説明したように、効用というものは測れるものではありません。生化学が進歩して、人間の脳の興奮状態を分析することで、その人の「幸せ度」を数値で表わすことができるようになれば、経済学の分析のあり方もずいぶん違ってくるでしょうが、そのような生化学の進歩は当分望めそうもありません。したがって、経済学では効用の数値をたんなる序数、つまり大小関係を便宜上数値で表わしただけのものとして扱います。効用の数値の大きさそのものには意味がないわけです。このように効用というものを限定して考えても、通常の消費者理論の場合には、その分析結果に影響はありません。

ところが、不確実性について期待効用の考え方を用いて分析する場合には、そうはいきません。これまでの議論からも明らかであるように、期待効用の考え方の大前提は、異なった状況のもとでの効用を比較することにあります。火災保険に入るかどうか考えている人は、火災にあった場合の効用、火災にあわなかったときの効用、保険料金を支払うことの不効用などを比べて、保険に入るかどうかの決断をします。つまり、異なった状況の効用を比べているわけです。効用を比べるということは、効用の数値の大きさに意味があるということです。このように数値そのものに意味があるような効用を基数的効用と呼びます。

【演習問題】

1. 以下の記述について論評せよ。
   (1) モラルハザードが働くときには、保険が成立しにくい。
   (2) 期待効用最大化仮説は序数的効用で分析することができる。
   (3) 労働者の賃金は企業の利潤に比べて景気の変動の影響を受けないというのは、ある種の保険的なメカニズムが働いているからである。
   (4) 所得の限界効用が逓減的な場合には、危険回避的な行動をとる。
2. ある人がコンビニエンス・ストアを経営するため、本部とフランチャイズ契約を結んだとしよう。この人がこの商売のリスクの一部を本部に肩代わりしてもらうためには、どのような契約を結んだらよいだろうか。

3．つぎの概念について説明しなさい。
(1)セントペテルスブルクの逆説とは、どのような現象であるのか。これを簡単に説明し、この逆説が意味するのはどのようなことか、簡単に述べなさい。
(2)所得が不確実であるとき、期待所得、所得からの期待効用、期待所得の効用はそれぞれどう違うか、簡単に説明しなさい。
(3)保険におけるモラルハザードとはどのような現象か。例をあげて簡単に説明しなさい。
(4)保険の対象となりえないようなリスクについていくつか具体的な例をあげなさい。

4*．電卓を用いて、つぎのような問題を計算しなさい。ある人の所得の効用関数は
$$U = \sqrt{y}$$
となっているとしよう。ただし y は所得で U は効用である。この人の来年の所得は不確実で、1/2の確率で500万円、1/2の確率で700万円であるとする。以下の問いに答えなさい。
(1)この人の期待所得はいくらか。
(2)この所得からの期待効用はいくらか。
(3)期待所得の効用と所得からの期待効用はどちらのほうが大きいだろうか。
(4)この所得に対応するリスクプレミアムの額を計算しなさい。

14
不完全情報の経済学

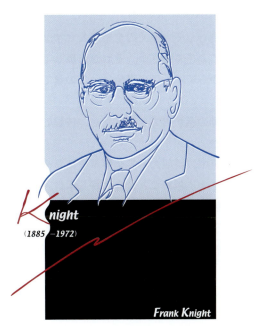

Knight
(1885－1972)
Frank Knight

フランク・ナイト（Frank Hyneman Knight：1885-1972） フリードマン、スティグラー、ベッカーなど多くの著名な経済学者を出したシカゴ学派の創設者。リスクと不確実性に関する研究や資本についての研究が有名であるが、彼の研究は経済学の範囲にとどまらず社会哲学の分野に広がっている。

前の章は不確実性でしたが、この章は不完全情報ですか。

同じように「不」という文字が付きますが、扱う内容はだいぶ違います。この章では、売り手と買い手の間に大きな情報の格差があることが、重要な経済現象の背後にあることを理解してもらいたいと考えています。

情報の格差とは、具体的にどういうことですか。

たとえば、皆さんのような学生が就職活動をするとき、企業は皆さんの能力ややる気を十分に知っているわけではありません。皆さんはそうしたことを一生懸命伝えようとするのでしょうが、採用する企業のほうでは、それが本当かどうかわかりません。

それでどのような問題が起きるのでしょうか。

問題かどうかは別として、多くの企業がなぜ学歴や大学のブランドを重視するのか考えてみてください。それが応募してきた学生の能力を知るよい方法と考えているからです。この現象は、この章ではシグナルの理論として説明します。

いきなり就職活動の話が出てきましたが、情報の格差はほかの分野でもあるのでしょうか。

経済の多くの分野で、情報の不完全性が重要なテーマとなります。たとえば金融がそうです。銀行など資金の貸し手は、借り手の企業の業績を十分に把握することが困難なことがあります。家を買ったり借りたりするときも、その家の欠陥を見落とすことがあるでしょう。

だから不完全な情報を補うような仕組みや工夫が経済に現われるのですね。

そのとおりです。この章ではさらに、相手の行動に対する不完全情報の話をします。モラルハザードと呼ばれる現象です。

またむずかしそうな用語が出てきましたね。モラルハザードとは何ですか。

もう一つむずかしい用語を出しますが、モラルハザードは、経済学でエイジェンシー関係と呼ばれるものとかかわっています。依頼人にとっての弁護士、患者にとっての医師、経営者にとっての従業員などは、すべてエイ

ジェントと呼ばれます。エイジェントがどの程度真面目に努力するのかによって、依頼人や患者などへの影響が違ってくるからです。

医師が手を抜いたら大変ですよね。従業員がサボっても、経営は成り立ちませんよね。そうしたサボりのことをモラルハザードと呼ぶのでしょうか。

まあそう単純でもないのですが、そうした単純な手抜きやサボリも、モラルハザードの典型でしょうね。より一般的に、エイジェントが依頼人の利益と合致するような行動をとらないときに、モラルハザードが起きているといいます。

それが経済学と関係があるのでしょうか。

これは本文を読んでもらうしかありませんが、モラルハザードを防ぐため、経済には実にいろいろな制度や慣行が形成されています。経済制度や慣行を説明するためには、モラルハザードが重要な考え方となるのです。

現実の多くの経済取引においては、取引主体は取引される財・サービスや取引相手についての情報を完全に持ち合わせているわけではありません。たとえば、中古自動車を購入するときにその自動車の品質を完全に知っているわけではありません。あるいは、従業員を雇うとき、その人の能力が完全にわかるわけでもありません。また、銀行が資金を貸すとき、借り手の企業の財務内容やリスクをすべて正確に把握しているわけではありません。このように情報が不完全なもとで経済取引が行なわれるときには、完全情報の世界とは異なるさまざまな興味深い現象が観察されます。そしてそうした問題に切り込むことによって、不完全情報に対応するためにどのような制度や慣行が生み出されるのかについて理解を深めることができるのです。

I　レモンの市場の経済学

情報の不完全性と経済現象

これまでは、情報ということにあまりこだわらないで議論してきました。しかし、現実の経済現象のなかには、情報を抜きにして語ることができない問題

が少なくありません。実際の経済では、完全な情報などということはありえません。情報が不完全であることから、取引がいろいろな形で歪められてしまいます。また、情報の欠落や不完全性のために生ずるさまざまな問題に対応するために、取引の形態や企業の組織構造などにいろいろな形の工夫が見られます。このような点について分析することが、不完全情報の経済学（情報の経済学ともいいます）の課題です。

　情報の問題がとくに重要であるのは、金融、労働、企業、流通、産業組織などの分野です。以下でこれらの分野についての例をとりあげますが、情報の不完全性に対応するための手段として、さまざまな興味深い取引慣行や制度的特徴が見られます。

　労働市場を例にとりあげてみましょう。企業が新規に人を雇うとき、企業はその人の資質や性格についてできるだけ把握しようとします。能力の劣る人、さぼり癖のある人、協調性のない人を雇ったのでは、企業の業績にもかかわってきます。企業は、面接や調査会社を利用して、直接的な形で情報を集めるとともに、学歴や過去の経歴などを見ることで、間接的な形で情報を獲得しようともするでしょう。

　学歴で採用者を限定することは、「学歴主義」であるとよく批判されます。しかし、非常にかぎられた時間で多くの応募者をふるいにかけようとする人事担当者にとって、学歴は有益な情報源となります。たしかに、学歴の立派な人のなかにも企業から見れば役に立たない人もいるでしょうし、逆に学歴がなくても有能な人も少なくありません。しかし、統計的に見て、企業がその人に求める資質と学歴の間にある程度の相関関係があれば、学歴は重要な情報源となるのです。これは、経済学では*シグナル*と呼ばれる現象であり、あとでくわしく説明します。

　労働にかかわる情報は、新規雇用の時点だけの問題ではありません。いったん採用した労働者であっても、まじめに働いているのか、どのような職種に適性を持っているのか、どのような問題を抱えているのかといったことについて、経営者側はつねに情報を確保しなくてはなりません。

　経営者、あるいは現場の管理者は、労働者の一挙手一投足を常時監視し、管理することができるわけではありません。そのため、企業組織のなかには、労働者に真剣に働く誘因をもたらすようなメカニズムが備わっています。たとえば、日本的な労働雇用慣行の一つであるといわれる*年功賃金制*も、このような

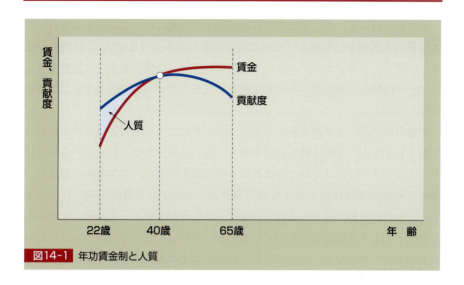

図14-1 年功賃金制と人質

観点から理解することが可能です。

　図14-1は、年功賃金制を非常に単純化して表わしたものです。横軸には年齢（あるいは勤続年数）がとられており、縦軸にはそれぞれの年齢における賃金の水準とその労働者の企業への貢献度が図示してあります。この図に示されていることは、若いときは企業への貢献ほど賃金が支払われないが、その点、歳をとってから貢献以上の賃金をもらえるということです。現実の日本の企業の賃金体系がこのようになっているかどうかは議論の余地がありますが、かりにこれが年功賃金制の特徴であるとしてみましょう。

　労働者としては、一生を通じて考えれば、働きに応じた賃金をもらうわけですから、その意味では問題はありません。しかし、若いうちは賃金が少な目にしか支払われないわけですから、ある意味では企業に人質をとられていることになります。その企業で勤めあげてはじめて、この人質は返してもらえるのです。

　このように未払いの賃金という人質をとられた労働者は、それだけ企業に忠誠的になるでしょう。また、上司から管理されなくても、ある程度まじめに働こうとするでしょう。年功賃金制であるかぎり、適当に働いて賃金をもらったら、さっさと他の企業に移ろうというわけにはいかないからです。年功賃金のメリットを享受するためには、一つの企業に勤めあげなければなりません。それだけさぼりにくくもなるわけです。

年功賃金制によって、企業の管理者が部下の行動について監視するために多大な努力を費やさなくても（これは情報収集にほかなりません）、労働者がまじめに働くようなメカニズムが提供されています。労働者を十分に監視できないという情報上の制約が、年功賃金制を生み出した一つの要因となっているというわけです。

労働市場において学歴主義や年功賃金制が果たしている機能は、その形態こそ異なりますが、金融市場や流通市場など他の市場でも見られます。金融市場でいえば、メインバンク制と呼ばれる企業と銀行の関係、貸借契約の結び方、歩積み両建てと呼ばれるような慣行などが、このような機能を果たしています。これらの市場で見られる慣行がなぜ発生し維持されているのか、これらの慣行がどのような機能を果たしているのか、といったことを説明することは経済学の重要な課題です。不完全情報の経済学はその理論的基礎を提供しているわけです。

レモンの市場：逆選択の問題

レモン（lemon）という言葉には、果実としてのレモンという意味以外に、「くわせもの」あるいは「価値のないもの」という意味があります。見かけは立派だがとんでもないポンコツである中古自動車のことを、「レモン」と呼ぶことが多いようです。経済学で「レモン市場の問題」と呼ぶのは、買い手が商品の品質について完全な情報を持っていないケースを指します。

中古自動車の例を考えてみましょう。中古車市場の特徴として、売り手と買い手の間に自動車の品質について情報の大きな格差があります。売り手はその車にこれまで乗ってきたので、品質についてかなりよく知っています。しかし、買い手は品質についての十分な情報を持っていません。つまり、中古車という商品について、売り手と買い手に顕著な情報の非対称性があるのです。

もし車の修理工にみてもらったり、短時間乗ってみることで車の品質がわかるのであれば、情報の非対称性の問題は深刻ではありません。しかし、そのような方法では品質について正確な情報を得られないことが多く、このために取引に支障が生じることになります。

買い手は、中古車の価格でその品質を判断しようとするかもしれません。売り手は自分の売ろうとする車の品質を知っているので、もし性能のよい車を売ろうとするなら、けっして安い価格では売ろうとしないでしょう。ということ

は、安い価格で売られている車はクズばかりということになります。

さらに問題なのは、価格が高ければ、車の品質がよいということにはならないことです。高い価格の中古車のなかにも質の悪いもの（レモン）が紛れ込んでいるからです。買い手はレモンをつかまされることを考慮に入れるので、価格が高くてもその中古車をたいして評価しないでしょう。

このようなレモンの存在のために、質のよい中古車の取引は成立しないかもしれません。質の悪い商品が出回ることで質のよい商品の取引が阻害される現象を、グレシャムの法則と呼びます。この法則は、もともと、「悪貨は良貨を駆逐する」という現象を指したものでしたが、それが拡大解釈されたのです。このような現象を、逆選択（adverse selection）と呼ぶこともあります。

品質に関する情報が不完全なまま市場取引が行なわれることはめずらしいことではありません。したがって、さまざまな市場で逆選択が見られます。企業が労働者を雇うとき、その労働者の能力や性格を完全に知っているわけではありません。企業で働きたいと考えている有能な労働者と、そのような労働者を高い賃金で雇いたいと考えている企業があっても、その他の労働者と見分けがつかないため、双方に利益のある雇用関係が結べないことが少なくありません。

銀行が企業に資金を貸すときにも、融資先の情報を集めることが大問題となります。企業によっては、放漫な経営を行なっていたり、危険の高い事業に手を出したりしています。このような企業と、より健全な経営をしている企業を見分けることはそんなに簡単なことではありません。現実にも、銀行が融資を焦げつかせることがよくありますが、これは資金の借り手に関する的確な情報を集めることのむずかしさを物語っています。このように資金の借り手の情報が不完全にしか手に入らないとするなら、資金市場においても逆選択の問題は十分に起こりうるわけです。

逆選択の例は、その他いろいろな市場で考えることができます。医療保険の場合、保険会社は被保険者の健康状況などについて完全な情報を得ることができるわけではありません。医者や弁護士の能力を判断することに、われわれは多大な努力を払います。幼稚園や塾を選ぶときにも、品質の問題は重要です。情報が重要な市場においては、情報に関する非対称性のため、逆選択が起こりうるのです。

レモンの市場の数値例

　上で述べたことを、数値例を用いてもう少しくわしく分析してみましょう。いま市場に100台の中古車が出回っているとします。このうち半分の50台は調子のよい中古車で、あとの半分の50台は「レモン」であるとします。買い手にはよい車とレモンの区別はつきません。しかし、100人の売り手は自分の売ろうとする自動車がよい車かレモンか知っているものとします（情報の非対称性）。ここでは買い手の人数は分析上大きな意味を持っていませんが、とりあえず買い手は100人（したがって潜在的には100台の需要がある）とします。

　売り手と買い手の中古自動車に対する評価を、表14-1にまとめてみました。ポンコツ車（レモン）を売ろうとする人は、5万円以上であれば車を売りたいと考えています。買い手は、ポンコツを7万円にしか評価していません。一方、品質のよい中古車を持っている人は、20万円以上であれば売りたいと考えています（それ以下だったら売るよりも自分で乗っていようとします）。買い手は、よい中古車であったら、23万円出してもよいと考えているとします。

　さて、このとき、中古車の需要と供給はどのようになっているでしょうか。図14-2は、縦軸に中古自動車の価格、横軸に中古自動車の需要と供給をとったものです。まず供給のほうから見ていきましょう。供給曲線は、価格5万円と20万円のところで折れた形になっています。価格5万円以下ではだれも中古車を売ろうとしませんし、価格20万円未満ではよい中古車は売りに出てこないからです（表14-1と比べてください）。

　需要のほうはもう少し複雑です。買い手は個々の自動車の品質はわかりませんが、つぎのようなことはわかります。もし20万円未満で中古車が売られていたら、それはすべてポンコツで、20万円以上で売られている中古車については、ポンコツと質のよい中古車の確率が半々であるということです。すでに述べたように、買い手は商品のくわしい品質がわからないために、売り手の行動に対して疑心暗鬼になっています。したがって、価格を見ることで、商品の品質を予想しようとするわけです。ようするに、安いものにろくなものはないし、値段が高くてもレモンをつかまされる可能性はあるということです。

　需要曲線を描くとすれば、図のD線のようになります。つまり、価格が7万円以下であれば中古自動車に対する需要が出てきますが、価格が7万円以上ではだれも中古車を買おうとしません。20万円以上の価格がつけば、半分の確率で質のよい車が当たる可能性がありますので、買い手の期待する評価は15万

表14-1 中古車市場の状況

	台数	売り手の評価	買い手の評価
品質のよい車	50台	20万円	23万円
ポンコツ(レモン)	50台	5万円	7万円

$\left(= \dfrac{23 \times 50 + 7 \times 50}{100} \right)$ 円となります。しかし、価格はその評価以上ですから、中古車に対する需要はまったくないことになります。7万円から20万円の間の価格では市場に出ている中古車はすべてレモンばかりです。買い手のレモンの評価は7万円ですから、これまた需要はまったくないことになります。

図14-2の需要・供給曲線から明らかなように、中古市場の取引価格は5万円から7万円の間のどこかに決まり、レモンのみが取引されることになります。品質のよい中古車は市場に出てこないわけです。これが、すでに触れたグレシャムの法則という現象です。つまり悪貨は良貨を駆逐しています。ポンコツの中古車があるため、品質のよい中古車がポンコツと区別ができなくなり、その取引ができなくなっているわけです。ポンコツ車という悪貨が、品質のよい中古車である良貨を駆逐しているのです。

情報が対称的なケース

ここで用いた例は、情報の非対称性が重要であるということを理解するうえでも有益です。もし、買い手ばかりでなく、売り手側にも中古車の品質に関する情報がなければ、実は市場はうまく機能するのです。この点について、簡単に考えてみましょう。

今度は、買い手だけでなく、売り手もその自動車が品質がよいものなのか、それともポンコツであるのかわからないとしてみましょう(このような状況が現実的であるかどうかは問題ではありません。ここではあえて、情報に不完全性はあるが、非対称性はないケースを考えているわけです)。

この場合には、売り手も自分の売ろうとしている自動車の品質がわからないので、価格が12万5000円以上であれば中古車を売りに出そうとするでしょう。なぜなら、彼の持っている中古車の品質がよい可能性は半分で、そのときの彼の評価は20万円、ポンコツであったときの評価は5万円ですので、

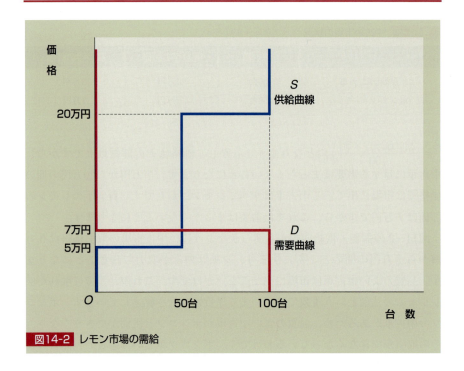

図14-2 レモン市場の需給

$$\frac{1}{2} \times 20万 + \frac{1}{2} \times 5万 = 12万5000円$$

となります。これに対して、買い手の評価は

$$\frac{1}{2} \times 23万 + \frac{1}{2} \times 7万 = 15万円$$

となります。買い手のほうが売り手よりも高い評価をしているのですから、中古車の取引は成立します。価格は12万5000円から15万円の間のどこかに決まるはずです（これだけの単純な設定ではこの範囲のどこに価格が決まるかはわかりません）。

　売り手も買い手も品質はわからないので、ある意味では「くじ」をひくような状況になっています。売り手が品質を知らないため、買い手も売り手の行動に対して疑心暗鬼になる必要がありません。したがって、逆選択も起こらないわけです。このように、情報が不完全であるということではなく、その情報に対して売り手と買い手の間で非対称性があることが、やっかいな問題を引き起こしているのです。

Ⅱ　情報の不完全性への対応：シグナルの理論と自己選択メカニズム

第三者による情報の提供

　前節で説明したような逆選択の問題はいたるところで見られます。しかし、同時に、逆選択を引き起こしている原因である情報の欠落や不完全性を排除しようとする活動も少なからず見受けられます。このような情報収集のあり方のなかには、経済学の観点からみて興味深いものが少なくありません。

　売り手と買い手の間に情報の非対称性があるとき、まず考えられるのが、何らかの方法によって情報の不完全性を解消しようとすることでしょう。たとえば、中古自動車の例でいえば、間にディーラーが入って、品質の保証をすれば、買い手としてもある程度安心して購入することができます。ディーラーはプロですので、中古自動車の品質を見抜く目を持っています。そのようなディーラーの「プロとしての目」を利用することで、買い手としても品質に関する情報の問題を解消できるのです。

　このように第三者が入ることで、売り手と買い手の間の品質に関する情報の非対称性を解消する例は、金融市場などでも見られます。企業が資金調達をするための手段の一つとして社債を発行する方法がありますが、この場合問題になるのは、資金の調達者（債券の発行者）である企業の業績や将来性について、資金の提供者（債券の購入者）が必ずしも十分な情報を持っていないということです。つまり、中古自動車と同じような意味での情報の非対称性があります。

　このような企業に関する情報の非対称性を解消する手段の一つとして、格付け機関があります。格付け機関とは、企業の経営状況や将来性の評価を専門にする企業で、アメリカの格付け機関であるスタンダード・アンド・プアーズやムーディーズなどは有名ですので、その名前を聞いたことのある読者もいるでしょう。格付け機関は、企業の状況をトリプルAやダブルAというようにランク付けします。格付けは、債券の買い手にとって企業の経営状況の判断材料になります。また企業のほうでも、よい格付けをもらえれば有利な条件で社債を発行できますので、積極的に格付けをしてもらう誘因を持っています。

商品やサービスの標準化

つぎに、商品やサービスの標準化という現象について、簡単に説明しましょう。レモンの市場の問題点は、その市場で供給されている財やサービスの品質が個々の商品によって異なり、買い手の側からその商品の品質を見抜くことができないということにあります。もし供給側が何らかの方法によって商品の品質を標準化できれば、逆選択の問題は解消することになります。この点を、幼稚園の例を用いて説明してみましょう。

幼稚園は、レモンの市場の典型的な例です。筆者自身、アメリカで娘のために幼稚園を探さなければならないことがありました。そのとき、アメリカにもひどい幼稚園がいっぱいあるので気をつけたほうがよいと忠告を受けました。心配になって地域の幼稚園をずいぶんていねいに調べましたが、結局わかったことは、幼稚園はまさにレモンであるということです。校長先生は電話すれば簡単に会ってくれて、幼稚園のことを話してくれます。見せてくれるところはみな立派なように見えます。しかしいろいろ聞いてみると、悪い話がいっぱい伝わってきます。売り手である幼稚園と買い手である保護者との間にはたいへんな情報の格差があります。だから、どの幼稚園にするかを決めることが大問題となるわけです。

あとで聞いたことですが、さすがアメリカだと思ったのは、非標準的な幼稚園を標準化するようなフランチャイズ型の幼稚園があることです。このフランチャイズ型の幼稚園は、カリフォルニアにもテキサスにもニューヨークにもあって、きちんとしたマニュアルがあります。多少誇張していえば、先生の資質からはじまって、昼のスパゲッティ、ピザの直径や長さ、オモチャの数から教材まで全部マニュアルがあります。どこでもそのマニュアルにしたがって教育しているわけです。

アメリカは毎年4家族に1家族は引っ越すような移動性の高い国です。カリフォルニアからテキサスに引っ越すこともあるかもしれませんが、同じフランチャイズの幼稚園に行っていれば、つねに同じ教育が受けられます。悪口をいう人は「ケンタッキー・フライド・チルドレン」と呼びます。ケンタッキー・フライド・チキンのように画一化された教育だというのでしょう。しかし、典型的なレモンの例である幼稚園教育を標準化した形でやろうとしていることを評価することもできます。

このような例はほかにもたくさんあります。たとえば、セブン-イレブンの

[*Column*] ステップアップ経済学
疑心暗鬼の経済学

　不完全情報の問題は、経済学の初学者にはむずかしいテーマですが、現実の世界では多くの問題でこの不完全情報が重要となります。労働市場、金融市場、契約などの分野では、それがとくに顕著です。学生諸君は就職活動の市場で不完全情報の重みを痛感することになるでしょう。働きがいのある企業や業種を探すことはたいへんです。就職したい企業を見つけても、その採用担当者に自分の熱意や能力をしっかりと伝えることはむずかしい。こうしたさまざまな不完全情報の壁に阻まれて、就職活動で苦しむ人は少なくありません。

　金融市場でも同じことが起きます。資産運用をしたいと考え、投資信託の情報を得ようとしても、説明がむずかしくてどの投資信託を買えばよいかわからない。そこで金融機関の担当者の説明を聞くが、相手の言葉は売りたいだけのセールストークかもしれない。ようするに、どれが正しい情報かわからない。そうした限られた情報のなかで判断し、決断するしかないのです。

　情報の不完全性の理論が幅広く利用される分野に、契約の理論があります。現実の世界では、契約の締結や実行に関してむずかしい問題が多く生じます。だからこそ、弁護士などの専門家を動員してより完璧な契約を作成しようとするわけです。それでも相手の行動に不満があれば係争することもあります。どんなに綿密に検討した契約書でも、それだけで理想的な取引実行とはならないようです。だから、膨大な係争案件が出てくるのです。

　ようするに、疑心暗鬼ということが、多くの経済取引には伴うことになります。そうならないように情報の開示が必要となるし、あるいはあらかじめ綿密な契約書の作成が必要となります。それでも十分ではないので、疑心暗鬼によって経済取引が阻害されないように、さまざまな取引慣行が生まれることになります。本文中で説明したシグナルの理論はその一例です。終身雇用や年功賃金、メインバンク制など、日本型の取引慣行として知られる現象も、不完全情報を排除するための手法として生み出された面があります。

　疑心暗鬼を解消するもっとも有効な方法は、相手との信頼関係を構築することです。企業が関係の深い企業との取引を重要視するのは、そこに信頼関係があるからです。長期的な取引が続けば、相手も裏切るようなことはしないだろうという期待が生まれます。この点はゲーム理論の章（第10章）で説明しました。

ようなコンビニエンス・ストアなどはそういう特徴を強く持っています。フランチャイズにすることで、それぞれの店のサービスの内容を標準化し、それで客に安心して買いにきてもらおうというわけです。

シグナルの理論

　読者のみなさんは、英会話のCDを買うとしたら、どのようなものを選ぶのでしょうか。市場には実に多くの種類のCDが出回っており、どれがよいのかわかりません。英会話CDは、手を抜いてつくることが簡単にできますので、そんなものを買わされたのでは、代金を支払ったかいがありません。

　実際に長時間聞いてみないとその品質がわからないという意味では、英会話CDの品質には情報の非対称性が存在します。レモンもたくさんあり、逆選択の問題が起こるわけです。もちろん、友人や先生からよいCDを紹介してもらうこともできますが、そのような手段に頼らなくてもよい製品を捜す方法があります。それが以下で説明するシグナルという考え方です。

　新聞や雑誌を開けると、大々的に宣伝を行なっている英会話CDをよくみかけます。このように広告費をたくさん使った会社の製品を買えば、まずまちがいないはずです。その理由はつぎのようなものです。

　英会話CDの品質がどの程度であるのか、どれだけコストをかけて作成したものであるかをいちばんよく知っているのは、それをつくっているメーカー自身です。もしメーカーが手を抜いてつくった製品であれば、その商品の寿命は短いでしょうし、爆発的に売れるはずもありません。そんな商品に巨額の広告費をかける企業はないでしょう。これに対して、自社の製品に自信があり、消費者に品質を認めてもらえれば必ず売れると信じている企業こそ、商品の宣伝に巨額の宣伝費を投じようとするでしょう。したがって、消費者としては広告宣伝に多くの支出をしているCDを購入しておけばまちがいは少ないことになります。

　このように考えたとき、広告支出をCDの品質に対するシグナルと呼びます。広告支出そのものは、何の意味もありません。広告支出が増えたからといって、CDの内容が変わるわけではありません。しかし、品質のよいCDを出している企業しか多額の広告支出をする誘因を持たないとしたら、広告支出がCDの品質を示す指標となりうるのです。一見、何の意味もないような広告であっても、このようにシグナルとして機能することで、買い手に対して商品の

品質を伝える一つの手段となります。

　CDにかぎらず、広告はその商品の品質のシグナルとなることが少なくありません。新作の映画が封切られたとき、どの映画がおもしろいかといえば、やはり評判になっていて大々的なキャンペーンを行なっている映画でしょう。映画会社のほうでも宣伝費を十分カバーできるほど興業収益が上がると考えるから、大々的なキャンペーンを張っているのです。

　広告とは多少違いますが、店で売っている商品の品質を考えるにあたって、店構えは重要なシグナルとなります。みなさんがたとえば旅行に行ってヨーロッパの都市で宝石をお土産に買う必要があったとします。どのような店で買うでしょうか。

　宝石のような高い商品を買うのですから、インチキがあってはいけません。そのためには、その街の中心地域にあるもっとも豪華な建物の宝石店で買えばまちがいないでしょう。そのような店構えの店では、客を騙して一時的に大儲けをたくらむような商売をするはずはありません。客を騙して得られる利益より、店をたたむ費用のほうが大きいからです。このように、店構えも店の商品の品質を知るうえでの重要なシグナルとなります。

　シグナルの例としてこのほかよくとりあげられるのが、労働者の能力をはかる指標としての教育です。学歴の高い人ほど、労働者としての能力が高いはずであるという考え方です。この点については、多少の説明が必要ですので、もう少しくわしく議論します。

シグナルとしての教育

　シグナルという考え方をはじめて詳細に分析したのは、ハーバード大学（現在はスタンフォード大学）のM.スペンスです。彼は、教育の例を用いました。スペンスの議論を簡単な例を用いて説明してみましょう。

　いまシグナルという機能を強調するために、教育は個々人の能力にまったく変化を及ぼさないものと考えます。つまり、個々人の労働者としての能力は先天的に決まっているわけです。このような想定は大学教育に携わるものとして、受け入れがたいものです。ただ、あえて議論の本質を明確にするためにこのような想定をするのであって、現実がこのようになっているというわけではありません。

　前に議論した中古自動車の市場と同じように、この社会には能力の高い労働

表14-2 労働者の特性とシグナル

	割合	仕事量(金銭表示)	教育の負担
能力の高い人	1/2	20	2
普通の人	1/2	10	15

者と普通の労働者の2種類の人がいるとします。これも前の例と同じように、二つのタイプの労働者はちょうど半々ずついるとします。表14-2にもあるように、能力の高い労働者が働いたら20の働きをするのですが、普通の人では10の働きしかできません。

　企業は労働者を雇うとき、どの労働者が有能な労働者で、どの労働者が普通の人なのか見分けがつかないとします。ただし労働者自身は、自分の能力を知っています。その意味で労働の供給主体である労働者と労働の需要主体である企業の間に、情報に関して非対称性があります。この点も、中古車のケースとまったく同じです。

　この労働のケースも、中古車のケースと同じように、このままではグレシャムの法則が働いてしまいます。つまり、雇う時点では、企業側で労働者の能力を見分けることができないので、すべての労働者に一律の賃金を支払うことになります。

　読者のみなさんのなかには、まず雇ってみて、その後で能力を見極め、それによって賃金に差をつければよいではないかと考える人もいるでしょう。現実の雇用の場合には、そのような方法によって情報の非対称性を解消することが可能な場合も少なくないでしょう。ここではあくまでも議論を単純化するために、いったん賃金契約をして雇ってしまったら、途中で変更することはむずかしいと仮定します。現実にも、いったん雇用した人を能力によって解雇したり、賃金にプレミアムをつけたりすることはそう簡単にできることではありません。

　さて、この経済には労働者を雇用したい企業は多数あるとします。賃金が生産性よりも低いかぎりは、労働に対する需要が不足することはないわけです。このような状況では、賃金は15という水準になります。なぜなら、労働者の能力を識別できないのであれば、有能な労働者と普通の労働者の平均的な賃金を支払うしかないからです。15を超えて賃金を支払ったのでは企業の採算は合い

ませんし、15未満の賃金では労働者を雇用することができません（15の水準の賃金を支払う企業はたくさんあるという意味で、労働市場はきわめて競争的です）。企業は労働者の能力を識別できないままに雇用しますが、有能な労働者と普通の労働者に当たる確率が半々ですので、採算上は問題ないわけです。

このような状態は、有能な労働者から見たら望ましいものではありません。中古自動車の例と同じように、グレシャムの法則が働いています。普通の労働者の存在ゆえに、有能な労働者はその働きに応じた賃金を受けることができません。その分、普通の労働者が働き以上の賃金を支払われているのです。

このような場合、有能な労働者と普通の労働者を区別するために、シグナルが利用されることがあります。この例では教育がその機能を果たします。いま、表14-2にあるように、有能な労働者と普通の労働者では、大学教育を受けるための負担が異なるとしてみましょう。大学を修了するためには、それなりの時間をかけて試験の準備をし、試験にパスしなければなりません。有能な人は、わずか2の努力で大学を修了できるとします。しかし、普通の人は15の努力をしなければ、大学を修了することができないとします。

ここで負担とは精神的負担、金銭的負担など、すべてを含むもので、賃金と比較できる形で金銭単位で表現してあると考えてください。最初に触れたように、大学の教育そのものは労働者の生産性には影響を及ぼさないとします。ただ、有能な人のほうが、少ない負担で大学の修了資格を獲得できるということです。

さて、ここで企業が、大卒と高卒で賃金に差をつけたとしてみましょう。大卒には20の賃金を支払うが、高卒には10の賃金しか支払わないとします。このような賃金を見て、各タイプの人はどのような教育の選択をするでしょうか。

まず有能な人のほうですが、これは明らかに大学卒業の資格を取得することを選択するでしょう。これによって、20の賃金を得ることができますので、2の教育の負担を引いてもネットで18の利益になります。これに対して、普通の人はあえて高卒の資格に甘んじることを選択するはずです。大卒の資格をとって20の賃金を獲得できても、そのための教育の負担が15もかかっては、ネットの利益は5にしかすぎません。高卒のまま就職すれば、10の賃金が得られますので、こちらのほうが利益が大きいのです。

このように、教育によって賃金に差をつけることで、企業は有能な労働者と普通の労働者を区別することができます。有能な労働者にとっても、教育によ

ってみずからの存在を示すことができるわけです。このような教育の機能をシグナルと呼びます。

ここでの例では、教育はまったく直接的な役には立っていません。それによって、労働者の能力が上がるわけではありません。その意味では、先の広告の例と似ています。しかし、たまたま二つのタイプの労働者にとっての教育の負担が違うため、教育のレベルで労働者の能力を選別するためのシグナルの機能を果たしているのです。

料金体系と自己選択メカニズム

教育の例は、労働者の側（とくに有能な労働者）で積極的に、みずからを他の労働者と区別するために利用されたシグナルの例となっています。企業の側でも、教育に応じて異なった賃金を支払うことで、労働者についての情報を獲得することができます。

シグナルにかぎらず、賃金や価格の形態に工夫をすることで、取引相手の持つ情報を吸い上げることが可能になる例は少なくありません。たとえば、ある喫茶店が、頻繁に来る客には、他の客よりも低料金でサービスしたいと考えているとしましょう（それによってもっと店に来てもらえるかもしれません）。

この場合、客は自分がどの程度の頻度でその店に来るか（あるいは来ようと考えているか）はよく知っています。しかし、店のほうでは個々の客がどれだけの頻度で来るかを把握することは容易ではありません。その意味で、客と店の間には情報の非対称性があります。しかし、店の店員がいちいち客に今月何回来たか聞いたり、あるいは来店客の名前をノートに記すといったことは手間がかかってできません。

しかし、飲物の回数券を出してやれば、問題はたちどころに解決されます。店によく来る客は、回数券のほうが得ですので、回数券を購入します。回数券は割引になっているので、それによって客を一人ひとりチェックすることなく、お得意客に割引をすることができるのです。

この場合、客のほうの自主的な選択の結果、店のほうでも客に関する情報を収集することができるわけです。このように料金体系などを工夫することで、客の自主的な選択を通じて客に関する情報を集めたり、その情報を活かすようなメカニズムを、自己選択メカニズムと呼びます。

自己選択メカニズムが利用されている例はたくさんあります。JRや私鉄の

定期券の制度も、自己選択メカニズムを利用して、多頻度利用者に低料金でサービスしようとするものであることがわかると思います。鉄道の側で個々の客の利用度をいちいち調べなくても、客が定期券を購入するか、それとも切符で乗車するかで、選別できるわけです。

自己選択メカニズムは、逆選択に対する対応として利用することも可能です。そのようなケースの典型的な例は、保険料金です。いま世の中には、健康で医者にもあまりかからない人と、健康がすぐれずすぐに医者にかかる人がいるとします。しかし、保険会社の側からは、相当な費用をかけないと、この二つのタイプの人を区別することが難しいとしてみましょう。

この場合、二つのタイプの人を区別することなく保険契約をすると、上で説明したような逆選択的な状況が生じます。健康な人の保険料は少額でも、保険会社は十分に採算がとれるはずですが、健康のすぐれない人と混じった形で保険料金が決まるので、保険料が高くなってしまいます。その分、健康がすぐれない人の保険料は安くなっています。

さて、ここで保険会社がつぎのような保険料金制度を提示したらどうなるでしょうか。二つのタイプの料金を設定して、被保険者に自由に選ばせるのです。一つは、保険料が安いかわりに医療費の一部を自己負担する保険、もう一つは保険料が高いかわりに利用費の全額（あるいは大半）をカバーする保険です。

このような二つのタイプの保険が提示されたとき、健康に自信がある人は、料金の安いほうの保険を選択する人が多いでしょう。これに対して、健康に自信のない人の多くは、料金が高くても保険のカバーの程度の高い第二のタイプの保険を選択するでしょう。そして、このような自己選択メカニズムによって、保険会社は被保険者のタイプに関する情報を獲得できます。それによって逆選択の問題もある程度、解消されることになります。

自己選択メカニズムは、非線形価格システムと密接な関係をもっています。非線形価格システムは、公共料金の問題などについて考えるにあたって、重要な概念です。

Ⅲ　モラルハザードとエイジェンシーの理論

エイジェンシー関係

　弁護士と依頼人の関係について考えてみてください。弁護士は依頼人のために働くわけですが、裁判などで依頼人の利益にかなうような仕事ができるかどうかは、弁護士がどの程度熱心に仕事を行なうかということに大きく依存します。時間をかけて調査をし、まじめに仕事をしてくれる弁護士に依頼をするほうが、裁判を有利な方向にもっていける可能性が高いでしょう。

　このような弁護士と依頼人の関係を、エイジェンシー関係（代理人関係）と呼びます。弁護士の立場にある人をエイジェント（代理人）、依頼人の立場にある人をプリンシパル（依頼人）と呼びます（以下ではエイジェント、プリンシパルという用語を用います）。

　エイジェントとプリンシパルの間では経済的取引が行なわれていますが、これまで議論してきたような単純な経済取引とはかなり大きな違いがあります。それはエイジェントがどのような行動をとるか（弁護士の場合でいえば、どれだけ熱心に仕事をするか）ということが、プリンシパルの利益に大きくかかわってくるからです。

　現実の世界には、エイジェンシー関係にある取引の例は少なくありません。表14-3は、エイジェンシー関係の代表的な例をいくつかまとめたものです。

　労働者と経営者がエイジェンシー関係にあるというのはつぎのような理由によります。ある企業や工場がどれだけ効率的に運営されて利益をあげることができるかは、ひとえに労働者がどれだけまじめに働くかにかかっています。当然、プリンシパルである経営者の利益にも影響します。

　地主と農業労働者がエイジェンシー関係にあるというのは、農業労働者がどれだけまじめに農業労働に従事するか、あるいは肥料の使用などに関してどれだけ土地を大切にするかということが、その土地の収穫、ひいては地主の所得に大きく影響するからです。

　政策当局と民間企業、株主と経営者、銀行と融資先などの関係がエイジェンシー関係であるということについては、理解に苦しむ読者もあるかもしれません。しかし、これらにおいても他のケースと似かよった関係が見られるのです。たとえば政策当局と民間企業の関係を見ると、政策当局が行なった政策が

[*Column*] 現実の経済を見る眼
モラルハザードと預金保険

　皆さんが銀行に預けている預金には預金保険がかけられています。かりに銀行が破綻しても預金保険によって預金は保護されるのです。このように預金保険の制度があるのは、預金が経済活動に欠かせない支払いや決済の手段となっており、金融不安などでこうした決済機能に動揺や混乱があってはいけないからです。

　しかし、預金保険はモラルハザードを起こします。もうだいぶ前のことですが、私の知り合いが「自分は一番あぶないといわれている銀行にお金を預けている」と、言っていました。どうしてか尋ねると、「その銀行の金利が一番高いからだ。かりにその銀行が破綻しても預金保険があるから大丈夫だ」というのです。こういった行為をモラルハザードといいます。銀行は高い金利と危険な資産運用に走り、金融システム全体が不安定になります。その結果、金融破綻が起これば、そのつけは国民の税金に跳ね返ってくるのです。

　こうしたモラルハザードを抑えるために、預金保険には上限が課されています。これをペイオフ制度といいます。現在の日本の制度では、貯蓄性の預金は元本1000万円までとその利息が預金保険で保証されており、それ以上については預金者に戻ってくるとはかぎりません（ただし、普通預金でも利息がつかない等の条件を満たす場合には、全額保護されています）。

　こうした上限があると、大口預金者は銀行の選別に慎重になります。危ない銀行にお金を預けると預金の大半を失うこともありうるからです。銀行のほうも預金を集めるために、健全な経営をしているということを預金者に示さなくてはいけません。ようするに預金者による銀行の選別があるため、銀行の行動にも規律が働くのです。

　一般大衆の預金については保証しましょう、というのが1000万円の上限を設けている理由でしょう。それを超える預金を持っているのは企業や裕福な人で、いわば金融のプロに近い人です。そうした人たちは、銀行の経営を監視する能力を持っていると考えられます。大衆の預金は1000万円の上限のなかで守りつつ、銀行の行動は預金者によるチェックで縛ろうというのが、ペイオフシステムの狙いです。

表14-3 さまざまなエイジェンシー関係

エイジェント	プリンシパル
弁護士	依頼人
労働者	経営者
民間企業	政策当局
経営者	株　主
融資先	銀　行
農業労働者	地　主
タクシー運転手	タクシー会社
小売業	メーカー
納税者	税務当局
被保険者	保険会社

　どの程度の成果をあげるかは、民間企業がどのような行動パターンをとるかに大きく依存します。第10章で説明したように、政策決定主体と民間経済の関係はかなり複雑で、民間企業の行動パターンが政策の効果に大きな影響を及ぼします。

　株主と経営者の関係について見ると、経営者がどれだけ株主の利益を考えた経営を行なうかが、株主にとって大きな関心事となります。現実の企業を見ると株主軽視の行動をとる企業が多くあるようですが、これは株主と経営者の間のエイジェンシー関係がうまくいっていないということです。

　エイジェントがプリンシパルの利益にかなうような行動をとらなかったり、あるいはそのような行動をとらないとプリンシパルが疑ってかかることで、エイジェントやプリンシパルは本来なら得られるかもしれないだけの経済的利益を得られないことがあります。このような現象を、モラルハザードと呼びます。

　第13章で説明したように、モラルハザードとは、もともと保険において見られる現象です。たとえば医療保険の場合でいえば、被保険者が保険に加入しているため、必要以上に医療機関を利用し、その結果保険料も高くなってしまうというような現象です。これは、被保険者がエイジェント、保険会社がプリンシパルの立場にある典型的なエイジェンシーの関係における問題です。経済学

[Column] ステップアップ経済学
契約の理論

　不完全情報の経済学はいろいろな分野で応用されています。そのなかの一つで最近大きな成果が出ている分野に契約理論があります。企業社会などでは契約は重要な役割を演じていますが、契約を締結して実行にいたるまでには、さまざまな情報の問題が隠されています。

　契約が締結されたとしても、相手が契約どおりに行動するという保証はありません。契約当事者間で完全な情報の共有ができているわけではありませんので、相手が少し手を抜いたり、あるいは正しい情報を提示しないという可能性があります。本章で使った用語を使えば、契約やその実行に関しては逆選択やモラルハザードはいろいろな形で起こりうるのです。

　このような行為ができるだけ起こらないよう契約の中身を工夫するということが考えられます。相手への支払いを出来高払いにするとか、複数の相手に契約を同時発注して彼らの成果を比較することで支払い条件を決めるなどはそういった例です。

　それでも契約が遵守されないときには、裁判所などに提訴することも考えられます。ただ、裁判所は契約の当事者ではないので、状況を正しく判断できるだけの情報を得られるという保証はありません。裁判の結論が訴えた側に有利に働くとはかぎらないのです。

　現実のビジネスでは、こういった不完全な契約を前提としていろいろな経済活動が行なわれているのです。不完全情報の経済学を利用した契約理論は、そうした現実の複雑な状況を分析するための新たな分析フレームワークを提供しているといってもよいでしょう。

　契約理論の一つの目的は、逆説的ではありますが、契約だけでビジネスが完結するものではないことを明らかにすることです。現実の世界では、契約の不完全性を補うために、契約に書かれない形で取引を円滑にするためのさまざまな工夫が見られます。株を相互に持ち合うとか、下請け関係のように継続的な取引関係を構築していくなどの現象などは、その典型的な例です。こういった視点から見ると、契約はそれを補完する慣行とセットになってはじめて成り立つものであることがわかります。モラルハザードや逆選択という概念は、こうした取引慣行を分析するうえでもきわめて重要な見方を提供するのです。

では、保険の場合にかぎらず、すべてのエイジェンシー関係において生じる問題を、モラルハザードと呼びます。

エイジェンシー関係と誘因契約：タクシーの例

エイジェンシー関係にある経済取引の場合には、単純な取引だけではうまくいきません。エイジェントにプリンシパルの利益にかなった行動をとってもらわなければならないからです。このため、契約に工夫がこらされることになります。この点をタクシー会社の例を使って考えてみましょう。

図14-3は、タクシーの運転手の賃金について、いくつか考えうるケースをとりあげたものです。横軸にはタクシーの水揚げ（収入）、縦軸には運転手の賃金がとられています。

リース型の契約とは、タクシーの運転手の水揚げから毎月一定額を差し引いて、残りをすべて運転手の所得とするものです。これに対して他の二つは、固定給に水揚げの一定割合（たとえば水揚げの4割）を運転手の賃金にするというものです。これらの関係については、第13章で議論したフランチャイズの契約と基本的に同じものであることがわかると思います。

さて、運転手の立場から見たとき、どのような契約のもとでもっともまじめに働く誘因（インセンティブ）を持つようになるでしょうか。おそらく、リース型の契約ではないかと思います。なぜなら、リース型の契約の場合には、自分の努力で伸ばした水揚げはすべて自分の所得になるのに対して、他の契約ではいくら努力をして水揚げを伸ばしても、一部は会社にとりあげられてしまうからです。

このようなリース契約の持つ特徴の結果、実際のタクシーの契約形態を見ても、リース型の契約をとっている会社は少なくありません。日本国内では関西にこのような会社が見られますし、海外にもリース型の契約をしている会社は少なくありません。

しかし、東京のタクシーの場合には、リース型の契約をしている会社はほとんどないといってよいでしょう。実は、リース型の契約にもいくつか問題点があるのです。一つの問題点は、運転手の所得の変動が大きくなってしまうということです。これについては第13章で説明しました。

もう一つの大きな問題は、リース契約ではいわゆる「神風タクシー」が横行する可能性が大きいということです。水揚げがそのまま所得になるのですか

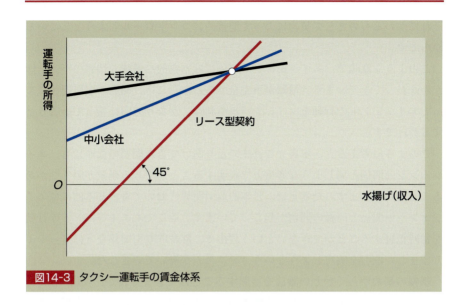

図14-3 タクシー運転手の賃金体系

ら、運転手としてはできるだけ多くの距離をかせいだほうがよいことになります。そのため運転は乱暴になるでしょうし、客への態度も悪くなるかもしれません。1台1台のタクシーが独立して仕事をしていればそれでもよいでしょうが、会社全体としての評判を落とすことが問題になるようなら、それでは困るわけです。

　東京の大手のタクシー会社のなかに固定給をかなり出して水揚げから会社の利益をとろうとする会社が多いのは、このような理由によるものではないかと考えられます（図14-3参照）。チケットの客が多い大手タクシー会社にとって、運転手の不注意な態度で上得意の客（大企業や官庁など）を失うことがあってはまずいので、水揚げ第一主義を誘発する賃金契約をとっていないと考えられます。東京のタクシー会社でも、チケット客に依存する程度の小さい中小のタクシー会社が固定給を少なくし歩合を多くしているのも、このような観点から説明することができるかもしれません。

エイジェンシー関係と情報の不完全性

　上でとりあげたタクシー会社のように、エイジェンシー関係においては、契約に工夫がこらされています。これはプリンシパル（タクシーの場合でいえば会社）が常時エイジェント（運転手）の行動を監視することができないため、

それにかわるものとして契約によって間接的にコントロールしようとしているからです。

このような意味で、エイジェンシー関係には本質的な意味で情報の不完全性がかかわってきています。情報が不完全であるからこそ、契約や取引関係によってエイジェントの行動をプリンシパルの利益にかなう方向に持っていこうとするわけです。

このように考えると、本書でこれまでとりあげてきた問題のなかにも、エイジェンシー関係と同じような考え方で説明することができる現象がいくつかあることがわかります。たとえば、日本的取引関係においても、基本的にはエイジェンシー関係と同様の問題が起こっています。そこでもエイジェントの行動を常時把握することができないという理由で、継続的取引関係などによってより望ましい取引を実現しようというメカニズムが働いていました。

紙幅の制約からくわしい議論を展開することはできませんが、表14-3にあげたようなエイジェンシー関係の個々のケースにおいて、いろいろな形の興味深い取引関係が見られます。たとえば雇用者と労働者の間の関係については、この章の図14-1で示したような関係（年功賃金制）を、エイジェンシー関係における誘因契約の一形態と考えることができます。

また、株主と経営者とのエイジェンシー関係においても、経営者の誘因をプリンシパルである株主の利益につながるようにするため、株式市場にはさまざまな興味深い現象が見られます。M&A（企業買収）などはその典型的な例です。

【演習問題】
1．以下の設問に答えなさい。
  (1)製品の品質に関して売り手と買い手の間に情報の非対称性があるとき、どのような問題が生じるのであろうか。簡単に説明しなさい。
  (2)エイジェンシー関係とはどのようなものであるのか。具体的な例をあげながら説明しなさい。
  (3)本文でとりあげた以外に、現実の世界にどのようなシグナルの例があるだろうか。
2．タクシーの運転手の賃金体系を考える。現実のタクシーの運転手の賃金体系には、つぎのような二つの異なったタイプが見られる。第一のタイプは固定給に水揚げ（タクシーの売上げ）の一定割合（たとえば40％）を追加するタイプ

の給与制度である。もう一つのタイプは、運転手が水揚げのすべてを所得として受け取り、そのなかからあらかじめ決められた金額を管理費として会社に支払う給与制度（リース制）である。この二つの給与制度について以下の設問に答えなさい。

(1) どちらの給与制度のほうが、タクシーの運転手はより多くの水揚げをあげようとする誘因を強く持つであろうか。

(2) どちらの給与制度のほうが、タクシーの運転手の所得は安定するだろうか。

(3) ここでのタクシーの運転手と会社の関係は、典型的な意味でのエイジェンシー関係であると考えられる。この点について説明しなさい。

3．労働市場や金融市場では、本文で説明したような売り手と買い手（貸し手と借り手）の間の情報の非対称性のため、取引がうまくいかないことが少なくないといわれる。これらの市場におけるそのような例をいくつかあげて分析しなさい。

15
異時点間の資源配分

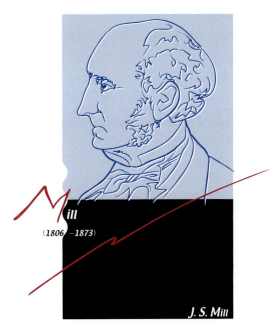

J. S. ミル（John Stuart Mill：1806-1873） スミス、リカードの後をついで古典派経済学を完成させた。その『経済学原理』は経済学の古典として確固たる地位を確立しているが、幼児期から天才教育を受け特異な人生を歩んだ人として彼の自伝も多くの人に読まれる古典となっている。

異時点間とは過去、現在、未来というようなことですか。

そのとおりです。多くの経済問題や経済現象は、こうした長い期間にまたがって行なわれます。それについて説明するのがこの章の目的です。

それが資源配分と関係あるのですか。

異時点間の資源配分を考えるうえでカギとなるのが、貯蓄と投資という概念です。たとえば、みなさんはなぜ貯蓄するのでしょうか。

それは将来に備えるためです。あるいは夏休みに旅行に行くために貯蓄している友達もいます。

つまり、貯蓄をするということは、今の支出を抑えて、その資金の一部を将来に使うために回しているということです。今日の支出と将来の支出という異時点間の資源配分を行なっていることになります。

それはそうですが、それが重要なのでしょうか。

もちろんです。みなさんは若いので老後のことなど考えていないかもしれませんが、どれだけ将来のために貯蓄し、年金がどれだけあてになるのかなど、一生の人生設計は、多くの人にとって重要問題です。年金などがからんでくると、経済制度の問題となってきます。

たしかに、年金が不安だなどという声もあるようですね。

この章では貯蓄を異時点間の資源配分としてとらえる考え方を身につけてほしいと思います。そこでカギとなる価格が利子率であるということも予告しておきます。くわしい内容は本文を読んでください。

先ほど、貯蓄と投資とおっしゃいましたが、投資も重要なのですね。

企業はなぜ投資をするのでしょうか。

それは、設備を拡張して将来もっと多く生産したり、研究開発に投資をして新しい商品を出したりするためでしょうか。

設備投資とか研究開発投資と呼ばれるものですね。そのとおりです。現在いろいろな分野に資金を使って、それで将来の果実を確保しようとい

この章は利子率という価格の性質を知ることがとても重要なようですね。

そのとおりです。そして利子率という価格を通して分析することで、異時点間の資源配分の問題が、これまで学んできた通常の資源配分の問題と同じ性質のものであることを理解してほしいと思います。

わかりました。ところで私たちは、この教科書で経済学を勉強して、将来それを何かに活かそうとしていますが、これも投資でしょうか。

そのとおりです。投資をするのは企業だけではありません。将来のためにしっかり勉強することは、みなさんにとって重要な投資なのです。

　ミクロ経済学の分析は、現在から将来にわたっての多時点におよぶ経済取引に拡張することが可能です。現実の世界においても、こうした多時点の経済活動がいたるところに見られます。設備投資や研究開発に投資して将来利益を回収するという行為は、現在から将来にわたる多時点の行為となります。また、将来の生活資金として現在貯蓄しておくことも多時点にわたる行為です。こうした多時点の経済活動に大きな影響を及ぼすのが、利子率です。この章では、利子率を中心として、多時点の経済活動について考察を進めます。

I　時間を通じた資源配分

家計のライフプラン

　ミクロ経済学のもっとも重要な役割は、資源配分のメカニズムについて明らかにすることです。これに関して、本書でもいろいろな角度から説明してきました。市場メカニズムに基づいた経済取引のもとでの生産量や消費量の決定、公害や規模の経済性のもとでの市場の失敗と呼ばれる資源配分の歪み、企業活動が資源配分に及ぼす影響など、これまで議論してきたことが、いずれも資源配分の問題にかかわることであることは十分に理解できていると思います。

　この章では、このような資源配分の問題のなかでとくに、時間を通じた資源配分の問題に焦点を当ててみたいと思います。現実の経済は時間とともに変化

しているわけですので、時間を通じた資源配分にかかわる視点が重要な意味を持つ経済問題は少なくありません。

このような時間を通じた資源配分の問題が典型的な形で表われるのが、家計のライフプランにかかわる決定です。どの家計も、かぎられた所得のなかで、いろいろな消費財を購入しようとします。消費財を購入するにあたって、個々の商品の価格と商品の効用を勘案しながら消費量を決定していきます。このような家計の行動を分析するのが、第5章や第6章で説明した消費の理論です。このようにとらえるかぎりは、家計の消費活動はその時点かぎりのものであり、時間を通じた資源配分の視点は入ってきません。しかし、現実の家計は、いろいろな形で時間を通じた消費配分に関する決定をしています。

図15-1は、家計のライフプランとでもいうようなものを、きわめて単純化した形で例示したものです。この図には、この夫婦の結婚（夫婦とも25歳で結婚するとします）から死亡にいたるまでの給与所得、消費、資産の動きが示されています。横軸には夫婦の年齢がとられており、縦軸には給与所得、消費支出、資産がとられています。

この夫婦は結婚時にはわずかな蓄えしかもっていません。しかしその後、消費支出を給与所得以下の水準に抑え、貯蓄に努めています。その結果、この夫婦の資産は次第に増大していきます。このようにして蓄えた資産は、退職後に給与所得がなくなったとき、生活費（消費）のために切り崩されていきます。退職後、年をとるにつれて資産は減少していきますが、若いときに十分に蓄えてあれば、死亡するときに多少の遺産を残しておくこともできます。

このようなライフプランの決定は、時間を通じた消費配分にほかなりません。若いときにどれだけ貯蓄するかは、老後の生活条件に大きな影響を及ぼします。各時点において、家計は「いま消費するか、それとも貯蓄しておいて後で消費するか」という、異時点間の消費選択の問題に直面しているわけです。

ここでの例はきわめて単純なものですが、現実の家計の異時点間の資源配分の問題は、より多様な側面を持っています。若いときに住宅を購入するために住宅ローンを組めば、消費や貯蓄のパターンは変わるでしょう。何歳まで働くのかという退職年齢の決定も、ライフプランの重要な問題です。貯蓄を行なうにあたっても、それを保険や年金という形で持つのか、預金の形で持つのか、それとも高い収益性を狙って株式に投資するのかという選択があります。

このような家計のライフプランの問題に関して、経済学の立場からもいろい

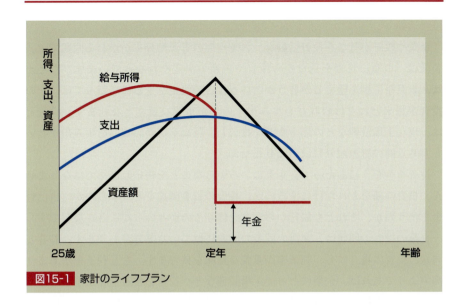

図15-1 家計のライフプラン

ろな分析が行なわれています。家計の貯蓄や消費は利子率の変化にどのように反応するのか、社会的に望ましい年金制度はどのようなものであるべきなのか、などといった経済問題について考察するためには、家計のライフプランの決定に関する正確な理解が前提となります。

　家計の貯蓄行動は資産市場とも密接なかかわりを持っています。年金制度と貯蓄行動との関係、株式市場における資産選択行動などについて考察するにあたっても、家計の消費に関するライフプランの立て方が大きな影響を及ぼします。資産市場は、異時点間の資源配分を考えるうえで重要な要素となるのです。

　家計による異時点間の消費選択行動は、それを集約したものとして、一国全体の異時点間の資源配分活動にも反映されます。平均的な家計の貯蓄性向は高齢化の進展に大きな影響を受けます。人口の中心が50歳代にあるときは、国民の多くが老後に備え貯蓄にはげむので、貯蓄は高くなります。この間の日本経済を見ると、全体では高い貯蓄が行なわれており、これが日本の経常収支の黒字、急激な資産蓄積となっています。経常収支が黒字であるということは、その黒字額だけ海外の資産を蓄積しているということでもあります。しかし、高齢化が進んでくれば、貯蓄を取り崩す引退世代が増え、経常収支の黒字幅も減少していくものと予想されます。

投資活動

　企業や政府が行なう投資活動も、異時点間の資源配分にかかわる問題です。企業は、つねに将来を見ながら投資や生産の決定を行なっています。たとえば、新たな工場を建てるかどうかという投資の決定をするにあたっては、その投資が将来どれだけの収益を生み出すのかが重要な要素となります。投資とは、現在工場設備などの形で資源を投入し、将来そこから製品を生み出すという異時点間の資源配分にほかなりません。

　投資を行なうにあたって、企業はいろいろなことを決定しなくてはなりません。投資の額をどれだけにするのか、投資の資金調達をどうするのか（自己資金を使うのか、それとも銀行から資金を借りるのかといったこと）などです。

　企業の投資の問題は、家計の貯蓄の問題に似ている部分があります。貯蓄と同様、投資の場合にも、利子率が重要な意味を持ちます。もし利子率があまり高いようであれば、企業にとって工場設備などへ投資をする意味が小さくなります。資金を持っている会社であれば、工場へ投資するよりは、預金や債券の形で資産運用したほうが高い収益をあげることができます。資金のない企業にとっても、高い利子率で資金を借りてまで設備投資をしても、採算は合わないでしょう。

　投資を行なうのは、企業だけではありません。家計や政府も投資を行なうことで、異時点間の資源配分に関与しています。たとえば家計にとって、（その家計の構成員が）大学などで教育を受けることは投資としての側面を持っています。経済学では、これを人的資本への投資として分析することがあります（もちろん大学には、たんなる人的資本への投資以上の意義があると考えますが）。

　政府や地方自治体なども、道路、港湾、公共的な建物の建設などの公共投資を行なっています。このような公共投資も、現在の資源の投入によって将来の公共サービスの向上を狙った異時点間の資源配分にほかなりません。このような公共投資が社会的に意味のあることかどうかは、公共投資が実現する異時点間の資源配分の評価の問題となります。当然、投資にどの程度の資金がかかるのか、投資によってどの程度の便益が期待されるのか、投資のための資金負担や利子がどの程度であるのかといったことが重要な要因となります。

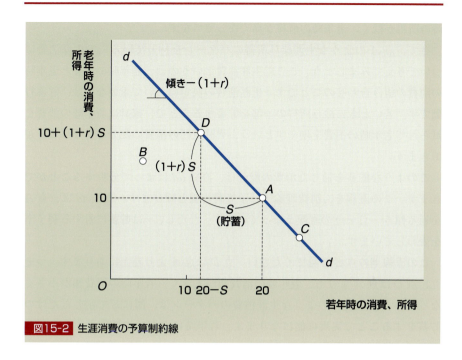

図15-2 生涯消費の予算制約線

Ⅱ 家計の貯蓄行動

2期間の消費理論における予算制約

　上で述べた家計のライフタイムの消費行動は、図15-2に示したような単純な2期間の消費決定理論で分析することができます。これは第5章で説明した消費者行動理論の方法をそのまま利用したものです。図では、人生を若年時と老年時の二つに大きく分けます（このようなモデルを2期間モデルといいます）。図の横軸には、この消費者（あるいは家計）の若年時における消費額や給与所得額がとられており、縦軸には老年時の消費額と給与所得額がとられています。

　この消費者の生涯給与所得のパターンは、図の点の位置で示すことができます。たとえば点 A を例にあげて考えてみましょう。この点は、横軸の大きさが20、縦軸の大きさが10となっています。すなわち、若年時の給与所得が20、老年時の給与所得が10になっているわけです。図には、点 B のような生涯所得のパターンも記してありますが、B のケースは A のケースに比べて、若年

時の所得が低く、老年時の所得が高くなっています。

さて、点Aのような生涯給与所得のパターンを持っている人の生涯消費について考えてみましょう。ここで生涯消費というのは、若年時の消費と老年時の消費の組み合わせのことです。生涯消費の決定において重要なのは、貯蓄行動です。若いときに給与所得の一部を貯蓄することで、家計は若年時の消費を減らして老年時の消費を増やすという、異時点間の消費の配分を行なうことができます。

このような貯蓄を通じた消費の配分は、直線ddによって分析することができます。この直線を、消費理論では予算制約線と呼びます。直線ddは、点Aを通る傾き$-(1+r)$の直線となっています。ただし、rは貯蓄に対する利子率を表わしています。

この直線上の点Dを見てください。点Dは点Aより左上にあります。つまり、点Dは点Aよりも、老年時の消費額が大きく、若年時の消費額が小さくなっています。点Dのような生涯消費のパターンは、図にSで示しただけの貯蓄をすることで実現可能になります。若年時にSだけの貯蓄をするということは、若年時の所得20からSを引いた額（つまり$20-S$）の消費をすることになります。これは点Dの横軸の値にほかなりません。

一方、若年時にSだけの貯蓄をすれば、老年時にはその貯蓄の元利合計は$(1+r)S$になります（ただしrは若年時から老年時にかけての貯蓄に対する利子率であり、年率で見た利子率ではありません）。つまり、貯蓄の元金に利子を加えたものが、老後の消費に利用可能となるわけです。この結果、老後の消費額は$10+(1+r)S$となります。点Dの縦軸の値は、この値を表わしています。

点Aと点Dを比べるとわかるように、貯蓄をすることで若年時の消費を老年時の消費に振り分けることができ、そのときの若年時の消費と老年時の消費の交換比率が$1+r$になっています。予算制約線ddは、貯蓄の金額を変化させていったときの2期間の消費の変化を示しています。貯蓄金額が大きいほど、若年時の消費は減少し老年時の消費は増大しますので、消費点は直線ddの左上の方向へと変化していきます。

ところで、予算制約線ddの点Aより右下の部分（たとえば点C）は、この消費者が若年時に借金（たとえば住宅ローン）をして、その借金の元利を老年時に返済する状況に対応しています。借金は負の貯蓄にほかなりません（ここ

では貯蓄とほぼ同等の利子率で借金できるものとします）。

結局、予算制約線 dd は、点 A によって表わされた生涯給与所得の人が、貯蓄によって達成可能な生涯消費のパターンを示したものです。生涯消費における予算制約線というわけです。

参考のために、この予算制約線を数式の形で表現しておきましょう（以下の議論はこの先を理解するためにとくに必要ありませんので、とばして読んでもけっこうです）。若年時と老年時の給与所得を $y_1(=20)$、$y_2(=10)$、若年時と老年時の消費額を c_1、c_2 で表わすとしましょう。このとき、この消費者のライフタイムの予算制約は、

$$(1+r)(y_1-c_1) = c_2-y_2 \tag{15-1}$$

という形で表わされます。ただし、左辺の y_1-c_1 は、若年時の所得から消費を引いた額、すなわち貯蓄額になっています。それに $1+r$ を掛けた元利合計は、老年時の消費と所得の差を埋めるのに利用されます。

（15-1）式を書き換えると、

$$c_1 + \frac{c_2}{1+r} = y_1 + \frac{y_2}{1+r} \tag{15-2}$$

となります。この式の左辺は、この消費者の生涯消費の割引現在価値、右辺は生涯所得の割引現在価値になっています（割引現在価値については、Ⅳ節でくわしく説明します）。ライフタイムの消費計画における予算制約とは、生涯所得の割引現在価値が、生涯消費の割引現在価値に等しくなることにほかなりません。現実には、生涯所得をすべて使いきらないで遺産として残す人が少なくありませんが、ここでは遺産は老年時の消費の一部と考えればよいでしょう。

最適化行動

さて、以上の状況で、この消費者はどのようなライフタイムの消費行動を選択するのでしょうか。これは通常の消費理論と同じように、無差別曲線を用いて分析することができます。図15-3に描かれた無差別曲線は、2期間モデルを用いた若年時と老年時の消費の無差別曲線です。それぞれの無差別曲線は、若年時の消費と老年時の消費の間にある代替関係を表わしています。通常の消費理論において、異なった商品間に代替関係があるように、ここでは若年時の消費と老年時の消費の間に代替関係があると考えます。

消費者は、予算制約線上でできるだけ高い効用水準をもたらすようなライフ

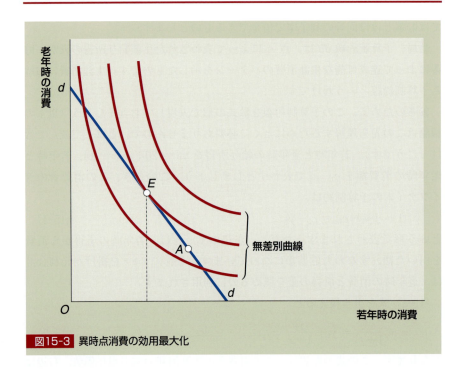

図15-3 異時点消費の効用最大化

タイムの消費パターンを選択しようとするでしょう。これは図では、予算制約線上で無差別曲線が接する点（点 E）によって表わされています。この点が、予算制約線上で効用がもっとも高くなっていることを確認することができると思います。

通常の消費理論と同じように、ライフタイムの消費パターンの決定においても、消費者は予算制約のもとで、消費の配分の選択を行なっています。若年時の消費を増やせば老年時の消費は減らさなければなりませんし、若年時の消費を減らせば老年時の消費を増やすことができます。その意味で、二つの期の消費は代替関係にあります。無差別曲線は、この二つの期の消費の相対的な評価を示したものです。結局、消費者は、二つの期の消費の価値を勘案しながら、貯蓄額を決定し、生涯消費のパターンを決定していくことになります。

参考までに、図15-4に、老後の消費に偏った消費者（無差別曲線の傾きがなだらかになっているケース①）と、若年時の消費に偏った消費者（無差別曲線の傾きが急であるケース②）の消費行動を描いておきました。この図の説明については、読者の演習として残しておきます。

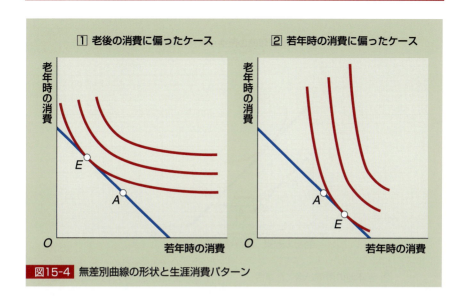

図15-4 無差別曲線の形状と生涯消費パターン

所得変化と貯蓄

以上で説明した理論は、貯蓄行動を分析するために利用することができます。以下でいくつかの例を考えてみましょう。まず、生涯所得の変化は、貯蓄にどのような影響を及ぼすのでしょうか。ここでは、①若年時の所得変化（たとえば若年時の給与の増加や遺産の受取りなど）、②老年時の所得の増加（たとえば公的年金の充実など）、③そして生涯全体にわたった平均的な所得の増加の三つのケースを考えます。

まず、若年時の所得が増加した場合を考えてみましょう（図15－5のケース①）。この場合には、図にあるように、生涯所得を示した点が、A から A' へと右方向へシフトします。その結果、消費点も図に示したように、点 E から点 F に変化します。若年時の所得の増大は、生涯所得の増大でもあります。したがって、そのような所得の増大に対して、若年時の消費を増やすだけでなく、老年時の消費も増やそうとします。消費点の移動（点 E から点 F への移動）が右上方向であるのは、2期の消費が両方とも増えていることを示しています。老年時の所得は増えていないのですから、老年時の消費を増やすためには、貯蓄を増やして、若年時の所得の一部を老年時に移転しなければなりません。図からも、貯蓄が増加していることが確認できると思います。

つぎに、老年時の所得のみが増加した場合を考えましょう（図15－5のケー

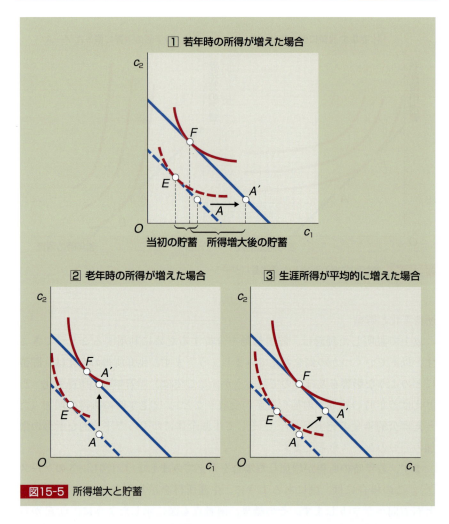

図15-5 所得増大と貯蓄

ス②)。この場合には、生涯所得を示した点は、A から点 A' へと上方にシフトします。消費点は点 E から点 F へシフトします。この場合もケース①と同じように生涯所得が増大しますので、若年時と老年時の消費は両方とも増大するでしょう。しかし若年時の所得は増加していませんので、若年時の消費の増加は貯蓄の減少によって賄われます。老年時に所得の増加が見込まれるのであれば、若年時にそれほど貯蓄をする必要はないので、それだけ若年時の消費を拡大することができるのです。その結果、貯蓄は減少することになります。

　図15-5のケース③は、生涯の所得が若年時、老年時ともに平均的に増加し

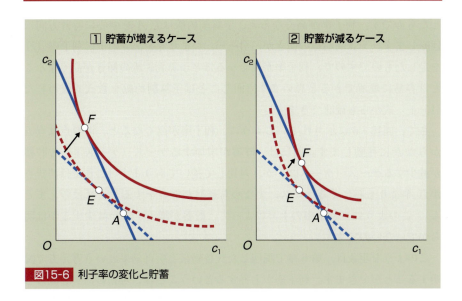

図15-6 利子率の変化と貯蓄

たケースです。この場合にも、消費は全体的に増加しますが、貯蓄が増加するかどうかは何ともいえません。

　さて、以上で展開した分析は、いろいろな形で現実の問題を考えるのに利用することができます。たとえば、所得の増大は貯蓄をどの程度拡大するかという問題について考えてみましょう。図15-5の分析から明らかなように、若年層の所得が増えるほど貯蓄増加効果は大きく、老人の所得が増えることはむしろ貯蓄を低下させることがわかります。

　図15-5で、公的年金制度などの変更が、貯蓄に及ぼす影響を分析することもできます。公的年金制度が充実すれば、それだけ老後の所得が保証されるわけです。これは、ここでの分析では老年時の所得の増大ということに対応しますので、貯蓄を低下させるような力として働くことがわかります。

利子率と貯蓄

　つぎに利子率と貯蓄の関係について考えてみましょう。常識的に考えれば、利子率が高くなれば、貯蓄は増大すると考えられます。利子率が高くなれば、貯蓄がより有利になるからです。しかし、利子率と貯蓄の関係は、実際にはそんなに単純ではありません。

　図15-6は、2期間の消費理論を用いて、利子率と貯蓄の関係について分析

したものです。利子率が高くなると、予算制約線は点 A を中心に時計方向に回転します。予算制約線の傾きが $-(1+r)$、つまり元金部分の 1 に利子率（r）を足したものですので、利子率が高くなるほど予算制約線の傾きが高くなることは容易に理解できると思います（同じことは予算制約線を数式で表わした (15-1) 式からも確認できます）。

さて、図 15-6 に示されているように、利子率が高くなると、消費点は点 E から点 F に移動します。図には、貯蓄が増加するケース（ケース①）と貯蓄が減少するケース（ケース②）が、対比して描いてあります（ここでは消費点が点 A よりも右にくるケース、すなわち家計が借金をするケースは考えません）。このように、利子率の上昇によって、貯蓄が増大するか減少するかは明らかではないのです。

このような現象は、第 6 章で説明した代替効果と所得効果という考え方で説明することができます。利子率が上昇するということは、現在の消費を減らして貯蓄をすることの利益が大きくなることでもあります。なぜなら、貯蓄に対する利子所得が上がるからです。したがって、家計は若年時の消費を減らしてでも貯蓄をし、それで高利子のメリットを享受しようとするでしょう。これは、代替効果に対応します。この代替効果が強く働くかぎり、貯蓄は増加するでしょう。

しかし、利子率の変化には、所得効果も伴います。利子率が高くなれば、生涯の各時点での給与所得が変化しなくても、生涯所得全体は増加します。なぜなら、貯蓄からの利子所得が増加するからです。生涯所得が増加するなら、家計は若年時の消費も増大させようとするでしょう。別の言い方をするなら、利子率が高くなるなら、少し貯蓄を減らしても老年時に受け取る元利合計は大きくなるはずですので、その分若年時の消費を増やそうというものです。所得効果の観点からは、利子率の増加は、貯蓄を下げるように働くことになります。

現実には、この二つの効果が両方ともきいているので、代替効果のほうが強く働く場合（ケース①）には貯蓄は増加し、所得効果のほうが強く働く場合（ケース②）には貯蓄は減少します。

このように、利子率が上昇したとき、貯蓄が増加するか減少するかは明らかではありません。このようなミクロ経済分析の結果は、マクロ経済問題で利子課税が消費に及ぼす影響、金利上昇が景気に及ぼす影響などについて考察する場合にも、重要な理論的基礎を与えています。

[Column] 現実の経済を見る眼
デフレと利子率

　この章の議論でもっとも重要な変数は利子率です。本文の説明からもわかるように、利子率とは現在と将来の所得や消費を比べる相対価格にほかなりません。利子率が高くなれば将来の財・サービスが相対的に安くなります（この点が理解できない人は本文をもう一度注意深く読んでください）。

　さて、現実の世界にはさまざまな利子率があります。預金金利、住宅ローンの金利、国債など債券への利回りなど、どれも利子率の一種です。現実の世界の異時点間の資源配分にはこのような利子率が機能しているのです。もっとも、現実の世界では、名目利子率と実質利子率を区別しなくてはいけません。

　日本経済は、長い期間デフレ状態にありました。一般物価水準が減少していく状況をデフレといいますが、物価だけでなく、賃金、所得などが、少しずつ下がっているのです。このようなときには、銀行預金などに老後の資金を預けている高齢者の人たちは実はたいへんに有利な状況にあるのです。

　高齢者の方々とこの話をすると、「とんでもない。銀行の利子がほとんどゼロで何が有利なものか」という反論が返ってきます。しかし、物価の動きを見れば、そうともいえないのです。

　いま預金に100万円入っているとします。預金の利子率がゼロに近いので、お金を預けていてもその額はほとんど増えません。しかし、かりに毎年2％ずつ物価が下がっていったら、5年後にどうなっているでしょう。単純計算すれば、5年で物価は10％近く下がっていることになります。つまり、同じ100万円でも、5年後にはいまより10％多く、財やサービスが購入できるようになるのです。

　このように物価の動きまで考慮にいれた利子率を実質利子率（実質金利）といいます。これに対して、預金の利子率のように私たちが目にする普通の利子率のことを名目利子率（名目金利）といいます。いまの数値例でいえば、かりに預金利子率（名目利子率）がゼロでも、物価が2％で下がっていれば、実質利子率は2％ということになるのです。物価が下がっていくという今の時代は、老後の生活費を貯めてある高齢者にとってはよい時代といえるのかもしれません。

Ⅲ　投資行動と異時点間の資源配分

投資の収益性

　企業や政府の投資活動も、異時点間の資源配分の重要な問題です。表15-1は、投資をこのような観点から非常に単純化して分析するためのものです。この表には、ある企業が実行しようかどうか迷っている投資プロジェクトが三つ記してあります。それぞれの投資の投資額と、それによって期待される将来の収益の額が記入してあります。ここでも、これまでの議論と同じように2期間モデルの考え方を使い、投資をするのは今期、投資の結果収益があがるのは来期であるとします。

　さて、このような投資プロジェクトのうち、企業はどのプロジェクトを実行するのでしょうか。ここでも、これまでの議論と同じように、利子率が重要な意味を持ちます。各プロジェクトには、収益率が計算してありますが、この収益率と利子率の大小関係が問題になるのです。

　かりに利子率が25％であるとしてみましょう（たとえば来期とは今期の5年後であるとするなら、年率5％の利子率5年分で利子率は25％となります）。この場合には、最初の二つのプロジェクトは採算が合いますが、プロジェクト3は採算が合わないことがわかります。

　かりに銀行から資金を借りるとして、それでプロジェクト3を実行するためには、300億円の融資を受けなければなりません。これでプロジェクトを実行すると、来期の収益は360億円ですが、利子率25％の借金の元利合計は375億円となり、採算が合わないことがわかります。

　かりにこの企業が自分の資金として300億円を持っていたとしても、プロジェクト3にその資金をつぎ込み60億円の利益をあげるよりは、預金をするか債券を保有することで25％の利子所得を稼げば、75億円の利益になるわけです（これは機会費用という考え方です）。いずれにしろ、25％の利子率では、プロジェクト3は採算が合いません。

　同じようにして計算すれば、25％の利子率のもとでは、プロジェクト1とプロジェクト2は、十分に採算が合うことがわかります。この点の確認は、読者にまかせたいと思います。また、利子率が40％になったらどうなるかという点も確認してください。

表15-1　ある企業の投資プロジェクト

プロジェクト1（工場建設）

投　資　額	200億円
予想される収入	300億円
収　益　率	50%

プロジェクト2（海外企業買収）

投　資　額	500億円
予想される収入	650億円
収　益　率	30%

プロジェクト3（新製品開発）

投　資　額	300億円
予想される収入	360億円
収　益　率	20%

投資額の決定

　表15-1の例からも明らかなように、投資行動とは、現在の資源を投入し、将来の生産を高める行為です。このような異時点間の資源配分は、第7章で説明した生産関数の考え方を用いて分析することもできます。

　図15-7は、今期投資することで来期どれだけの収益があがるかを示した、投資の機会曲線とでも呼ぶべきものです（ここでも今期と来期の2期だけの状況を考えます）。横軸（マイナスの方向にとってあります）には、今期の投資額が、縦軸にはその投資によって生み出される来期の投資収益額がとられています。

　この図に描かれた左上がりの曲線は、この企業が直面している投資額と投資収益額の間の関係です。この曲線が左上がりになっているということは、今期の投資額が大きいほど、来期の投資収益の絶対額も大きくなるということです。この曲線は、今期の資源投入（投資）と来期の生産（投資収益）の間にある、異時点間の資源配分の関係を示したものと解釈することもできます。

　さて、この図で、表15-1で行なったような採算性の問題は、どのように処理することができるのでしょうか。かりに、図の点Bのような投資規模で投資を行なったとしてみましょう。すなわち、投資額がI_1で、そこから来期生

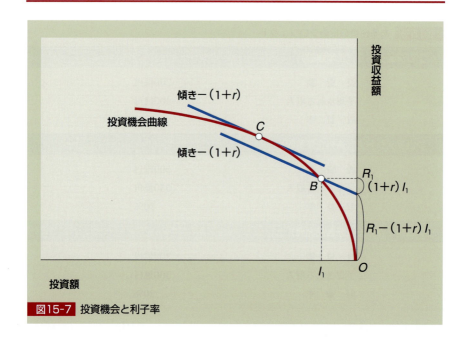

図15-7 投資機会と利子率

み出される投資収益が R_1 であるとします（図を参照）。このような投資の採算性はつぎのような形で計算することができます。

今期行なった投資資金 I_1 に $1+r$（ただし r は利子率）を掛けた額である $(1+r)I_1$ が、来期における元利合計金額です。これに対して、R_1 が来期における投資収益ですので、来期時点におけるネットの収益は、両者の差である $R_1-(1+r)I_1$ となります。

これは図では、つぎのように表わされます。点 B を通る直線は、傾きが $-(1+r)$ となっています。すると、図に示してあるように、この直線と縦軸との交点が、実はこの投資のネットの収益になっているのです（この点はくわしく説明しませんが、図で確認してください）。この図の場合には、ネットの投資収益は、プラスになっています。

さて、図に示したような投資機会に直面する企業の投資額はどのように決定されるのでしょう。くわしい説明は省きますが、傾き $-(1+r)$ の直線が投資機会を示した曲線に接するところ（点 C）まで投資すると、収益を最大化できることが確認できます。このように、企業は利子率を用いて異時点間の換算を行なったネットの投資収益（投資収益－投資のコスト）を最大化するように投

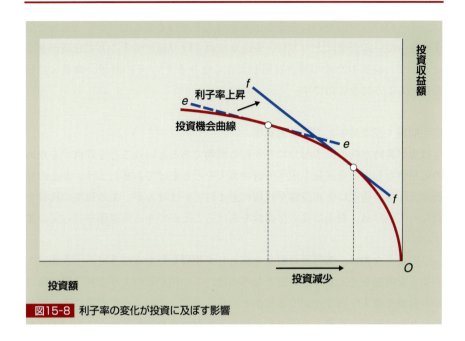

図15-8 利子率の変化が投資に及ぼす影響

資量を決定していると考えることができます。

　ところで、このような企業の投資量の決定は、一般的には、社会全体の資源配分の観点からも効率的になっています。図15-7にあるように、企業は投資機会曲線の接線の傾きが $-(1+r)$ に等しくなるところまで、投資しています。投資機会曲線の接線の傾きは、投資を限界的に増加させることでどれだけの限界的な収益が生まれるかという投資の限界生産性を表わしています。この限界生産性が $1+r$ に等しいところまで投資をすることは、実は経済全体の資源配分の観点からも効率的になっているのです。この点についてくわしく議論する紙幅はありませんが、通常の資源配分の問題と比較してみてください。

　図15-8は、図15-7を用いて、利子率の変化が投資額にどのような影響を及ぼしているかを調べたものです。利子率が高くなると、投資収益を計算するための直線は、直線 ee から直線 ff のように傾きが急になります。その結果、この直線と投資機会曲線の接点は、投資機会曲線に沿って右下方へシフトします。つまり、利子率が上昇すると、企業の行なおうとする投資額も低下するのです。

　これはつぎのように理解することもできます。利子率が高くなるということ

は、それだけ投資のために資金を借りるコストが高くなることです（自分で資金を持っている企業にとっては、資金を金融手段で運用することの収益が高くなるので、投資のための機会費用が大きくなります）。その結果、企業は投資を控えるようになるのです。

応用問題：経済発展と国際資金貸借

投資が異時点間の資源配分にかかわる問題であるということを理解するための応用例として、発展途上国への資金導入をとりあげてみましょう。多くの発展途上国は、現在は生産設備や技術に恵まれていませんが、ある程度の投資を行なっていけば、将来は高い生産性をあげることができる可能性を持っています。

このような国は、海外から資金を導入して投資を行なうべきでしょうか。このような問題を考えるときの鍵となるのは、この国がどのような利子率で海外から資金を導入することができるかということと、そのような資金によって行なわれた投資が、将来この国の生産性をどれだけ高めるかということです。もし投資が生産性を高める程度が利子率よりも大きければ（もう少し正確な言い方をするなら、投資の収益性が利子率よりも高ければ）、そのような投資はこの発展途上国にとって意味のあるものでしょう。しかし、もし利子率のほうが投資の収益性よりも高ければ、資金導入をして投資を行なうことは望ましくはありません。

多くの発展途上国は、海外からの資金導入なしには経済発展を遂げることはできません。途上国は投資資金には恵まれていませんが、投資機会には恵まれている国です。したがって、その利子率は通常高くなっているはずです。これに対して、先進工業国は、投資資金は潤沢にありますが、投資機会にはそれほど恵まれないとしてみましょう。すると、その利子率は低くなっているはずです。

このような状況で、もし先進工業国が発展途上国に資金を貸し出せば、それは世界全体の資源配分（異時点間の資源配分）の観点からは、望ましいことになります。投資機会に恵まれている発展途上国に投資資金がまわされるほうが、恵まれた投資機会を利用することが可能になるからです。これによって、資金を供与した先進工業国も利益を得ることができます。

もっとも、ここで述べたことは理想論であり、現実の世界経済において、こ

のような国際的な資源配分がうまくいっているとはかぎりません。多くの発展途上国が累積債務問題に悩んでいるのは、国際的資源配分が必ずしもうまくいっていないからでしょう。

Ⅳ 割引現在価値

割引現在価値とは

　割引現在価値という概念は、異時点間の資源配分の問題を考えるのに有益な概念です。これまで議論してきた貯蓄や投資の問題に関する議論のなかには明示的な形では出てきませんでしたが、この概念を用いて議論を展開しなおすことができます。ここではまず、簡単な例を用いて、割引現在価値の概念について説明しましょう。

　今日1万円をもらうのと、1年後に1万円をもらうのではどちらがよいかと聞かれたら、あなたはどう答えるでしょうか。ほとんどの人が、1年後の1万円よりは今日の1万円のほうがよいと答えるのではないでしょうか。

　今日の1万円と1年後の10万円とではどちらがよいでしょうか。ほとんどの人は、1年後の10万円のほうがよいと答えるはずです。では、今日の1万円と1年後の1万1000円ではどうでしょうか。これについては、答えが分かれるのではないでしょうか。

　これまでの議論からわかるように、貯蓄や投資など異時点間の資源配分の問題においては、現在と将来のある時点の金額を比較する必要があります。家計がどれだけ貯蓄しようかと考えるときには、現在の貯蓄（それによって節約しなければならない現在の支出）の価値と、貯蓄によって得られる将来の元利合計の価値を比べています。投資の問題においても、現在の投資額と投資によって得られる将来の収益の価値を比べているはずです。

　ここでとりあげた簡単な例では、現在の1万円と1年後のある金額を比べています。そのような比較をするとき、利子率を使うべきであるということは容易に想像がつくはずです。いま、銀行に預金すれば5％の利子所得がつくとします。銀行からお金を借りる場合にも、支払う利子率は5％であるとします。現実には、借金の利子率は預金の利子率よりも高いはずです。そうでなければ、銀行は収益をあげることができません。しかしここでは、議論の単純化のため、二つの利子率は同じように5％であるとします。

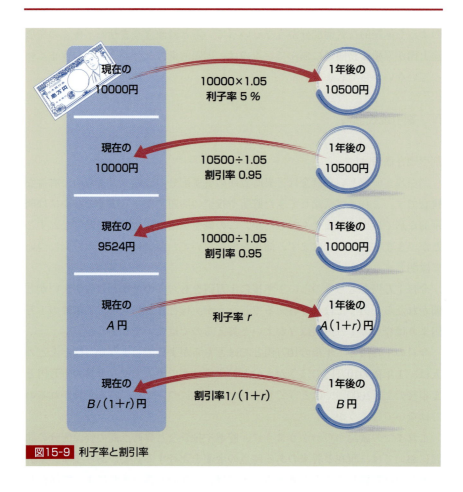

図15-9 利子率と割引率

　この5％の利子率を使って考えれば、1年後の1万円よりは、現在の1万円のほうがよいということがわかります。図15-9に示されているように、現在の1万円は利子率5％の預金に預けておけば、1年後には1万500円になります。つまり、現在の1万円は、1年後の1万円よりは価値が高いことになります。

　もし今日の1万円が1年後の1万500円の価値に等しいなら、1年後の1万1000円は、今日の1万円よりも価値があることになります。これは、つぎのようにして確認することもできます。かりに今日1万円使うために1万円を借金すれば、1年後に返済するときの元利合計は1万500円になります（利子率は5％）。これは1年後の1万1000円よりは小さい金額です。つまり、現在1万

円もらうよりは、1年後に1万1000円をもらったほうがよいことになります。借金という方法を使えば、1年後の資金を現在の資金に換えることができるからです。

このように貯蓄によって現在の資金を1年後の資金に変換したり、借金によって1年後の資金を現在の資金に変換することができます。そのときの変換率として、利子率が使われます。割引現在価値というのは、将来の資金を現在の価値に変換するときの変換率で、1に利子率を足したもののちょうど逆数になっています。

現在の1万円が1年後には1万500円の価値があるように、1年後の1万円の現在の価値はそれを1.05で割った金額（約9500円）になります。現在の A 円が1年後には $(1+r)A$ 円（ただし r は利子率でこの例では0.05）になるように、1年後の B 円は現在の価値に直すと $B/(1+r)$ 円となります。$B/(1+r)$ 円のことを、1年後の B 円の割引現在価値と呼びます。

上の例では、1年という期間だけを考えましたが、割引現在価値の考え方は、どのような期間にも応用することができます。たとえば3年後の1万円を現在の価値に直すには、3年分の利子率（複利）を用いて、1万円$/(1+r)^3$ と計算することができます。つまり、3年分の利子 $(1+r)^3$ で1万円を割ってやればよいのです。

同様にして、1年後の1万円と、10年後の1万5000円を比べるためには、両者の割引現在価値を計算して比べればよいことになります。かりに利子率を5％であるとすれば、1年後の1万円の割引現在価値は、1万円を1.05で割った9500円（概数）になりますし、10年後の1万5000円の割引現在価値は、この金額を1.05の10乗（10年分の割引）である1.62889で割った金額である約9200円となります。この場合には1年後の1万円のほうが、10年後の1万5000円よりも、価値が高いことがわかります。

割引現在価値を用いた投資の評価

割引現在価値の考え方はいろいろな形に利用することができます。投資の評価もその一つの例です。図15-10には、三つの投資プロジェクトの例を示してあります。

ケース1は単純な投資プロジェクトで、現在10万円の投資をすることで、1年後に11万円の投資収益が入ってくるようなプロジェクトです。具体的には、

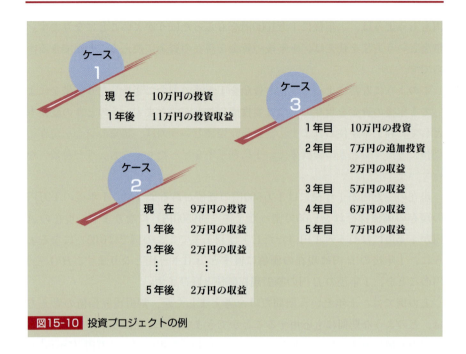

図15-10　投資プロジェクトの例

今年、種や肥料などに10万円を使って、来年に11万円の収益を見込めるような農家を考えればよいでしょう（ただし土地の費用は無視しています）。

　この投資プロジェクトが採算に合うものであるかどうかは、1年後の収益である11万円の割引現在価値（利子率を r とすると11万円を $(1+r)$ で割ったもの）を、現在の投資額である10万円と比べることで判断できます。この場合、利子率が10％以下であるかぎり、この投資プロジェクトが採算に合うものであることがわかります。

　ケース2はもう少し複雑で、最初の年に9万円投資すると、2年目から6年目にかけて、毎年（5年間）2万円ずつ収益が上がるようなプロジェクトです。この投資プロジェクトが採算に合うものであるかどうかは、収益の割引現在価値である

$$\frac{2}{1+r} + \frac{2}{(1+r)^2} + \frac{2}{(1+r)^3} + \frac{2}{(1+r)^4} + \frac{2}{(1+r)^5}$$

を、現在の投資額である9万円と比べることで求めることができます。このような投資プロジェクトが採算に合うものであるかどうかは、利子率の大きさに依存します。もし利子率が1％であればこの投資は採算が合いますが、利子率

が5％であれば採算は合いません。

ケース3は、投資が最初の年だけでなく、その後も続く投資プロジェクトです。最初の年に10万円の投資、つぎの年には7万円の追加投資と2万円の投資収益（ネットで−5万円の収益）、3年目に5万円、4年目に6万円、そして5年目に7万円の収益となっています。このような投資プロジェクトも、投資額をマイナスの収益として投資プロジェクトの割引現在価値を求めることで、採算が合うかどうか確認できます。

$$\text{投資プロジェクトの割引現在価値} = -10 - \frac{5}{1+r} + \frac{5}{(1+r)^2} + \frac{6}{(1+r)^3} + \frac{7}{(1+r)^4}$$

となります。利子率が5％の場合の投資プロジェクトの採算性についての確認を、演習問題として残しておきます。

現実の世界の企業は、さまざまな投資プロジェクトの案件を抱えています。工場を拡張するような投資、新製品を開発するための投資、他企業の買収という形の投資など、投資プロジェクトは多様な形態をとっています。それらの個々の案件が採算に合うものであるか否かは、そのプロジェクトの投資額や投資収益の割引現在価値を求めることで判断できるわけです。これまでの議論からも確認できるように、一般的に、利子率が低いほど、投資プロジェクトの割引現在価値は大きくなります。つまり、利子率が低いほど、採算に合う投資プロジェクトの数が増えるわけです。利子率が低いほど投資額が大きくなるのは、それだけ多くの投資プロジェクトの割引現在価値が正の値となるからです。

債券価格

割引現在価値の考え方を用いると、債券の価格も容易に求めることができます。債券とは、企業や政府が資金を調達するために発行する証券のことです。企業の発行する債券を社債、政府の発行する債券を国債（あるいは地方自治体などの発行する債券も含めて公債）と呼びます。債券にはいろいろな形のものがありますが、ここではその代表的なものである割引債券と、利付き債券について考えることにします。図15-11は、この2種類の債券の概要を説明したものです。

まず、割引債券について考えてみましょう。割引債券とは、一定期間後あら

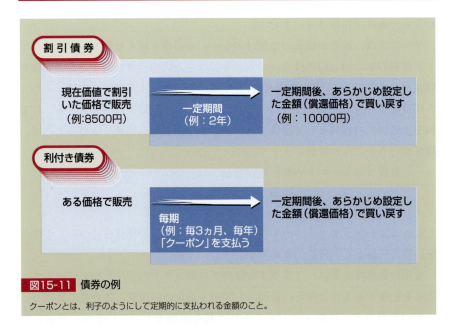

図15-11 債券の例

クーポンとは、利子のようにして定期的に支払われる金額のこと。

かじめ決められた金額（これを償還価格といいます）で発行者（企業や政府）が買い戻す条件で発行された債券のことです。債券が売り出されるときの価格は、償還価格よりも安くなっていて、この二つの価格の差額が債券の利子の部分となります。

たとえば1年後に債券1枚につき1万1000円で償還してくれる債券が現在1万円で売りに出されたら、この債券を購入した人に入ってくる利子率は10％ということになります。

いったん発行された債券は、償還されるまで、市中で売買され人々の間を動くことが少なくありません（このように、すでに発行された債券が償還までの間売買される市場のことを流通市場と呼びます。もっとも流通市場といってもどこかに整備した市場があるとはかぎらず、ようするに証券会社の店頭で売買できるということです）。そして債券が取引される価格は、そのときどきの利子率（金利）を反映して変化します。ここで利子率とは、債券と代替的な資産である預金の金利であると考えればよいでしょう。

流通市場における債券の価格は、その債券の償還価格を利子率で割り引いた割引現在価値に等しくなるはずです。かりにあと2年で、1万円で償還される割引債券があって、それが市場で流通しているとします。この債券はすでに何

表15-2 2年後に1万円で償還される割引債券の価格

利 子 率	価　　格
3 %	9,426円
5 %	9,070円
8 %	8,573円
10 %	8,264円

年か前に発行されたものですが、2年後の償還までは売買によっていろいろな人の間を動くことができます。いま利子率がrであるとすれば、この債券の（流通）価格は

$$\frac{10000}{(1+r)^2}$$

となるはずです。たとえば利子率rが10％であれば、これは8264円となります。

　なぜ、割引債券の価格は、その償還価格の割引現在価値に等しくなるのでしょうか。もしこの債券を8264円で購入して2年間保有すれば1万円になるわけですが、それによる債券利回り（債券を保有することで得られる収益を年率換算したもの）は10％になります。

　もしこの債券を8264円よりも安い価格で購入できるのであれば、利回りは10％を超えるでしょう。もしそうであれば投資家はこの債券を購入して高い利回りを実現しようとするでしょうから、債券価格は上昇するでしょう。逆に債券価格が8264円よりも高ければ、利回りは10％よりも低くなりますので、債券を保有している人たちは債券を売ろうとするでしょう（債券価格が高いうちに売ってしまえば利益を確保することができます）。それによって債券価格は下がるでしょう。結局、この債券の価格は8264円のところに落ち着くはずです。

　このように、割引債券の価格とその債券の利回りは逆比例の関係にあります。表15-2は、この債券の利回りと価格の関係を示したものです。投資家がこの債券を購入するかどうかは、この債券の利回りが他の代替的資産（たとえば預金）の収益率（預金の場合は預金金利）より高いか否かで判断します。

　もし債券の利回りが預金の金利よりも高ければ、皆が債券を購入しようとするはずですので、債券価格は引き上げられます（その結果、債券利回りは下が

ります)。逆に債券利回りのほうが低ければ、投資家は債券を売って預金に乗り換えようとしますので、債券価格が下がることになります（債券利回りは上がる)。このような投資家の行動の結果、債券利回りは預金の金利とほぼ等しい水準に落ちつくことになります。これは、債券価格が償還価格の割引現在価値に等しくなっていることにほかなりません。

つぎに、利付き債券について考えてみましょう。図15-11にも示してあるように、利付き債券とは、割引債券に毎期の利子払い（これをクーポンと呼びます）が加わるものです。たとえば、毎年600円のクーポンを支払い、5年後の満期時に償還価格の1万円を支払うというような債券を、利付き債券と呼びます。

利付き債券も、割引債券と同じように、流通市場で取引されます。そしてその価格も、クーポンや償還価格の割引現在価値に等しくなります。具体的な例として、償還価格が1万円で、償還まであと3年あり、これから3回毎年700円のクーポンが支払われるような利付き債券の割引現在価値は、

$$\frac{700}{1+r}+\frac{700}{(1+r)^2}+\frac{700}{(1+r)^3}+\frac{10000}{(1+r)^3}$$

となります。これが、この証券の流通市場での価格とほぼ等しくなります。簡単に確認できることですが、利子率rが高くなるほど、この割引現在価値（証券の流通価格）は低くなります。この点の確認は読者にまかせます。

V　世代間の資源配分

年金の構造

これまで異時点間の資源配分について考えてきましたが、個々の経済主体から見ると異時点間の資源配分のように見えることが、経済全体から見ると同時点の異なった人の間の資源配分にすぎないことが少なくありません。そのような例として年金について考えてみましょう。

図15-12は、世代間の移転という形態をとっている年金の構造を単純化して図示したものです。年金とは、若いときに企業や政府に年金資金として納めていたものを、老後に年金として支払いを受けるものです。年金資金を受け取った企業なり政府は、その資金をそのまま年金受給者に渡してもよいし、それを金融資産や不動産などの形で運用することもできます。図に示したような世代

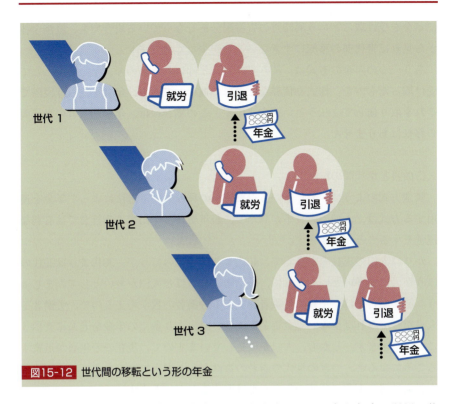

図15-12　世代間の移転という形の年金

間の移転という手段は、前者の方法にあたります。このような年金の運用の仕方を賦課方式と呼びます。

　経済（あるいは企業）には、若年層から退職した老人まで、いろいろな世代の人がいます。若年層が納めた年金資金を、そのまま現在の退職者に年金としてまわします。現在の若年層が退職したときには、つぎの世代の若年層が、またそのときの退職者（現在の若年層）に資金をまわせばよいわけです。

　もう少し具体的な例で考えてみましょう。いま、20代から70代までの世代の人が同数ずついて、60代と70代の人が退職して年金を受け取っているとします。つまり、退職者2人に対して、労働者が4人いることになります。このような企業（あるいは国家）では、労働者が年金資金として支払った金額の2倍の額を、退職者は年金として受け取ることができます。労働者は順繰りに歳をとっていきますので、4人の労働者が2人の退職者を養っていくという構造は変化しません。

　このように、個人のレベルで見れば若いときに年金資金を支払って、退職後

に年金を受け取るという異時点の資源配分を行なっている場合でも、経済全体から見れば世代間の移転にすぎないことが少なくありません。

もう一つの年金の方式は、積み立て方式と呼ばれるもので、年金資金として受け取ったものを、株式や債券などの形で運用しておき、年金を支払う段階でそれを取り崩して支払うという方式です。この場合には、年金加入者の世代間の移転はありません。

人口成長と世代間の移転

賦課方式のように、若年層から退職者への移転という方法によって年金を運用する方式は、人口の成長率が高くて、若年層が多く出てくる社会では有利な運営をすることができます。

かりに人口の成長率が高くて、40代よりは30代のほうが、30代よりは20代のほうが人口が多いというように、若年層になるほど人口が多いとしてみましょう。その場合には、1人の退職者を支える労働者の数が増えるので、労働者1人当たりでみれば少ない年金資金の支払いで、より多くの年金を老人に支払うことができます。しかも、人口が成長していますので、現在の若年層が退職するころになると、つぎの世代の若者の数はもっと増えているため、現在の若者も将来は同じように多額の年金を受け取ることができます。

戦後の日本経済は、このような状況にあったと考えることができます。人口ピラミッドで見ても、若年層に大きく偏った人口構成になっていました。したがって、これまでの日本の年金システムが賦課方式に偏ったものであったとしても不思議ではありません。そのような年金運用の方法によって、少ない年金資金で多くの年金を支払うことが可能になるからです。

もっとも、このような年金の支払い方法は、出生率が低下してくるとうまく機能しません。出生率の低下によって年金受給者の人数が相対的に増加するからです。現在の日本は、急速に高齢化社会へ変化しています。そのようななかで、戦後長い間賦課方式に偏って年金運用を行なってきたことの悪影響が出てきました。現在年金を支払っている人たちが退職するころには、若年層の人口が相対的に低下するので、その時点では賦課方式によっては十分な年金を受け取ることができないことになってしまいます。

政策的には、年金の運用方法を、できるだけ積み立て方式にもっていかなければなりません。つまり年金資金として預かったものをそのまま老人に年金と

[*Column*] 現実の経済を見る眼
将来に向かって投資をしているのか

　現在の資源を一部将来のために使う。これが投資や貯蓄の目的であり、それによって異時点間の資源配分が決まります。では、日本経済全体で見たとき、本当に好ましい形で異時点間の資源配分が行なわれているのでしょうか。

　そこで気になるのが、膨大な政府債務の存在です。この債務の多くは、将来世代の人たちへの税金の負担となります。なぜこれだけの債務が積み上がったのかというと、膨れ上がっている医療や介護などの社会保障の支出の存在があります。ようするに、いまの消費である医療や介護が財政赤字で賄われており、それが政府債務として将来世代の税負担となっているのです。こうした状況が理想的な異時点間の資源配分であると考える人は少ないでしょう。日本全体として、もう少し現在から将来へ資源の再配分をする必要があります。

　その一つが財政の健全化です。現在の世代にもっと税負担（増税）を求めるか、医療や介護への支出を削減するのです。これで財政赤字幅は縮小します。このような財政健全化は現在の世代、とくに高齢者にとっては厳しい動きですが、それによって将来世代の税負担は小さくなります。

　資源の再配分のもう一つの方向は、教育への支出を増やすということです。医療や介護はどちらかといえば高齢者への支出ですが、教育は将来のための投資であり、将来世代のための支出です。諸外国に比べて、日本は医療や介護などの社会保障への支出の割合が大きく、教育や現役世代の雇用支援などの財政支出が少なくなっています。将来のために、人材にもっと投資をする必要があるといわれていますが、その鍵となるのが教育への財政支出です。このような政策を進めていけば、その分、現在の高齢者への医療や介護の支出を削っていくか、あるいは現在増税を進めて財源を確保する必要があります。

　資源配分のもっとも重要なポイントは、トレードオフの関係です。ある方向に支出を増やそうとすれば、別の方向の支出を減らす必要があります。全部を増やすことは不可能なのです。社会保障、増税、教育などの重要な政策課題は、どこを増やしどこを減らすのかという異時点間の資源配分という視点から、日本にとってもっとも好ましい配分は何かということを考える必要があります。

してまわすのではなく、金融資産や不動産などに運用としてまわすのです。それによって現在の老人の受け取る年金の金額は少なくなるでしょうが、現在の若年層が老人になったときの受取りは増えることになります。

　もっとも、賦課方式から積み立て方式への転換をあまり急激に行なうと、現在の老人の年金受取り額が大幅に低下してしまいます。したがって、年金の運用方法の転換は徐々に行なわなければなりません。そこに年金政策のむずかしさがあります。

終身雇用と年功賃金制

　年金で説明したような現象は、企業内の賃金構造にも見られます。日本の労働市場は、終身雇用と年功賃金によって特徴づけられるといわれます。この点について欧米と顕著な差があるかどうかは、研究者の間でも大きな論争になっていることですので、単純に日本の雇用をそのように特徴づけてよいかどうかはわかりませんが、以下ではそのような前提に基づいて議論を進めることにします。

　終身雇用が前提になっているとするなら、労働者へ賃金を支払うにあたって、世代によって差をつけるということが可能になります。年功賃金制とは、その企業に勤めた年数が長い労働者ほどより高い賃金を受け取るような制度です。この制度のもとでは若い労働者は低い賃金を受け取ることになりますが、そのような労働者も年功賃金制のもとでは、いずれ高い賃金を受け取るわけです。したがって、生涯賃金ということでは、どの労働者も差別は受けないわけです。

　図15-13は、年功賃金の形態を簡単な図で例示したものです。この図は、本書の第14章で議論したものです。22歳で就職した労働者が65歳で定年になるとして、その間に受け取る賃金とこの労働者の企業への貢献の動きをとったものです。この例では、労働者は若いときは働きに見合った額よりは少ない賃金しか受け取りませんが、ある年齢（40歳）を超えると、働き以上の賃金を受け取っています。

　図に示したような年功賃金制は、その本質において、図15-12に描いた賦課方式の年金と同じものです。ようするに、若年層から老年層への所得の移転が生じています。

　日本経済が高度経済成長期にあり、労働人口が急拡大しているときには、図

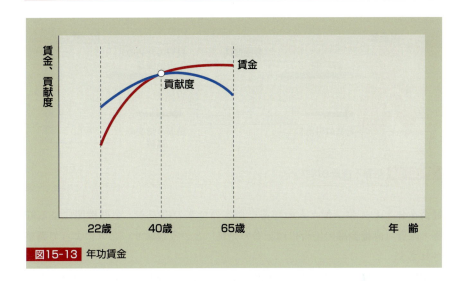
図15-13 年功賃金

15-13に描いたような年功賃金制はうまく機能します。企業のなかの高齢者の比率は非常に少ないので、若い労働者の賃金を少し下げただけで、高齢者の賃金を大幅に引き上げることができるからです。すでに触れたように、このような賃金システムは日本の経済発展の一つの原動力であると考えることができます。

しかし、年金の場合と同じように、人口の高齢化が進むなかで、年功賃金制を維持することはきわめて困難になってきました。多くの企業で、年功賃金制や終身雇用の見直しが行なわれようとしていることの背景の一つの要因がここにあります。

貯蓄と投資のバランス

貯蓄や投資という行動は、それを行なう経済主体である企業や家計の観点からは異時点間の資源配分ですが、経済全体から見たときには、同一時点内の資源配分という性格を持っています。これは、年金や年功賃金が個々人にとっては異時点間の資源配分であると同時に、経済全体から見たとき同時点における人々の間の配分という性格を持っていたのと同じことです。

図15-14は、このような貯蓄と投資のもとでの資源配分を、簡単な図で示したものです。この経済には多くの家計や企業といった経済主体が存在し、そのおのおのは貯蓄や投資という形で異時点間の資源配分を行なっています。この

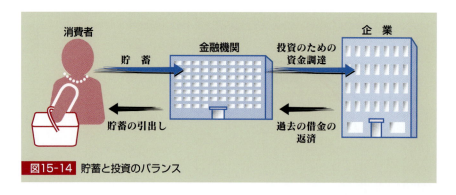

図15-14 貯蓄と投資のバランス

経済全体としては、個々人の貯蓄や個々の企業の投資が、金融機関による貯蓄・融資（直接金融の場合には証券の売買）という金融サービスによって調整されます。

図15-14に描いた状況では、家計によって新たに貯蓄される金額のほうが、引き出される金額より多くなっています。したがって、家計全体で見れば、金融機関に対して貯蓄を提供していることになります。一方、企業の側では投資のために資金調達している企業があると同時に、過去に行なった投資の収益から投資のための資金を返済している企業もあります。この図では、企業部門全体では投資のために新規の借入れを行なっています（つまり借入れ額のほうが返済額よりも多い）。

経済全体で見ると、家計が行なっている貯蓄の純額が、企業の投資をカバーしています。家計は貯蓄の分だけ消費を切り詰めています。つまりそれだけ、現在の財・サービスの利用を減らしているわけです。企業は、投資の分だけ、財・サービスを利用しています。したがって、家計の貯蓄が企業の投資への融資にまわっている背景には、家計から企業への資源の移転が起こっていることになります。

図15-15は、これを簡単な図で例示したものです。家計部門の貯蓄は、家計にとっては現在から将来への資源の移転にほかなりません。現在の消費を抑えることで、将来の消費を拡大させているからです。これに対して、企業は投資ということで現在資源を利用しています。一方、家計と企業の間には、現在における家計から企業への資源の移転、将来における企業部門から家計部門に対する資源の移転が起こっています。

ここに描いた状況は、政府も外国の企業も存在しない単純なケースですが、

[Column] ステップアップ経済学
異時点の経済学とマクロ経済問題

　この章で説明したように現在から将来にわたっての時間の流れを明示的に分析に入れる異時点の経済学は多くの経済問題を考えるうえで重要です。この章でとりあげたように、貯蓄行動や投資行動、あるいは株・債券・不動産などの資産市場の分析をするうえで基本となります。

　マクロ経済学の世界でも、異時点間の資源配分を意識した見方の重要性が広く認識されるようになってきました。かつては異時点間の配分を無視して分析されていた問題が、とんでもない間違いであったと指摘されるケースも少なくありません。

　そのもっとも有名な例として、減税政策の効果について考えてみましょう。もし異時点間の配分の問題を意識しなければ、所得減税などの政策が行なわれれば消費を刺激すると考えられます。税金が減った分だけ、国民の可処分所得が増えると考えられるからです。

　しかし、将来への影響を考えると、この見方はかなりあやしいものです。所得減税をする場合には、どこかにその減税の財源を求めなければいけません。通常は、減税によって生じた財源不足を国債の発行で穴埋めします。つまり、国債という形で借金をすることではじめて減税は可能となるのです。しかし、国債が発行されれば、それは将来必ず国民への税負担として跳ね返ってくるはずです。現在行なう所得減税は、将来の増税とセットではじめて可能になるのです。「ただのランチはない」という言い方がありますが、所得減税がどこか空から降ってくるわけではありません。将来の増税という負担を前提としてはじめて減税は可能なのです。

　問題は、そうした事実を国民が認識したとき、所得減税は現在の消費を増やすだろうかということです。国民はそれほど合理的に将来のことを考えないから消費は増えるだろう、と考える人もいるでしょう。ただ、合理的に考えれば、将来増税されるのであれば、現在減税があったからといって安易に消費を増やさないだろうとも考えられます。ちなみにこうした見方をリカード仮説といいます。現実に、所得減税がどの程度の消費刺激効果を持つのかは、実証研究の成果を待たなければいけませんが、国民が将来不安を抱えているような現在の日本の状況では、なかなか消費は増えないのかもしれません。

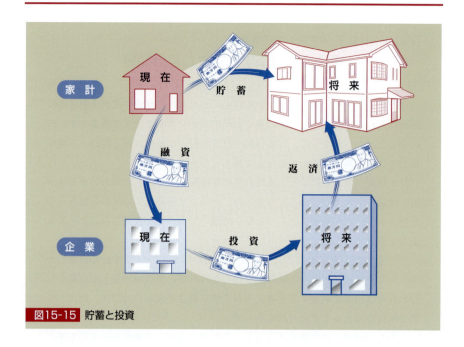

図15-15 貯蓄と投資

現実の経済においては、ここに政府（公債を通じての貸借）や外国の経済主体（貿易を通じた資源配分）が関与し、資源配分の状況はより複雑になります。経常収支や政府債務などは、そこでの異時点間の資源配分を反映したものとなります。

【演習問題】
1．以下の点について答えなさい。
　(1) 金利が高くなったとき、貯蓄が減少するのはどのような場合であるか。
　(2) 金利が高くなると投資額が減少するといわれるが、これはどのように説明することができるか。
　(3) 市場金利が上がると債券価格は低下するといわれるが、これはどうしてか。
2．つぎの計算をしなさい。
　(1) 3年後に満期をひかえた額面価値1万円の割引債券の流通価格は、市場の利子率が7％であるときには、いくらになると考えられるか。
　(2) 現在1億円投資すれば、5年後に1億5000万円の収入が入る投資プロジェクトがある。利子率が5％であるときには、この投資を行なう価値があるだろうか。利子率が10％であったらどうだろうか。

3．金利が低い国から金利が高い国へと資金が動くのは、異時点間の資源配分の効率性からはどのように評価できるのか。

参考文献

ここでは日本語の文献のみをあげておきます。

本書とほぼ同じレベルのミクロ経済学の入門書としては、
① 安藤至大『ミクロ経済学の第一歩（有斐閣ストゥディア）』有斐閣、2013年
② N. グレゴリー. マンキュー『マンキュー経済学 Ⅰ. ミクロ編（第3版）』(足立英之ほか訳) 東洋経済新報社、2013年
③ 梶谷真也・鈴木史馬『しっかり基礎からミクロ経済学：LQ アプローチ』日本評論社、2016年
④ 井堀利宏『入門ミクロ経済学（第2版）』新世社、2004年
⑤ 八田達夫『ミクロ経済学 Ⅰ. 市場の失敗と政府の失敗への対策』東洋経済新報社、2008年
⑥ 八田達夫『ミクロ経済学 Ⅱ. 効率化と格差是正』東洋経済新報社、2009年
などがあります。

本書よりももう少しレベルの高いテキストとしては、
⑦ 神取道宏『ミクロ経済学の力』日本評論社、2014年
⑧ 奥野正寛（編著）『ミクロ経済学』東京大学出版会、2008年
⑨ 武隈愼一『ミクロ経済学（新版）』新世社、2016年
⑩ ハル. R. ヴァリアン『入門ミクロ経済学（原著第9版）』（佐藤隆三監訳）勁草書房、2015年
などがあります。

また、上級のテキストとしては、
⑪ 西村和雄『ミクロ経済学』東洋経済新報社、1990年
をあげておきます。

さらに、豊富な演習問題を解くことで理解を深めるものとしては、
⑫ 奥野正寛（編）『ミクロ経済学演習』東京大学出版会、2008年
⑬ 武隈愼一『演習ミクロ経済学（第2版）』新世社、2017年
があります。

ゲーム理論に関するテキストあるいは入門書としては、

⑭ A. ディキシット・B. ネイルバフ『戦略的思考とは何か：エール大学式「ゲーム理論」の発想法』（菅野隆ほか訳）CCC メディアハウス、1991年
⑮ 梶井厚志・松井彰彦『ミクロ経済学：戦略的アプローチ』日本評論社、2000年
⑯ 佐々木宏夫『入門｜ゲーム理論：戦略的思考の科学』日本評論社、2003年
などがあります。

また、情報の経済学や不確実性の経済学についてさらに学ぼうとするなら、
⑰ 神戸伸輔『入門 ゲーム理論と情報の経済学』日本評論社、2004年
⑱ ポール.ミルグロム・ジョン.ロバーツ『組織の経済学』（奥野正寛ほか訳）NTT出版、1997年
⑲ 伊藤秀史『契約の経済理論』有斐閣、2003年
⑳ 柳川範之『契約と組織の経済学』東洋経済新報社、2000年
を参照してください。

演習問題解答

第1章

1. (1) 需要曲線はほとんど変動せず、供給曲線のみが変動しているのであれば、この記述は正しい。本文で説明したのも、このケースである。ただし、所得や嗜好の変化などで需要曲線自身が変化していると、この記述は正しくない。

   (2) 正しくない（グラフを描いて確認せよ）。

   (3) この主張は正しくない。需要曲線の傾きが大きいほど（つまり需要の価格弾力性が小さいほど）、供給量の変化にともなう価格の変動幅も大きくなる。本文で説明した白菜の例はこれに対応する。

2. (1) 賃金が低いほど、労働者を雇う側でもより多くの労働者を雇おうとするから。

   (2) 賃金が高いほど、働こうとする人が増えるだろうし、これまで働いている人（たとえばパート労働者）はより長時間働こうとするから。ただし、第6章で説明するように、労働の供給曲線が右下がりになることもある。

   (3) 労働者の数が増えても、労働の需要曲線は変化しない。労働の供給曲線は右側にシフトする。この結果、需要・供給曲線の交点で決まる賃金は低くなる。この点をグラフの上で確認せよ。

   (4) 景気がよくなっても、一般的には労働供給曲線は変化しないと考えられる。しかし、労働需要曲線は右側にシフトする。その結果、賃金は上昇する。これもグラフを描いて確認せよ。

3. (1) ここでは、縦軸に医療サービスの価格（医療費）を、横軸に医療サービスの需要と供給をとって考える。社会が豊かになるということは、医療サービスの需要曲線を描くさいの外生変数が変化するということであるので、需要曲線は右側にシフトする。供給曲線についてはいろいろな答え方があるが、かりに社会が豊かになるとともに医療技術が進歩するのであれば、供給曲線も右にシフトするといえるかもしれない。しかし、ここでは供給曲線については変化しないものとして議論をすすめる。この場合には、需要曲線のみが右側にシフトするので、医療サービスの価格は上昇し、医療サービスも増大する。

   (2) 供給曲線の傾きがなだらかである（供給の価格弾力性が大きい）なら、需要のシフトによっても医療費はあまり変化しない。逆に、供給曲線の傾きが大きいと（つまり価格弾力性が小さいと）、医療費は大きく上昇する。

   (3) 医療技術の変化（それにともなう医療コストの変化）、医者や看護婦など医療関

係者の賃金の変化などが，医療サービスの供給曲線をシフトさせる。

(4)第4章で議論するコメのケースと似たような結果になる。たとえば医療費が需要・供給曲線の交点よりも低い水準に抑えられていると，医療サービスの需要は供給を超過してしまう。このような場合には，病院の混雑や診療のサービス低下などによって需給のバランスがはかられるか，あるいは公的な資金によって医療サービスの供給主体（病院など）へ補助金が出され，需給のバランスがはかられる。後者のケースは，コメにおける生産者米価と消費者米価のケースと同じで，医療サービスの供給主体が受け取る医療サービス費は，需要者が支払う医療費よりも高くなり，その差を公的な補助金が埋めることになる。

第2章

1. (1)正しくない。この場合には，需要曲線の傾きはなだらかになるので，供給の変動によって供給曲線がシフトしても，価格はあまり変化しない。

   (2)正しい。グラフの上で確認せよ。

   (3)需要が価格に敏感であるときには，石油価格が上昇すると需要量は大幅に減少してしまう。その結果，石油価格に石油需要量をかけた石油輸入額も減少する。石油輸入額は日本の経常収支のなかで大きな割合を占めるので，経常収支も黒字方向に動く。

   (4)需要の価格弾力性と需要曲線の傾きは同一のものではないが，一般に需要の価格弾力性が大きいほど，需要曲線の傾きはなだらかになる。

2. (1)価格が30であると，需要量は70である。したがって，消費者余剰は$70\times 70 \div 2$で，2450となる。

   (2)需要の価格弾力性は
   $$-(\Delta x/x)/(\Delta p/p)$$
   と表わされる。ただし，xは需要量，pは価格，$\Delta x/x$は需要の変化率，$\Delta p/p$は価格の変化率である。これを変形すると，
   $$-(\Delta x/\Delta p)\cdot(p/x)$$
   となる。つまり，需要曲線の傾きの逆数に価格をかけて，それを需要量で割ってマイナスをつけたものに等しくなる。需要曲線の傾きは-1，価格は10，需要量は90であるので，需要の価格弾力性は1/9である。

3. 内生変数である価格の変化による需要の変化は需要曲線上での動きであり，それ以外の外生変数（所得など）の変化による需要の変化は需要曲線のシフトとして表わされる。したがって，需要曲線のシフトをともなうものは，(1)と(3)である。後の二つは，供給曲線の変化（とそれにともなう需要曲線に沿った変化）として表わされる。

4. 一般的には、消費量が多くなるほど、その財からの効用は低下すると考えられるので、財からの限界的な効用を示した需要曲線は右下がりになると考えられる。ただし、ギッフェン財と呼ばれるような特殊な財については、これは当てはまらない。この点については、第6章を参照。

5. 社会全体の需要曲線からの消費者余剰が、個々の需要者の消費者余剰の和となっていることは本文中で説明した。さて、金持ちと貧乏な人の需要曲線を考えてみよう。一般的には、金持ちのほうが貧乏な人よりも需要曲線の位置は上にあると考えられる。同じ商品に対して、より多くの金額を支払うことができるからである。その結果、消費者余剰でみても、金持ちの消費者余剰のほうが貧乏な人の消費者余剰よりも大きくなる傾向がある。消費者余剰とは、消費者がその財の消費から得られる効用（便益）を金銭価値で表わしたものであるからである。たとえば、かりに貧乏な人がビールが非常に好きで、金持ちはそこそこにしか好きではないとしても、金持ちのビールからの消費者余剰のほうが大きくなるケースが少なくないだろう。貧乏な人のほうがビールが好きという言い方は正確ではないが、1本300円のビールを金持ちは月に30本、貧乏な人は60本飲んでいるとしても、消費者余剰については金持ちのほうが高いということは十分に起こりうることである。

第3章

1. (1) この場合、限界費用は平均費用よりも低くなっている。くわしくは本文の説明、あるいは補論を参照せよ。
   (2) 正しい。
   (3) 正しい。限界費用は総費用曲線の接線の傾き、平均費用は総費用曲線と原点を結んだ直線の傾きで表わされる。
   (4) 正しい。固定費用が大きいときには、生産量が拡大していくにつれて単位当たりの固定費用が小さくなっていくので、平均費用もあるところまでは右下がりになる。
   (5) 限界費用が生産量とともに下がっていくことは十分にありうる。たとえば第7章で説明する収穫逓増のケースでは、そのようなことが起こりうる。

2. (1) 個々の企業の供給曲線は、限界費用曲線に一致するので、
   $$S = p$$
   となる。ただし、S は個々の企業の供給量で、p は価格である。市場全体の供給量はこれを100社分、横軸方向に足したものになるので、それは
   $$S = 100p$$
   となる。
   (2) 供給量は1000。生産者余剰は、1000に10をかけて、それを2で割った5000となる。

3. これについては、この章の補論を参照せよ。

4. (1) 図1を参照。

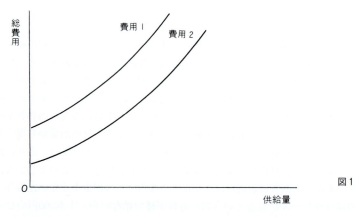
図1

(2) p_1 より価格が低いと、価格が平均費用を下回るので供給は行なわれない。p_1 よりも価格が高いと、価格が限界費用に等しくなるところまで供給が行なわれる。費用曲線2のもとでは、供給曲線は $OGHF$ となる。

(3) 略。

5. (1) 25

(2) 限界費用 $= 10$、平均費用 $= 10 + 25/x$（図2参照）。

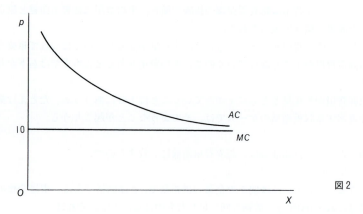
図2

(3) 5

(4) そういってよい。

第4章

1. (1) 限界費用が価格に等しくなるところまで供給することが、利潤最大化にかなっているから（くわしくは第4章本文を参照）。
   (2) 限界費用の高い生産者が生産を減らして、限界費用が低い生産者が生産を増やせば、全体として生産量を維持したまま、費用を下げることができるから。
   (3) 平均費用の最低点よりも高いところで生産していると、参入してきた企業がそれよりも安い価格で供給するので。このような現象の背景としては、同一の費用構造を持った企業が多数存在し、利潤機会のあるところにはつねに参入が起こるという前提がある。
   (4) くわしくは本文を参照してほしいが、輸入財の場合でいえば、安い価格で海外から輸入することによる消費者余剰の増加幅が、生産者余剰の減少幅よりも大きいから。

2. (1) 価格は25。需要（供給）量は75。消費者余剰は75×75÷2で2812.5となる。生産者余剰は25×75÷2で、937.5となる。総余剰はこの二つの余剰を足して3750となる。
   (2) 消費税の賦課によって、供給曲線は上方に消費税分（20）だけシフトする。これによって供給曲線は $S=3p-60$ あるいは $p=S/3+20$ となる。これと需要曲線の交点を求めると、
   $$x/3+20=100-x$$
   を解いて、$x=60$ を求めることができる。消費者が支払う価格は、これを需要曲線に代入して40となる。消費者余剰は、$60×60÷2=1800$ となる。生産者の受け取る価格は20であるので、生産者余剰は $20×60÷2=600$ となる。政府の税収は $20×60=1200$ となる。
   (3) 図3を参照。

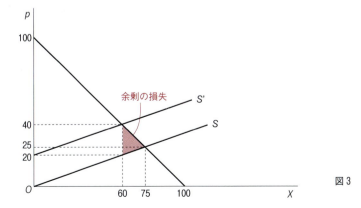

図3

3. (1) $100-x=x$ を解いて、$x=50$ を求めることができる。価格は50である。消費者余

剰と生産者余剰は、それぞれ1250である。

(2) 供給曲線が20だけ下方にシフトするので、需給均衡条件は

$$100-x = x-20$$

となり、$x=60$ を得る。そのときの消費者価格は40であり、生産者価格は60となる。消費者余剰は1800、生産者余剰も1800、補助金のための支出は1200であり、総余剰は2400となる。したがって、(1)の場合に比べて総余剰は100だけ減少している。

(3) 消費に10%の税金が課されるということは、供給者の直面する需要曲線がもとの需要曲線を10%だけ下方にシフトさせたものになるということである。すなわち、

$$p = 0.9 \times (100-x)$$

あるいは

$$p = 90 - 0.9x$$

となる。これと供給曲線の交点を求めると、

$$90 - 0.9x = x$$

を解くことで、

$$x = 90/1.9$$

を得る(これは約47である)。そのとき、生産者の受け取る価格は90/1.9であり、消費者が支払う価格は$100-90/1.9$(これは約53)となる。政府の税収は、消費者の支払う金額に10%をかけて、約249となる。消費者余剰は概数で、$47 \times 47 \div 2 = 1105$ となる。生産者余剰は、$47 \times 47 \div 2$ で同じく1105となる。総余剰はこの三つを足した2459となる。

4. (1) この財が輸入されるのは国際価格が国内価格(50)よりも低いとき。

(2) 輸出されるのは、国際価格が50よりも高いとき。

(3) 価格10の需要は90、供給は10、したがって輸入量は80となる。消費者余剰は $90 \times 90 \div 2 = 4050$、生産者余剰は $10 \times 10 \div 2 = 50$ となる。貿易をしないときより約1600だけ余剰が増加している。

(4) この場合には国内価格は20となり、需要は80、供給は20、輸入は60となる。消費者余剰は3200、生産者余剰は200、関税収入は600となり、総余剰は4000となる。したがって、総余剰は100だけ(3)より減少する。

第5章

1. (1) 限界代替率が逓増的である場合。このようなことは通常起こりにくいと考えられるが、本文で説明したコーラと緑茶のチャンポンのような場合には起こるかもしれない。

(2) 消費者は予算制約の範囲内で、効用のもっとも高い消費点を選択しようとする。その場合、どの消費点がもっとも高い効用をもたらすかが重要であり、その点の効用の絶対水準が問題なのではない。そのため、効用の相対的な水準のみを示し

た序数的な効用で十分なのである。
(3)予算制約線の傾きは、一方の財の消費を1単位減らしたとき、もう一方の財の消費をどれだけ増やすことができるかを表わしたものである。一方の財の消費を1単位減らせば、その財の価格分だけ支出が節約できる。それを用いてもう一方の財の消費を増やせば、その価格をもう一方の財の価格で割っただけの量の消費を増やすことができる。
(4)一方の財の消費を増やせば、他方の財の消費を多少減らしても効用水準は変わらない。このため、無差別曲線は右下がりになる。

2.(1)図4を参照。

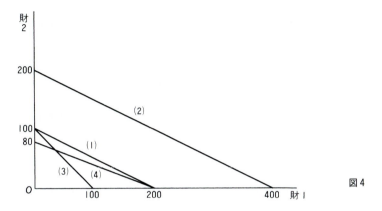

(2)予算制約線は右上方の2倍のところへ平行移動する（図4参照）。
(3)縦軸の切片を起点として時計方向にちょうど倍の傾きのところまで回転する（図4参照）。
(4)25％の消費税が課されると、財2の価格は2500円となり、縦軸の切片は80となる（図4参照）。
(5)これを式の形で表わすと、
$$20(x-1000)+40y=0$$
あるいは、
$$20x+40y=20000$$
となる。ただし、xは財1の消費量、yは財2の消費量である。これをグラフに描くと、縦軸切片が500、横軸切片が1000で、傾きが$-1/2$の線となる（図5参照）。

第6章

1.(1)正しい。消費量が多いほど、その財の価格が変化したときの実質的な所得の変化が大きくなるからである。

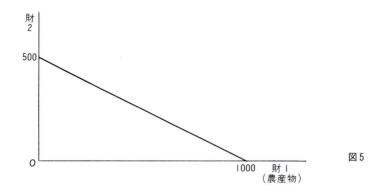

図5

(2)正しい。需要の所得弾力性の低い財は、所得が増加するほどには需要が伸びないので、所得の増加とともに次第に支出シェアが低下していく。

(3)賃金上昇は、代替効果によって労働供給の増加をもたらすが、所得効果では労働供給の低下をもたらす。したがって、この記述は誤っている。

2. ギッフェン財とは、価格が上昇すればその需要が増加し、価格が低下すればその需要が低下する財である。すなわち、需要曲線が右上がりになっている。このようなことが起こるのは、ギッフェン財が下級財であり、かつ所得効果のほうが代替効果よりも強く働くからである。下級財であるため、価格が上昇したとき、所得効果は需要を増加させる方向に働く。すなわち価格上昇による実質的な所得の低下によって需要が増加するのである。代替効果は価格上昇によって需要が減少する方向に働くので、ギッフェン財のようなことが起こるためには、所得効果が代替効果よりも強く働かなくてはならない。現実の世界でギッフェン財の例はなかなか見当たらない。本文中でとりあげた例が参考になるかもしれない。

3.(1)横軸に余暇時間（非労働時間）の消費、縦軸に所得をとると、賃金への課税は実質的な賃金の下落であるので、予算制約線は横軸の切片を起点として時計と反対方向に回転する。

(2)所得税がかかることの影響は、本文中で議論した、賃金低下の影響と同じものである。所得税によって実質的な賃金が低下すると、代替効果からは労働時間は低下するだろう。しかし、所得効果からは労働時間を増やそうとするだろう。したがって、結果的に労働時間が増加するか否かはどちらの効果のほうが強く働くかに依存する。

(3)ここで考察しているような単純な状況では、財の消費に一律に税が課されることと、賃金に税金が課されることは、その影響について本質的な違いはない。賃金をもらう段階で課税されても、それを消費に使う段階で課税されても、その影響は同じだからである。

第7章

1. (1) 規模に関して収穫逓減とは、生産要素の規模を増やしていったとき、それにともなう生産量の増加幅が次第に低下していくケースである（収穫一定、収穫逓増についても同様に定義できる。これについては本文を参照せよ）。これに対して、限界代替率逓減とは、一方の生産要素の投入を増やしていったとき、生産量を一定に保つうえで、他方の生産要素を減らすことができる程度が次第に低下していくという現象である。等量曲線の上でいえば、規模に関して収穫逓減というのは、等量曲線の間の間隔が次第に広がっていくという現象であるのに対して、限界代替率逓減とは、等量曲線が原点に対して凸となるような現象である。

   (2) 等費用線の傾きは、費用水準を一定においたまま、一方の生産要素の投入を減らすと、それでもう一方の生産要素の投入量をどれだけ増やすことができるかを表わしている。一方の生産要素の投入量を1単位減らすと、その生産要素の要素価格の分だけ費用が節約できる。それでどれだけもう一方の生産要素が投入できるかを表わしたのが等費用線の傾きの意味するところであるので、それは一方の要素価格をもう一方の要素価格で割ったもの、すなわち要素価格比になる。

   (3) くわしい説明については本文を参照。グラフの上では、等費用線が等量曲線と接する点で表わされる。

   (4) これについてもくわしくは本文を参照。

2. (1) 図6を参照。

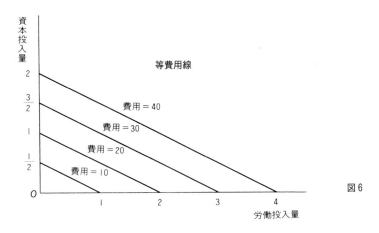

図6

   (2) 横軸に労働の投入量、縦軸に資本の投入量をとったとき、横軸の切片は費用を労働の要素価格で割った値、縦軸の切片は費用を資本の要素価格で割ったものとなる。

   (3) すべての等費用線は原点の方向に向かって半分の位置に平行移動する。

   (4) （労働の投入量が横軸にとってあるとすると）縦軸切片の値は変化せず、そこを

起点に時計方向に回転し、等費用線の傾きの絶対値は前よりも 3 倍になる（つまり急になる）。

3.(1)図 7 を参照。

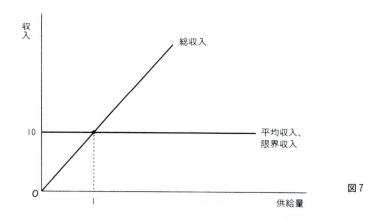

図 7

(2) $X=5$
(3)この場合には、どこまで生産しても限界収入のほうが限界費用よりも大きくなるので、どこまで生産しても利潤は拡大していく。その意味で利潤を最大化する生産点はない。ただし、生産をかぎりなく大きくしていけば価格は下がるであろう。

第 8 章
1.(1)もしある 2 人の消費者の間で限界代替率が均等化していなければ、この 2 人の間で二つの財を交換することで、どちらの消費者の効用も以前より高くなる。これは当初の状態が資源配分の観点から最適ではないことを意味する。
(2)もし異なった生産者の間で生産要素の間の限界代替率が一致していなければ、この 2 人の生産者の間で生産要素の配分を調整して限界代替率が等しくなるようにすれば、2 人の生産者の生産量を変化させることなく、生産要素の使用量を節約することができる。
(3)消費者の交換の場合でいえば、2 人の消費者の間の商品の配分。生産要素の場合でいえば、二つの産業の間の生産要素の配分。
(4)比較優位とは相対的なものであるから、一方の国が片方の財に比較優位を持っているのであれば、もう一方の国はもう片方の財に比較優位を持っている。
(5)一方の財の生産が増えるほど、その生産をするために犠牲にしなくてはならないもう一方の財が増加していく。これを生産の凸性という。

2.(1)2 人の消費者が所有する二つの財の量。

(2) ボックスダイアグラム上の点によって、2人が所有する財の配分が表わされる。
(3) 図については省略するが、本文を参照。契約曲線とは2人の消費者の限界代替率（無差別曲線の傾き）が一致する点の集合である。そのような消費の配分は最適になっている（パレート最適）ので、一方の効用を増やすように消費の再配分を行なうと、もう一方の消費者の効用は必ず低下する。
(4) 図8を参照。

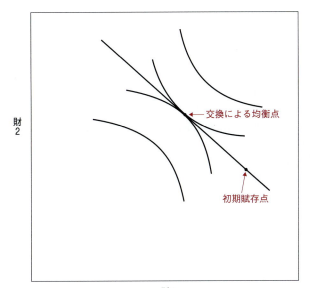

図8

3. (1) 生産要素の投入量を2倍、3倍と増やしていくと、それに比例して生産量も2倍、3倍と増えていく状況。たとえばA国で生産要素を3単位投入すれば財1が1単位生産されるが、生産要素を6単位投入すれば財1が2単位生産でき、生産要素を9単位投入すれば財1は3単位生産できる。
(2) A国は財1に比較優位を持っており、B国は財2に比較優位を持っている。たとえばA国では、財2の生産を1単位減らすことで、財1を2単位生産することができるが、B国では財1は1単位しかできない。これに対して、B国では財1の生産を1単位減らすことで財2の生産を1単位増やすことができるが、A国では1/2単位しか増やすことができない。
(3) A国が財2の生産を減らしそれで余った生産要素を使って財1の生産を増やし、一方B国では財1の生産を減らしそれで財2の生産を増やせば、世界全体の生産量を増やすことができるから。
(4) 自由貿易を行なうと、財1の生産についてはA国の産業が競争力を持ち、財2の生産についてはB国の産業が競争力を持つようになるので、結果的に比較優

位を反映した生産パターンになる。

第9章

1.(1)正しい。補助金によって独占的供給者の供給量を増やすことができるから。
 (2)誤り。価格弾力性が大きいと、価格を上げると需要量が大きく減ってしまうので、独占的供給者は価格をあまり上げることができない。
 (3)需要曲線が右下がりであるかぎりは正しい。
 (4)供給曲線が右上がりであるかぎりは正しい。
 (5)正しい。価格弾力的であれば、独占的供給者は供給量を下げて価格を引き上げようとする誘因が小さくなるので。

2.(1)総収入は価格に供給量をかけたものとなるので、
$$p \cdot D = (100-X)X = -X^2 + 100X$$
となる。ただし、X は供給量（需要量に等しい）である。これを微分して、
$$MR = 100 - 2X$$
を導出することができる。
 (2)限界収入と限界費用が等しくなる生産量は、
$$100 - 2X = 10$$
を解いて、$X=45$ となる。そのときの価格は $p=55$ である。
 (3)社会的に最適な供給量は価格が限界費用に等しくなるところであるので、
$$p = 100 - X = 10$$
を解いて、$X=90$ となる。なお損失は $45 \times 45 \div 2 = 1012.5$ となる。

3.(1)総支出額は価格に供給量をかけて、
$$p \cdot S = (S/2) \cdot S = S^2/2$$
となる。限界支出はこれを供給量（これは需要量に等しくなるので X で表わす）で微分して、
$$ME = X$$
となる。
 (2)買い手独占の需要量は、限界支出が需要（価格）に等しい点であるので、
$$X = 100 - X$$
を解いて、$X=50$ となる。そのときの価格は $p=25$ となる。
 (3)総余剰を最大化する需要量は、需要曲線と供給曲線の交点となるので、
$$100 - X = X/2$$
を解くことによって、
$$X = 200/3$$
となる。このときの総余剰は、消費者余剰の $(200/3) \times (200/3) \div 2 = 20000/9$（約2222）と生産者余剰の $(200/3) \times (100/3) \div 2 = 10000/9$（約1111）を足した約3333

となる。一方、買い手独占のときの総余剰は、消費者余剰が50×50÷2+50×25＝2500と生産者余剰の50×25÷2＝625を足した3125となる。したがって、失われている総余剰は約208となる。

4. ここでは第2章でとりあげた大人と子どもの映画料金の例を用いて説明する。図9は映画に対する大人と子どもの需要曲線を描いたものである。大人の需要曲線は価格弾力性が小さく、子どもの需要曲線は需要の価格弾力性が大きく描いてある。さて、いま大人と子どもに映画を見せる限界費用が同じであるとすると、図に示したように大人と子どもの料金は、それぞれの需要曲線から導出された限界収入が限界費用に等しくなるような供給量をもたらす価格をつけるべきである。図からも明らかなように、子どもの入場料は低く、大人の入場料は高く設定することが利潤最大化にかなっているのである。

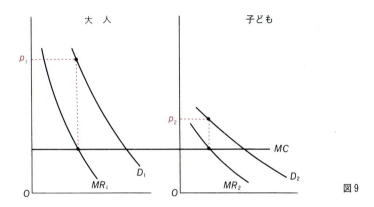

図9

5. (1) カルテルとは、寡占的な供給者が結託して供給量を低く抑え、それによって価格を引き上げることを狙ったものである。このような供給量の制限は、結果的に価格を限界費用よりも高いところに設定することになるので、本文中で独占の場合に説明したのと同じような資源配分の歪みが生じるのである。

(2) 寡占市場において企業数が増えると、産業全体のなかに占める個々の企業のシェアが小さくなる。そのため、産業全体の価格を引き上げるために協力して供給量を制約する誘因も小さくなる。別の言い方をするなら、個々の企業が産業の価格に及ぼす影響力が小さくなるので、完全競争的な企業に近い行動をとるようになる。その結果、競争が激しくなり、価格も低く抑えられるのである。

6. カルテルとは基本的に独占の状況と同じものを寡占市場で達成しようとすることである。与えられた需要曲線のもとでの限界収入曲線は

$$MR = 100 - 2X$$

である。ただし、MR は限界収入、X は供給量である。これを限界費用である10に

等しくする供給量は、$X=45$である。このときの価格は$p=55$である。したがって、この二つの企業は結託して、2社の供給量の和が45になるようにするだろう。これは独占企業の場合の供給量と同じである。

第10章

1. (1) 本文の説明を参照。
   (2) 本文中で説明したのは、一つは企業同士で意思の疎通を図りカルテルの維持を図ろうとすること、もう一つは継続的な関係のなかでカルテル破りには仕返しをするという脅しによってお互いにカルテルを維持しようとするメカニズムである。くわしくは本文を参照せよ。
   (3) 裁量主義的な政策とは、経済の景気の現状を見ながら、それに対応する形で財政政策や金融政策を行なうというものである。このような政策運営はかえって民間の行動パターンを経済全体の観点から見て望ましくないものに導く可能性がある。その場合には、ルールに基づいた政策運営が望まれる。これについても本文を参照せよ。
   (4) 国家間の政策の相互依存関係、寡占市場の競争の問題、政府と民間企業の間の関係などさまざまなところにゲーム理論は利用可能である。

2. これは本文で説明した「囚人のディレンマ」のケースである。この場合、Aにとってはaの戦略をとることが合理的である。なぜなら、Bがcの戦略をとった場合も、dの戦略をとった場合も、Aはaの戦略をとることが望ましいからである。同様にして、Bはcの戦略をとることが望ましい。その結果、2人の利得は1となる。これがゲームの均衡解になるが、これは2人にとってけっして望ましい結果ではない。

3. 囚人のディレンマでは、それぞれのプレイヤーが利己的に行動した結果、お互いに相手に悪影響を及ぼし、かえってみんなにとって望ましくないような結果になる。高速道路についても、混雑を起こすのは、高速道路の利用者自身である。お互いが高速道路を利用することで他の人に及ぼす悪影響を考慮に入れて行動すれば、多少の混雑を回避できるかもしれないが、そこまで考慮に入れて行動しないため、結果的に混雑という望ましくない状態に陥るのである。

第11章

1. (1) 図11-1を使った説明となる。くわしくは本文中の説明を参照してほしいが、次のような説明が重要となる。「ライバルの参入後の状況を想定すると、そこで価格競争に入ると、ライバルだけでなく、自分にとっても不利になる。そうした行動を参入後にとることは合理的ではないことがライバルもよくわかっている。だから安心して参入してくるし、それを空脅しで阻止することもできない」。
   (2) 図11-2を使った説明となる。くわしくは本文中の説明を参照してほしいが、次

のような説明が重要となる。「大きな投資をしておくと、ライバルが入ってからあとも、価格競争を仕掛けるほうが仕掛けない場合よりも利益が大きくなる。つまり、価格競争を仕掛けることが合理的になる。ライバルもそれを知っているので、あえて参入をしてこない。参入がないので既存企業の利益は確保できるが、投資をする前よりは利益が低くなっている。これは参入を阻止するための投資となっている」。

2. コミットメントとは、あと戻りできない行動をとることで、ゲームの中身を変えて、みずからに有利な状況に導くことだ。ここでとりあげている参入阻止のケースでいえば、大規模な投資というあと戻りできない行動をとることで、ライバルに対してみずから価格競争を仕掛けざるをえない状況を作り、それが結果的にライバルの参入を阻止することになる。みずからの行動をもって相手の意欲をくじいているのだ。

3. 第10章で説明した囚人のディレンマがこのケースに当てはまる。各プレイヤーは自分の利得を高めようと行動しているが、結果的にはお互いに傷つけあい、好ましい結果にはならない。後半の事例としては、本文で説明した生物のゲームの例が当てはまる。個々の生物は何かを最大化しているというよりは、自分の体に染み付いた行動原理に従って行動しているだけだ。そうしたさまざまな行動パターンの生物が共存するなかで、現在存続する種は何らかの意味で存続合理性がある行動をとっていることになる。もちろん、新たな種の出現や環境の変化によって、これまで存続していた種が絶滅することはある。つまり、存続合理性が失われることもあるのだ。

4. 本文中のサッカーの例でも明らかだと思うが、スポーツではある決まったパターンの行動をとっていると、それが次第に相手に読まれてしまうことになる。これは本文中で説明したサッカーのゴールキックでも、野球の投手の配球でも、バスケットでどちらの手でゴールを狙うのかでも、同じである。そこで相手に読まれないためには、最終的には自分の選択を確率に委ねることが有効になる。

5. 値をつり上げていく競りでは、自分の評価額より低い限り、価格つり上げに参加し続けることが合理的だ。自分の評価よりも低い価格で降りる理由はない。参加者のなかでもっとも高い評価をしている人にとっては、自分の次に高い評価をしている人がその価格で降りたときに、自分の勝利が決まる。つまり、一番高い評価の人がオークションで勝ち、そこで成立する価格は二番目に高い評価の人の評価額となる。

6. 両者がバーゲニング（交渉）をするとすれば、5000円未満、あるいは8000円以上（ただし8000円は除く）で賃金交渉が成立することはない。どちらかが交渉から降りてしまうからだ。理論的には5000円から8000円の幅のどこで交渉賃金が決まるのかは、この条件だけでは確定できない。一般的にいえば、両者の交渉力が重要な要

素となる。労働組合の交渉力が強ければ、8000円に近いところで妥結するし、企業の交渉力が強ければ5000円に近いところで妥結する。

では、交渉力はどのような要因によって決まるのだろうか。これについてさまざまな研究が行なわれているが、ここでくわしくとりあげることはできないので、省略することにしたい。

第12章

1. (1)平均費用が右下がりのところでは、平均費用は限界費用よりも高くなっている。そのようなところで限界費用に等しくなるように価格を設定すれば、価格は平均費用よりも低くなるので、損失が生じるのである。
   (2)たとえば本文中で説明した鉄道と沿線の不動産のケースを参照せよ。
   (3)公共財の場合には、市場での需要が個々の消費者の選好を必ずしも反映していないので、フリーライダーの問題が生じるため。
   (4)漁場で漁船がそれぞれ勝手に漁をすると、漁業資源が乱獲され、結果的に漁船がみな被害を受けることがある。これも混雑現象の一つである。
   (5)私的限界費用には、そのような経済活動によって他の経済主体が被る被害が入っていないが、社会的限界費用のなかにはそれが含まれている。くわしくは本文中の公害を発生する財の例を参照。
   (6)パソコン、クレジットカード、通信システムなど。
   (7)平均費用価格形成原理を採用した場合、その産業の採算はとれるが、限界費用よりも高い価格が設定されるので資源配分の観点からは過小生産になる。
   (8)公共財の基本的な性質は、だれかがその財を消費したからといって他の人の消費が阻害されないという意味での排除性がないことである。私的財の場合には、同一の商品を複数の人が消費することができないという意味で排除性がある。

2. (1)価格に限界費用10を代入して、供給量90を得る。
   (2)少しでも固定費用があれば、限界費用価格を実行すると損失が生じる。
   (3)限界費用価格を実行するのであれば、固定費用が存在するかぎり補助が必要となる。補助の額が消費者余剰よりも小さいかぎり、正当化できる。これは、固定費用が4050（=90×90÷2）以下のときである。

3. 生産者に税金を課しても、消費者に税金を課しても、いずれの場合にも消費者の支払う価格と生産のための私的限界費用の間にギャップをつくることができる。それが公害の限界費用に等しくなるようにすれば、資源配分の最適化を実現することができる（くわしくは本文中の説明を参照せよ）。

   生産者に補助金を出すとはつぎのようなことである。いまある生産量を基準として、その基準値から少しでも生産を減らすなら、生産量（これは供給量でもある）の減少幅に応じて補助金を出すとする。このような補助金は生産者に供給を削減する誘

因を与え、その結果、この財の価格は上昇し、生産のための私的限界費用を公害の限界費用分だけ上回る価格で財が供給される状態を実現できる。ようするに、公害を出す財の供給を増やすことに対する税金と、その財の供給を減らすことに対する補助金は、供給量に対する効果という意味では同じなのである。ただし、生産者の所得に関しては効果は異なる（補助金のほうが生産者に有利である）。

4. 医療保険に加入していると、医療費は保険がカバーしてくれるので、保険加入者は医療費のことをあまり考えずに医療サービスを受けようとするだろう。これは、しばしば、不必要な病院通い、病院側からの必要以上の薬の提供や過剰検査などの原因となる。ところが、このような過剰医療サービスの費用は、結局は保険金へ転嫁されるので、その負担は保険加入者自身が支払うことになる。保険加入者個々人の行為が、他の保険加入者すべてに外部効果を及ぼしており、その意味で本文中で説明した高速道路の混雑現象と似ている。

5. (1) 需要曲線と供給曲線（限界費用10）の交点を求めることで、供給量は90と求めることができる。ここでは生産者余剰はゼロ（限界費用曲線が一定であるということは供給曲線が水平であるということ）なので、消費者余剰から公害の費用を引いたものが総余剰となる。消費者余剰は、90×90÷2＝4050となり、公害の費用は10×90＝900であるので、総余剰は両者の差として、3150となる。
(2) 社会的に最適な需要量および供給量は、私的限界費用の10に公害の限界費用の10を足した社会的限界費用20と価格が等しくなる点である。すなわち、需要量は80である。このときの総余剰は、消費者余剰（あらかじめ公害の費用を引いたもの）で、80×80÷2＝3200となる。
(3) 消費税でも生産税でも、財1単位あたり10だけの税金を課せばよい。

第13章

1. (1) くわしくは本文中を参照。モラルハザードが働くときは、保険が採算にのりにくい。
(2) この記述は誤っている。期待効用最大化を考えるときには、異なった状況での効用の水準を比較する必要が生じるので、基数的効用が必要となる。
(3) かりに労働者のほうが株主よりも危険回避的であるとするなら、景気の変動による企業収益の変動のリスクは株主が被り、労働者の賃金は景気とは関係なく安定的にすることが、労働者にも株主にも利益となる。労働者の賃金を安定的にする分だけ、賃金を相対的に低めに抑えることができる。これは、賃金契約を通じて労働者が保険の提供を受けているのと同じことである。
(4) これは正しい。本文中の説明を参照せよ。

2. 本文中で説明したように、店の売上げを一定比率で分けて、店主と本部が分けるよ

うなシステムにすれば、商売のリスクを一部本部に肩代わりしてもらうことができる。

3. (1) セントペテルスブルクの逆説については、本文中を参照。この逆説の示唆することは、期待所得を最大化するということでは、危険回避の問題はとらえられないということである。また、人々は危険回避的な行動をとることが多いということをも示唆するものである。
   (2) これについても、本文中の説明を参照せよ。期待所得は所得の期待値、期待効用はそれぞれの所得から得られる効用の期待値、期待所得の効用は所得の期待値に対応する所得水準のもとでの効用である。
   (3) 本文を参照。
   (4) モラルハザードが生じる現象。たとえば企業の収益リスクに関する保険、新規学卒が就職する企業での所得に関する保険など。

4. (1) 期待所得は600万円。
   (2) この所得からの期待効用は、500万円からの効用（約2236）と700万円からの効用（約2646）の平均値である2441となる。
   (3) 期待所得からの効用は、約2449。こちらのほうが期待効用よりも高い。
   (4) 期待効用2441をもたらすような所得水準は595万8481円であるので、リスクプレミアムはこれと期待所得の差である4万1519円である。

第14章

1. (1) 売り手のほうが買い手よりも情報を持っていると、買い手は価格を見てその商品の品質について予想して行動するので、その結果、良質の品物を持っている売り手はそれを適切な価格で売ることができなくなる。くわしくは本文の説明を参照。
   (2) これについても本文を参照せよ。
   (3) 鰻屋やラーメン屋の前にできる行列はシグナルであるという議論がある。常時長い行列ができる店は味のよい店だけである。そのような店は店を広くすることで行列をつくらないようにすることもできるかもしれないが、あえて行列をつくらせることでその店の味のよさをシグナルとして送っていると考えられる。
   商品の保証期間もシグナルとなる。品質のよい製品を売っているメーカーはあえて保証期間を長くすることで、その商品の信頼性を訴えている。

2. (1) リース制の場合には追加的な水揚げはすべて運転手の所得になるので、こちらの制度のほうが水揚げを高める誘因が強くなる。
   (2) リース制の場合には水揚げの変動のリスクをすべて運転手が被る。もう一つの給与制の場合には、水揚げに応じて会社への支払い額が変わるので、リスクを会社と運転手が分担している。

(3) タクシーの運転手がどのような勤務態度をとるか、どれだけ熱心に働くかといったことが、会社の利益に大きな影響を及ぼす。その意味でタクシーの運転手をエイジェント、会社をプリンシパルと考えて分析することができる。

3. 労働市場の例でいえば、労働者の能力や勤務態度について、雇用者側がつねに十分な情報を持つことは不可能である。このような情報の非対称性は、労働市場における取引に大きな障害となり、それを排除するためにいろいろな複雑な取引慣行や制度が生み出される。

金融市場においても、貸し手の側から借り手の中身（借り手が企業であれば財務内容、企業の将来性、貸した資金の使い方）などについて十分な情報を集めることは容易ではない。この場合にも、本文中で説明した情報の非対称性にかかわるいろいろな問題が生じる。

第15章

1. (1) これは所得効果のほうが代替効果よりも強く働く場合（代替の弾力性が小さい場合）である。くわしくは本文の説明を参照せよ。
  (2) 金利が高くなると投資プロジェクトの割引現在価値は小さくなる。その結果、低い金利であれば採算の合うプロジェクトでも採算が合わなくなることがある。
  (3) これについては本文中の説明を参照せよ。

2. (1) 1万円を1.07の3乗（複利計算）で割って、約8163円という答えが求まる。
  (2) 5年後の1億5000万円の収入の割引現在価値は、金利5％では、約1億1753万円である。また金利10％では、約9314万円である。これを1億円という投資額と比べると、金利5％では投資の価値があるが、10％では採算に合わない。

3. くわしい説明は省略するが、金利の低い国は、資金は豊富であるが投資機会が相対的に少ない国であり、金利が高い国は、投資機会に比べて資金が相対的に不足している国である。金利がこのような状況を反映している。もし金利の低い国から金利が高い国に資金が移動すれば、低金利国の資金運用者はより有利な資金運用ができるわけだし、高金利国の投資機会も十分に活かされることになる。

事項索引

あ行

後追い………*324*
粗利潤………*103*
安定供給………*41*

異時点間の資源配分………*442*
異時点の経済学………*461*
一物一価の法則………*27, 120, 145, 250*
一般均衡分析………*19, 149*
イングリッシュ・オークション………*338*
インセンティブ………*422*

エイジェンシー関係………*418*
エイジェント（代理人）………*418*
X 効率性………*130*
M&A（企業買収）………*424*
エンゲル係数………*178*

黄金のクロス………*24*
オークション………*336, 339*
OPEC（石油輸出国機構）………*269*

か行

外生変数………*60, 89*
買い手独占………*283*
外部効果………*351*
外部効果の内部化………*359*
価格差別………*58*
価格メカニズム………*113, 350*
下級財………*180*
確率的行動………*332*
家計所得………*201*
家計生産の理論………*203*
家計のライフプラン………*430*
ガスト………*93*

株式市場………*384*
可変費用………*90*
神の見えざる手………*5*
空脅し………*320*
刈分け小作………*387*
カルテル………*304*
間接税………*124*
完全競争………*27, 100, 139*

機会費用………*196*
企業………*207*
企業の経済学………*208*
企業の参入………*138*
危険回避行動………*390*
危険分散………*380, 384*
基数的効用………*170, 396*
期待効用最大化仮説………*387*
北朝鮮（朝鮮民主主義人民共和国）………*305*
ギッフェン財………*192*
規模に関して収穫一定………*213, 223, 227*
規模に関して収穫逓減………*212, 223, 227*
規模に関して収穫逓増………*212, 223, 227*
逆選択………*405*
キューバ危機………*305*
供給………*24*
供給関数………*86, 89*
供給曲線………*24, 86, 101*
供給曲線のシフト………*88*
供給曲線の分解………*87*
供給独占………*270*
供給の価格弾力性………*86*
競争政策………*281*
協調のメカニズム………*304*
均衡価格………*26*
均衡点………*26*

金融工学………*381*

空洞化………*259*
クーポン………*454*
繰り返しゲーム………*306*
グレシャムの法則………*405*
群集心理………*78*

計画経済………*7, 120*
計量経済学………*33*
経済合理性………*12*
契約曲線………*248, 251*
契約の理論………*411, 421*
ゲームの樹………*310*
ゲームの理論………*14, 295*
結合生産………*211*
限界効用………*67*
限界効用逓減………*390*
限界支出………*284*
限界収入………*232, 274*
限界代替率………*161, 225*
限界代替率逓減の法則………*228*
限界的評価………*67*
限界費用………*91, 232, 274*
限界費用価格形成原理………*369*
限界費用曲線………*91*
限界費用ゼロ………*107*
限界変形率………*255, 260*
現状維持志向………*75*

交換の利益………*241*
公共経済学………*105*
公共財………*371*
公共財の最適配分………*372*
公共料金体系………*370*
厚生経済学………*113*
公正取引委員会………*281*
合成の誤謬………*15*
高速道路料金………*358*
行動経済学………*72*
効用………*62, 153*
効用関数………*153*
効用最大化………*66, 167*

効用最大化仮説………*153*
効用フロンティア………*248*
コースの定理………*361*
固定費用………*89, 102*
コーポレートガバナンス………*135*
コミットメント………*324*
混雑現象………*358*
混雑税………*359*

さ行

債券価格………*451*
裁定………*145*
裁定取引………*145*
錯覚………*73*
産業政策………*360*
産業組織論………*287*
産業の育成………*360*
参入阻止行動………*322*

シェア獲得競争………*236*
シェア方式（利益分割方式）………*386*
時間を通じた資源配分………*429*
シグナルの理論………*412*
資源配分………*7, 114, 244, 249*
自己選択メカニズム………*416*
市場………*114*
市場均衡………*106, 115*
市場経済………*7*
市場の失敗………*6, 9, 350*
市場メカニズム………*352*
自然淘汰………*132*
下請け制度………*235*
実質利子率（実質金利）………*441*
実証分析………*33*
私的限界費用………*355*
私的採算性………*365*
資本集約的………*214*
社会主義………*4*
社会的限界費用………*355*
奢侈品………*181*
終身雇用………*458*
囚人のディレンマ………*299*
自由貿易の利益………*128*

需給均衡………104
需要………24
需要関数………59, 178
需要曲線………24, 48, 60, 270
需要曲線のシフト………59
需要曲線の分解………61
需要調整（ディマンド・レスポンス）………41
需要と供給の一致………25
需要の価格弾力性………52, 275
需要の所得弾力性………53, 181
上級財………180
消費関数………178
消費者主権………155
消費者の「連帯」………115
消費者余剰………63
消費税………39
情報の経済学………402
情報の非対称性………404
情報の不完全性………401, 423
序数的効用………170
所得格差………257
所得効果………186, 189
所得消費曲線………179

垂直統合………359
数理経済学………253
スルツキー分解………189

生産可能性領域………252
生産関数………207, 209
生産者の「連帯」………117
生産者余剰………102
生産フロンティア………252
生産要素………118
生産要素間の代替………216
正常財………180
正常利潤………139
成長率最大化原理………236
正の外部効果………357
製品差別化………285
石油ショック………55
世代間の資源配分………454

絶対価格………184
絶対評価………73
瀬戸際戦略………305
選好………160
セントペテルスブルクの逆説………387
戦略的行動（strategic behavior）………296

相互作用のメカニズム………14
総収入………229
総収入曲線………270
相対価格………184
相対評価………73
総費用………89, 229
総費用曲線………89, 227

た 行

大数の法則………380
代替効果………186, 188
代替財………192
代替の弾力性………53, 190
抱き合わせ販売………64
ダッチ・オークション………338
短期………95, 143
短期限界費用曲線………99
短期総費用曲線………96
短期の均衡………140
短期平均費用曲線………99
炭素税………353
ダンピング………58
弾力的な需要曲線………50

地球温暖化問題………353
地球環境問題………350
中間投入物………210
中古車市場………404
超過供給………26, 115
超過需要………26, 115
長期………95, 143
長期供給曲線………145
長期均衡………141
長期限界費用曲線………99
長期総費用曲線………96

長期平均費用曲線………99
賃金契約………387
賃金の下方硬直性の問題………31

積み立て方式………456

適者生存………132
デファクト………75
デフレ………441
転嫁………126

投資の機会曲線………443
投入産出表（インプット・アウトプット・テーブル）………205
等費用線………218
等量曲線………221
独占………270
独占価格………275
独占禁止法………281
独占的競争………285
独占マージン率（マークアップ率）………275

な 行

内生変数………60, 89
ナッジ………76
ナッシュ均衡………335

2財モデル………153
二部料金制………67
日本的取引慣行………308

ネットワークの外部性………362
年金………454
年功賃金制………402, 424, 458

は 行

排除不可能性………371
配当………384
バーゲニング（交渉）………340
パート労働………201
場の情報………121
パレート最適性………246

範囲の経済性………219

PFI………133
PL保険（製造物責任保険）………382
PPP………133
比較静学………178
比較優位………134, 256
非競合性………371
ピグー税………355
非合理性………70
非線形価格システム………417
非弾力的な需要曲線………50
必需品………181
費用最小化………218
費用逓減産業………364
非労働所得………200

付加価値………210
不確実性………379
賦課方式………455
負の外部効果………357
部分均衡分析………19, 149
プライス・テイカー………100, 138
ブラック・スワン………395
フリーライダー………373
プリンシパル（依頼人）………418

ペイオフ制度………419
米価問題………122
平均収入………271
平均収入曲線………270
平均費用………91
平均費用曲線………91
並行輸入………145
ベルリンの壁の崩壊………4

貿易の利益………242
貿易摩擦問題………298
豊作貧乏………34, 57
包絡線………96, 99
補完財………192
保険………382, 392
ボックス・ダイアグラム………246, 251

ま行

マークアップ………*275*

ミクロ経済学………*8*

無差別曲線………*156*

名目利子率（名目金利）………*441*
メインバンク制………*404*
「目には目を、歯には歯を」………*306, 328*

モデル分析………*15*
モラルハザード………*382, 419*

や行

夜警国家論………*137*

誘因契約………*422*

要素価格比………*225*
幼稚産業保護政策………*362*
預金保険………*419*
予算制約線………*165, 183, 434*
余剰分析………*118*

ら行

リース型の契約………*422*
リース契約（定額フランチャイズ方式）
　………*386*
利益分割方式………*387*
リカード仮説………*461*
利潤………*229, 300*
利潤最大化行動………*101, 138, 229, 273*
リスク………*379*
リスクプレミアム………*394*
利付き債券………*454*
流通市場………*452*
留保需要………*194*

ルールか裁量か………*312*

レモンの市場………*404*

労働供給………*196*
労働供給曲線………*28, 197*
労働集約的………*214*
労働需要曲線………*28*

わ行

割引現在価値………*447*
割引債券………*451*

人名索引

あ行
アクセルロッド………*308*

アロー………*377*

エッジワース………*175*

か行
カーネマン………*72*

クールノー………*267, 298*

コース………*235, 347*

さ行
サッチャー………*111*

ショールズ………*381*

スティグラー………*137*
スミス………*1, 137*
スルツキー………*151, 189*

セイラー………*76*

な行
ナイト………*395, 399*
ナッシュ………*293, 298, 336*

ノイマン………*298, 317*

は行
ハーシュライファー………*190*
ハイエク………*111*
パレート………*45*

ピグー………*83*
ヒックス………*187, 280*

フリードマン………*137*

ベッカー………*171*

ま行
マートン………*381*

ミル………*427*

モルゲンシュテルン………*298*

ら行
リカード………*239*

レオンティエフ………*205*

わ行
ワルラス………*21, 45*

伊藤　元重（いとう・もとしげ）

1951年　静岡県生まれ。
1974年　東京大学経済学部卒業。
1978年　ロチェスター大学大学院経済学研究科博士課程修了。
1979年　同大学 Ph.D.取得。
現　在　東京大学名誉教授。
著　書　『はじめての経済学』（日本経済新聞出版社、2004年）
　　　　『ゼミナール国際経済入門 改訂第3版』（日本経済新聞出版社、2005年）
　　　　『新日本流通産業』（NTT出版、2005年）
　　　　『マーケティング・エコノミクス』（日本経済新聞出版社、2006年）
　　　　『危機を超えて：すべてがわかる「世界大不況」講義』（講談社、2009年）
　　　　『ゼミナール現代経済入門』（日本経済新聞出版社、2011年）
　　　　『マクロ経済学 第2版』（日本評論社、2013年）
　　　　『入門｜経済学 第4版』（日本評論社、2015年）
　　　　『どうなる世界経済：入門 国際経済学』（光文社新書、2016年）
　　　　『伊藤元重が警告する日本の未来』（東洋経済新報社、2017年）
　　　　『百貨店の進化』（日本経済新聞出版社、2019年）
　　　　『ビジネス・エコノミクス 第2版』（日本経済新聞出版、2021年）
　　　　『世界インフレと日本経済の未来──超円安時代を生き抜く経済学講義』（PHP、2023年）
　　　　など。

ミクロ経済学（けいざいがく）｜第3版

1992年 3月20日　第1版第1刷発行
2003年11月25日　第2版第1刷発行
2018年 2月25日　第3版第1刷発行
2023年12月20日　第3版第4刷発行

著　者／伊藤元重
発行所／株式会社日本評論社
　　　　〒170-8474 東京都豊島区南大塚3-12-4　振替 00100-3-16
　　　　電話 03-3987-8621（販売）、03-3987-8595（編集）
　　　　https://www.nippyo.co.jp/

検印省略　© 1992, 2003, 2018 ITOH Motoshige
印刷／精文堂印刷株式会社　製本／株式会社難波製本
Printed in Japan　ISBN978-4-535-55844-1
装幀・レイアウト／山崎登　図表デザイン／長田健次

JCOPY〈(社)出版者著作権管理機構 委託出版物〉
本書の無断複写は著作権法上での例外を除き禁じられています。複写される場合は、そのつど事前に、(社)出版者著作権管理機構（電話03-5244-5088、FAX03-5244-5089、e-mail：info@jcopy.or.jp）の許諾を得てください。また、本書を代行業者等の第三者に依頼してスキャニング等の行為によりデジタル化することは、個人の家庭内の利用であっても、一切認められておりません。

経済学の学習に最適な充実のラインナップ

入門経済学 [第4版] 伊藤元重／著	(3色刷) 3300円
ミクロ経済学パーフェクトガイド 伊藤元重・下井直毅／著	(2色刷) 2420円
しっかり基礎からミクロ経済学 LQアプローチ 梶谷真也・鈴木史馬／著	2750円
ミクロ経済学の力 神取道宏／著	(2色刷) 3520円
ミクロ経済学の技 神取道宏／著	(2色刷) 1870円
マクロ経済学 [第2版] 伊藤元重／著	(3色刷) 3080円
入門マクロ経済学 [第6版] 中谷巌・下井直毅・塚田裕昭／著	(4色刷) 3080円
例題で学ぶ 初歩からの計量経済学 [第2版] 白砂堤津耶／著	3080円
例題で学ぶ 初歩からの統計学 [第2版] 白砂堤津耶／著	2750円
入門 公共経済学 [第2版] 土居丈朗／著	3190円
入門 財政学 [第2版] 土居丈朗／著	3080円
行動経済学 室岡健志／著	2750円
[改訂版] **経済学で出る数学** 尾山大輔・安田洋祐／著	2310円
計量経済学のための数学 田中久稔／著	2860円
実証分析入門 森田果／著	3300円
最新 日本経済入門 [第6版] 小峰隆夫・村田啓子／著	2750円
経済学を味わう 東大1、2年生に大人気の授業 市村英彦・岡崎哲二・佐藤泰裕・松井彰彦／編	1980円
大学生のための経済学の実証分析 千田亮吉・加藤久和・本田圭市郎・萩原里紗／著	2530円
経済論文の書き方 経済セミナー編集部／編	2200円

日評ベーシック・シリーズ

経済学入門 奥野正寛／著	2200円
ミクロ経済学 上田薫／著	2090円
計量経済学のための統計学 岩澤政宗／著	2200円
計量経済学 岩澤政宗／著	2200円
ゲーム理論 土橋俊寛／著	2420円
財政学 小西砂千夫／著	2200円
マーケティング 西本章宏・勝又壮太郎／著	2200円

シリーズ・新エコノミクス

ミクロ経済学入門 清野一治／著	(2色刷) 2420円
マクロ経済学入門 [第3版] 二神孝一／著	(2色刷) 2420円

※表示価格は税込価格です。

〒170-8474 東京都豊島区南大塚3-12-4　TEL: 03-3987-8621　FAX: 03-3987-8590　**日本評論社**
ご注文は日本評論社サービスセンターへ　TEL: 049-274-1780　FAX: 049-274-1788　https://www.nippyo.co.jp/